Les pionnières

Éditeurs: Les Éditions JCL Inc.
St-Nazaire, Qué. Can.

**Aquarelle de
la couverture:** Marie-Claire Hébert o.s.u.

**Distributeur
officiel:** Les Éditions JCL Inc.
St-Nazaire, Qué. Can.
G0W 2V0
Tél.: (418) 481-2702

Dépôts légaux: 2e trimestre 1982
Bibliothèque nationale du Québec
Bibliothèque nationale du Canada

ISBN: 2-920176-08-0

Cet ouvrage fait partie de la série des
publications de la Société historique du
Saguenay et porte le no 33.

IRÈNE-MARIE FORTIN o.s.u.

Les pionnières

Les Ursulines à Roberval de 1882 à 1932

Les Éditions JCL Inc.

REMERCIEMENTS

À Monsieur Nive Voisine, professeur d'Histoire à l'Université Laval, ma plus vive et déférente reconnaissance pour avoir accepté d'écrire la préface de cet humble ouvrage et pour l'intérêt, la compréhension, la patience manifestés dans la supervision de ce travail.

J'adresse aussi des remerciements à Gabrielle Lapointe des Ursulines de Québec pour les débuts de recherches qu'elle a préparés, à Solanges Brassard, à Thérèse Blackburn de Roberval pour leur aide et leurs conseils judicieux, à Marie-Claire Hébert pour ses suggestions et le dessin de la page couverture de ce volume. Non moins appréciée, l'aide apportée par ma sœur Françoise Fortin, qui par le Service des Communications Québec, Section Montréal, m'a fourni de nombreuses références concernant différents ministères du Gouvernement.

Sincère gratitude à Marcelle Boucher, archiviste des Ursulines de Québec qui m'a facilité d'une manière si bienveillante l'accès aux Archives du Vieux-Monastère. À l'abbé J.-Philippe Blackburn, archiviste de l'Évêché de Chicoutimi, merci pour m'avoir permis de puiser dans les régistres et les documents concernant notre monastère.

Je veux également exprimer ma profonde reconnaissance à Thérèse Lavoie, supérieure et à mes compagnes qui m'ont soutenue par leurs encouragements et secondée de quelque manière que ce soit.

L'Auteur

Table des matières

Abréviations utilisées :
AUO : Archives de l'Université d'Ottawa
AUQ : Archives des Ursulines de Québec
AUR : Archives des Ursulines de Roberval

En hommage à Mère Saint-Raphaël, fondatrice de l'École Ménagère des Ursulines de Roberval en 1882.

Préface

Amis lecteurs, ayant eu l'avantage de suivre pas à pas l'élaboration et la réalisation du livre que vous avez entre les mains, je puis témoigner de l'enthousiasme, de la minutie et de la persévérance dont a fait preuve Sœur Irène-Marie Fortin en l'écrivant.

Sans doute avait-elle un sujet de premier choix: la création et l'évolution de la première école ménagère du Québec, dans une région neuve et au milieu de difficultés san nombre et presque inimaginables. Là était cependant le premier piège qu'elle devait éviter. Il aurait été facile de répéter ce que les admirateurs et les défenseurs des Ursulines de Roberval ont dit depuis que leur œuvre est connue; elle a préféré retourner aux archives, parfois dispersées et lacunaires à cause des incendies, et elle en a tiré une chronique complète et intéressante de la vie de la communauté de Roberval et de son implantation dans le milieu. C'est la première qualité de l'écrit de Sœur Fortin.

D'autre part, tout au long des pages que vous allez lire, vous percevrez facilement l'admiration, pour ne pas dire le culte, que l'auteur voue à Mère Saint-Raphaël, fondatrice du monastère de Roberval et initiatrice de l'enseignement ménager au Québec. Ce personnage historique le mérite bien et c'est une autre qualité de ce volume de réussir à nous faire voir les vertus exceptionnelles, le travail incessant et la spiritualité chaleureuse de cette religieuse si simple et en même temps presque géniale — au dire de l'auteur — qui a laissé un si durable souvenir à Roberval. C'est une femme trop peu connue qu'il valait la peine de révéler en dehors du cercle de sa communauté et de sa région.

Les pages écrites par Sœur Irène-Marie Fortin vont intéresser en tout premier lieu ses sœurs en religion et les anciennes élèves de Roberval; elles vont facilement y reconnaître les divers éléments de la vie et de l'atmosphère du monastère et de ces diverses écoles. Mais cette étude mérite également d'être lue par tous ceux qui s'intéressent à l'histoire religieuse et à l'histoire de l'éducation; ils y trouveront beaucoup d'éléments qui enrichiront divers aspects de leurs spécialités.

À l'auteur, j'offre donc mes félicitations et je lui souhaite de continuer à approfondir sa connaissance de la chronique et de l'histoire de sa communauté. Je souhaite que cet ouvrage serve de lien entre toutes et tous qui se regroupent, en cette année 1982, pour rappeler des souvenirs et rendre hommage aux pionnières de l'enseignement ménager au Québec.

Nive Voisine
Université Laval

Introduction

Depuis une quarantaine d'années, les territoires, dont les connaisseurs vantaient la richesse et la fertilité du sol, s'étendant des rives du Saint-Laurent aux extrémités nord du lac Saint-Jean, attiraient de courageux colons stimulés par le zèle du clergé, un patriotisme ardent et le désir d'ouvrir de nouvelles terres pour s'y établir.

Ce souffle d'enthousiasme, d'héroïsme, doublé d'un élan missionnaire ne tarde pas à pénétrer à l'intérieur du cloître des Ursulines de Québec, toujours désireuses d'étendre plus largement l'œuvre de Marie de l'Incarnation.

Vers 1880, des circonstances tout à fait inespérées invitent la Communauté à jeter les yeux du côté du Lac-Saint-Jean pour une nouvelle expansion. La contrée de Roberval, encore appelée « Pointe-Bleue », offre l'aspect d'une immense forêt coupée de rivières et de lacs, de défrichements isolés, de chemins qui ressemblent plutôt à des sentiers. Elle compte environ deux cents familles disséminées sur les terres formant quelques villages ici et là : Sainte-Hedwidge, la Réserve indienne et la « mission » de Chambord. Aucune voie ferrée ne la relie à la région de Québec. Un service postal la dessert tous les huit jours et les autres services de communication sont aussi lents que précaires.

Voilà où la Providence conduit le modeste rameau qui se détache, en 1882, du vieux tronc québécois de Marie de l'Incarnation pour fonder un monastère d'Ursulines destiné à dispenser l'éducation aux filles des colons et les préparer à leur rôle d'épouses en leur inculquant la « mystique du foyer et de la terre ».

Mère Saint-Raphaël, première supérieure et fondatrice, quitte la Maison-Mère de Québec avec six compagnes et s'établit définitivement dans le petit monastère à
peine achevé, le 1er août 1882. La fondation déjà orien-
tée par les paroles de Monseigneur Dominique Racine:
«rendre les jeunes filles capables d'aider leurs mères
dans les travaux du ménage», se concrétise dans l'érection d'une École Ménagère. Commencée dans l'ombre,
elle se développe malgré la pauvreté, l'isolement, les
souffrances et les épreuves qui ont marqué ses débuts...
La fondatrice mûrit le programme qu'elle a élaboré, au
fur et à mesure que les besoins nouveaux se présentent.

Reconnue officiellement en 1893 par les autorités
gouvernementales, l'École continue à progresser avec
l'aide du ministère de l'Agriculture qui favorise également la ferme avoisinante à l'institution. Deux fois détruite par le feu où sept religieuses perdent la vie, victimes de leur dévouement, l'œuvre redevient prospère en
1926, lors de la construction de l'École normale avec
laquelle elle partage les nouveaux locaux.

Le présent volume veut essayer de mettre en lumière le génie créateur de Mère Saint-Raphaël, le dévouement de ses compagnes, les heures héroïques vécues au
moment des grandes épreuves, le courage des recom-
mencements, la foi et la confiance en la Providence té-
moignées en toutes circonstances.

L'humble auteur de ces pages raconte d'une façon
bien simple mais réelle, la vie déroulée au fil des jours,
à l'intérieur du monastère, à l'École Ménagère, au pensionnat, à l'externat et plus tard à l'École normale. Elle
a voulu insister sur les luttes que Mère Saint-Raphaël
a soutenues pour maintenir à son institution le prestige
et le titre de première école ménagère au pays. D'autres
embryons d'enseignement ménager ont commencé à certains endroits, mais c'est le genre et la structure que la
fondatrice a inaugurés à Roberval qui demeurent sa
propre création.

Ancienne élève de la maison, consacrée à l'enseignement pendant quarante-sept années au pensionnat, à

l'École normale et au cours secondaire, secteur public, j'ai accepté avec beaucoup d'hésitation d'entreprendre ce travail, à la demande des autorités du monastère. Consciente de mes limites — je ne suis nullement historienne — c'est avec toute la ferveur de mon âme d'Ursuline que je me suis mise à écrire ces pages et je compte sur une grande indulgence de la part des lecteurs et lectrices.

Les principales sources viennent des Archives de Roberval, détruites en 1897 mais reconstituées de mémoire par Mère Saint-Raphaël, et de celles qui ont suivi la tragédie. Nous avons abondamment puisé dans les Archives du Monastère des Ursulines de Québec, du Ministère de l'Agriculture, de l'Évêché de Chicoutimi, du Service de documentation politique de Québec et dans Varia Saguenayensia. Quelques témoins oculaires nous ont aussi apporté des témoignages.

C'est donc un demi-siècle de travaux, de luttes, d'épreuves mais surtout de générosité et d'espoirs que ce livre a voulu retracer.

Vous les recevrez comme les anges de la terre que le Seigneur vous envoie.

Mgr Dominique Racine

CHAPITRE I

Projet d'établissement
au Lac-Saint-Jean

L es Ursulines établies à Québec depuis 1639, fidèles à l'inspiration missionnaire et patriotique de Marie de l'Incarnation, entretiennent depuis près de deux siècles le désir ardent d'aller porter le flambeau de la foi et de l'éducation chrétiennes dans d'autres contrées éloignées du berceau de la fondation.

La région du Lac-Saint-Jean nouvellement ouverte à la colonisation progresse lentement dans le domaine économique et intellectuel. La pauvreté règne parmi les habitants que le grand feu de 1870 a éprouvés. Plusieurs de ces vaillants pionniers songent à émigrer aux *Etats*. L'instruction bien rudimentaire se résume à peu près aux seules notions transmises par les familles issues des vieilles paroisses laurentiennes.

L'abbé Joseph-Ernest Lizotte, curé de Roberval, comprend que l'avenir de cette région réside dans le développement de l'agriculture et l'attachement des colons au sol. Pour améliorer leurs conditions de vie et seconder leurs efforts, il s'avère nécessaire de leur préparer des femmes, des maîtresses de maison initiées aux travaux de la ferme qui comprendront la profession d'agriculteur. Ce prêtre, doué d'un esprit clairvoyant, audacieux, tenace, devient un des principaux instruments qui favoriseront l'établissement des Ursulines à Roberval pour former les jeunes filles à leur futur rôle au foyer et dans la société.

1. Préliminaires

En juillet 1880, Élisée Beaudet, député au provincial des comtés de Chicoutimi et Saguenay, promoteur du bill de la Compagnie du chemin de fer de Québec au Lac-Saint-Jean, prononce un discours en Chambre[1] en réponse à Flavien-Guillaume Boutiller, député de Rouville, qui même après une description enthousiaste des territoires du Lac-Saint-Jean, se montre absolument opposé aux demandes de la Compagnie du chemin de fer. Beaudet envoie une copie de ce discours à sa belle-sœur, Ursuline à Québec, Mère Saint-Augustin Hardy. *Serait-ce la réponse du ciel à nos longues et ferventes prières?*, se demande la supérieure du temps, Mère Sainte-Catherine Tims, qui a pris connaissance du document.

En ce début de 1880, l'on a même fait prier les enfants pour une grande intention; de leur côté, les religieuses se sont entendues pour parler à l'évêque lors de la visite canonique. C'est qu'elles n'ont réalisé aucune fondation depuis 1697[2]. Les Ursulines de Québec, communauté maintenant nombreuse, aux affaires temporelles florissantes, se sont vu refuser quatre permis de fondation par Monseigneur Elzéar-Alexandre Taschereau[3].

À l'occasion d'un long parloir, en octobre suivant, la Supérieure, animée des mêmes désirs apostoliques que ses filles, veut se renseigner à fond sur la région du Lac-Saint-Jean. Elle voit aussi le Père Pierre-Zacharie Lacasse, o.m.i., ex-missionnaire chez les Indiens, qui achève

---

1. Débats de la législature de la Province de Québec, 3ᵉ session du 4ᵉ parlement de la Province de Québec assemblée le 28 mai 1880, pp. 616-621.
2. Celle du Monastère des Ursulines des Trois-Rivières en 1697.
3. Mgr Elzéar-Alexandre Taschereau, nommé archevêque de Québec, le 19 mars 1871 et créé cardinal le 7 juin 1886. (Henri Têtu, *Histoire du Palais épiscopal de Québec*, Québec, Pruneau & Kirouac, 1896, p. 222.)

Élisée Beaudet, député au provincial des comtés de Chicoutimi et Saguenay, en 1880.

Monseigneur Dominique Racine. Premier évêque de Chicoutimi.

L'abbé Joseph-Ernest Lizotte, curé à Roberval en 1881.

de la convaincre. Il est convenu de garder le plus grand secret sur ces consultations. Toutefois, Beaudet, sans vouloir manquer à sa parole, confie par lettre, à son frère, curé de Baie-Saint-Paul, l'abbé Pierre-Hubert Beaudet, qu'il vient de recevoir une offre de fondation des plus avantageuses pour le Lac-Saint-Jean. Il ajoute qu'on en parlera au prochain voyage de l'évêque de Chicoutimi. Aux yeux de Beaudet, la présence d'une communauté religieuse est absolument nécessaire à l'avancement de la colonie.

Lors d'une réunion des évêques en février 1881, l'abbé Joseph-Ernest Lizotte, curé de Roberval, qui se rend à Québec avec Mgr Dominique Racine[4], arrête à Baie-Saint-Paul, chez le curé P.-H. Beaudet, qui lui parle du rêve de son frère le député. À pareille nouvelle, Lizotte ne se possède plus de joie et part aussitôt rencontrer son évêque, *le suppliant à genoux*, disent les vieux documents, de ne point refuser une telle grâce. *Je ne serai que trop heureux si les Ursulines veulent bien accepter cette œuvre de dévouement*, répond simplement l'évêque de Chicoutimi[5].

Le lundi gras, 28 février, Mgr Racine célèbre la messe dans la chapelle des Ursulines et passe ensuite au parloir des religieuses. Devant leur ardeur pour les missions, il s'informe en ces termes: *Mgr Taschereau se rendra-t-il à pareil désir?* Les Ursulines en doutent, car il vient tout récemment encore de leur refuser un permis pour Lévis. *Bien, conclut l'évêque de Chicoutimi, je vais à l'archevêché et me charge immédiatement de cette négociation.*

---

4. Mgr Dominique Racine, premier évêque de Chicoutimi, le 28 mai 1878. (André Simard, prêtre, *Les Évêques et les Prêtres séculiers au diocèse de Chicoutimi*, Chicoutimi, Chancellerie de l'évêché, 1969, pp. 20-22).
5. AUQ, Texte d'après deux vieux cahiers raturés et enrichis de surcharges. L'un d'eux semble le journal du voyage au Lac-Saint-Jean, rédigé par Mère Sainte-Marie et dont parle Mère Sainte-Catherine dans ses lettres.

Dans l'après-midi, il revient annoncer le succès de sa démarche. À la lettre de remerciement qui lui est adressée sur le champ, l'archevêque répond de sa main. Il s'est déjà opposé à des fondations d'Ursulines, ne croyant pas reconnaître en cela les vues de Dieu ; mais à la première ouverture de Mgr Racine, il dit *oui* sans hésiter.

> Il faut maintenant, précise-t-il, choisir une nouvelle Marie de l'Incarnation, qui en soit la fondatrice et la première supérieure et qui mérite un jour d'être déclarée *vénérable et sainte.* Pour arriver là, il faut, sans doute, passer par bien des inquiétudes, des tribulations et des croix, mais c'est le chemin royal tracé et suivi par Notre-Seigneur ; et la fondatrice du monastère de Québec s'attend à ce que ses dignes filles y entrent avec grand courage[6].

2. Décision du Conseil de Québec

Le 1er mars, les « Discrètes » ou Conseillères approuvent unanimement cette fondation. Elles regardent cette affaire, conclue en quelques heures, comme l'œuvre de la divine Providence[7]. Le même jour, Mère Sainte-Catherine, supérieure, fait assembler le chapitre des vocales pour leur faire part de *la grave nouvelle*[8].

Plusieurs assemblées des Conseillères et des visites de Mgr Racine ont lieu en mai pour fixer les grandes lignes de l'entreprise avant le voyage des Mères Ursulines au Lac-Saint-Jean. On consacre la nouvelle fondation à la Sainte Famille par une prière composée pour la circonstance. Mgr Taschereau choisit cette patronne pour le futur monastère, le 8 mai, en la fête du Patronage de Saint-Joseph[9].

---

6. Mgr Taschereau à Mère Sainte-Catherine, 1er mars 1881, AUQ, *Roberval* I, 2.
7. [*Actes des Discrètes*], II, p. 42.
8. [*Actes du Conseil*], II, p. 346.
9. AUQ, *Annales*, II, pp. 497-498.

La Pointe-Bleue est retenue tout d'abord pour l'endroit de l'établissement, mais on y rencontre du pour et du contre. C'est pourquoi Mgr Racine croit nécessaire que les religieuses se rendent sur les lieux avant d'en faire l'acquisition. Pour sa part, Mgr Taschereau hésite beaucoup ne trouvant guère praticable, pour les religieuses, ce voyage au lointain Lac-St-Jean.

Le 23 mai, les Mères Sainte-Catherine Tims, supérieure, Saint-Georges Van Felson, dépositaire, et Sainte-Marie Cimon, maîtresse générale, choisies pour aller étudier les lieux en compagnie de Mgr Racine, sont munies de tous les pouvoirs requis pour acheter une propriété. Dans la matinée, Mgr Taschereau vient les bénir, les félicitant de l'œuvre qu'elles entreprennent. Le soir, lors de la dernière rencontre avec la Communauté, la bonne doyenne, Mère Saint-Gabriel Plante, qui compte vingt-quatre ans de supériorat et plus de soixante-huit ans vécus au Monastère sans franchir la clôture, pleure comme une enfant sans qu'on arrive à la consoler; il lui semble qu'elle ne reverra jamais ses chères Sœurs.

Le lendemain matin, à 7 h 15, Mgr Racine et l'abbé Georges-Louis Lemoine, aumônier, se chargent des bagages pendant que les voyageuses s'arrachent à leurs Sœurs éplorées. Les lourdes clés séculaires grincent dans la porte conventuelle et, *voiles bas, manteaux flottants*, nos héroïnes gagnent la voiture du Monastère et s'avancent courageusement vers l'inconnu.

On se rend à Chicoutimi par bateau et, de là, on gagne la Pointe-Bleue en voiture à planches. Madame Ernest Gagnon, sœur de Mère Sainte-Marie, obtient la permission de faire partie du voyage. Mais on a compté sans la sympathie enthousiaste des amis et des anciennes élèves groupés sur le parcours. C'est tout un problème que de se frayer un chemin de la voiture au navire. Les religieuses doivent même relever leur voile pour s'y reconnaître. Sur le bateau, on les entoure d'attentions. Ont-elles souffert du mal de mer? Probablement, car Mère Sainte-Marie écrit d'Hébertville que *le mal de planches* (des voitures à planches) *est préférable au mal de mer*[10]. À chaque arrêt du navire, une lettre part pour Québec. Nos religieuses arrivent à Chicoutimi pour l'Ascension et assistent à la grand'messe à la cathédrale où elles retrouvent le vieil orgue que les Ursulines de Québec viennent de céder à cette paroisse[11]. L'abbé Dufresne, neveu de Mère Saint-Pierre Godbout, est organiste[12].

Au Séminaire, les élèves les reçoivent par un coup de canon triomphal. Après la nuit passée chez les religieuses du Bon-Pasteur, elles se remettent en route vers Roberval, en voiture à planches pour 62 milles de trajet[13]. Mgr Racine occupe la première voiture, Mère Supérieure et Mère Saint-Georges la seconde, Mère Sainte-Marie et Madame Gagnon la dernière. Après huit heures de voyage, elles s'arrêtent à Hébertville et logent au presbytère. Le curé espère bien obtenir le couvent d'Ursulines pour sa paroisse. Le même espoir se manifeste chez les pasteurs de Saint-Jérôme, de Saint-Louis-de-Chambord et de la Pointe-Bleue qui ont envoyé des renseignements à Québec, comptant bien gagner la partie, vu que le choix de l'endroit n'est pas encore fixé. À Roberval, arc de triomphe et parure dans le village; réception des diverses députations suivie d'une visite à la réserve indienne de la Pointe-Bleue où on lit, en montagnais, une adresse dont le texte et la traduction sont conservés aux archives de Roberval. Le 31 mai, le Doc-

---

10. Mère Sainte-Marie aux Ursulines de Québec, 27 mai 1881, AUQ, *Roberval* I, 30.
11. Mère Saint-Georges aux Ursulines de Québec, 28 mai 1881, AUQ, *Roberval* I, 33. Il s'agit de l'orgue donné en 1835 à Mère Saint-Henri par son frère médecin à Paris, pour la chapelle des Ursulines de Québec.
12. David-Odilon Dufresne, futur aumônier des Ursulines de Roberval (1890-92), n'était encore que diacre; il sera ordonné le 31 juillet 1881. *Op. cit.*, p. 87.
13. Vers 1890, la route du pont de Chicoutimi au centre de Roberval mesurait 20.3 lieues, ce qui représente 62 milles, d'après les cadastres du temps.

teur Georges Matte, au nom de ses concitoyens, présente à son tour une adresse fort élogieuse dans laquelle il exprime aux Ursulines l'espoir qu'elles viendront bientôt s'établir dans ce pays *tout jeune, à peine sorti de la nature*[14].

3. Achat et construction de la propriété

En effet, les Mères ont acheté[15] la veille une propriété de Jean-Baptiste Parent[16], un terrain de six acres environ et une maison que l'on veut hausser d'un étage. Ce dernier ajoute gratuitement une pointe de terre d'un arpent et demi de superficie. Alphonse Marcoux agrandit ce petit domaine en donnant un arpent de belle et bonne terre à la limite de la propriété, tandis que Euloge Ménard fait un premier don de 100$[17]. Les Ursulines n'ont à payer que 400$, le curé Lizotte se charge de 200$. Les religieuses devront allouer environ 2 000$ pour les constructions et améliorations nécessaires[18].

Pour le nouveau monastère, le marché conclu par Mgr Racine avec l'entrepreneur Thomas Pearson, s'élève à 1 600$[19]. Dès le 22 décembre de la même année, la communauté de Québec consent à porter les dépenses à 4 000$[20].

La veille de la Pentecôte, nos voyageuses s'embarquent à Chicoutimi pour le retour à Québec. Par suite

---

14. Rossel Vien, *Histoire de Roberval*, Montréal, Société historique du Saguenay, no 15, 1955, et dans le *Journal de Québec*, 23 juil. 1881.
15. Contrat devant J.-C. Lindsay, n.p., acte no 725, 30 mai 1881, AUR, *Section des contrats*.
16. Frère d'Étienne Parent.
17. AUR, (*Annales reconstituées de mémoire par Mère Saint-Raphaël après 1897*), I, p. 3.
18. AUQ, [*Actes du Conseil*], p. 50.
19. Mgr Racine à Mère Saint-Georges, 2 et 4 juillet 1881, AUQ, *Roberval* I, 50 et 51.
20. AUQ, *Annales*, II, p. 505.

d'un arrangement des frères de Mère Sainte-Marie avec le capitaine, l'honorable Thomas McCreevy, président de la compagnie de bateaux de Saint-Laurent et du Saguenay, le navire s'arrête pour la nuit à La Malbaie. Vers 22 h., les religieuses sont reçues chez Xavier Cimon où toute sa famille se réunit. Le repos ne dut pas être long, car, à 5 h, Mgr Racine dit sa messe en présence des religieuses et, peu après, le bateau reprend sa marche. Quel émoi au Monastère à la réception du télégramme annonçant l'arrivée pour le début de l'après-midi du 5 juin! L'aumônier, le Père Lemoine, comme on l'appelle, comprend si bien la situation qu'il fait dire à la Mère Assistante de remettre à 15 h les Vêpres qu'on psalmodie habituellement à 14 h.

Dès le lendemain, 6 juin, le Conseil ratifie l'achat de la propriété de Jean-Baptiste Parent et l'on espère pouvoir envoyer des missionnaires dès l'automne pour commencer l'œuvre[21]. Sur l'avis de l'évêque de Chicoutimi, la pension des élèves est fixée à 6 $ par mois et l'on doit demander 2 $ pour la musique[22].

La fondation agréée par Mgr Taschereau, Mgr Racine de passage à Québec fait un petit discours dans la chapelle des Ursulines, à l'adresse des fondatrices de Roberval avant leur nomination. Il ne voile en rien la vie rude qui les attend:

> Vous aurez à souffrir et bien souvent votre immolation revêtira le cachet de l'héroïsme, dit-il, mais Dieu verra avec quelle pureté d'intention vous accomplissez les œuvres de votre vocation (...). Les larmes que vous verserez, il les fera servir à ses desseins mystérieux, elles féconderont le champ de votre apostolat (...). De pauvres âmes vous attendent, elles ont besoin de vous (...). La semence jetée en terre produira cent pour un et vos cœurs en seront merveilleusement réconfortés (...). Marchez à la suite des apôtres de la foi, vous renouvellerez la face de cette contrée qui a tant besoin de vous (...). En attendant, votre évêque de plus tard appelle sur

---

21. AUQ, [*Actes des Discrètes*], II, p. 45.
22. *Ibid.*, p. 46.

vous les grâces abondantes qui adouciront vos épreuves et raffermiront vos courages[23].

Les éventuelles fondatrices ne partiront certes pas dans le luxe, s'il faut en juger par ce billet de Gédéon Ouimet, Surintendant de l'Instruction Publique, à l'abbé P.-R. Lagacé, principal de l'École Normale Laval: *Vous pourrez donner aux Dames Ursulines pour leur maison du Lac-Saint-Jean, les deux poêles, les vieux bancs, les vieilles tables et les vieilles cartes mentionnées dans votre lettre du 25 courant*[24].

Pendant ce temps, à Roberval, le curé Lizotte consacre toute son ardeur et tout son zèle pour que le futur monastère soit en état de recevoir les religieuses le plus tôt possible. Il prépare le plan de rénovation de la maison Parent et endosse la surveillance des travaux en collaboration avec l'entrepreneur Pearson. Quel énorme travail à effectuer quand on songe aux fondations en madriers à consolider, même à refaire, et l'étage supplémentaire à construire.

Le 1er août, nomination des fondatrices: Mère Saint-Raphaël Gagné[25], Mère Saint-Henri Dion, Mère Saint-François-de-Paule Gosselin, Mère Saint-Alexandre Poitras, Mère Marie-de-la-Nativité Létourneau[26] et deux Sœurs converses: Sœur Saint-Joachim Marcoux[27] et Sœur Saint-Vincent-de-Paul Boucher. On les présente à Mgr Racine dès le lendemain. Le 5 du même mois, les Conseillères nomment Mère Saint-Raphaël supérieure et Mère Saint-Henri assistante.

---

23. AUQ, Résumé d'une ancienne feuille gardée aux Archives.
24. Gédéon Ouimet à l'abbé P.-R. Lagacé, 30 juillet 1881, AUQ, *Roberval* I, 55.
25. Malvina Gagné, née à Saint-Michel-de-Bellechasse le 6 nov. 1837, est reçue postulante, sans dot, à 23 ans, fait profession le 21 nov. 1863.
26. Une des six Sœurs Létourneau.
27. Sœur Saint-Joachim, fatiguée, revient à Québec le 13 juillet 1885, lors du voyage à Roberval de Mère Saint-Georges Van Felson, supérieure.

Les Mères fondatrices en 1882.
Première rangée à gauche: Mère Saint-Alexandre, Mère Saint-Henri, Mère Saint-Raphaël, Mère Saint-François-de-Paule. Deuxième rangée: Sœur Saint-Vincent, Mère Marie-de-la-Nativité, Sœur Saint-Joachim.

Un deuxième voyage au Lac-Saint-Jean jugé nécessaire, Mère Sainte-Catherine, supérieure, part le 12 septembre en compagnie de Mère Saint-Raphaël et de Sœur Saint-Joachim, missionnaires élues. Mais pour éviter toute démonstration, les voyageuses montent en voiture dans la cour du Vieux Dépôt. Les élèves de la Maison-Mère qu'on a laissées au lit ce matin-là ne s'aperçoivent de rien.

Mère Sainte-Catherine croyait pouvoir laisser les premières fondatrices à l'œuvre. Mais toutes trois reviennent au bout de six jours: le nouveau monastère ne sera pas habitable avant le printemps. On laisse cependant les effets apportés pour la maison.

En l'absence de Mère Supérieure, Mgr Taschereau accède à la demande de Mère Sainte-Marie, assistante

depuis le 1er août, de faire entrer Madame Thomas Labrie qui doit enseigner aux missionnaires du Lac différents ouvrages utiles à la campagne, entre autres le tissage des toiles[28]. Mère Saint-Raphaël, en effet, se fait
déjà une idée bien claire de l'orientation à donner à
leurs futures élèves.

Le 3 avril 1882, Mère Saint-Raphaël et Mère Saint-
Henri reçoivent la permission de visiter les communautés de Québec: l'Hôpital Général et l'Hôpital du Sacré-
Cœur. Mère Supérieure les rappelle le soir même: Irma
Cloutier, nièce de Mère Saint-Raphaël, est mourante. Le
10, la malade devenant hors de danger, elles sortent de
nouveau et ne reviennent que le 13, chargées de mille
objets nécessaires à une fondation, après avoir été
reçues avec la plus grande affection dans les deux communautés d'hospitalières[29]. De son côté, Mgr Henri Têtu, P.D., est heureux de donner une pierre d'autel pour
Roberval[30]. Mgr Taschereau envoie un rameau bénit la
veille pour le nouveau monastère.

Durant tout ce temps se poursuit la correspondance
de Mgr Racine à propos de la construction, de l'organisation de la communauté, de tout ce qui regarde Roberval. Il aime à badiner et l'on peut recueillir nombre de
beaux passages spirituels jaillis de sa plume. Il taquine
même Mère Supérieure tout en rendant fidèlement, jusqu'au moindre détail, les comptes de l'argent reçu ou
dépensé.

Des difficultés importantes surgissent déjà. Sans
prévenir Québec, l'abbé Lizotte a fait changer le site de
la bâtisse et démolir complètement la maison Parent.
L'entrepreneur Pearson, ayant accepté l'entreprise à très
bon marché, se voit à bout d'argent. Mgr Racine, de
peur que les travaux ne soient abandonnés, est prêt à

---

28. Mgr Taschereau à Mère Sainte-Marie, 12 septembre 1881, AUQ,
    Roberval I, 71.
29. AUQ, *Annales*, II, p. 506.
30. Mgr Henri Têtu aux Ursulines de Québec, 29 août 1881, AUQ,
    Roberval I, 62.

fournir des fonds pour l'exhaussement de la maison aussitôt qu'il touchera quelque argent. Il l'écrit à la Supérieure de Québec en plaidant habilement la cause de Roberval[31].

L'archevêque de Québec et l'évêque de Chicoutimi ainsi que les Ursulines croient le temps venu de préparer les documents qui fixeront de façon claire et précise toutes les clauses et les conditions se rapportant à l'établissement du nouveau monastère de la Pointe-Bleue.

4. Contrat de fondation

Le contrat de fondation du Monastère de Marie de l'Incarnation, sous le patronage de la Sainte Famille, à Notre-Dame de la Pointe-Bleue au Lac-Saint-Jean, en date du 15 mai 1882, comprend quatre pages format papier écolier. Il porte la signature des sept conseillères de Québec et des cinq religieuses choristes nommées pour Roberval. Trois jours plus tard, soit le 18 mai 1882, en la fête de l'Ascension, Mgr Taschereau et Mgr Racine y apposent leur approbation avec sceau et signature. Le document comprend aussi une bénédiction spéciale à l'adresse des fondatrices[32].

On y lit les trois buts spirituels de l'entreprise:

> **Pour mémoire perpétuelle les Ursulines croient devoir consigner ici qu'elles entreprennent cette œuvre d'un grand cœur, désirant par là: *1°* glorifier Dieu et honorer la Sainte Famille de Jésus, Marie, Joseph; *2°* contribuer à la conservation et à l'accroissement de la foi dans les vastes régions du Lac-Saint-Jean qui s'ouvrent à la colonisation; *3°* obtenir le prompt succès de la cause de béatification et canonisation de leur Vénérable Mère Marie Guyart de l'Incarnation et imiter**

---

31. Mgr Racine à Mère Saint-Georges, 2 janvier 1882, AUQ, *Roberval* I, 89b.
32. Contrat de la fondation approuvé par E.-A. Taschereau, archevêque de Québec et Mgr Dominique Racine, évêque de Chicoutimi, le 18 mai 1882, AUQ, *Roberval* I, 113a.

quelque peu le dévouement qui lui fit traverser les mers pour travailler à la formation d'un peuple chrétien en ce pays encore sauvage.

La communauté de Québec donne 4 000$ en biens et immeubles, sans intérêts ni redevances quelconques et un trousseau convenable. Ce fonds ne pourra être aliéné, hypothéqué, grevé en matière quelconque, sans l'autorisation expresse de la communauté de Québec. Si la fondation vient à manquer, tout reviendra de droit aux Ursulines de Québec. Aucune Supérieure ne dépassera en charge deux triennats. Après trois ans, les membres de la nouvelle communauté feront connaître leur opinion individuellement et par écrit. Après trois ou six ans, on pourra élire une nouvelle supérieure, soit parmi les sujets de la nouvelle maison, soit parmi deux ou trois religieuses de Québec, désignées par le Conseil de la Maison-Mère. Il sera toujours loisible à celle-ci de rappeler pour juste cause les sujets envoyés à la fondation; elles aussi auront toujours la liberté de revenir au monastère de leur profession.

Tant que la nouvelle maison recevra du secours du Monastère de Québec et sera sous sa dépendance, elle devra chaque année lui rendre un état de comptes signé par deux des officières. Elle ne recevra point sans permission du Conseil de Québec de sujet sans dot à moins qu'il ne soit doué de qualités exceptionnelles, ni de pensionnaire gratuite. Les lettres des professes de Québec à la Supérieure de Québec sont considérées comme privées de même que les réponses à ces lettres, la Supérieure de la nouvelle maison se contentant de les ouvrir ou de les fermer[33].

Un autre document de la même date, intitulé: *Instructions particulières pour le Monastère de la Pointe-Bleue*, est également approuvé et signé par les deux évêques. Ces documents du Conseil de la Communauté sont rédi-

---

33. Selon les lois ecclésiastiques du temps.

gés sous seing privé. Mgr Taschereau écrit à Mère Sainte-Catherine, supérieure de Québec[34], pour lui demander quelques corrections au contrat de manière à ne pas attirer d'ennuis plus tard à la Maison-Mère. Il veut aussi assurer la liberté de la nouvelle communauté lorsqu'elle deviendra complètement autonome. Par exemple : la réception des sujets sans dot ou des pensionnaires gratuites ne devrait être sujette à l'approbation de la communauté de Québec qu'aussi longtemps que la nouvelle fondation recevra des Sœurs de Québec. Du moment que cette dernière se suffira à elle-même, elle devra être émancipée de cette obligation. L'archevêque de Québec et l'évêque de Chicoutimi décident en définitive que les religieuses partiront avec les Constitutions, permissions et dispenses qu'elles devront pratiquer comme à Québec. Le temps indiquera s'il faut apporter des changements. Les grilles pourront être simples jusqu'à ce qu'un nouveau monastère régulier soit construit. On ne commencera à dire le grand office que lorsque la communauté comptera au moins douze professes de chœur[35].

Le 2 mai, le Conseil a voté *une offrande de 15$ aux Sœurs du Bon-Pasteur de Chicoutimi, pour les indemniser des dépenses occasionnées par nos Sœurs qui logeront chez elles en route pour le Lac-Saint-Jean*[36]. Le 10 mai, Mgr Taschereau accorde la permission au photographe d'entrer avant le départ des fondatrices. Grâce à cette attention, nous avons aujourd'hui encore une bonne photo de Mère Saint-Raphaël dans la quarantaine, au moment de la fondation, photo que l'on vénère à Roberval et qui ne ressemble en rien à celle de la pauvre octogénaire toute brisée par l'âge, les épreuves, le travail et les soucis.

---

34. Mgr Taschereau à Mère Sainte-Catherine, 8 et 10 mai 1882, AUQ, *Roberval* I, 111.
35. Les exemplaires de ces pièces sont disparus dans les flammes de 1897. Des photocopies des originaux de Québec sont conservées à Roberval. AUR, *Section des contrats*.
36. AUQ, [*Actes des Discrètes*], II, p. 53.

5. Départ des fondatrices

Enfin, le 19 mai au matin, la communauté se rassemble pour une dernière salutation aux généreuses partantes. Bientôt, sur l'assistance, plane un silence chargé d'émotions! Les traditionnelles clés de clôture s'ajustent bruyamment au double verrou... et la grille s'ouvre... Très dignes et sereines, Mère Saint-Raphaël et son Assistante, Mère Saint-Henri, les Sœurs Saint-Vincent et Saint-Joachim quittent définitivement la Maison-Mère accompagnées de Mgr Racine. Arrivées à Chicoutimi le 20 mai, elles reçoivent l'hospitalité des Sœurs du Bon-Pasteur. Le curé Lizotte envoie à Chicoutimi Alphonse Marcoux, charretier courtois, à la rencontre de celles qu'on appelle *les Dames religieuses du Lac-Saint-Jean.* Elles se remettent en route le 22 au matin, couchent au presbytère d'Hébertville et, le 23 courant, un peu après six heures du soir, sous une pluie battante, elles entrent à Roberval. Le jour suivant, les glaces grisonnantes du Lac coulent[37].

Mais quelle n'est pas la déception des religieuses à la vue des travaux si peu avancés et qu'on avait espéré à peu près terminés! «C'est qu'on a dû ajouter à la construction de la maison, une petite étable, puis attenante à ce bâtiment, une chambre assez confortable pour le logement d'un domestique[38].» Impossible de songer à demeurer dans le couvent, car il n'y a d'habitable que la petite chapelle et la mansarde. Les quatre missionnaires demeurent au presbytère pendant dix jours, mais reviennent chaque matin pour travailler à l'aménagement de leur future demeure.

Tout d'abord, on décide de préparer la petite chapelle: un modeste autel, quelques bancs. Une grille en bois sépare le sanctuaire de la partie occupée par les élè-

---

37. Vien, *op. cit.*, p. 136.
38. *Réminiscences de Mère Saint-Raphaël*, p. 3, document conservé aux Archives des Ursulines de Roberval.

ves et les religieuses. Dans la mansarde, à peine confortable, on monte quatre lits; au centre, on y installe un petit poêle d'emprunt car, à cette époque de l'année, il faut encore chauffer. Des planches posées à terre servent d'armoire pour recevoir le linge et les vêtements. Des caisses renversées tiennent lieu de tables et de chaises[39]. On ne peut exiger moins de confort!

Et voilà que s'ajoute un nouveau problème: l'entrepreneur Pearson avertit qu'il veut abandonner la construction. Il n'a plus d'argent! Plutôt que de voir retarder les travaux, la fondatrice songe à faire un emprunt et à payer la rente avec l'argent qu'elle espère recevoir dès septembre des pensions des élèves. À sa Supérieure de Québec, elle fait donc connaître ses difficultés et son projet. Sa lettre se termine par ces phrases qui nous peignent sa détresse et son embarras. *Je vous assure, ma bien chère Mère, qu'il me faut remonter le courage de temps en temps. Je me demande quelle sera l'issue de cette affaire de construction (...) mais je suis confiante en Dieu qui se charge de tout lorsque les moyens humains manquent*[40].

Évidemment, Mère Saint-Raphaël doit faire face à une situation pénible. Elle n'est à Roberval que depuis vingt-quatre heures et déjà les soucis sont de taille à menacer son courage. Le 3 juin apporte heureusement une douce consolation: le curé Lizotte vient célébrer la première messe au couvent dont les Sœurs viennent de prendre possession et y laisse le Saint Sacrement. Deux fois par semaine, il revient pour la célébration de l'Eucharistie. Mais les jours de fête et le dimanche, les religieuses se rendront à la paroisse jusqu'à l'arrivée d'un vicaire, en septembre 1882.

Le 18 juillet, Mère Sainte-Catherine, supérieure de Québec, entreprend son troisième voyage au Lac-Saint-Jean, en compagnie de Mère Saint-Joseph, des Mères

---

39. *Ibid.*, p. 4.
40. Mère Saint-Raphaël à Mère Sainte-Catherine, 24 mai 1882, AUQ, *Roberval* I, 116a.

Saint-François-de-Paule Gosselin, Saint-Alexandre Poitras, Marie-de-la-Nativité Létourneau. Elles viennent compléter le noyau des fondatrices. Sur le chemin, une voiture se brise. On doit en emprunter une autre pour continuer le voyage. Mais la pauvre Mère Sainte-Catherine supporte difficilement les nombreux ballottements de la voiture provoqués par le mauvais état des routes, la longueur du trajet et la «chaleur africaine». Elle en portera les pénibles conséquences jusqu'à la fin de ses jours. Il en faut du courage, de l'endurance et de l'abnégation à ces femmes dont la vie du cloître a fait perdre l'habitude de voyager depuis bon nombre d'années!

On imagine le bonheur des Sœurs du Lac à l'arrivée de leurs compagnes le 20 juillet 1882. Le village en liesse célèbre la fête de Saint-Jean-Baptiste qu'on a retardée jusqu'à ce jour pour ne pas nuire aux travaux saisonniers. Un grand nombre de personnes attendent à la porte du couvent et se montrent très édifiées en voyant avec quelle effusion de tendresse les religieuses s'embrassent. Les chemins balisés et le pavillon sur le toit ajoutent à l'atmosphère de la joie du revoir.

Dans une lettre que Mère Sainte-Catherine écrit à Mère Sainte-Marie, son assistante, elle lui demande d'avertir Élisée Beaudet que «l'installation» au Lac aura lieu le 1er août et qu'il y est attendu. Elle ajoute que les Sœurs sont très fatiguées et qu'elles travaillent comme des esclaves. Levées à quatre heures du matin, elles ne s'arrêtent qu'à dix heures du soir.

Le monastère, bâtiment de 80 pieds sur 40 à deux étages, présente une assez belle apparence; les chambres sont petites et bien éclairées, la chapelle pieuse, mais petite. «What a pity the chapel is not larger! You have no idea how small it is![41]» Ajoutons qu'en plus de leur travail épuisant, les Sœurs se sont contentées jusqu'en août d'un menu plus que frugal: pain noir, lard

---

41. Mère Sainte-Catherine à Mère Sainte-Marie, lettre en anglais, 25 juillet 1882, AUQ, *Roberval* I, 122.

Premier monastère des Ursulines de Roberval construit en 1881 et démoli en 1894.

salé et pommes de terre[42]. Cela explique leur état de grandes fatigues noté par Mère Sainte-Catherine dans sa lettre.

Le 24 juillet, le curé Lizotte se rend célébrer une grand'messe à la Pointe-Bleue et organise, avec le concours de Euloge Ménard et de Alphonse Marcoux, une excursion à Saint-Prime pour répondre à l'invitation du curé François-Xavier Belley, désireux de recevoir les Ursulines. Ce dernier les conduit jusqu'à Saint-Félicien, alors une simple mission qu'il dessert. En plus de se faire connaître, les religieuses voient dans ce voyage une occasion propice pour le recrutement des pensionnaires.

Mais le temps court! Tant de choses encore réclament le travail et l'ingéniosité des Sœurs avant de procurer au monastère un petit air de fête convenable pour l'installation prochaine!

---

42. *Réminiscences de Mère Saint-Raphaël, op. cit.*, p. 5.

Mgr Racine adresse aux paroissiens de Notre-Dame du Lac-Saint-Jean une courte lettre pastorale annonçant la fondation. Il loue le mérite des Ursulines depuis deux siècles et recommande celles d'entre elles qui veulent bien consacrer leur vie aux enfants de la vallée du Lac-Saint-Jean. *Vous les recevrez donc comme les anges de la terre que le Seigneur vous envoie, écrit-il; vous les entoure-rez de respect et de vénération, vous leur confierez vos jeu-nes enfants pour qu'elles leur enseignent avec les sciences humaines, la science par excellence, celle de la vertu et de la sainteté*, poursuit-il; il termine par une brève prière spontanée aux trois personnages de la Sainte Famille, sous le patronage desquels le nouveau monastère est placé[43].

6. Les fêtes de l'installation

Enfin, le 1er août arrive, jour tant désiré par les fon-datrices ! Le curé Lizotte permet à ses paroissiens de tra-vailler le dimanche précédent pour orner l'Église, ba-liser les chemins jusqu'au couvent et construire six ar-ches magnifiques d'où se détachent des inscriptions va-riées. Partout les drapeaux et les oriflammes flottent au vent. Les dames de l'endroit préparent et décorent l'é-glise aidées par les religieuses qui apportent la chasuble et les dalmatiques ainsi que les fleurs artificielles pour l'autel. Ce jour-là, température idéale ! Les canots des Indiens de la réserve sillonnent le lac. Ceux-ci viennent en foule à la fête, disant que les Ursulines s'établis-sent pour eux au Lac-Saint-Jean, comme Marie de l'In-carnation est venue à Québec pour leurs ancêtres.

Mgr Racine vient présider la cérémonie et prend place sur son trône dans le sanctuaire. Il veut donner à cette fête toute la solennité possible. Un grand nombre de prêtres, accourus des paroisses du diocèse et même

---

43. AUQ, *Annales*, II, p. 508.

de l'extérieur, remplissent le chœur. L'abbé J. Richard du Séminaire de Trois-Rivières chante la grand' messe et les religieuses, Mère Sainte-Catherine en tête, y assistent occupant les sièges qu'on leur a réservés près de la balustrade.

L'abbé Lizotte donne lecture de la lettre pastorale de Mgr de Chicoutimi concernant l'établissement des Ursulines au Lac-Saint-Jean. Le curé d'Hébertville[44] prononce le sermon s'inspirant du texte de l'Écriture: « Domus quam cupio aedificare magna est[45]. » Il d5montre que cette nouvelle maison sera un temple par la présence de Dieu, par l'exercice de la prière et par le sacrifice, un cénacle par la transformation opérée par l'éducation et l'instruction données aux enfants. Cette pièce d'éloquence, rapportent les *Annales*, produit une profonde impression.

Après le sermon, l'évêque bénit la cloche du monastère placée au bas du sanctuaire. À la suite des parrains et des marraines, on invite toutes les personnes présentes à sonner la cloche et les Indiens ne sont ni les derniers, ni les moins généreux. Cette cloche, don de Madame William Murray, de Toronto[46], pèse 107 livres. Elle reçoit les noms de Marie, Joseph, Anna, Jeanne, Agnès. Le premier récit ne lui reproche qu'un défaut, celui d'avoir la tête trop légère et d'exercer ainsi la patience des novices, ordinairement chargées de sonner la cloche.

Mgr Racine, les membres du clergé, les parrains et marraines de la cloche prennent le dîner conventuel qu'un reporter appelle « un goûter ». Vers trois heures, l'évêque chante un salut solennel à l'église de la paroisse. Au chant des cantiques et des psaumes, il se rend ensuite au couvent en procession suivi du clergé

---

44. Abbé Bruno-Élisée Leclerc, V.F. Simard, *op. cit.*, p. 62.
45. « La maison que je bâtis sera grande ». *2 Ch. 2,4*.
46. Madame William Murray était la mère de Mère Marie-de-la-Purification, jeune professe de Québec.

et de toute l'assistance. « Les religieuses debout sur le seuil de la porte, toutes recueillies, chantent excepté une qui paraît la plus jeune et qui pleure[47]. » Il s'agit probablement de Mère Marie-de-la-Nativité Létourneau.

À la porte du couvent, le prélat procède à la bénédiction. En terminant, il adresse la parole aux séculiers et aux religieuses, les félicite de l'œuvre qui s'accomplit. « Jésus, votre Époux, vient prendre possession de cette maison, leur dit-il, entrez sans crainte, il vous attend. » Les portes s'entrouvent et l'évêque invite les religieuses à en franchir le seuil. Elles s'agenouillent à ses pieds, sollicitent une dernière bénédiction, puis disparaissent derrière la grille qui se referme sur elles sous un double verrou. Le clergé se retire dans la chapelle du couvent et la fête se termine par un *Te Deum*. La cloche bénite le matin a été montée dans le clocher et sonne pour la première fois tout le temps de la procession et de l'installation. Pour clore la journée, un magnifique feu d'artifice, préparé par les citoyens de Roberval, illumine joyeusement les bords du Lac.

Les papiers de nos Mères de Québec donnent une description exacte de la fête du 1er août 1882, écrit Mère Saint-Raphaël, *mais ce que l'on n'y dit pas et que l'on ne soupçonnait pas, c'est la joie des missionnaires qui se trouvaient enfin séparées du monde dans leur chère clôture*[48].

Cette joie, Dieu aidant, elles la garderont à travers les mille difficultés d'une vie quotidienne des plus austères et les rudes épreuves qu'il faudra affronter. Mgr Taschereau s'est montré bon prophète en esquissant le portrait de la future fondatrice et, par conséquent, celui aussi de ses compagnes.

En ce 1er août 1882, Mère Saint-Raphaël, âgée de 44 ans, inaugure son œuvre à Roberval et renouvelle le geste de Marie de l'Incarnation venue fonder à Québec, le premier monastère de moniales, le 1er août 1639.

La semence est jetée en terre...

---

47. Vien, *op. cit.*, p. 139.
48. AUR, *Annales reconstituées, op. cit.*, I, p. 8.

CHAPITRE II

Les débuts de la fondation

En acceptant une fondation à Roberval, les Ursulines, conscientes de l'importance et de l'originalité de l'œuvre qu'elles viennent y implanter, se proposent de ne rien négliger pour lui assurer de solides bases dès le début. Installées dans leur monastère, elles s'occupent activement de la préparation matérielle de l'école. Mère Saint-Raphaël, fidèle à la consigne donnée par Mgr Dominique Racine pour l'éducation des filles de Roberval, élabore un programme d'enseignement ménager qui doit marcher de front avec le cours des études régulières du temps. L'application en sera faite dès septembre prochain. Elle s'initie aux techniques agricoles sur la petite terre qu'elle commence à exploiter avec l'aide du fermier.

Malgré les nombreuses incommodités suscitées par le mauvais état de la maison, l'exiguïté des locaux, le manque d'argent et d'instruments spécialisés pour l'enseignement ménager, l'école fonctionne, grâce à la générosité des gens de Roberval qui lui prêtent rouets et métiers. La nouveauté de son genre et l'éducation pratique qu'elle dispense attirent les élèves et émerveillent les parents qui la visitent. Les vocations religieuses ne tardent pas à se présenter à la communauté naissante. L'éloignement de la maison-mère, l'originalité des besoins nouveaux de l'école de Roberval provoquent certaines incompréhensions pour l'administration de part et d'autre. La mort de Mère Saint-Alexandre, jeune professe décédée en 1885, s'avère une très grande épreuve pour la communauté.

Nous verrons l'esprit de foi, le courage, le dévouement, l'initiative, le zèle que les religieuses témoignent
au milieu des soucis, des difficultés survenus dans les
débuts de cette fondation.

1. La fondatrice

Les derniers feux de joie éteints, les chants de fête
évanouis, la foule dispersée, les portes du cloître fermées, les religieuses vivent maintenant « chez elles » en
leur chère clôture. Les cœurs débordent de joie et de
reconnaissance. Quel contraste que ces heures de repos
et d'intimité si bien méritées, avec les derniers jours de
travail intense pour la préparation des fêtes de « l'installation ! »
Cette visite de la Supérieure de Québec, si courte
soit-elle, apporte aux Mères du Lac un grand réconfort
moral, une joie fraternelle profonde, une certitude que
la Maison-Mère partage de loin, comme de près, les consolations et les difficultés de leur vie missionnaire.
Dès le matin du 3 août, sonne l'heure du départ.
Mère Sainte-Catherine et Mère Saint-Joseph, sa compagne, reprennent le chemin du retour. Cette séparation
ne se fait pas sans provoquer quelques émotions, si l'on
en juge par la correspondance d'alors.

> **Après votre triste départ du 3 août, chère Mère, nous
> sommes allées nous jeter aux pieds de Notre-Seigneur et après
> avoir pleuré quelques temps, nous nous sommes remises à
> l'œuvre avec courage. Nos courageuses compagnes sont
> admirables. Notre bonne Mère Supérieure nous trouvent
> gaies maintenant** [1].

Et Mère Saint-Raphaël, de son côté, laisse percer
une pointe de nostalgie tout en exprimant sa reconnaissance et sa joie de pouvoir reprendre la vie régulière.

---

1. Mère Saint-François-de-Paule à Mère Sainte-Catherine, 13
    août 1882, AUQ, *Roberval* I, 153a.

> Nous sommes toutes passablement remises de nos petites fatigues, mais toujours l'esprit et le cœur pleins de votre souvenir (...). Toutes les traces de la fête sont disparues. Les observances se sonnent et se font comme à Québec; toutes nous jubilons, mais personne plus que ma Sœur Saint-Henri et moi qui souffrions depuis si longtemps d'être religieuses à demi (...).
>
> Nous ne savons comment témoigner notre reconnaissance à toutes nos chères Mères et Sœurs. Tant de bienveillance, d'intérêt, d'attentions délicates et affectueuses toujours embaumées du parfum de la charité[2].

Désormais, c'est autour de cette bonne Mère que vont se nouer les liens de la petite communauté de Roberval, liens solides inspirés par le respect, la charité et la confiance mutuels. Qui est donc cette personne que la Providence choisit pour présider aux destinées de la fondation au Lac-Saint-Jean?

Des religieuses ursulines, témoins oculaires encore vivants[3], nous la présentent comme une femme exceptionnelle, douée d'une foi forte, d'un esprit sérieux, éclairé, ouvert, d'un courage magnanime. Son éducation familiale, sa vocation d'Ursuline, les charges diverses occupées au monastère de Québec et même à l'extérieur, l'ont préparée à comprendre les besoins des gens et des temps.

Habituée dès son jeune âge à la maison et, plus tard, à l'école à lutter avec énergie contre les saillies de son caractère impulsif, même violent à ses heures, elle en arrive à se dominer, la grâce aidant, à tel point que la bonté et la douceur lui deviennent comme naturelles.

Sous l'œil attentif de sa chère maman, la jeune adolescente s'initie aux travaux domestiques, à la culture du jardin, à la décoration de la maison, à la couture et à la confection des ouvrages de broderie et de tricot. On

---

2. Mère Saint-Raphaël à Mère Sainte-Catherine, 5 août 1882, AUQ, *Roberval* I, 148a.
3. À Roberval, en 1980, vivent encore plusieurs religieuses qui ont connu la Fondatrice décédée en 1920.

remarque déjà un grand souci de perfection dans son travail.

Son goût de l'agriculture lui vient probablement de ses joyeuses et fréquentes visites au cours de la belle saison, chez un oncle maternel qui possède une ferme très bien organisée. Quel plaisir pour la fillette de courir avec son aînée autour des grands prés, des champs de blé, de suivre la tante à la cueillette des œufs au poulailler et des petits fruits au jardin !

Plus tard, après son entrée aux Ursulines de Québec, on lui confie divers emplois qui, bien que modestes, lui inculquent des connaissances variées. En plus des classes, elle devient maîtresse de division à l'École normale, infirmière des élèves, pharmacienne, assistante-dépositaire et aide-sacristine.

Un jugement sûr, un sens pratique averti l'orientent vite sur la voie des solutions à trouver au moment précis. Son comportement, empreint d'une profonde modestie et d'une grande simplicité au service d'un dévouement inlassable, lui gagne l'affection et l'admiration de ses élèves ainsi que des personnes de toutes conditions avec qui elle doit traiter d'affaires.

Mais laissons à l'histoire le soin de nous faire découvrir la profondeur de son être, dans le feu de l'action, aux prises avec l'organisation générale de sa maison et la poursuite de l'œuvre dont elle est la première responsable.

2. L'organisation matérielle

C'est d'abord l'intérieur du monastère qui réclame les énergies, l'initiative et le courage des religieuses. Cette petite construction de 80 pieds sur 40, à peine achevée, surmontée d'un toit à mansardes, rallongée aux deux bouts par un appentis ne ressemble en rien à l'historique Monastère de Québec. Qu'importe ! Elle suffit pour abriter le bonheur de ces jeunes et ardentes moniales.

Les deux étages bas mais bien éclairés s'accommodent d'une galerie face au lac. Le parloir, la chapelle, la salle de récréation et deux réfectoires occupent le rez-de-chaussée. Le deuxième étage comprend la salle d communauté avec deux pianos et la fameuse «armoire jaune», la seule de la maison, qui sert à la fois pour la bibliothèque et la lingerie. Suivent la chambre de la Mère Supérieure, le dortoir des religieuses, les salles d'études et de classes. Deux dortoirs pour les élèves, l'ouvroir et la lingerie se partagent la mansarde. Pour alimenter la provision d'eau, on dispose d'un puits creusé dans la cave. C'est dans le four du voisin que l'on va cuire le pain.

Voilà l'ensemble de la bâtisse construite sans architecte, toute en bois, «le beau bois de cèdre» de la maison acquise de J.-Baptiste Parent. Elle a coûté bien des tracas à Mère Saint-Raphaël: le manque d'argent de son côté et les réclamations de l'entrepreneur Pearson, d'autre part.

Mentionnons la provenance de certains dons pratiques et appréciables offerts aux religieuses: Mgr Racine fournit l'argent pour l'achat d'une vache; Euloge Ménard donne quatre brebis; la Maison-Mère envoie la cavale «Fanne» qui, en une seule saison, fera onze voyages à Chicoutimi et dont la peau servira finalement à recouvrir le banc de l'harmonium; l'abbé Georges Lemoine, aumônier des Ursulines de Québec, fait parvenir une belle voiture à planches. Ces dons, avec quelle reconnaissance on les accueille! Tant de choses manquent encore et comment se les procurer! Mais le bon saint Joseph dont la statue domine l'entrée du monastère veille sur les modestes débuts de cette fondation[4]!

Il faut songer à meubler les locaux, user de diligence et d'adresse, car septembre approche; plusieurs noms

---

4. Statue de pierre de 48 cm de hauteur, donnée par les élèves de Québec. Cette statue, qui échappa à l'incendie de 1897, est parfaitement conservée à Roberval.

s'inscrivent déjà sur les listes d'élèves. Nos chères Sœurs entendent bien offrir à leurs futures pensionnaires et à leurs externes des salles, non seulement munies de commodités indispensables, mais aménagées avec goût et le plus accueillantes possible.

Un ouvrier de Roberval, François Desgagné, se met à l'œuvre. C'est avec cœur que ses bras activent le rabot, la scie et le marteau. Mère Saint-Raphaël suit de près l'entreprise et son sourire approbateur décuple les forces et le courage du jeune ouvrier heureux de déployer son savoir-faire, sinon sa compétence. Qui sait? Ce nouveau couvent lui fournira peut-être un emploi en permanence?

Bientôt, le réfectoire se meuble de belles et longues tables, les bancs et les pupitres s'alignent dans les classes, les dortoirs comptent plusieurs petites commodes. Quant à la chambre de la Supérieure, c'est la simplicité et le dénuement même: une caisse debout, fermée avec des morceaux de carton devient le bureau. Une autre caisse ajustée sur la première sert de table. Le lit, une chaise de bois, un petit banc employé tantôt comme bureau à toilette, tantôt comme un siège, complètent l'ameublement de la chambre. «C'est presque du luxe» ajoute avec un brin d'humour la fondatrice, dans ses souvenirs, en 1910[5].

Cette chambre si petite et si peu confortable servira d'infirmerie pendant plusieurs années. La bonne Mère, qui s'improvise infirmière, médecin, loge alors dans la communauté. Dans cette infirmerie, mourront deux petites cousines montagnaises: Marie Cleary, âgée de quinze ans et Maggie Cleary, de six ans.

Derrière les grilles de ce petit monastère à l'allure si modeste, s'élabore dans l'ombre un projet d'une importance et d'une originalité qui, pour l'époque, s'avère un défi à toutes les conceptions pédagogiques connues.

5.   Notes recueillies par Mère Saint-Jean Moran, o.s.u., et conservées aux Archives des Ursulines de Roberval.

3. Projet d'éducation génial

Les paroles que Mgr Racine adressait au Curé Lizotte en acceptant la fondation de Roberval, en 1881, « à la condition qu'elles rendent nos jeunes filles capables d'aider leurs mères dans les travaux du ménage », s'étaient gravées dans le cœur et dans l'esprit de Mère Saint-Raphaël. Elles traçaient déjà les lignes de force pour l'œuvre nouvelle de la fondation du Lac.

Avec son admirable intuition, elle voit, dans les jeunes filles qu'elle veut former, les futures épouses des défricheurs, des agriculteurs et des artisans de la région. Si elles n'arrivent pas à la hauteur de leur tâche, les pionniers se décourageront, abandonneront leurs terres pour la ville et ne formeront pas la race forte indispensable à une région neuve où tout est à faire.

Comment donc préparer ces jeunes filles à devenir « des reines du foyer capables de collaborer utilement au travail difficile de l'homme[6] ? » D'abord en leur forgeant une âme prête au dévouement et à l'abnégation, en leur inculquant une piété profonde, de solides convictions, un grand amour de la terre et du foyer. C'est en quelque sorte la trame de fond sur laquelle doit se rattacher une culture intellectuelle suffisante. Mère Saint-Raphaël apporte en plus une préparation à la vie d'épouse, de mère et de maîtresse de maison, non pas impersonnelle mais pratique et réaliste. Voilà son originalité !

En 1882, cette conception paraît une innovation de génie : formation complète, ordonnée non seulement selon les besoins du milieu mais basée aussi sur la vocation éternelle de la femme, tenant compte de sa nature et de ses aptitudes. Idéal magnifique qui peut préparer des femmes fortes et de vraies mères, mères suivant la nature ou mères spirituelles, car toute femme est donneuse de vie.

---

6. Alphonse Désilets, *Histoire de Mère Saint-Raphaël*, Québec, Désilets, 1932, p. 66.

Innovation certes! mais qui ne s'oppose en rien à la méthode traditionnelle d'éducation adoptée par les Ursulines, selon les réglements de la congrégation de Paris[7]. Les élèves sont partagées en trois groupes bien distincts selon leur âge. On les place sous la responsabilité de deux maîtresses choisies spécialement d'après leurs qualités pédagogiques et psychologiques pour les accompagner dans les différents exercices de la journée en dehors des classes. Ainsi l'éducation peut s'adapter plus adéquatement au degré et à l'âge des élèves dans chaque groupe. On essaie d'inculquer à ces jeunes l'esprit de famille, l'amour maternel et une préparation à la vie qui les attend plus tard dans leur foyer.

Cette conception pédagogique concorde également avec l'esprit de sainte Angèle Mérici, fondatrice de l'Ordre des Ursulines au début de XVIe siècle. Dans le testament spirituel qu'elle lègue à ses filles, elle insiste sur l'amour maternel qu'elle désire vivant au cœur de chacune d'elles.

> Je vous en supplie: ayez le souci de toutes vos filles, les tenant présentes dans votre esprit et gravées dans votre cœur, une à une, et non seulement avec leurs noms, mais aussi leur condition, leur tempérament, leur état et tout ce qui les concerne. Cela ne vous sera pas difficile, si vous les enveloppez d'une vive charité. Car on voit que les mères selon la nature, quand bien même elles auraient mille enfants, les porteraient tous fixés dans leur cœur individuellement; car c'est ainsi qu'agit le véritable amour. Il semble que, plus ils sont nombreux, plus aussi grandissent l'amour et la sollicitude de la mère pour chacun d'eux.
>
> À plus forte raison, peut-il et doit-il en être ainsi pour les mères spirituelles, l'amour spirituel étant incomparablement plus puissant que l'amour naturel[8].

---

7. *Réglements des Religieuses Ursulines de la Congrégation de Paris*, 1652, réimprimés en 1860 et 1925, art. 24-25.
8. Ursulines italiennes et françaises de l'Union Romaine en coll. avec Robert Jacquin, *Écrits de Sainte Angèle Mérici*, tr. fr., Ancora, 1968, pp. 21-22.

Dans les conférences qu'elle donne aux religieuses de sa communauté, comme au cours de ses entretiens familiers, Mère Saint-Raphaël revient sans cesse sur ce sujet: *Rappelez-vous, mes Sœurs, que vous êtes les mères de vos élèves; aimez-les et qu'elles sentent que vous les aimez, autrement vous ne pouvez leur faire du bien*[9].

Quant au programme d'études, disons que, d'une façon générale, les matières de culture intellectuelle sont calquées sur celui de Québec; les élèves se présentent au Bureau Central des Examinateurs pour l'obtention d'un brevet du Comité catholique de l'Instruction publique, comme cela se pratique dans les autres écoles. S'ajoute la spécialisation pour les matières d'enseignement ménager proprement dit. Ce programme est dosé pour chaque catégorie d'élèves; afin d'éviter la fatigue et la routine, on alterne l'étude et la pratique. La méthode inductive appliquée insiste beaucoup plus sur la pratique que sur la théorie, mais assure un plus grand approfondissement.

Ainsi commence l'humble maison connue dans toute la province sous le nom d'École Ménagère de Roberval. À ce moment décisif de sa vie, Mère Saint-Raphaël ne peut soupçonner le rayonnement extraordinaire que son œuvre projettera même jusque dans les pays d'outre-mer. Elle ouvre le sillon et crée un type d'école digne de figurer avec honneur dans l'histoire de l'éducation de notre pays.

En effet, l'enseignement ménager fut reconnu officiellement en Suisse en 1895; en 1899, en Belgique qui comptera 300 écoles ménagères en 1902. La France, le Danemark, l'Angleterre, l'Allemagne, l'Italie et les États-Unis emboîtent le pas. Au Canada, la province de Québec avait pris les devants. Mère Saint-Raphaël fondait la première école ménagère en 1882[10].

9.   Notes recueillies par Mère Saint-Jean, *op. cit.*
10.   Désilets, *op. cit.*, pp. 139-141.

4. À l'œuvre

L'ouverture des classes a lieu dès les premiers jours de septembre 1882 avec dix-huit pensionnaires, sept demi-pensionnaires et vingt-deux externes. Dans une lettre envoyée à Québec, Mère Saint-François-de-Paule, maîtresse des pensionnaires, nous livre ses premières impressions.

> **Nous sommes toutes bien occupées de nos enfants. C'est pendant l'étude que je vous écris. (...). Au premier pupitre, je vois trois «jeunesses» de 28, 21, 20 ans; au second, la fille du docteur Fitzpatrick et Mlle Claudia, sœur de notre Père Lizotte, au troisième, Mlles Hébert, Dumas et Dumais d'Hébertville[11].**
>
> **De plus, Marie Cleary, la petite montagnaise, quatre ans, et deux demoiselles Côté, arrivées hier. J'oubliais de mentionner les trois demoiselles Hudon d'Hébertville; elles sont bien gentilles[12].**

Et Mère Saint-Raphaël écrit à son tour, quelques jours plus tard.

> **Ce sont des élèves de différentes capacités, plusieurs sont très avancées et d'une ardeur sans pareille pour l'étude. Il y a neuf élèves pour la musique, quatre pour le dessin. Nous avons eu un bon métier pour tisser, il nous manque encore un rouet, que nous espérons avoir, comme le métier, à bon marché et sans débourser[14].**

Aucun doute! Mère Saint-Raphaël inaugure sa formule d'enseignement ménager dès le début, même si le matériel nécessaire manque en grande partie. L'initiati-

---

11. Marie Dumais, fille de Séverin Dumais, notaire à Hébertville. Madame Dumais a été l'élève de Mère Saint-Raphaël à Québec.

12. Léda, Laure, Hermina. Laure devenue Mère Sainte-Anne, Hermina, Mère Saint-Rémi, toutes deux Ursulines à Roberval.

13. Mère Saint-François-de-Paule à Mère Sainte-Catherine, 8 septembre 1882, AUQ, *Roberval* I, 159a.

14. Mère Saint-Raphaël à Mère Sainte-Catherine, 11 septembre 1882, AUQ, *Roberval* I, 160.

ve des religieuses et la charité des gens de Roberval sup-
pléeront à cette pauvreté.

Jour après jour, les Sœurs essaient d'appliquer en
toute confiance les directives et les conseils que leur digne Supérieure leur dispense avec beaucoup de tact et
de respect. Même si la vie du pensionnat n'apporte rien
de bien confortable à ces jeunes filles, elles ne tardent
pas à se déclarer heureuses de travailler et de demeurer
ensemble. C'est à qui aidera le plus à la vaisselle, aux
ménages, rendra le plus de services aux religieuses. Elles
s'aperçoivent que leurs Mères sont débordées par la besogne et, même si chacune fait sa part, on n'a jamais
fini car on fabrique tout à Roberval. Notre bonne Sœur
Saint-Joachim écrit : *Moi j'ai encore la laiterie en soin et je
fais du bon beurre pour la petite communauté (...). J'ai
aussi pour office le lavage qui se fait toutes les semaines et
le pain à cuire deux fois par semaine. Nous faisons de très
beaux pains* [15].

Rappelons qu'il faut tirer l'eau du puits dans la cave
et que le pain se cuit dans le four du voisin. Cependant
ces situations incommodes n'altèrent en rien le courage
et le bon esprit des Sœurs.

Cette fois, c'est la plus jeune du groupe, Sœur Saint-
Alexandre, qui témoigne de l'atmosphère et de la ferveur de la communauté.

> **Nous sommes toutes heureuses et la paix, la régularité
> règnent parmi vos exilées. Elles ne craignent qu'une chose :
> celle de ne pas correspondre assez à toutes les grâces que le
> Seigneur leur donne en si grande abondance (...). Notre petite
> chapelle inspire toujours la piété et les gens la remplissent
> tous les matins et quand il y a bénédiction du Saint-Sacre-
> ment (...). La belle fête de Sainte Ursule [16] a été bien
> pauvre ici. Nous nous ennuyons de l'Office, le bon Dieu se
> contente heureusement de notre bonne volonté, c'est une fête**

---

15. Sœur Saint-Joachim à Mère Sainte-Catherine, 8 octobre 1882,
    AUQ, *Roberval* I, 174.
16. Sainte Ursule, patronne des Ursulines, fêtée le 21 octobre.

quand nous pouvons au moins réciter l'Office de la Sainte Vierge en commun [17].

Ces élans de ferveur et cette générosité ne laissent pas insensible le cœur du Maître de la moisson et attirent bientôt les bénédictions du Ciel. Quelle surprise apporte le 23 septembre! Se présente une postulante, la première, Eugénie Cimon [18]. Accueil on ne peut plus fraternel, joyeux et reconnaissant! Cette nouvelle venue sera suivie le 29 novembre d'Alexandrine Gaudreau, institutrice de plusieurs années d'expérience.

Ces deux recrues pourront bientôt soulager les Sœurs du Lac dans les trop fortes besognes qui leur incombent. Septembre n'est pas terminé qu'une autre surprise très consolante vient combler le bonheur des religieuses. Pour aider aux travaux manuels, le Monastère de Québec prête, pour quelques temps, Sœur Saint-Denis Naud. Mère Sainte-Catherine Tims de Québec, venue à Roberval pour la grande fête de l'installation, avait constaté la somme d'ouvrage qui restait à faire dans le monastère encore inachevé, et aussi l'épuisement des quatre missionnaires arrivées au Lac en mai. De retour à la maison-mère, elle s'occupe de leur envoyer de l'aide.

Nous aimerions transcrire ici en entier la lettre toute savoureuse de spontanéité et de simplicité que Sœur Saint-Denis écrit à sa supérieure de Québec pour lui raconter les menus détails de l'accueil reçu à Roberval. Disons en bref que, dans l'espace de trois minutes, toute la maisonnée est accourue à la porte conventuelle, au bruit de la voiture à planches pénétrant dans la cour. On abandonne oraison, leçons de musique, classes, tressage des oignons, chaudrons; même la grave portière,

---

17. Mère Saint-Alexandre à Mère Sainte-Catherine, 20 octobre 1882, *Roberval* I, 180. Le petit nombre de religieuses libres à ce moment ne permet pas la psalmodie de l'Office en chœur.
18. Nièce de Mère Sainte-Marie Cimon et sœur de Mère Saint-Jean-Baptiste Cimon de Québec.

dans son émoi, en perd ses clés dans le fond de sa poche de tablier[19]. À la récréation du midi, avec quelle joie on lit les lettres apportées de Québec et on rend grâces au Seigneur pour le don qu'il vient d'accorder à la maison !

La splendeur des jours ensoleillés de ce premier automne passé à Roberval, la féerie des couleurs aux tons riches et variés contrastant avec l'azur tranquille du grand lac, invitent aux joyeuses randonnées. Cela tombe juste, un congé s'annonce pour le début d'octobre. Le curé Lizotte saisit l'occasion de procurer une belle surprise aux élèves pensionnaires et aux religieuses. Il propose une excursion à l'Île-aux-Couleuvres, située à environ trois kilomètres de la rive, pendant qu'elle est encore couverte de fruits.

Le curé a tout prévu : embarcations, canotiers, visite à l'intérieur de l'île, etc. Le temps court trop vite au gré des visiteuses ; bientôt seize heures ! Les voilà de retour sur la terre ferme. Que de reconnaissance au « bon Père Lizotte », comme on se plaît à l'appeler, pour cette journée si heureuse et si reposante !

Dès le lendemain, le travail bat son plein. Mère Saint-Henri en charge de l'ouvroir fournit à peine à la besogne. En effet, les élèves déploient un zèle admirable dans ce genre de travail. Le plaisir, car c'en est un, de filer et de tisser ne s'accorde pas à toutes : pas aux plus jeunes évidemment ; pour les autres, il faut d'abord savoir coudre, tricoter, repriser, avoir fait ses preuves au ménage, à la lessive, au reprisage, s'être présentée à son tour pour la vaisselle et pour les autres services requis. Après quoi, c'est la récompense désirée. Certaines élèves abandonnent l'étude de la musique pour travailler au métier. La « charmante » montagnaise Marie progresse dans cet art, malgré sa difficulté de comprendre les explications en français. *Bien des choses nous manquent,*

---

19. Sœur Saint-Denis Naud à Mère Sainte-Catherine, 1er octobre 1882, AUQ, *Roberval* I, 169.

écrit Mère Saint-Raphaël; *nous empruntons rouets, métiers,
etc... Si la Providence nous vient en aide, ce sera une magnifique affaire d'avoir tout ce qu'il nous faut et un appartement exprès, à l'avenir ce succès*[20].

Lorsque les gens de la région prennent connaissance
de l'incroyable pauvreté des religieuses, ils viennent à
leur aide, d'une manière ou d'une autre, selon leurs
moyens. Un jour, l'abbé Ambroise-Martial Fafard[21],
alors curé de la paroisse de Saint-François-Xavier de
Chicoutimi, avec quelques compagnons, a l'occasion
de visiter le nouveau monastère. Il écrit à Mère Sainte-
Catherine Tims, *qu'il a remarqué le secrétaire de la Supérieure, une boîte vide de savons, renversée... Ses amis et lui
veulent remplacer ce meuble un peu trop primitif, mais en
garder le secret*[22].

Quelque temps après, il se présente au parloir en
fin d'après-midi avec le curé Lizotte et un laïc. Ils demandent l'assistante, Mère Saint-Henri, et apportent un
bureau de bois franc qu'ils veulent mettre en place à
l'insu de Mère Saint-Raphaël. *Si vous pouviez revenir à
sept heures*, lui dit l'assistante, *Mère Supérieure sera alors
à la chapelle présidant à l'Office du soir; je vous attendrai
et nous pourrons agir en toute liberté*. L'on imagine la stu-
péfaction de Mère Saint-Raphaël, entrant dans sa chambre, ses dévotions terminées[23].

Une autre fois, le curé Lizotte envoie un brochet de
vingt livres à l'heure du souper; en maintes occasions, il
leur apportera mille douceurs qu'il sait choisir à propos.

---

20. Mère Saint-Raphaël à Mère Sainte-Catherine, 7 octobre 1882,
     AUQ, *Roberval* I, 173.
21. Abbé Ambroise-Martial Fafard, 1840-1899, curé à Saint-Frs-X.
     de Chicoutimi, de 1880 à 1889. (André Simard, prêtre, *Les
     Évêques et les Prêtres séculiers au diocèse de Chicoutimi, 1878-
     1968*, Chancellerie de l'Évêché, Chicoutimi, 1969, pp. 64-65).
22. Abbé A.-M. Fafard à Mère Sainte-Catherine, 12 mars 1883,
     AUQ, *Roberval* II, 25.
23. Notes trouvées dans les souvenirs de Sœur Saint-Bruno Déry,
     o.s.u., conservées aux Archives des Ursulines de Roberval.

Ces petites joies n'empêchent pas la fondatrice de ressentir vivement l'aiguillon du tracas des affaires qui ne lui laissent pas beaucoup de repos. Quelques jours après le départ des Mères de Québec, une question assez importante l'oblige à recourir à la Maison-Mère. Elle tient à rendre ses comptes, à soumettre ses inquiétudes et à demander ses permissions.

Il s'agit d'une pointe de terre de huit perches acquise sur les bords du lac au prix de cent vingt dollars et dont Mgr Racine a approuvé l'achat après la visite de la Supérieure de Québec. Elle aurait l'avantage d'épargner au couvent un voisinage incommode, de fournir *une belle plantation pour la récréation des élèves et du foin que l'on pourrait y récolter*[24].

Le curé Lizotte et le notaire Dumais demandent que la Maison-Mère consente à une procuration légale pour gérer cette affaire et toutes les autres qui se présenteront à l'avenir. Il faut croire que Mère Saint-Raphaël a dû recevoir quelques reproches, car elle s'explique dans une lettre subséquente: *Je n'ai pas voulu manquer aux termes du contrat de fondation en demandant une procuration pour cette affaire, j'ai cru que cela était mieux (...). Quant à l'achat de ce terrain, la permission de Monseigneur m'a paru suffisante*[25].

Pour des raisons que nous ignorons, cette procuration a été refusée par la Maison-Mère. La fondatrice accepte humblement cette déception et son intuition la porte à croire que bien d'autres suivront dans les années à venir.

Pénétrons maintenant à l'intérieur du couvent que l'on retrouve bourdonnant d'activités inaccoutumées. Une atmosphère mystérieuse plane dans l'air; Mère Saint-Henri, assistante et dépositaire, s'apprête à pour-

24. Mère Saint-Raphaël à Mère Sainte-Catherine, 28 août 1882, AUQ, *Roberval* I, 157.
25. La même à la même, 22 août 1882, *Ibid.*, 156.

voir les cuisinières de provisions spéciales, Sœur Saint-Joachim et Sœur Saint-Denis s'affairent autour du poêle pour les préparatifs du repas du lendemain. Sœur Saint-Vincent n'en finit plus de frotter, de nettoyer parquets, escaliers, etc. Mère Saint-François-de-Paule et Mère Saint-Alexandre président aux dernières répétitions des compliments d'usage chez les élèves. Mère Marie-de-la-Nativité exerce ses doigts habiles sur le clavier pour les harmonies profanes et religieuses.

L'on est au soir du 20 octobre, veille de la fête de Sainte Ursule, date choisie pour présenter les hommages de tout le monastère à la Mère Supérieure. Religieuses et élèves veulent exprimer leur affection, leur respect et leur reconnaissance à cette digne Mère qu'elles aiment tant. Pour mieux saisir la véritable ambiance de ce jour de liesse, écoutons Mère Saint-Henri dans sa lettre à la Supérieure de Québec.

> Depuis lundi à midi jusqu'à mardi soir, il y a eu variété d'amusements pour les élèves (...). Que de traits de délicatesse de la part de nos élèves! Plusieurs avaient eu la permission de sortir ce jour-là; mais elles préférèrent passer le congé au couvent, ça leur paraissait plus convenable puisque c'était la fête de la Mère Supérieure.
>
> Lundi, après la séance des élèves, Monsieur notre bon Père, vint à son tour présenter ses hommages ainsi que Monsieur l'abbé Joseph Paradis, son vicaire; auparavant, ces Messieurs firent appeler la Mère Assistante; ils voulaient, disaient-ils, une *instruction*, savoir quelle part il convenait de prendre à notre fête (...).
>
> À peine de retour chez lui [M. Lizotte], un domestique nous arrivait chargé de sucre d'érable et de cassonade, en quantité suffisante pour faire du sucre à la crème et de la tire pour les religieuses, les pensionnaires, les demi-pensionnaires et les externes (...).
>
> Ce matin, notre bon Père est venu dire la sainte messe, demain, ce sera le Révérend Monsieur Belley; musique à la messe ce matin et demain aussi.
>
> À tour de rôle, les élèves se sont habillées en religieuses, chacune une heure (...). Cet après-midi, elles sont venues passer deux heures à la communauté pour échiffer le reste de

notre laine que nous voulons faire carder. Nous étions toutes réunies... [26]

Ces élèves entrées au pensionnat depuis six ou sept semaines manifestent déjà beaucoup d'attachement à leurs maîtresses. Partager ainsi avec bonheur leur travail, même pendant un jour de congé, témoigne de l'esprit de famille que Mère Saint-Raphaël tend à inspirer aux élèves.

Au lendemain du congé, les activités scolaires reprennent leur rythme habituel. Que de choses à apprendre encore d'ici les examens de décembre!

Au dehors, le froid augmente de jour en jour, le lac revêt son manteau de glace dès le 22 novembre, la neige refuse de couvrir la terre et, par conséquent, l'état des routes vient compliquer la situation. Les marchands de Roberval et des environs attendent les chemins d'hiver pour aller chercher des effets à Chicoutimi. Les Ursulines languissent après les caisses remplies de belles et bonnes choses envoyées par la Maison-Mère. En attendant, Madame Zozime Cloutier de Chicoutimi, sœur de Mère Saint-Raphaël, garde en entreposage les colis des religieuses. Il faudra subir cette misère aussi longtemps que la voie ferrée n'établira pas le lien entre Québec et Roberval.

Et voilà décembre qui persiste avec son froid piquant. Malgré les onze poëles installés pour le chauffage du monastère, on y gèle. Les cheminées mal construites laissent échapper la fumée par les tuyaux. On ouvre pour la laisser sortir puis on ferme pour se réchauffer. À tour de rôle, les religieuses se lèvent à trois heures du matin pour allumer ces poëles. Ce système se prolongera jusqu'en 1890 [27].

On s'imagine difficilement, au siècle de confort dans lequel nous vivons, ce que pouvait comporter d'in-

---

26. Mère Saint-Henri à Mère Sainte-Catherine, 21 octobre 1882, AUQ, *Roberval* II, 2.
27. Notes recueillies par Mère Saint-Jean, *op. cit.*

commodités et de souffrances une existence marquée du sceau d'une extrême pauvreté, privée des services de l'eau courante, du chauffage central, de l'électricité, du téléphone et du chemin de fer.

L'on est à la veille de la grande semaine des examens du premier semestre, comme cela se pratique aux Ursulines de Québec. Les études vont bon train, l'émulation monte de jour en jour. Aucune ne veut risquer un insuccès. L'épreuve terminée, Mère Saint-Henri tout heureuse, en donne les résultats dans une lettre à Mère Supérieure de Québec :

> Vos petites filles du Lac ont subi leur examen aujourd'hui en présence de notre digne Père, M. Lizotte, qui a paru réellement enchanté. Nos enfants ont si bien *lu* et répondu à toutes les questions de leurs différents programmes, que M. Lizotte n'a pu s'empêcher de nous faire remarquer que c'était presque miraculeux. Ce qui l'a frappé surtout, c'est la dignité et *l'aisance* de nos gracieuses enfants, déjà toutes métamorphosées (...).
>
> Nous avons conduit M. le curé à l'Ouvroir; c'est avec une satisfaction indicible qu'il a vu nos élèves filer et tisser avec une activité charmante (...). Deux prix de dix dollars chacun ont été promis pour le mois de juin; l'un d'eux, celui de M. le curé est attaché à l'Ouvroir, l'autre, celui de M. Ménard sera la récompense d'un parfait succès dans l'économie domestique... [28]

Maîtresses et élèves, fières de leurs succès, peuvent maintenant songer au repos des prochaines vacances du jour de l'An. *Notre fête de Noël a été aussi solenelle que possible, nos enfants ont bien joui*, écrit Mère Saint-Raphaël [29].

Nous retrouvons la famille ursuline, en janvier 1883, agrandie de deux nouvelles pensionnaires. La vie est dure, l'argent aussi rare pour les Mères que pour les

---

28. Mère Saint-Henri à la Supérieure de Québec, 26 décembre 1882, AUQ, *Roberval* II, 17.
29. Mère Saint-Raphaël à Mère Sainte-Catherine, 26 décembre 1882, AUQ, *Roberval* II, 17a.

gens de Roberval et des alentours. On accepte les élèves qui se présentent au moment de leur choix et avec le mode de paiement qui leur est possible. Les pensions se défraient souvent, partie en argent, partie en effets, quelques-unes seulement en effets. Dans ces cas, les religieuses choisissent ce qu'elles veulent et proposent le prix courant de l'endroit.

Dans sa lettre du 19 janvier, Mère Saint-Raphaël donne les nouvelles locales:

> **Nous sommes toutes bien(!), travaillant à qui mieux mieux. Ma Sœur Cimon travaille actuellement à la machine à coudre qu'a bien voulu nous prêter (sans qu'on le demande) Madame Joseph Dumais, mère de deux de nos élèves; cela va nous avancer un peu. Ma Sœur Gaudreau est presque toujours avec les enfants, elle réussit très bien. J'ai déchargé un peu notre chère Mère Assistante[30] afin qu'elle pût s'occuper plus de l'ouvroir. Je ne l'ai jamais vue si bien (...).**

Elle demande ensuite un chapelet venant du Jardin des Oliviers pour Euloge Ménard, bienfaiteur insigne et « refuge de bien des malheureux », et promet de rembourser l'argent[31].

Un évènement religieux et tout à fait nouveau s'annonce: la prise d'habit des deux premières postulantes, Sœur Cimon et Sœur Gaudreau. Pendant que des Sœurs se préoccupent de la confection des habits, les élèves préparent les chants pour la cérémonie religieuse sous la direction de Mère Marie-de-la-Nativité. L'abbé Joseph Paradis, vicaire à la paroisse, se charge de la retraite des futures élues. Le Monastère de Québec fait parvenir sa contribution concrète à la fête. Le curé Lizotte avertit qu'il invite tous les membres du clergé des environs.

Le 15 février, la petite chapelle revêt son éclat de fête, la cloche carillonne joyeusement pour annoncer le

---

30. Mère Saint-Henri.
31. Mère Saint-Raphaël à Mère Sainte-Catherine, 19 janvier 1883, AUQ, *Roberval* II, 20a.

cortège. Sœur Cimon paraît vêtue d'une longue robe blanche et Sœur Gaudreau, d'une robe de soie brune foncée. Le curé Lizotte, assisté de sept prêtres, préside la cérémonie après la messe. L'abbé François-Xavier Belley, invité à prononcer l'homélie, développe la pensée suivante : «Où se trouve la véritable liberté.» Les parents des élues du jour, des Messieurs et des Dames du village remplissent toutes les places disponibles de la chapelle. *Tous sont émerveillés, attendris jusqu'aux larmes*[32]. Sœur Cimon reçoit le nom de Marie-de-l'Incarnation et Sœur Gaudreau, celui de Saint-Joseph. Quel souvenir inoubliable cette touchante cérémonie dut laisser dans le cœur de ces assistants !

Et l'on s'achemine vers la sainte quarantaine que l'on veut vivre avec toute l'austérité qu'elle comporte à l'époque. La solennité du dimanche de Pâques, tout spécialement, comprend la grand'messe, le sermon, les Vêpres chantées suivies du Salut du Saint-Sacrement et une conférence spirituelle. Mère Saint-Raphaël s'exclame dans sa lettre à Mère Sainte-Catherine : *Enfin, nous avons été Ursulines tout de bon !*[33]

Mère Saint-Henri, assistante, après avoir d'abord chanté son bonheur «au-delà de ce qui se peut dire», informe la Supérieure de Québec de la situation de l'Ouvroir menacé dans sa survie. Tout d'abord, l'exiguïté du local logé dans la mansarde cause un problème. Vient ensuite la grande pauvreté de plusieurs parents des externes qui ne peuvent fournir le matériel nécessaire à leurs enfants pour apprendre à travailler. Sœur Saint-Alexandre se voit obligée d'occuper ces élèves à la lecture pendant les cours. De plus, le contact avec les élèves pensionnaires plus fortunées qui confectionnent des «ouvrages de goût», avec une laine importée, fait déprécier celle du pays.

---

32. AUR, (Annales reconstituées, *op. cit.*, I, p. 5.).
33. Mère Saint-Raphaël à Mère Sainte-Catherine, 25 mars 1883, AUQ, *Roberval* II, 27a.

L'évêque et le curé veulent à tout prix assurer la prospérité de cette œuvre. Mère Saint-Henri demande donc «quelque charité» à cette intention et elle confie à saint Joseph le succès de sa requête[34].

Un mois plus tard, ce bon et fidèle protecteur répond à la confiance de la Mère. Les Ursulines de Québec se déclarent prêtes à intervenir pour aider l'ouvroir. Mère Saint-Henri dresse donc une liste des urgences. En premier lieu, elle fait remarquer qu'il lui faut remettre à son propriétaire le dévidoir et le rouet empruntés. Quelques vieux rouets et dévidoirs gardés dans le grenier de Québec pourraient servir, une fois réparés, à «canneler et faire des trèmes»[35].

Mère Saint-Raphaël projette le tissage de l'étoffe grise pour des cottes[36]. Une centaine de livres de laine suffiraient pour le travail de filage et de tissage exécuté par les élèves et surtout par les religieuses. La laine est si rare à Roberval! Elle en suggère une cinquantaine de livres de plus pour la confection d'un tapis pour la chapelle. L'évêque de Chicoutimi demande aussi des échantillons d'étoffe violette que l'on veut bien lui fournir.

Non seulement les Mères de Québec font parvenir les articles mentionnés, mais elles fournissent encore l'argent nécessaire pour l'achat de rouets neufs. Ainsi l'ouvroir pourra continuer à fonctionner, à la grande satisfaction des Mères et des élèves.

Pour encourager le raccommodage, la couture, les maîtresses ne tolèrent aucune «faiseuses de dentelle» à l'heure de l'ouvrage. Jusqu'à la petite Emma (montagnaise) de six ans, qui tricote une paire de bas pour son petit frère!

---

34. Mère Saint-Henri à Mère Sainte-Catherine, 25 mars 1883, AUQ, *Roberval* II, 26.
35. Expressions techniques locales employées pour le tissage.
36. Nom de la tunique grise, partie du costume religieux porté par les Ursulines jusqu'en 1964.

Pendant qu'à l'intérieur tout le monde s'affaire à son travail, au dehors le printemps s'avance lentement. Mère Saint-Raphaël guette le départ des glaces du lac pour entreprendre la plantation des peupliers dans l'avenue longue d'environ trois quarts d'arpent. Et bientôt, c'est juin avec la perspective des vacances! En ce temps, on travaille ferme à l'école jusqu'au début de juillet. Quelle surprise apporte le courrier, un beau matin ensoleillé! Mgr Racine s'invite pour la distribution des prix fixée au 7 juillet. Maîtresses et élèves accueillent ce grand honneur avec une fierté de bon aloi.

Le lendemain, l'évêque préside la cérémonie de prise d'habit de Sœur Marie-Louise Girard, première postulante converse entrée le 6 janvier 1883, qui prend le nom de Sœur Saint-Dominique. Mère Saint-Raphaël en fait un grand éloge: «Cette petite Sœur, d'un très bon jugement est adroite, propre et habile pour tous les ouvrages. Elle fait son chemin paisiblement[37].»

Dans l'après-midi, Mgr Racine entre au Monastère pour sa visite canonique, parcourt la maison «du haut en bas» et se dirige au parloir pour recevoir chacune des religieuses de la communauté. À cinq heures, le curé Lizotte vient rencontrer Sa Grandeur, «tout est fini».

Voilà nos Sœurs en vacances! Après une année si épuisante, on pourrait croire qu'elles s'accordent une détente bien méritée. Non, en communauté, on se repose par un changement de travail. Tout d'abord, voyons-les au sarclage du jardin et aux autres corvées de tout genre. Sœur Saint-Denis ouvre une cordonnerie, Sœur Saint-Vincent s'installe au métier à tisser pour confectionner des nappes de toile. Sœur Saint-Dominique file la filasse aidée de Mère Assistante qui veut apprendre ce métier. Dans toute son ardeur, Mère Saint-Raphaël s'initie à l'étude des techniques de la culture. Les débuts de son exploitation agricole la mettent en rapport avec les agriculteurs de l'endroit à qui elle fait

---

37. AUR, (Annales reconstituées, *op. cit.*, p. 10.).

part de ses heureuses expériences. Les profondes lacunes, que le manque de connaissances agricoles que ces gens présentent, l'incitent à chercher la façon pratique et même scientifique pour les aider le plus tôt possible.

Cette année qui vient de finir d'une façon si consolante et si encourageante plonge les religieuses dans l'action de grâces et les ouvre à l'espérance des jours encore meilleurs.

5. Nouvelle étape

Les élèves s'annonçant plus nombreuses pour septembre, il faut songer sérieusement à leur assurer chacune une place convenable pour le repos de la nuit. Un seul moyen pour remédier à cette « crise du logement » : déménager l'ouvroir à la communauté pour libérer le dortoir où il loge depuis un an. Tout le monde accepte généreusement ce nouveau sacrifice.

L'année scolaire s'ouvre avec le départ de Sœur Saint-Denis. Prêtée pour une année et se sentant incapable de soutenir plus longtemps cette vie missionnaire tissée d'incommodités et de privations, elle est rappelée par la Maison-Mère. « Nous avons tant d'actions de grâces à vous rendre, chère Mère, de nous avoir prêté ce *bijou précieux* que nous ne saurons jamais assez vous remercier », écrit Mère Saint-Raphaël à la Mère Assistante de Québec[38].

Après une année d'expérience passée au Lac-Saint-Jean, la Fondatrice se rend compte que, pour subsister dans cette région, il lui faut cultiver la terre. Mais sans argent, comment concevoir un tel projet? Forte de sa foi en la Providence, en qui elle espère tout, elle demande donc à la Maison-Mère l'autorisation pour acheter un terrain de trente acres contigu à la propriété du Monas-

---

38. Mère Saint-Raphaël à Mère Sainte-Marie, 2 septembre 1883, AUQ, *Roberval* II, 38.

tère au prix de neuf cents dollars dont elle s'engage à payer l'intérêt. À Québec, les Discrètes, d'accord avec la Mère Supérieure, autorisent le nouveau couvent à faire cette acquisition [39].

Le 30 novembre, *vu les difficultés qui pourraient survenir à cause des hypothèques qu'il y a sur cette propriété, les Discrètes ont conclu qu'il ne fallait pas l'acheter*. Malheureusement, ladite propriété a été acquise avant que cette dernière décision ne parvienne à Roberval. Devant cette situation, Québec ratifie l'achat, le 15 janvier 1884 [40]. Seule la lenteur des communications, provoquée par l'état des mauvais chemins d'automne, explique ce malentendu. Tout de même, il faudra la délicate et persuasive intervention du curé Lizotte pour convaincre le Conseil des Ursulines de Québec des avantages de cette transaction et témoigner de la bonne intention des Conseillères du Monastère de Roberval.

Le 15 août 1884 marque l'entrée au noviciat de quatre postulantes *taillées à même l'étoffe du pays* parmi les premières élèves pensionnaires de 1882: Oliva Paradis, Laure Hudon, Georgianna Hudon et Sarah Paradis. Quelle riche moisson et quelle joie pour les Mères! Certes, ce n'est pas le confort qui attire ces jeunes filles. Elles ont vécu assez près des religieuses pour connaître leur grande pauvreté, leurs multiples difficultés et leurs durs travaux. Mais le rayonnement de leur vie religieuse et de leur vie fraternelle de charité, le témoignage de leur dévouement profond, voilà le langage éloquent qui inspire confiance et invite au dépassement. Fidèles à l'appel du Seigneur, ces jeunes veulent bâtir leur vie à l'ombre du cloître, partager les labeurs, les joies, les prières et les sacrifices de leurs chères Mères.

En attendant septembre qui s'en vient avec son cortège de trente pensionnaires [41], arts et métiers s'exer-

39.   AUQ, [*Actes des Discrètes*], 5 septembre 1883.
40.   *Ibid.*, 30 novembre 1883 et 15 janvier 1884.
41.   Mère Saint-Frs-de-Paule à Mère Sainte-Georges, 17 août 1884, AUQ, *Roberval* II, 43.

cent avec entrain. Tour à tour on s'occupe au ménage, au rouet, à la couture et au jardin. Les champs en pleine activité promettent une récolte de foin et de grain suffisante *pour payer la rente de l'argent que nous coûte le morceau de terre*, écrit, avec satisfaction, Mère Saint-Raphaël[42].

Survient à la même époque un nouveau problème qui dut fatiguer la jeune Supérieure et faillit occasionner un conflit avec la Maison-Mère. Il s'agit de l'école des garçons demandée par les citoyens de l'endroit. En apprenant que les Ursulines de Stanstead enseignent aux filles et aux garçons, Mère Saint-Raphaël croit opportun de solliciter la même faveur pour son école. Elle pourrait alors donner suite à la demande de la population de Roberval. Voulant d'abord connaître l'opinion de Mgr Racine à ce sujet, elle lui soumet son projet.

Plusieurs lettres de l'évêque de Chicoutimi et de la Fondatrice, conservées aux Archives des Ursulines de Québec, démontrent que la question a été étudiée sous tous ses aspects avec loyauté, sérieux et prudence. Le curé Lizotte, voulant faire avancer le projet, se rend à Chicoutimi et assure l'évêque que les religieuses de Roberval sont prêtes à assumer la responsabilité de cette école. On apporte des précisions et des observations de part et d'autre. Tout semble si bien s'arranger que l'évêque transmet le résultat de cette visite à Mère Saint-Raphaël et lui accorde l'autorisation requise en la circonstance. Mais, de Québec, une autre lettre apporte à la fondatrice un refus catégorique[43]. Que s'est-il passé?

Dans une longue lettre à la Supérieure de Québec, Mgr Racine explique qu'il a donné son approbation, croyant que les religieuses de Roberval avaient déjà celle

---

42. Mère Saint-Raphaël à Mère Saint-Georges, 25 août 1884, AUQ, *Roberval* II, 45a.
43. Mère Saint-Henri à Mère Saint-Georges, 26 octobre 1884, AUQ, *Roberval* II, 51.

de la Maison-Mère; il vient d'apprendre qu'il n'en est
rien. Il a demandé à Mère Saint-Raphaël de consulter les
Mères de Québec au plus tôt, car il ne voudrait rien au-
toriser sans leur approbation. Il lui conseille de garder
l'union la plus étroite possible avec Québec, de ne former avec elles qu'un cœur et qu'une âme, prenant en
tout leurs sages conseils[44].

Entre temps, la Fondatrice rassemble ses conseillères à Roberval pour leur communiquer le *non* de Mère
Saint-Georges et du Conseil de Québec. Au premier
abord, elle est déçue. Son intuition lui fait entrevoir tout
le bien que le refus de ce projet empêchera chez les jeunes garçons et son cœur d'apôtre en est affligé. Elle
souffre de ne pouvoir obtenir la même faveur que l'on
a accordée aux Sœurs de Stanstead pour une œuvre
semblable. Appuyée par sa communauté, elle a débattu
la question de son mieux. Puisque l'autorité compétente
daigne lui signifier un refus, avec ses Sœurs elle accepte, dans l'humilité et la soumission, la décision donnée.
Sans tarder, elle reprend sa plume et laisse épancher
avec sérénité les sentiments de son âme dans une lettre
à sa Supérieure de Québec.

> **Pour nous, il nous est indifférent d'avoir un *oui* ou un
> *non*. Nous n'avons cherché que la gloire de Dieu (...). Comme
> il n'y avait pas d'attache à ce projet, il est abandonné sans
> peine. Les gens seront privés, mais ils se consoleront et les
> gamins qui soupirent déjà après leur *couvent*, comme ils di-
> sent, feront ce qu'ils ont déjà fait et resteront ce qu'ils sont.**
>
> **(...) Cette démarche [l'école] vous confirmera je l'es-
> père, dans la pensée que je n'ai ni les lumières, ni la sagesse
> voulues pour la mission si importante et si difficile qui m'a
> été confiée. S'il y a quelque bien de fait, c'est dû à la vertu,
> au zèle et au dévouement des chères Mères et Sœurs qui tra-
> vaillent ici (...).**

44.   Mgr Racine à Mère Saint-Georges, 27 octobre 1884, AUQ, *Roberval* II, 52a.

> **J'ai à demander pardon d'avoir involontairement contris-
> té, vous, ma Révérende Mère et toutes les bonnes Mères qui
> prennent tant d'intérêt à ce qui nous concerne[45].**

Le curé Lizotte, prévenu du dénouement de l'affaire de l'école qui lui tient beaucoup à cœur, n'accepte
pas aussi facilement la défaite : *Lui, n'a pas fait vœu
d'obéissance, de sorte qu'il n'a pas encore la soumission de
jugement*, conclut Mère Saint-Raphaël[46].

En définitive, il semble que le curé Lizotte soit la
première cause du malentendu. Dans son désir de voir
aboutir cette œuvre, il a plaidé sa cause trop tôt et avec
trop d'ardeur auprès de l'évêque de Chicoutimi. Celui-
ci a cru que Québec était au courant et approuvait. Mère
Saint-Raphaël voulait simplement savoir ce que Mgr
Racine en pensait avant de soumettre le cas à la Supérieure de Québec.

En 1925, Mère Saint-Jean Moran de Roberval, voulant connaître à fond l'opinion de l'abbé Lizotte sur cette
question, lui montre les lettres que la Fondatrice et Mère
Saint-Henri Dion ont écrites à Mère Saint-Georges de
Québec[47]. Il lui répond que la Maison-Mère, trop éloignée, n'était pas du tout au courant de la situation en
jugeant le projet « inconvenant ». Considérant qu'il s'agit
de garçons de douze ans au plus, d'une population pri-
mitive animée d'un grand respect pour les religieuses,
de clauses du projet très bien établies au cas où le temps
modifierait les circonstances, il juge la cause tout à fait
convenable, même pour des religieuses cloîtrées[48].

Le temps, les transformations sociales, les besoins
nouveaux de l'éducation ont donné raison aux intuitions

---

45. Mère Saint-Raphaël à Mère Saint-Georges, 15 novembre 1884,
    AUQ, *Roberval* II, 57.
46. La même à la même, 2 décembre 1884, *ibid.*, 59.
47. En 1925, Mère Saint-Jean Moran, lors d'un séjour aux Ursuli-
    nes de Québec a copié ces lettres pour les *Archives* de Rober-
    val.
48. L'abbé Lizotte à Mère Saint-Jean, 17 novembre 1925, AUR,
    Dossier Lizotte.

de la Fondatrice. En 1951, des religieuses acceptent la direction des écoles mixtes des deux paroisses de Roberval. Depuis 1968, les grandes salles de la maison destinées aux élèves pensionnaires abritent des centaines de filles et de garçons du cours secondaire et des religieuses peuvent y dispenser l'enseignement. De là-haut, le curé Lizotte et Mère Saint-Raphaël doivent sourire en contemplant cette phalange de jeunes arpentant bruyamment les corridors, gambadant dans la cour du couvent.

Dans le domaine économique, rien de rassurant en cet automne de 1884! Le député Jean-Alfred Gagné[49] se voit dans l'obligation de demander du secours au gouvernement pour parer à la famine des familles des paroisses au nord du lac. Les Ursulines essaient d'assurer leurs provisions de blé, de pommes de terre et de bois de chauffage, en confiant à la Providence le paiement. «Le pain sera probablement plus noir que celui que nous avons actuellement, mais ce sera du pain. Pas d'argent, c'est le cri général! Nous espérons en recevoir un peu au jour de l'an; il faudra payer les rentes, etc,...»[50]

Sur cette note plutôt sombre, s'estompent les dernières heures de cette pénible année. Mil huit cent quatre-vingt-cinq peut venir, on s'apprête à l'accueillir encore dans l'espérance.

Les tracas financiers qui assaillent le monastère ne l'empêchent pas de mettre tout en œuvre pour la préparation de la première cérémonie de profession religieuse au Lac-Saint-Jean, le 16 février 1885. Malgré une forte tempête de neige, le Vicaire forain, l'abbé Bruno-Élisée Leclerc, curé d'Hébertville, vient présider la cérémonie, diacre et sous-diacre, recevoir les vœux des deux aînées de la nouvelle famille de Roberval: Sœur Marie-de-l'Incarnation Cimon, et Sœur Saint-Joseph

---

49. Jean-Alfred Gagné, député au fédéral pour les comtés Chicoutimi-Saguenay, de 1882 à 1887. (Vien, *op. cit.*, p. 341)
50. Mère Saint-Raphaël à Mère Sainte-Catherine, 16 novembre 1884, AUQ, *Roberval* II, 58.

Gaudreau. Dans son homélie, l'abbé François-Xavier Belley commente le texte : *Soyez parfait comme votre Père céleste est parfait*[51]. Six autres prêtres prennent place dans le sanctuaire et les assistants remplissent les deux petites chapelles.

Quel problème pour le maître de cérémonie de trouver au besoin un passage libre pour le célébrant! Afin de permettre aux deux professes de se prosterner la face contre terre, comme l'indique le cérémonial, on enlève l'unique poêle de la chapelle que l'on a chauffé à blanc toute la nuit. Vraiment, ces Mères ne manquent pas d'ingéniosité! Puissent l'exiguïté des autres locaux et leur insuffisance, trouver une solution aussi pratique! Ce n'est pas si facile! Des conséquences très lourdes et des souffrances de première grandeur se font sentir surtout pour les malades. À preuve, la situation pénible de la jeune Sœur Saint-Alexandre. En 1882, les bonnes Mères de Québec la choisissent comme missionnaire, bien qu'elle soit atteinte de tuberculose. L'on espère que le grand air de la campagne lui sera favorable. Malheureusement, les privations de tous genres, une maison mal bâtie et mal chauffée, l'air enfumé provoqué par les cheminées défectueuses ne font qu'aggraver son mal. Plusieurs fois la Maison-Mère veut la rappeler, mais elle refuse *voulant mourir missionnaire à Roberval*.

Elle passe des nuits sans sommeil dans un dortoir commun et l'on ne peut, le lendemain, lui trouver un endroit convenable éloigné du bruit, pour la faire reposer. Mère Saint-Raphaël s'alarme et avoue à la Supérieure de Québec que c'est pour elle sa plus grande croix de ne pouvoir soulager sa grande malade[52]. À mesure que les semaines avancent, les espoirs de guérison disparaissent. Devant l'extrême faiblesse de la chère Mère et ne voulant pas lui imposer le jeûne eucharis-

51. Matt., 5, 48.
52. Mère Saint-Raphaël à Mère Saint-Georges, 18 février 1885, AUQ, *Roberval* II, 67.

tique obligatoire en ces temps, le curé Lizotte lui apporte tous les jours la Sainte Communion à minuit.

Mère Saint-Raphaël et ses compagnes voient avec peine la séparation imminente. *Nous avons besoin de forces pour supporter cette épreuve*, écrit-elle[53]. Le 6 juin, Sœur Saint-Alexandre termine son pèlerinage terrestre à l'âge de trente-deux ans, après avoir passé seulement trois années à la communauté de Roberval. Elle est inhumée dans le caveau de la petite chapelle du premier monastère et transférée huit ans plus tard dans le cimetière actuel. Elle s'est dépensée auprès des externes inconsolables de ce départ. Une fillette de cinq ans refuse de prier : elle boude le bon Dieu qui lui a enlevé la Mère qu'elle aime tant[54].

Voilà donc le premier anneau de la chaîne des fondatrices de 1882 rompu ! Inconsolables, mais soumises à la volonté de Dieu, les chères Mères restantes se resserrent les coudes et poursuivent activement le travail de cette fin d'année scolaire.

Un regard maintenant sur ce qui se passe à l'extérieur. La région du Lac-Saint-Jean est en proie à une misère profonde. Le froid et les pluies abondantes du printemps provoqueront une disette inévitable à l'automne, dans toute la contrée. Déjà les animaux meurent de faim ou de maladie, bien des gens ont donné comme dernière ressource le toit de chaume de leur grange pour prolonger la vie de leurs bestiaux. Les Ursulines partagent la même misère des gens par la perte de plusieurs belles génisses d'un an et par la difficulté de se procurer du blé. Elles se voient dans la nécessité de demander à la Maison-Mère l'achat de six à huit barils de farine pour subsister jusqu'à la prochaine récolte d'octobre. *D'argent, peu ou point ; la divine Providence est toujours là et ne nous fera pas défaut*, écrit Mère Saint-Raphaël[55]. Sa foi

---

53. *Ibid.*
54. *Réminiscences de Mère Saint-Raphaël, op. cit.*, p. 8.
55. Mère Saint-Raphaël à Mère Saint-Georges, 3 mai 1885, AUQ, *Roberval* II, 74.

et sa confiance la maintiennent constamment dans la sérénité et l'abandon au milieu de ses plus grandes difficultés.

Il n'est donc pas surprenant que les autorités songent à prolonger son supériorat pour trois autres années. En effet, la date des élections triennales approche. Mère Saint-Georges Van Felson, supérieure de Québec, décide d'aller faire la visite canonique à la communauté de Roberval pour s'assurer de l'état de la maison et du gouvernement de Mère Saint-Raphaël. Elle part le 30 juin 1885, accompagnée de Mère Saint-Joseph Naud et trouve les choses en aussi bon état que possible. Usant alors des pouvoirs donnés par la Maison-Mère et avec le consentement des religieuses missionnaires, elle remet la Supérieure en charge pour trois années additionnelles.

Sœur Saint-Joachim Marcoux, ayant beaucoup travaillé et ne pouvant lutter plus longtemps contre l'ennui, accepte, sur l'offre de Mère Saint-Georges, de revenir à Québec. *Nous l'avons bien regrettée*, concluent les *Annales*[56].

La visitatrice constate sur place le besoin urgent d'une maîtresse d'anglais. Dès son retour à Québec, elle demande à Nellie Bruneau de se rendre à Roberval pour aider les religieuses. Joséphine Beaulieu, une servante, est également sollicitée pour remplacer Sœur Saint-Joachim. Toutes deux partent le 20 juillet avec Alphonse Dumais, contre-maître de la maison du Lac.

Mère Saint-Georges écrit à l'évêque de Chicoutimi que les religieuses de Roberval *sont surchargées de dévotions*. Elle demande qu'on s'en tienne *aux termes de la Règle*, que l'on donne une nourriture saine et fortifiante aux Sœurs, sans permettre le jeûne tous les vendredis ni tout le temps de l'Avent et du Carême. Que soient omis le chant des Lamentations et les leçons de l'Office de la Semaine sainte, que l'heure du coucher soit fixée à neuf heures du soir. Ces petits adoucissements accor-

---

56. AUR, (Annales reconstituées, *op. cit.*, p. 13.).

dés aux religieuses leur permettront de conserver plus longtemps les forces nécessaires pour continuer leur travail sans fatigue excessive.

La rentrée des élèves de septembre ramène vingt-sept pensionnaires et l'espérance de trois autres dans quelques jours. Triste début d'année scolaire! C'est la disette! L'argent manque partout! Comment arriver à se procurer la farine pour le pain des Mères et des enfants? Ces vingt-sept élèves reçues n'ont donné que vingt-sept dollars malgré le montant plus élevé que l'on espérait recevoir. «Que voulez-vous faire? Le mieux est de tâcher d'être bien ferventes et de nous abandonner à la Providence» [57], écrit Mère Saint-Raphaël.

Elle y croit sincèrement en la Providence! Forte de son appui et avec le support de ses Sœurs, elle se sent capable d'entreprendre des projets humainement irréalisables.

Malgré les temps durs qu'elle traverse, la chère Mère s'apprête à mettre à jour un plan, en veille depuis les premiers temps de la fondation.

Dieu se charge de tout lorsque les moyens humains manquent.

Mère Saint Raphaël (1882)

57.	Mère Saint-Raphaël à Mère Saint-Georges, 19 septembre 1885, AUQ, *Roberval* II, 90.

CHAPITRE III

La maison de pierre

Parmi les souffrances et les privations supportées au cours des trois premières années de la fondation, il semble que la plus dure provienne de l'exiguïté du monastère.

Mère Saint-Raphaël s'efforce d'améliorer la situation, cherche à procurer aux religieuses et aux élèves des conditions de logement plus confortables. Voyons comment certaines circonstances lui permettent la réalisation d'une construction nécessaire pour les besoins du temps, malgré une pénurie d'argent et les difficultés qu'elle entraîne. À travers les travaux, les événements heureux ou douloureux vécus au jour le jour, nous verrons la communauté et l'école grandir et s'affermir.

1. Projet de construction

Depuis septembre 1882, le nombre croissant des élèves et du personnel religieux, les besoins de l'enseignement plus étendus, introduisent à l'intérieur du Monastère une gêne de plus en plus grande. Cependant la jeune fondation de Roberval manifeste déjà une vigueur, un enthousiasme de taille à affronter les situations de vie les plus pénibles en vue de son développement et de son rayonnement.

Si l'on ne veut pas la voir s'essouffler, s'étioler dans sa marche, il s'avère urgent de songer à lui procurer un moyen d'assurer sa croissance normale. Problème épineux, mais de première importance, que la fondatrice envisage depuis les débuts de la fondation. Pour le résoudre, elle ne voit qu'une solution : reculer les murs du petit monastère ou en bâtir d'autres.

L'on a déjà entrevu ses embarras pécuniaires et ses inextricables difficultés au cours des chapitres précédents, dans sa correspondance avec Québec. Si, au moins, elle avait la liberté d'action ! Il lui faut constamment demander chaque permission à la Maison-Mère. Comme les autorités, malgré leur bonne volonté, peuvent difficilement bien juger des situations à distance, Roberval se voit souvent refuser les requêtes les plus opportunes et les plus nécessaires. Les Mères reconnaîtront-elles l'urgence du nouveau projet de construction ou d'un agrandissement, même si à plusieurs reprises, la question du manque de locaux revient souvent sous la plume de Mère Saint-Raphaël ?

Rappelons à l'appui, quelques extraits de ses lettres glanés parmi beaucoup d'autres, qui nous peignent le problème du logement d'une façon assez poignante. Dès le mois d'octobre 1882, elle écrit à la Maison-Mère :

> **Les externes sont entassées dans leur classe et nos pensionnaires dans leur salle d'étude, car il faut bien tenir compte de la place des poêles et du soin qu'il faut prendre d'en éloigner un peu les élèves afin qu'elles ne souffrent point. Il n'y a que la salle de récréation qui soit suffisante parce que j'ai ôté le parloir qui se trouvait de ce côté. Je suis fermement persuadée que nous serons forcées, plus tôt que nous le voudrions d'agrandir le département des élèves.**
>
> **Il est impossible de vous dire la gêne où l'on se trouve pour serrer les provisions d'hiver, etc**[1].

L'enseignement de l'art culinaire ne peut se donner, faute de local approprié. On ne dispose que d'une petite cuisine de 18 pieds sur 13 pieds, où apparaissent au centre, un grand poêle, et plus loin, le pétrin, une petite armoire indispensable, puisque c'est l'unique.

---

1. Mère Saint-Raphaël à Mère Sainte-Catherine, 7 octobre 1882, AUQ, *Roberval* I, 173.

> Passer deux de front autour du poêle est chose impossible, la chaleur se concentre dans ce petit trou, où il faut se rendre même pour se laver les mains (...). Pas de cheminée, l'eau pour laver doit se chauffer sur le poêle de cuisine. La dépense a 13 pieds sur 8. C'est l'unique place pour entasser nos petites provisions et mettre le lait. La glacière est indépendante du couvent (...).
>
> Nous sommes à l'étroit, il n'y a pas besoin de faire deux fois le tour de la maison pour s'en convaincre[2].

Précédemment, elle a expliqué le malaise des religieuses: *Sœur Saint-Joachim est amaigrie beaucoup et d'une grande pâleur. C'est la conséquence de la misère qu'elles [Sœurs] prennent l'hiver: le froid et l'exiguïté de la cuisine qui doit servir au besoin de boulangerie et de buanderie. Aussi jamais un mot de plainte ne s'échappe des lèvres de nos bonnes Sœurs[3].*

À l'occasion de la maladie de Mère Saint-Alexandre, la supérieure exprime sa peine *de ne pouvoir donner un peu de repos à cette chère Sœur: un pauvre dortoir commun avec une salle de musique d'un côté, un passage commun de l'autre. Voilà la meilleure infirmerie que l'on peut lui offrir[4].*

Et l'on pourrait encore poursuivre dans le même sens. Mais les témoignages cités plus haut projettent sur la situation du petit monastère un éclairage assez frappant pour convaincre la Maison-Mère de la nécessité d'apporter bientôt, sinon un changement complet, du moins une amélioration convenable pour le logement.

Avec la fin d'année 1885, une lueur d'espérance commence à poindre pour la petite communauté. Mgr Racine constate lui-même la nécessité d'entreprendre une construction plus grande en rapport avec les besoins d'un pensionnat. Il veut négocier la réédification de la maison qui ne compte que trois ans d'existence. Mais il

---

2. Mère Saint-Raphaël à Mère Saint-Georges, 17 mai 1885, AUQ, *Roberval* II, 76a.
3. La même à la même, 18 février 1885, *ibid.*, 67.
4. La même à la même, 7 avril 1885, *ibid.*, 71.

doute que l'on puisse penser sérieusement à l'agrandir, vu son manque de solidité.

Au début de juillet 1886, lors de sa visite canonique à Roberval, voyant les personnes entassées dans les dortoirs et dans les classes, il ordonne à Mère Saint-Raphaël de dire à Québec qu'il veut qu'elles construisent. Sans tarder, il fait appel à la générosité des citoyens du village pour le travail. *Nous obtiendrons quelques corvées*, conclut Mère Saint-Raphaël, *mais de l'argent, certainement pas*. Il approuve le bazar que les religieuses ont l'intention d'organiser pendant l'été afin d'augmenter les revenus pour la construction[5]. *Dites à vos Mères que je confisquerais la maison, si je le pouvais. Qu'elles me parlent de tout cela à mon prochain voyage à Québec (...). Nous sommes en prières auprès du bon saint Joseph. Si le bon Dieu le veut, il viendra à notre secours*[6].

En l'honneur de la Sainte Famille, patronne de la communauté, toutes les religieuses font la promesse de recevoir sous leur toit pendant les mois des vacances durant sept années, trois petites filles pauvres qu'elles instruisent pour leur première communion[7].

L'évêque de Chicoutimi, suffragant du Cardinal Taschereau, doit recevoir l'approbation de celui-ci avant d'obtenir quelques secours des Ursulines de Québec. Or, le 29 août 1886, le Cardinal écrit à Mgr Racine *que l'on a tout à gagner en ne se pressant pas trop et que l'on peut tout compromettre en allant trop vite*.

Cédant aux instances de l'évêque de Chicoutimi, les Mères de Québec envoient, à Roberval, François-Xavier Berlinguet, architecte, pour examiner les lieux et les locaux et estimer le coût possible du nouvel édifice. Celui-ci évalue à treize ou quatorze mille dollars le prix de la construction projetée. Le chapitre de la Maison-Mère

---

5. AUR, *Annales*, I, pp. 13-14.
6. Mère Saint-Raphaël à Mère Saint-Georges, 10 juillet 1886, AUQ, *Roberval* II, 116.
7. AUR, *Document D*, p. 11.

décide donc en décembre de la même année de *donner
quatre mille dollars (4 000$) à Roberval et de leur appliquer
la donation Beaudet dont elles commenceront à payer les
intérêts dans deux ans* [8]. Notons que les Mères de Québec,
devant la détresse pécuniaire de la maison de Roberval,
n'exigeront jamais de celle-ci les intérêts convenus par
cet acte du Conseil.

*Après nous avoir consultées, pris les mesures de pru-
dence exigées par l'importance de l'entreprise, elles [de Ro-
berval] se décidèrent à bâtir, encouragées par leur évêque
Mgr Racine, comptant sur la protection de quelques amis,
surtout celle de saint Joseph, qu'elles ont établi le répondant des intérêts du nouveau monastère* [9].

En janvier 1887, Mère Saint-Georges, supérieure,
fait parvenir, comme étrennes au Monastère du Lac, les
plans d'un nouveau couvent qui mesure 116 pieds de
longueur sur 44 pieds de largeur. Les interventions des
évêques de Québec et de Chicoutimi se sont avérées très
efficaces pour en arriver à une aussi rapide exécution
des devis de la construction. On comprend difficilement
que les Mères de Roberval ne soient pas consultées au
sujet de ces plans qui doivent être conçus en fonction
des besoins de l'école et du Monastère, des lieux et
du temps. Cette étrange façon de procéder frappe dur au
cœur et à l'esprit de Mère Saint-Raphaël.

Pendant que la neige s'accumule, que les glaces dur-
cissent, que le froid sévit sur les bords du grand lac,
que le vent souffle d'une rive à l'autre, les Mères prennent le temps d'étudier à fond le plan de la future construction afin d'être en mesure de présenter à la Maison-

---

8. La donation de l'abbé Placide-Édouard Beaudet, curé de Saint-
   Félix-de-Cap-Rouge, comprend 7 000$ à 6% d'intérêt sa vie
   durant; après sa mort, la somme des intérêts devra parvenir
   à ses frères et sœurs survivants, jusqu'à la mort du dernier.
   À ce moment, le capital restera à la communauté. [*Actes du
   Conseil*], 28 décembre 1886, AUQ.
9. AUQ, *Annales*, II, p. 560.

Mère quelques petits changements avant le printemps. Ainsi, l'on se dispose dans l'attente et la confiance.

2.   Difficultés des débuts de la construction

Enfin mai arrive! Les travaux commencent sous la direction d'Alphonse Laberge de Québec que l'architecte a chargé de faire exécuter ses plans.

> **La première pierre fut posée le 2 juin et le 29 du mois d'août 1887, Mgr Racine ayant fait le voyage si fatigant de Chicoutimi au Lac-Saint-Jean, bénit la pierre angulaire en présence de l'Honorable Honoré Mercier, premier ministre, d'une vingtaine de membres des Chambres représentatives, d'un nombreux clergé et des notables de la paroisse (...). L'établissement d'un monastère dans ces régions a vraiment été un événement providentiel et le bien opéré par nos Sœurs est déjà considérable, conclut l'annaliste[10].**

Dans le plan du nouveau couvent, l'architecte place la bâtisse juste au chemin. Mais l'œil perspicace de Mère Saint-Raphaël entrevoit dans cet arrangement un problème pour l'avenir. Elle bâtit pour la postérité et, en femme pratique et prudente, prévoit de grands obstacles pour les développements futurs. Elle obtient donc, de la Maison-Mère, la permission d'éloigner le bâtiment du chemin. Ainsi, la chapelle placée au centre sur la façade pourrait se prolonger au chemin si l'on veut un jour l'agrandir et s'étendre sur les deux côtés.

Cette mesure très louable entraîne une augmentation du coût des fondations car, à l'extrémité est, il faut creuser onze à douze pieds pour atteindre le roc. La Maison-Mère, mise au courant du changement au plan et des dépenses qu'il occasionne, donne ordre de couper court aux fondations. Mais quand la nouvelle parvient à Roberval, ces dernières sont à peu près terminées. Les religieuses tiennent conseil et Mère Saint-Raphaël, supé-

---

10.   *Ibid.*

rieure, endosse complètement la responsabilité de continuer les travaux commencés, jugeant que la Maison-Mère agirait ainsi si elle connaissait la véritable situation.

Immédiatement, le curé Lizotte se rend à Québec afin d'expliquer les motifs de cette décision apparemment très hardie. Une fois de plus, il réussit à éviter les mésententes que cet incident aurait pu occasionner. Il intervient si habilement que la permission présumée à Roberval est approuvée par les Mères de Québec. Mais, en attendant la réponse définitive, quelles angoisses pour Mère Saint-Raphaël et ses compagnes! La somme additionnelle à payer pour le salaire des ouvriers s'élève à environ deux cents dollars[11].

On tire la pierre des fondations d'une carrière au bord du lac; pour les murs, on utilise celle près d'Euloge Ménard. *Cette bâtisse en belles pierres nous coûta cher*, explique Mère Saint-Raphaël, *en 1910. En plus des ouvriers payés à la journée, on consacre quatre dollars par jour pour un surveillant des travaux*. Salaire assez élevé pour l'époque.

En novembre, la moitié des murs est terminée, mais déjà les ressources manquent. Roberval emprunte deux mille dollars (2 000$) avec un intérêt de 5% en hypothéquant une partie de sa propriété[12]. Mgr Racine, malgré sa grande pauvreté, ouvre généreusement sa bourse de nouveau et offre cinq cents dollars (500$) *avec une délicatesse digne de son grand cœur*[13]. Ce don permet de continuer les travaux en attendant l'argent de l'emprunt. Roberval ajoute à ce montant les douze cents dollars (1 200$) provenant de la vente de trois arpents de leurs terrains[14].

En avril 1888, nouvelle menace d'arrêt dans la construction. Mgr Racine et le curé Lizotte insistent pour que

11. Notes recueillies par Mère Saint-Jean, *op. cit.*
12. AUQ, [*Actes du Conseil*], 1er août 1887.
13. AUR, *Réminiscences de Mère Saint-Raphaël, op. cit.*, p. 12.
14. AUQ, [*Actes du Conseil*], 13 novembre 1887.

les travaux continuent et pressent Mère Saint-Raphaël de chercher un moyen pour y arriver. Un moyen! Elle n'en voit qu'un seul: retourner frapper au Monastère de Québec et placer une nouvelle demande d'argent. La réponse ne tarde pas; un montant de trois mille dollars (3 000$) vient bientôt combler de joie les Sœurs de Roberval[15]. Avec cette somme, on espère poursuivre les travaux jusqu'à ce que la bâtisse soit terminée.

3.   Au fil des jours

Laissons pour un moment nos ouvriers sur leurs échafaudages, oublions le tintamarre des marteaux et des scies et revenons au monastère, quelques mois en arrière. Nous apprenons que les douze novices travaillent avec bonheur à confectionner les habits de trois compagnes qui revêtiront le voile blanc en fin de mai 1886. Du côté de l'ouvroir, règne la plus grande activité. Ici le doux ronronnement du rouet, là les frappes rythmées du métier à tisser, plus loin le roulement bruyant du rouet à bobines. Mère Saint-Henri annonce fièrement que le prochain examen couronnera les travaux de ses élèves: vingt aunes de belle flanelle grise, trois couvre-pieds, cinq aunes d'étoffe et une couverture de laine. Il semble que les succès obtenus pour les matières dites classiques soient également consolants, puisque Mère Saint-Raphaël note: *La distribution des prix a été satisfaisante mais un grand nombre de personnes ont dû rester dehors, ce qui a naturellement créé quelques mécontentements* [16].

Le moment est peut-être venu de parler des relations que les religieuses entretiennent avec les Indiens de la Pointe-Bleue. Nous savons déjà que quelques in-

---

15.   *Ibid.*, 25 avril 1888.
16.   Mère Saint-Henri à Mère Saint-Georges, 10 juillet 1886, AUQ, *Roberval* II, 116.

diennes figurent sur les listes des élèves pensionnaires. De plus, nous tenons de la plume de Mère Saint-Raphaël que les liens d'amitié du début de la fondation se maintiennent et que juin ramène au monastère, chaque année, cent cinquante à deux cents Montagnais et Abénaquis pour une réception en leur honneur.

Avec la permission de l'évêque, on les reçoit dans la grande salle de récréation des élèves décorée pour la circonstance. Grande joie de part et d'autre, lorsque paraissent sur le lac les grands canots d'écorce pavoisés, chargés d'hommes, de femmes et d'enfants. Parés de leurs plus brillantes toilettes de fête, ils se présentent tout joyeux, conduits par Madame Eucher Otis [17]. Mère Marie-de-la-Nativité se met au piano, bientôt entourée de ces enfants des bois qui écoutent, admirent et s'étonnent qu'elle puisse ainsi tirer des sons en promenant ses doigts sur le clavier.

À leur tour et avec la permission du chef, ils chantent, exécutent leurs plus belles danses. La fête se termine par un bon goûter, non plus à la sagamité mais avec pains d'épices et bonbons. Si le temps se montre propice, les pensionnaires ont le privilège de faire une promenade sur le lac dans les embarcations des Indiens.

Cette coutume si chère aux Ursulines, à cause de son analogie avec les premiers temps de la colonie française, est abandonnée vers 1889, quand Eucher Otis remet au gouvernement son agence pour la réserve indienne de la Pointe-Bleue [18].

L'année 1887 marque le prolongement du chemin de fer jusqu'au Lac-Bouchette. Honoré Mercier vient lui-même l'inaugurer le 30 août. Accompagné de plusieurs députés fédéraux et provinciaux, il pousse l'excursion jusqu'à Saint-Prime et Roberval, où de grandioses et

---

17. Épouse d'Eucher Otis, agent du Gouvernement pour la Réserve indienne de la Pointe-Bleue. (Vien, *Histoire de Roberval*, p. 141.)
18. AUR, *Réminiscences de Mère Saint-Raphaël*, *op. cit.*, p. 13.

joyeuses manifestations se déroulent sur son passage. Dans un discours aussi éloquent que politique, il s'enflamme jusqu'à promettre aux Robervalois le terminus du chemin de fer et l'embranchement aux Chicoutimiens[19]. Il invite la population à participer à l'Exposition provinciale qui doit s'ouvrir dans quelques jours à Québec.

Le curé Lizotte, placé à ses côtés pour le banquet de circonstance, en revient animé d'un enthousiasme qu'il ne tarde pas à communiquer à ses paroissiens et aux Ursulines. De son côté, Mgr Racine écrit une pastorale à son diocèse pour l'exhorter à répondre avec fierté à l'invitation du Ministre.

Les Ursulines saisissent l'occasion de faire connaître leur École Ménagère au-delà des limites du petit village robervalois et se hâtent d'apporter le dernier point aux ouvrages choisis pour l'Exposition. La région ne compte plus les bras vigoureux et vaillants à l'œuvre. La préparation d'ensemble s'orchestre si bien *que le 5 septembre, un convoi spécial portant quelque 300 cultivateurs avec leurs curés... leurs animaux et leurs produits [ainsi que les travaux d'artisanat des élèves des Ursulines] entre en gare à Québec. Le Lac-Saint-Jean fut la grande vedette de l'Exposition de 1887*[20].

L'année 1888 débute dans l'épreuve. Le 28 janvier, un grand deuil survient dans le diocèse de Chicoutimi. Mgr Dominique Racine, premier évêque de cette ville, s'éteint à l'Hôtel-Dieu Saint-Vallier après quelques mois de maladie. Cette mort plonge tous les diocésains dans la peine. Des témoignages de sympathie arrivent nombreux des autres diocèses. Les Ursulines, pour leur part, regrettent *le Père et le Pasteur dont la douceur et la charité avaient commandé l'amour et le respect de ses enfants*[21]. Depuis 1882, sa sollicitude ne s'est pas ralentie pour les

---

19.   Vien, *Histoire de Roberval*, p. 117.
20.   Vien, *op. cit.*, p. 118.
21.   AUR, *Annales*, I, p. 16.

Mères de Roberval. Que de visites paternelles au Monastère, soit en passant devant le couvent, soit pour présider les distributions de prix à la fin de l'année scolaire,
ou les cérémonies de vêture et de profession. Dans les
heures de détresse, il essaie de leur venir en aide par
ses conseils et même par des dons en argent. Il ne recule
devant aucun voyage à Québec à la Maison-Mère quand
il s'agit d'une question plus difficile à débattre avec elle.
Les Ursulines lui conservent une reconnaissance éternelle.

Rome choisit pour le remplacer un *des prêtres les
plus distingués du diocèse de Québec*, l'abbé Louis-Nazaire
Bégin[22], sacré évêque le 28 octobre 1888. Les Mères de
Roberval placent leur entière confiance et leur profond
respect dans ce nouvel évêque qu'elles considèrent
également comme leur *Père et leur Pasteur*.

Après avoir terminé un mandat de six années de
supériorat, Mère Saint-Raphaël cède le gouvernement de
la maison à Mère Saint-François-de-Paule, religieuse
d'une grande modestie, très engagée dans les voies spirituelles que l'on a d'abord dirigée dans l'enseignement
et la formation des élèves. C'est avec courage et dans un
grand esprit de foi que cette dernière accepte la charge
de supérieure en même temps que celle de maîtresse des
novices. Mère Marie-de-la-Nativité devient assistante et
maîtresse générale des élèves, Mère Saint-Henri, zélatrice et Mère Saint-Raphaël, dépositaire[23].

Il semble que, pour cette fois, la Maison-Mère ne
soit pas intervenue dans cette élection. Les religieuses
de Roberval témoignent assez de maturité pour choisir
elles-mêmes un conseil judicieux parmi les membres de
leur petite communauté. En effet, elle compte déjà

---

22. Né le 10 janvier 1840, à Saint-Joseph de Lévis, ordonné à
    Rome le 10 juin 1865, arrivé à l'évêché de Chicoutimi le 7
    novembre 1888, promu archevêque de Québec le 12 avril
    1898, créé cardinal le 25 mai 1914, décédé le 25 juillet 1925.
    (André Simard, *Les Évêques et les Prêtres séculiers au diocèse
    de Chicoutimi*, pp. 26-28.).
23. AUR, *Document D*, p. 12.

plusieurs nouvelles recrues: en juin, entrée de Sophie Maltais de Bagotville et Clorinde Garneau de Chicoutimi; le 2 octobre, Laura Déry, fille d'un meunier d'Hébertville à qui l'on confiera la huche pendant plusieurs années avec grande satisfaction. Novembre reçoit Emma Létourneau, sœur de Mère Marie-de-la-Nativité, une des fondatrices, qui compte déjà quatre autres sœurs Ursulines. En décembre, Mère Saint-Raphaël accueille avec joie sa nièce, Eva Cloutier, fille unique du notaire Zozime Cloutier de Chicoutimi.

Revêtent l'habit religieux: en juin, Sœur Denise Otis de l'Anse Saint-Jean, dite de Saint-Laurent; en octobre, Sœur Sophie Maltais sous le nom de Sainte-Angèle et Sœur Clorinde Garneau, de Sainte-Ursule. Si la communauté traverse une forte crise pécuniaire, elle s'enrichit d'une autre façon avec ces jeunes filles généreuses et désireuses de partager sa vie de prière et de travail. Précieux réconfort, vision d'espérance pour les Mères en cette fin d'année, la cinquième de leur arrivée à Roberval.

Le bazar, permis par Mgr Racine en vue de recueillir des fonds pour aider la construction de la maison de pierre, commence à préoccuper les esprits, tant de l'intérieur que de l'extérieur. Dès avril 1888, le journal annonce le bazar que les Ursulines préparent pour les prochaines vacances avec le secours de quelques dames. Certaines organisations reçoivent déjà des sommes encourageantes. On donne aussi les noms des dames directrices de l'endroit, précisant qu'un groupe d'anciennes élèves de Québec et d'autres, amies de la communauté, veulent prendre une part active et témoigner ainsi de leur attachement aux religieuses. L'on espère que l'ouverture du chemin de fer permettra à un plus grand nombre d'étrangers de se rendre à Roberval et assurera plus de garantie de succès à l'organisation[24].

24.   *Les Ursulines de Roberval*, nouvelle dans le *Progrès du Saguenay* de Chicoutimi, 12 avril 1888, recueillie dans *Varia Saguenayensia*, Vol. III, p. 297.

Plus tard, le même journal précise que le bazar est fixé au 9 septembre, mais l'ouverture des classes du 3 de ce mois ne sera nullement dérangée. Les organisatrices se disent de plus en plus étonnées du nombre, de la beauté et de la richesse des objets qu'elles recueillent de part et d'autre[25]. De leur côté, les religieuses mettent à contribution leurs talents, leur créativité pour confectionner et transformer objets d'art, ouvrages de fantaisie, etc. Mère Saint-Raphaël prépare quantité de petits flacons de médicaments, grâce à la pharmacie de feu le Docteur Lacombe, son neveu, imaginant d'avance le profit d'une telle vente. Mais, à sa grande déception, le comptoir demeure bien garni jusqu'à la fin. Les gens connaissent sa charité et savent qu'ils n'ont qu'à se présenter et demander ce dont ils ont besoin en tout temps. Les flacons, en effet, disparaissent tous après le bazar, et, gratuitement, cela va sans dire[26].

À la fin de septembre, la gazette transmet les remerciements des religieuses à toutes les personnes qui ont contribué au succès du bazar dont la recette merveilleuse se chiffre à mille dollars (1 000$). Elle ajoute que ce dernier a déjà bénéficié du chemin de fer, par le transport gratuit des effets, *la réduction des prix pour les visiteurs et les amateurs de l'Union Musicale, venus à Roberval pour y donner un concert très bien réussi.* Merci à James-Guthrie Scott, gérant de la compagnie, aux amateurs de l'Union Musicale et à tous les bienfaiteurs de l'œuvre des Ursulines[27].

Enfin, le 8 décembre 1888, se réalise la promesse de Mercier l'année précédente:

> **Le premier train express de Québec s'avança prestement dans l'Anse et entra en criant dans le village, au milieu des acclamations d'une foule en délire, de la musique et**

---

25. *Ibid.*, 30 août 1888, p. 398.
26. AUR, Souvenirs de Sœur Saint-Bruno Déry, rédigés par une main inconnue.
27. *Varia Saguenayensia, op. cit.*, p. 416.

des coups de canon. L'«engin» Beaudet amenait un groupe de Québécois, avec Élisée Beaudet lui-même et son épouse. Le voyage s'effectuait en 12 heures [28].

L'arrivée du chemin de fer tant convoité permet d'espérer une ère de prospérité pour la région du Lac. Finis aussi les longs et parfois périlleux voyages à Chicoutimi pour le transport des marchandises, du courrier, les visites d'affaires et les promenades. Cet heureux avènement comble le rêve non seulement des gens de Roberval, mais aussi celui des Ursulines à la différence que, pour ces dernières, il apparaît un peu moins coloré : le réalisme d'une construction si souvent menacée par le manque d'argent, les dettes qui s'accroissent avec les nouveaux emprunts, les rentes à payer, tout cela pèse bien lourd sur leurs épaules.

Très peu de documents nous renseignent sur les événements de l'année 1889. Signalons l'embellissement de la cour du Pensionnat par une plantation d'érables négondos, de trembles et de peupliers sur un parcours de 400 pieds, due à l'initiative de Mère Saint-Raphaël alors dépositaire. Elle veut ainsi ménager de frais ombrages pour les ébats de la grande famille écolière par les journées plus ensoleillées. Cette promenade reçoit le nom de voie angéline, en l'honneur de sainte Angèle, fondatrice de l'Ordre des Ursulines [29]. Aujourd'hui, quelques-uns de ces grands peupliers et larges négondos nous invitent encore, l'été, à une halte rafraîchissante au cours de nos promenades dans cette même voie.

Du côté de la construction, on affronte encore de grandes difficultés. Mgr Bégin prend à cœur les intérêts temporels et spirituels de la communauté avec la même sollicitude que son prédécesseur. Il seconde les demandes que les Mères de Roberval font parvenir au gouvernement par l'entremise de la Maison-Mère, en vue d'obtenir un peu d'argent.

---

28. Vien, *op. cit.*, p. 119.
29. Teresa Ledochowska, o.s.u., *Angèle Mérici et la compagnie de Sainte Ursule*, T. II, Roma, Ancora Milano, 1967, p. 17.

Enfin, Honoré Mercier écrit à la Supérieure de Québec: *J'ai le plaisir de vous annoncer que le Conseil des Ministres a décidé hier de vous accorder la somme de deux mille cinq cents dollars (2 500$), payable en deux versements: un, en 1890 et l'autre, en 1891 pour aider à compléter le monastère de Roberval.*

Octroi accordé avec une certaine répugnance, car l'Institution passe pour très riche et l'Assemblée Législative critiquera cette générosité du gouvernement. Cependant *vu les demandes pressantes de Mgr Bégin, évêque de Chicoutimi, vu son désir de favoriser l'instruction des habitants du Lac-Saint-Jean et sa bonne disposition à l'égard de l'admirable communauté des Ursulines,* le ministre met de côté toute autre considération pour accorder cette demande[30].

Dès que Mgr Bégin apprend la nouvelle, il se hâte d'écrire à Roberval et à Québec pour féliciter les Ursulines du succès obtenu auprès du gouvernement[31]. Quant aux Mères du Lac-Saint-Jean, on imagine quelle hymne de reconnaissance s'élève de leur cœur envers saint Joseph qu'elles ont établi le «répondant de leurs intérêts».

Depuis le début de la fondation, la direction spirituelle de la communauté est confiée au curé Lizotte. Le vicaire de la paroisse vient célébrer l'Eucharistie chaque matin, enseigne le catéchisme aux élèves et donne un sermon une fois la semaine. Pensionnaires et religieuses s'accommodent de l'horaire du célébrant, variable selon ses disponibilités, de six heures et quart à sept heures et demie du matin. En 1890, Mgr Bégin nomme le premier chapelain résidant au monastère, l'abbé David-Odilon Dufresne[32] qui prend la direction de la communauté et *lui consacre sans compter tout son zèle et son dévouement.* Grand musicien et habile décorateur, il arrive

30. Honoré Mercier à Mère Saint-Georges, 31 octobre 1889, AUQ, *Roberval* II, 132.
31. AUQ, *Annales* II, p. 582.
32. Simard, *op. cit.*, p. 87.

au moment propice pour mettre à profit ses talents. Son ardeur et sa piété lui gagnent très vite la confiance et l'estime de toute la communauté[33].

Au mois d'août, l'évêque de Chicoutimi écrit, à la supérieure de Québec, qu'il a permis à Mère Saint-François-de-Paule, supérieure à Roberval, et à Mère Saint-Henri, zélatrice, d'aller à la Maison-Mère. Il demande de...

> ...vouloir bien les accueillir comme des Sœurs bien-aimées qui ont besoin de conseils, de consolations, de lumières et d'encouragements (...). Ah! puissent-elles revenir au Lac-Saint-Jean avec la joie au cœur.
>
> Vos Mères Ursulines de Roberval sont des saintes; elles seraient de dignes compagnes de la Vénérable Marie de l'Incarnation[35]; elles pratiquent d'une manière parfaite toutes les vertus de leur saint état. Leur fidélité à observer la règle, leur piété tendre, l'union étroite et la charité qui existent entre elles m'édifient au-delà de tout ce que vous pouvez imaginer[35].

Comment ne pas rappeler à la suite de ces lignes, le souhait de Mgr Taschereau dans sa lettre aux Ursulines de Québec, en 1881, un peu avant la nomination des fondatrices. *Il faut (...) choisir une nouvelle Marie de l'Incarnation, qui en soit la fondatrice et la première supérieure et qui mérite d'être déclarée vénérable et sainte*[36].

Les Mères de Roberval vont à la Maison-Mère exposer leur situation financière et proposer la soumission pour l'installation d'un appareil de chauffage pour le nouveau monastère. L'entrepreneur Charles Vézina de Québec s'engage à livrer la fournaise, y compris les tra-

---

33. AUR, *Annales*, I, p. 18.
34. Marie de l'Incarnation déclarée Bienheureuse le 22 juin 1980 par le Pape Jean-Paul II.
35. Mgr Bégin, évêque de Chicoutimi, à Mère Marie-de-l'Assomption, 20 août 1890, AUQ, *Roberval* II, 135.
36. Mgr Taschereau aux Ursulines de Québec, 1er mars 1881, AUQ, *Roberval* I, 2.

vaux de menuiserie et de maçonnerie, au montant de deux mille quatre cents dollars (2 400$). Il n'exige le paiement, sans intérêt, qu'après deux ans. Passé cette époque, un intérêt de 5% sera exigé.

Le Conseil de Québec conclut que le marché semble très avantageux et la permission demandée est accordée[37]. *Ce voyage eut un plein succès, même s'il nous fallut contracter de nouvelles dettes. C'est toujours en regardant le Ciel et la chère Maison-Mère que nous marchions. Ces deux providences ne nous ont jamais manqué*, note Mère Saint-Raphaël[38].

4. L'installation dans la maison de pierre

L'année scolaire débute avec une inscription de 108 élèves, pensionnaires et externes. Quel problème pour loger tout ce monde dans le petit monastère! On s'installe temporairement dans l'espoir d'occuper sous peu la nouvelle maison. Le 22 septembre, Vézina avertit que ses travaux se prolongeront jusqu'à la Toussaint. Heureusement, l'eau est rendue à tous les étages. Mais avec le système de pompage que l'on utilise, il faut quatre heures pour remplir le réservoir. *Nous sommes habituées à ménager l'eau, nous la ménagerons encore*, écrit Mère Saint-François-de-Paule. *Il y a encore les plafonds à faire, les classes à diviser et toutes sortes de ferrures à mettre, etc, etc, et on n'a plus d'argent*[39].

Euloge Ménard, bienfaiteur depuis les premières années de la fondation, devant l'urgence du déménagement, vu la saison froide qui avance, voyant les plafonds qu'on ne peut finir faute de ressources, n'hésite pas à donner à la communauté un montant de deux

37. AUQ, [*Actes du Conseil*], 4 septembre 1890.
38. AUR, *Annales*, I, pp. 17-18.
39. Mère Saint-Frs-de-Paule à la Supérieure de Québec, 22 septembre 1890, AUQ, *Roberval* II, 143.

La *maison de pierre*, deuxième monastère. Terminée en 1890 et détruite par les flammes en 1897. Seuls les murs extérieurs restent debout.

cents dollars pour les terminer. Quant aux murs intérieurs en briques rouges sans revêtement, contrastant avec le bois blanc des tablettes des fenêtres et des portes, ils présentent un aspect plutôt sombre et froid. Seuls le sanctuaire et la sacristie donnent l'apparence d'une maison terminée. Mais entassées dans le petit monastère depuis septembre, les élèves s'enthousiasment devant le changement qui s'annonce et qui, à leurs yeux, promet beaucoup de confort.

Écoutons maintenant une voix du passé, celle d'une élève qui écrit à son amie pour lui raconter l'événement de l'installation dans le nouveau monastère.

Dès huit heures du matin, s'organise le déménagement. Religieuses, élèves et employés occupent leur poste. Des mansardes au rez-de-chaussée et jusqu'à la nouvelle résidence, c'est un va-et-vient continuel. Cris de joie, éclats de rire, voix confuses se mêlent au tinta-

marre des chaises et des tables, des bancs et des pupitres qui s'empilent bruyamment pour leur nouvelle des-
tination. La consigne est donnée : chacune doit se préparer un gîte pour la nuit. En un rien de temps, commodes, lits et matelas s'alignent dans les dortoirs.

L'*Angélus* du soir annonce bientôt le calme et le silence habituels. Dans le coin que chacune s'est aménagé
au cours de la journée, le sommeil ne tarde pas à remettre en forme cette jeunesse enthousiaste et vaillante.

Les jours suivants sont employés à orner et à embellir la future chapelle. Quelques finissantes, « les plus
sages », obtiennent le privilège d'aider à coudre le tapis
du sanctuaire ; d'autres travaillent à l'intérieur de la
communauté avec les religieuses. *Heures délicieuses, ai-
mables et pieuses causeries en compagnie des Mères, tout au
long du travail.*

Le 20 novembre, les préparatifs achevés, tout respire la fraîcheur et la propreté. L'autel, « chef-d'œuvre
de l'Aumônier Dufresne », menuisier, peintre et décorateur pour la circonstance, trône majestueusement, prêt
à accueillir l'Hôte divin. Vers 14 heures, croix en tête,
l'aumônier, les religieuses et les élèves se rendent pro-
cessionnellement à l'ancienne chapelle pour la transla-
tion du Saint-Sacrement dans sa nouvelle demeure.
Malgré le vent froid qui souffle la neige avec violence, le
parcours s'effectue pieusement. Plusieurs dames du village, venues pour la circonstance, occupent la nef et participent avec l'assemblée au salut du Saint-Sacrement
présidé par le curé Lizotte. Tous les assistants, prêtres
et laïcs, visitent ensuite le nouveau monastère et se
retirent édifiés de cette cérémonie.

Et la lettre se poursuit en faisant ressortir les conditions avantageuses de la nouvelle bâtisse :

**Laisse-moi te dire, chère amie, que notre nouveau pen-
sionnat nous donne un confort inaccoutumé. Nous nous en ré-
jouissons surtout pour nos chères Mères ; désormais celles-ci
n'auront plus a faire la ronde matinale pour allumer les onze
poêles, car il y a maintenant au rez-de-chaussée, une grosse
fournaise à eau chaude qui distribue la chaleur dans les**

appartements. En plus, dans notre dortoir (...) il y a un évier et des chantepleures (...).

En attendant le service d'aqueduc, un grand réservoir qui fournit l'eau aux chantepleures, à la baignoire [etc] est alimenté par une pompe qui tire l'eau d'un puits placé au centre de la cour, à une centaine de pas du couvent. Cette source n'est pas un puits artésien intarissable, car chaque jour, elle doit être remplie avec l'eau que les domestiques vont puiser au lac ou à la rivière[40].

Même si tout le monde est appelé à vivre entre des murs sombres, inachevés, où de nombreuses lacunes restent encore à combler, l'ensemble de cette construction satisfait tout le personnel.

Le 21 novembre, double jubilation au monastère. La première célébration eucharistique dans la nouvelle chapelle coïncide avec la cérémonie de profession religieuse de deux novices: Sœur Marie-de-l'Immaculée-Conception Hawkings et Sœur Marie-de-la-Présentation Boily. L'abbé Joseph Girard[41], curé de Saint-Félicien, reçoit les vœux de religion des professes et prononce le sermon de circonstance inspiré par la fête de la Présentation de Marie que l'on célèbre ce jour-là. Les parents des élues, heureux invités, jouissent du bonheur de passer quelques heures en compagnie de leur fille à l'intérieur du monastère encore tout vibrant des émotions des derniers jours.

5. Tristesses et consolations

Nous étions heureuses malgré notre pauvreté et les soucis de rencontrer d'assez lourdes dettes. Dans la joie qui

---

40. Hélène Belley, 25 novembre 1890. Elle entre au noviciat à Roberval, le 7 mai 1891, décède le 1er décembre 1932. AUR.

41. Né à Saint-Urbain de Charlevoix, le 6 janvier 1854, ordonné le 15 août 1879, premier curé de Saint-Félicien, de 1883 à 1894, décédé à Colombus Ohio, le 18 décembre 1897. (Simard, *op. cit.*, pp. 83-84.).

inondait les cœurs, personne ne songeait au matin de ce 21 novembre, que le soir verrait l'une d'entre nous menacée d'une mort prochaine[42]. Mère Saint-Henri, une des fondatrices à l'apparence vigoureuse et pleine de santé, après s'être beaucoup dépensée lors du déménagement des derniers jours, se sent fortement atteinte d'une pleuro-pneumonie. Les soins assidus du médecin, les prières des religieuses semblent vouloir éloigner l'épreuve pendant quelques semaines. Mais le 8 décembre, un violent mal de tête la terrasse subitement et, consciente de la gravité de son mal, elle demande à recevoir le saint Viatique. L'annonce de sa mort la trouve dans un calme parfait et la joie d'aller rencontrer Celui qu'elle aime ardemment et qu'elle a servi avec tant de générosité. Peu après, une sorte de prostration l'envahit et la maintient dans cet état jusqu'au 11 décembre, où elle expire paisiblement entourée de ses Sœurs désolées, dans la 56e année de son âge et la 26e de sa vie religieuse.

> **Elle a toujours été pour nous un modèle parfait, une règle vivante. Les pauvres, les ignorants, les miséreux avaient la plus large part de la charité qui débordait de son cœur. Le village entier est en deuil, mais que dire du nôtre!... Mgr Bégin donna en cette circonstance comme dans toutes les autres, un témoignage de sa grande bonté**[43].

Mère Saint-Henri, la deuxième des fondatrices de 1882, va rejoindre Mère Saint-Alexandre dans le caveau de la petite chapelle du premier monastère. Le cercle se referme une seconde fois...

Les religieuses autant que les élèves se remettent courageusement de l'épreuve, en se plongeant dans le travail. Un changement assez important survient dans l'organisation scolaire. Le problème de l'espace maintenant résolu permet aux autorités de partager les élèves en deux groupes distincts : les pensionnaires oc-

42. AUR, *Annales*, I, p. 15.
43. *Ibid.*, p. 16.

cupent le nouveau monastère et les externes, le premier couvent. Mais cette division des élèves et cette habitation dans les chambres très froides ne tardent pas à susciter certains inconvénients que l'on comprend facilement. Après un temps d'essai raisonnable, les externes sont admises au nouveau pensionnat, décision qui se maintiendra jusqu'en 1895.

Un tableau sur l'emploi du temps des élèves de l'époque nous donne un aperçu de leurs activités journalières. Lever à 5 h 15, messe à 6 heures, suivie du déjeûner et d'une récréation; heure d'étude et classes de 9h à 12; dîner, récréation et reprise des classes à 12 h 45. À 16 h 15, visite à la chapelle, étude, souper à 17 h 30, récréation. À 19h, commence la prière du soir suivie de l'étude jusqu'à 20 h 15; enfin une lecture spirituelle termine la journée et chacune se dispose au repos de la nuit. Pour les pensionnaires, l'horaire prévoit le parloir de 15 h 15 à 16h le jeudi et le dimanche. Quant aux quart-pensionnaires et aux externes, elles prennent congé le samedi. À partir de 1890, les cours pour ces dernières forment une section spéciale.

Pendant que l'on travaille paisiblement à l'intérieur du couvent, le village s'agite quelque peu autour d'une question reconnue d'intérêt général. En cette fin d'automne, reprennent les pourparlers commencés et abandonnés en 1888, à propos d'un aqueduc en bois. Cette entreprise confiée à un autre soumissionnaire en 1890 ne se réalisera qu'en 1892[44]. En attendant cette heureuse amélioration, les religieuses se contentent de l'unique puits creusé dans la cour et approvisionné d'eau par les employés de la maison.

Les semaines et les mois passent! Au printemps 1891, une nouvelle épreuve plane sur la communauté. Sœur Saint-Vincent-de-Paul Boucher, converse, une des fondatrices de 1882, après neuf années de dévouement et de travail intense, voit ses forces diminuer rapi-

---

44. Vien, *op. cit.*, p. 208.

dement. La Maison-Mère l'invite à retourner à Québec pour lui faciliter des meilleures conditions de repos. Elle refuse et préfère continuer à servir la maison naissante qu'elle aime tant, dans la mesure de ses possibilités. Mais en mars, la maladie de cœur, qui la fait souffrir depuis assez longtemps, l'oblige à garder l'infirmerie définitivement.

Malgré les soins les plus assidus qu'on lui prodigue avec beaucoup de délicatesse et d'affection, elle s'éteint le 9 juillet, à l'âge de 39 ans, dont 14 de profession religieuse. Mère Saint-Raphaël résume en quelques lignes les durs moments de sa fin terrestre. *Elle nous édifia par sa patience, son inaltérable douceur et ses brûlants désirs du ciel. Les derniers jours de sa maladie furent marqués par des souffrances qui en firent une victime bien agréable au céleste Époux qu'elle alla rejoindre*[45].

Cette séparation, la deuxième en moins d'un an, atteint profondément les dernières survivantes du groupe des fondatrices. Le «petit reste» ne compte plus que trois témoins des années laborieuses de la fondation. Serait-il permis de se demander si la vie dure des premiers temps n'aurait pas avancé les jours de ces vaillantes, parties si tôt pour l'au-delà?

Les vacances si péniblement commencées se poursuivent dans un climat d'entraide, de charité fraternelle. Les corvées pour le jardin, les ménages, les réparations et l'amélioration des locaux se succèdent. L'installation «éclair» de novembre nécessite plusieurs petits ajustements après l'expérience des mois d'essai.

Le 1er août ramène l'époque des élections triennales de la communauté. Le nouveau Conseil subit à peine quelques changements. Mère Saint-Raphaël, en plus de sa charge de dépositaire, accepte celle de zélatrice laissée vacante après la mort de Mère Saint-Henri, en novembre 1890. Mère Marie-du-Sacré-Cœur devient maîtresse générale des élèves, charge que Mère Marie-

---

45. AUR, *Annales*, I, p. 41.

de-la-Nativité cumulait avec celle d'assistante supérieure. Mère Sainte-Anne est nommée première portière.
Remarquons que ces deux dernières religieuses comptent parmi les professes de Roberval.

La retraite communautaire traditionnelle de l'été,
sous la direction du Père P. Rinsback, jésuite, plonge
les religieuses dans la prière et la méditation pendant
dix jours. Ces moments de réflexion donnent lieu à
certaines constatations relatives aux Règlements et aux
Constitutions de l'Ordre des Ursulines. Dans une lettre
à Québec, Mère Saint-François-de-Paule, supérieure,
fait remarquer que depuis le début de leur fondation,
certaines «petites choses» ne s'observent pas et cependant ne sont pas incluses dans les dispenses ou permissions des Supérieurs[46]. Mgr Racine avait dit: *Faites tout
comme chez vos Mères de Québec.* Mais elle craint n'avoir
pas assez remarqué *comment les choses se faisaient.* Faut-
il remédier à cette situation? *Doit-on spécifier ces choses
au Supérieur?* Elle demande *ce qu'il y a à faire*[47].

En effet, le surcroît de travail effectué par les religieuses, le peu de personnes disponibles aux heures
d'observances régulières, le manque d'espace à la
chapelle occasionnaient souvent certains ajustements.
Mais la supérieure tient à mettre sa communauté en règle et elle avertit l'autorité compétente en la circonstance.

Les derniers jours de l'année 1891 sont attristés par
la nouvelle du départ de Mgr Bégin nommé coadjuteur
du cardinal Taschereau à Québec. Il quitte définitivement son évêché le 22 décembre. C'est avec une délicatesse teintée de tristesse que Mère Saint-François-de-
Paule parle de ce départ à la Supérieure de la Maison-
Mère: *Le bon Dieu nous ôte notre saint évêque pour vous*

---

46. Instructions particulières pour le Monastère de la Pointe-
    Bleue ajoutées au contrat de fondation, le 8 mai 1882, AUQ,
    Roberval I, 111.
47. Mère Saint-Frs-de-Paule à Mère Marie-de-l'Assomption, 6
    août, 5 novembre 1891, AUQ, *Roberval* II, 163b et 168.

*le donner; nous serions tentées d'être jalouses, mais non,
faisons taire l'égoïsme en songeant que nos Mères seront
heureuses sous sa houlette. Mgr vient de nous écrire une
bien belle lettre où il nous promet d'être toujours notre
Père*[48].

Et quelques jours auparavant, le prélat écrit à Québec: *Je vous demande de continuer à protéger notre cher
monastère de Roberval que j'aime de toute mon âme*[49].
Comme pour Mgr Racine, son prédécesseur, les Ursulines lui gardent une profonde reconnaissance et un respectueux souvenir.

En ce début d'année 1892, la correspondance révèle
une grande gêne pécuniaire. Il est vrai que la vie monastique présente désormais moins de privations; par
contre, le souci de rencontrer d'assez lourdes dettes préoccupe d'une façon plus particulière Mère Saint-Raphaël,
dépositaire, chargée de l'administration financière.
Personnellement, elle préfère la souffrance physique
d'hier à la fatigue morale d'aujourd'hui. Ces privations
de jadis, religieuses et élèves les partageaient, tandis
qu'à l'heure présente, elle assume seule les continuels
tracas des affaires. Tout de même elle est heureuse du
bonheur et du confort dont jouit sa petite famille. Jusqu'à la fin de sa longue carrière, elle portera ce lourd
fardeau des dettes à rencontrer avec de faibles revenus.
Cette pénible réalité qu'elle côtoie tous les jours contri-
bue à développer son total et filial abandon à la divine
Providence.

Peut-être serait-on porté à croire à une incompéten-
ce administrative de sa part? Non! Si elle contracte des
obligations, c'est qu'elle prévoit la possibilité de les
rencontrer. D'ailleurs, elle ne s'engage qu'après avoir
présenté ses projets à ses Supérieures et n'agit qu'avec
leur approbation. Mais il arrive que quelques-uns de ses
débiteurs retardent à lui faire parvenir leur dû. Alors,

---

48. La même à la même, 27 décembre 1891, *ibid.*, 176.
49. Mgr Bégin à Mère Marie-de-l'Assomption, 16 décembre 1891,
    AUQ, *Roberval* II, 174.

elle prend la plume, écrit des lettres pressantes, toujours courtoises, prie les retardataires de se rappeler le montant échu et le besoin urgent de la communauté.

Elle récite les « Allégresses » de saint Joseph avec les religieuses, paie les honoraires pour une messe en l'honneur de son fidèle pourvoyeur ou encore distribue une aumône. Sur son bureau de travail, une petite statue de saint Joseph porte en bandoulière un minuscule sac de cuir contenant la note de ses obligations financières qu'elle lui confie. Elle demande à la sainte Vierge, que la communauté a établie première et principale supérieure du monastère, d'appuyer auprès de son Fils les requêtes de saint Joseph.

Voilà comment se concrétisent la prière et la foi de Mère Saint-Raphaël. Gestes naïfs peut-être, mais combien authentiques ! L'important, c'est de passer ses messages à ses amis d'En-Haut. Consciente d'avoir mis tout en œuvre pour remuer ciel et terre, elle attend paisiblement l'effet de ses démarches tout en cherchant une saine distraction dans la lecture instructive ou les travaux manuels. Si la saison est propice, la culture des fleurs retient ses préférences. Coiffée d'un chapeau à large bord, rateau et truelle en main, voyons-la, de plate-bande en plate-bande, ratisser les allées, redresser un tuteur, enlever les mauvaises herbes, cueillir les plus belles fleurs pour offrir à une malade ou orner un petit autel. Si elle peut s'accorder le loisir de la lecture, c'est pour en partager les fruits avec ses Sœurs à la récréation[50]. Ainsi, ces petits trucs lui aident à maintenir son équilibre psychologique et moral, tout en la reposant des chiffres pour quelques moments.

À l'occasion de ses tournées de conférences au Saguenay en 1891, Édouard Barnard, agronome[51], accor-

---

50. AUR, *Document E*, pp. 17-19.
51. Édouard Barnard, agronome, secrétaire du Conseil d'Agriculture 1889-98, fondateur du *Journal d'Agriculture* en 1877, décédé le 19 août 1898, (Marc-A. Perron, *Un grand éducateur agricole Édouard Barnard*, 1955, p. 309.).

de une visite à l'École Ménagère de Roberval dont il a entendu parler. Après avoir admiré avec grande satisfaction le travail effectué dans cette jeune institution, il veut bien prendre le temps d'examiner aussi la terre que l'on cultive. À la vue de son peu de rendement, faute de ressource pour la développer, il s'exprime en ces termes à Mère Saint-Raphaël : *Quand vous devriez emprunter à cinquante pour cent, ce morceau de terre bien cultivé peut vous rapporter cent pour un*[52]. Très bien impressionné par la marche et les réalisations de l'École et par les projets de Mère Saint-Raphaël, il continuera, par la correspondance, de lui dispenser ses conseils éclairés, ses méthodes expérimentées, même il témoignera, à l'occasion, de son intérêt pour l'École Ménagère de Roberval au Département de l'Agriculture. Il enverra gratuitement le *Journal d'Agriculture* jusqu'à la fin de sa vie.

Les suggestions de Barnard rejoignent en plein la conception de Mère Saint-Raphaël pour la culture de son morceau de terre. Forte des encouragements reçus, elle se tourne du côté de la Maison-Mère pour obtenir quelque argent dont elle a un urgent besoin pour mettre à exécution la recommandation de son distingué visiteur. Elle fait également état de la situation générale de grande pauvreté du monastère en des termes réalistes, poignants même[53].

Les Mères de Québec répondent sans tarder en lui envoyant deux cents dollars (200$) pour la mettre en *état de tirer quelque profit de la ferme. La permission de vendre quatre lots de terre qui sont sur la grande rue est accordée*[54].

Au village, la condition dans laquelle vivent les gens se rapproche de celle des religieuses. Roberval se peuple, mais c'est une population mobile, composée

---

52. Mère Saint-Raphaël à Mère Marie-de-l'Assomption, 5 avril 1892, AUQ, *Roberval* III, 5.
53. *Ibid.*
54. AUQ, [*Actes du Conseil*], 10 avril 1892.

de journaliers qui travaillent aux scieries l'été, aux chantiers l'hiver. La plupart des familles parviennent à peine à fournir le nécessaire en effets classiques pour leurs enfants. Quelques-unes seulement présentent une meilleure aisance, de sorte que les religieuses sont appelées plutôt à donner qu'à recevoir.

Quant à la classe agricole, le manque de connaissances nécessaires pour développer la culture des terres, les mauvaises récoltes des dernières années, la pénurie d'argent, la vie pénible et dure des familles finissent par créer chez elle un certain dégoût de la belle profession d'agriculture. La «manie» des voyages aux États-Unis dans l'espoir d'obtenir un travail plus rémunérateur gagne un trop grand nombre de cultivateurs.

Les Ursulines essaient de réagir selon la mesure de leurs forces contre ce courant en faisant donner des leçons d'agriculture aux élèves. Avec la venue du printemps, ces cours deviennent pratiques au jardin et à la laiterie. Barnard est convaincu qu'elles feront un bien immense en donnant l'exemple d'une culture raisonnée. Encouragement précieux pour ces éducatrices.

Les années difficiles que l'on traverse vont-elles allonger les visages, engendrer la mélancolie? Les plus jeunes religieuses, même si elles ne participent pas directement au gouvernement de la maison, partagent intensément les préoccupations et les soucis de leurs Mères. Ensemble, elles cherchent comment faire plaisir et témoigner leur affectueuse tendresse à celles qui portent si généreusement la responsabilité de la bonne marche de la maison et qui sans cesse travaillent pour leur bonheur matériel et spirituel. Elles décident de fêter les trois fondatrices, en ce 10e anniversaire de leur venue à Roberval. Les classes terminées, «le comité de la reconnaissance» s'organise et l'on convient d'en garder le plus grand secret. Ces jeunes, formées à l'obéissance, n'entendent pas passer outre aux permissions à demander pour réaliser leur projet. Mais à qui s'adresser si l'on veut la plus stricte discrétion? Après réflexion, on propose que la Supérieure de Québec serve d'intermé-

diaire en la circonstance. Le programme de la fête élaboré, une lettre est adressée à la Maison-Mère.

Sœur Marie-de-la-Providence se charge de la musique, mais sans la Mère Assistante ni les enfants, le chant
devient impossible. Il est convenu d'inviter le curé Lizotte pour la grand-messe, l'aumônier pour toucher
l'harmonium que l'on transportera dans la chapelle extérieure afin de respecter la clôture. Trois bons chantres,
amis de la maison, seront invités; ils accepteront sûrement avec joie les frais du chant. Ces messieurs prendront le déjeûner chez le chapelain. Le curé Belley de
Saint-Prime participera également à cette fête; sa sœur,
Mère Saint-François-Xavier, lui demandera un sermon
de circonstance.

Comme on ne prend jamais congé au déjeûner, au
réfectoire, on cherche un moyen pour que les trois
Mères élues du jour puissent parler ce matin-là. Une
table dressée à la communauté sauvegardera le principe
du silence et apportera un cachet plus familial et plus
intime. Inutile de penser à acheter, sans argent, quoi
que ce soit en cadeau. L'idée de faire connaître aux
Mères de Québec les besoins les plus urgents de la communauté est acceptée. Ainsi, l'on espère que le choix de
leur cadeau sera plus éclairé, plus approprié. L'on transmet donc le désir exprimé par Mère Saint-Raphaël, un
soir à la récréation: se procurer *quelques ferblanteries in-*
dispensables pour la cuisine quand elle en aura les moyens.
La pharmacie des religieuses se réduit à quelques rayons
vides. La «Mère apothicairesse» n'a plus la possibilité
d'acheter les remèdes dont elle aurait besoin pour l'infirmerie. Ainsi, à la liste des permissions, s'ajoutent les
suggestions de cadeaux pour la cuisine et la pharmacie[55].

L'accueil de cette lettre produit sans doute un effet
des plus heureux. La Maison-Mère, touchée de la délicate initiative des jeunes Sœurs du Lac et de la profon-

---

55. Sœur Marie-de-la-Providence à Mère Marie-de-l'Assomption,
juillet 1892 (sans date), AUQ, *Roberval* III, 13.

deur de leurs sentiments envers les fondatrices, répond généreusement à l'attente du «comité de la reconnaissance». Dès le 2 août, les organisatrices font parvenir à Québec leurs remerciements et leur témoignage de gratitude.

> Nous avons eu en très bon état toutes les précieuses bouteilles de remèdes qui ont fort réjoui notre chère Mère Apothicairesse; toute la belle ferblanterie que nous considérons comme de l'or de ce temps-ci, puis le beau sucre blanc, vraiment c'était trop de bonté. Nous croyons que c'est du luxe pour nous de faire le sirop de framboises au sucre blanc. Merci, grand merci, mille fois merci!!! (...) La journée d'hier a été remplie de saintes et douces joies, nous avons été nous-mêmes émues en voyant pleurer nos bonnes et dévouées Mères; les chères absentes (fondatrices) n'étaient pas oubliées[56].

On imagine facilement le bonheur de ce jour: d'une part, les plus jeunes heureuses de faire plaisir, d'autre part, les Mères comblées par ce déploiement de délicatesses et d'affection de leurs Sœurs benjamines. Halte bien douce après ces temps de luttes pour la vie.

Sur cet événement heureux, se clôt la première période, dite de formation et de labeurs. *En jetant un regard sur ces dix années, un sentiment de reconnaissance s'élève dans nos âmes*, lisons-nous dans les *Annales. En voyant la fondation d'un monastère dans ces lointaines régions du Lac-Saint-Jean, éloignées des grands centres, grandir et prospérer, on ne peut s'empêcher de voir le doigt de Dieu*[57].

Le travail parfois ardu des missionnaires, la disparition des Sœurs bien-aimées, les soucis des affaires, les tracas d'une construction, l'incompréhension de la Maison-Mère dans certaines questions figurent au nombre des croix et des épreuves supportées courageusement dans la foi. Cependant, de grandes consolations s'inscrivent au cœur des fondatrices. Vingt-trois sujets dont

---

56.   La même à la même, 2 août 1892, *ibid.*, 14.
57.   AUR, *Annales*, I, p. 12.

dix-sept professes assurent la relève et l'épanouissement de la communauté, le bien accompli dans l'éducation, les succès et les progrès de l'École dont la réputation pénètre jusqu'au gouvernement du Québec, n'est-ce pas une invitation à l'espérance et la marque certaine que la Providence veille sur les œuvres entreprises pour la gloire de Dieu?

Si nous pouvions réussir à faire aimer l'agriculture, je crois que nos peines seraient payées.

Mère Saint-Raphaël (1892)

CHAPITRE IV

Développements nouveaux

Si la construction de 1890 établit l'École Ménagère dans une ère de progrès, la pauvreté du monastère demeure toujours extrême. Mère Saint-Raphaël se rend de plus en plus compte que l'exploitation d'une ferme plus grande aiderait non seulement à la subsistance de la communauté et des élèves, mais favoriserait la pratique de l'enseignement ménager et de l'agriculture.

Animée d'une foi persévérante, d'un courage indomptable, soutenue par des personnes éclairées et influentes qui introduisent sa cause auprès des autorités gouvernementales, elle entreprend des démarches pour l'agrandissement de la petite ferme des débuts.

Vers le même temps, se présente la question de l'incorporation, événement d'importance pour une plus grande liberté administrative. Nous verrons ensuite les Mères de Roberval projeter une autre construction pour l'enseignement ménager proprement dit qui prend une extension plus grande. Ainsi l'œuvre s'achemine peu à peu vers une période de développement.

1. Agrandissement de la ferme

Voyons ce qu'est devenu le premier terrain acquis par les Ursulines, lors de leur établissement à Roberval en 1882. On se souvient que le contrat de fondation de 1881[1] accorde aux religieuses six acres de terre que

---

1. Contrat devant Joseph-Charles Lindsay, n.p., no 725, 30 mai 1881, AUR, *Section des contrats.*

deux citoyens de l'endroit agrandissent par un don de deux arpents et demi. L'année suivante, une petite étable, avec chambre attenante pour le domestique, sont construites tout près du couvent. On y réunit u modeste bétail: un cheval, deux vaches, deux porcs, quelques brebis, des poules.

En 1883, Mère Saint-Raphaël, convaincue que la survie du monastère est grandement liée au développement de la culture, entrevoit la nécessité d'agrandir sa propriété. Elle acquiert donc une étendue de trente acres située près du terrain initial, ferme sous la protection de saint Joseph que l'unique domestique, Alphonse Dumais, cultive sous sa direction.

À l'automne de 1892, la petite étable ne suffit plus à abriter les têtes du bétail qui se multiplient. Nouveau problème pour la dépositaire, responsable de la ferme. Agrandir, c'est augmenter les dettes déjà accumulées, et les sous ne gonflent pas encore sa bourse...

Sur le conseil de sa supérieure, elle supplie son «céleste pourvoyeur» de l'aider pour le succès d'une demande de deux cents dollars qu'elle adresse à un ami de la région. L'échec qu'elle subit ne diminue pas sa confiance. Elle écrit à James Guthrie Scott de Roberval pour lui demander s'il ne connaît pas une personne qui consentirait à lui prêter cent dollars sans intérêt. Scott, au comble de l'étonnement, réalise que la situation s'avère extrême, pour qu'une pareille demande soit tentée. Sans tarder, il rencontre le député Joseph Girard[2] et lui présente la lettre de Mère Saint-Raphaël. Celui-ci se rend à Québec chez Louis Beaubien, ministre de l'Agriculture, à qui il fait l'éloge de la communauté des Ursulines, met en lumière le bien qu'elle a opéré dans la ré-

---

2. Né à Saint-Gédéon en 1875, député au provincial pour la région du Lac-Saint-Jean, de 1892 à 1900; député à la Chambre des Communes, de 1900 à 1904, de 1908 à 1911, décédé en 1933. (*Répertoire des Parlementaires québécois*, 1867-1878, p. 250.).

gion depuis 1882, précise qu'il a vu leurs élèves au rouet, au métier, à la couture, etc. « Ces religieuses sont précisément les personnes dont j'ai besoin », reprend le ministre. Alors le député Girard lui fait part de la demande de Mère Saint-Raphaël. *Je veux seconder cette œuvre; que leur manque-t-il ?*, s'empresse de répondre Beaubien[3].

C'est qu'il croit trouver dans cette religieuse, l'aide, la collaboration qu'il cherche pour exécuter ses projets de développement agricole dans la région du Lac-Saint-Jean et l'École Ménagère lui paraît une promesse d'avenir pour toute la province. Il vient à Roberval dans l'été de 1892, admire le travail accompli dans l'ombre et la pauvreté, promet des subsides pour aider à l'achat d'un morceau de terre. Ainsi s'agrandira la ferme Saint-Joseph que la voie ferrée a tronquée, en lui enlevant trois cents pieds de bonne terre, moyennant une faible rétribution. Avec ce morcellement, elle ne mesure plus qu'une trentaine d'acres[4].

La communauté entrevoit des jours meilleurs, grâce au secours provincial qui rendra possible une culture intelligente, raisonnée. Quant à Mère Saint-Raphaël, elle réfléchit, hésite quelque peu, car elle comprend qu'en acceptant des octrois du gouvernement, elle s'engage à suivre ses directives et elle craint pour sa liberté d'action dans l'avenir de l'école. Elle s'informe loyalement, prend conseil auprès des personnes prudentes, éclairées, susceptibles de l'aider. Comme elle ne dispose d'aucun autre moyen pour se tirer d'embarras, elle accepte le secours offert ainsi que les obligations qui en découleront.

Cette porte que le ministre Beaubien vient d'ouvrir toute grande à Mère Saint-Raphaël, Édouard Barnard l'avait pour ainsi dire entr'ouverte dès 1891, après sa

---

3. Notes recueillies par Mère Saint-Jean Moran, o.s.u., et conservées aux Archives des Ursulines de Roberval.
4. AUR, *Annales*, I, p. 17.

première visite chez les Ursulines de Roberval. Le 25 octobre de la même année, la Mère lui écrit pour obtenir un abonnement gratuit au *Journal d'Agriculture* qu'il dirige. Non seulement, il accède à sa demande, mais il lui envoie, en même temps, d'autres publications anglaises sur le même sujet et s'offre à lui venir en aide aussi souvent qu'elle le voudra[5].

Constamment préoccupée par le projet d'agrandissement de sa terre, la religieuse surveille les chances d'achat qui s'annoncent. Comme l'une d'elles paraît lui convenir, elle en fait part à Barnard. *Monsieur Alphonse Marcoux, notre voisin, met en vente un magnifique morceau de terre contigu au nôtre, le tout forme un demi-lot. Si le bon saint Joseph voulait nous l'acheter!*[6]

Mère Saint-Raphaël ignore que, du côté de Québec, de fortes influences se jouent en sa faveur dans l'entourage du ministre et mettent tout en œuvre pour lui obtenir le secours financier que ce dernier lui a promis pour l'aider à réaliser son projet. Nommons Édouard Barnard, son beau-frère Jean-Charles Chapais[7], et le député Girard, tous convaincus de la *nécessité de développer l'enseignement de l'agriculture ou du moins l'économie rurale aux jeunes filles de la campagne*[8].

Les affaires avancent si bien que bientôt arrive à Roberval la nouvelle que le ministre d'agriculture accorde aux Ursulines un octroi de deux cents dollars par année pendant cinq ans[9]. Avec cette garantie, Mère Saint-Raphaël peut commencer à négocier l'achat du terrain de Marcoux. Les pourparlers s'engagent, on dis-

---

5. Mère Saint-Raphaël à Édouard Barnard, 29 octobre 1891, AUO, *Collection Julienne Barnard*.
6. La même au même, 13 mars, 1892, *ibid*.
7. Né en 1850, docteur en droit, conférencier, auteur de plusieurs ouvrages sur l'agriculture et l'horticulture, frère de Thomas Chapais.
8. Perron, *Un grand éducateur agricole Édouard Barnard*, p. 283.
9. AUR, *Annales*, I, p. 19.

cute avec prudence des conditions à inclure dans le contrat et, en peu de temps, l'on parvient à un accord final. Les Mères de Roberval soumettent immédiatement leur projet au Conseil de la Maison-Mère qui donne son approbation, le 19 août 1892[10].

Enfin, le 13 septembre suivant, on conclut *l'achat d'un morceau de terre de 18 perches de front sur 30 arpents de profondeur, propriété acquise d'Alphonse Marcoux, voisine des 30 acres des Ursulines, sans bâtisse mais avec toutes ses appartenances et dépendances*[11].

En réunissant les deux morceaux de terre, la ferme comprend désormais 84 acres. Le deuxième paragraphe de l'acte mentionne *une grange et une étable de 30 pieds de largeur sur 95 pieds de longueur érigées sous le même toit, le tout au prix de onze cents dollars en argent courant*[12].

Cette nouvelle acquisition n'améliore pas du coup les finances de la communauté, les dettes et les rentes pour la maison de pierre demeurent les mêmes, le monastère continue à manquer de bien des choses. Mais l'on espère que le travail éclairé et persévérant de Mère Saint-Raphaël dans la culture de la ferme apportera un rendement nettement supérieur aux années précédentes, peut-être «du cent pour un». La Mère, qui porte le fardeau des affaires temporelles de la maison, expérimente une fois de plus que celui qu'elle «a établi le répondant des intérêts du monastère», son céleste pourvoyeur et protecteur, répond toujours à la confiance qu'elle lui témoigne.

2. L'apport d'Édouard Barnard à l'École Ménagère

Devenue dépositaire et responsable de la ferme, en laissant la charge du supériorat en 1888, Mère Saint-

---

10. AUQ, [*Actes du Conseil*], 17 août 1892.
11. Contrat no 2474 passé devant le notaire Israël Dumais, 13 septembre 1892. AUR, *Section des contrats*.
12. *Ibid.*

Raphaël se livre à une étude approfondie de l'agriculture par la lecture des ouvrages récents, tant en anglais qu'en français. Malgré toute sa bonne volonté, ses connaissances reposent plutôt sur une base théorique, si l'on excepte certaines expériences pratiquées au jardin, dans la culture du blé, l'élevage des animaux et partagées avec les agriculteurs des alentours venus la consulter sur ces sujets. Une lettre, adressée à son conseiller Barnard nous apprend que, déjà à cette époque, sa réputation de fermière et ses succès lui obtiennent un prix qui la laisse dans l'étonnement.

> Le Secrétaire du Conseil d'Agriculture d'Hébertville m'annonce qu'un premier prix d'ensilage vient de nous être accordé. Cette faveur me surprend d'autant plus que je ne croyais pas même mériter une mention honorable. Sans doute que l'intervention des amis de notre œuvre, est pour beaucoup dans cette grâce. Je viens donc, au nom de notre petite communauté, offrir à qui de droit, l'hommage de notre profonde reconnaissance [13].

Cet encouragement ne l'empêche pas de se rendre compte de ses limites ; elle sait qu'il lui faut pénétrer encore plus avant dans le domaine d'une pratique plus expérimentée et plus appropriée aux conditions de sa terre. Assurée de la compétence d'Édouard Barnard et de son obligeance envers la communauté, elle s'adresse à lui en toute confiance pour obtenir les renseignements dont elle a besoin. C'est à ce moment que s'établit une correspondance, véritable cours, où toutes les questions concernant l'agriculture sont traitées au fur et à mesure des demandes de la Mère [14]. Nous ne possédons pas les réponses de Barnard [15], mais nous pouvons en présumer

---

13. Mère Saint-Raphaël à Édouard Barnard, 5 avril 1892, AUO, *Coll. J. Barnard*.
14. Après la mort de son père, Julienne Barnard a donné à L'Université d'Ottawa les 15 lettres de Mère Saint-Raphaël, du 25 octobre 1891 au 10 février 1893.
15. Lettres disparues dans l'incendie de 1897.

le contenu par les lettres venues de Roberval. Mère Saint-Raphaël répond au questionnaire qu'on lui soumet sur l'état et l'étendue de la ferme, explique ses méthodes, reconnaît ses erreurs à mesure qu'elle les découvre, demande comment les corriger, multiplie les assurances de sa bonne volonté et s'excuse de le déranger aussi souvent. Il est question de silo, de rotation des cultures, de grains de semences, d'engrais, de traitements des terrains, d'alimentation des animaux, de comptabilité. Elle interroge d'une façon aussi assurée dans ces sujets qu'elle le ferait dans les questions de spiritualité. Confidentiellement, elle glisse un mot de la situation financière de la communauté, lui parle de son enseignement de l'agriculture et de sa grande préoccupation de faire aimer cette profession dans la région, souci que l'on retrouve souvent dans sa correspondance.

> **J'ai commencé à donner quelques leçons d'agriculture à mes fillettes (...). Soit nouveauté, soit bonne volonté, elles paraissent goûter ces leçons et ne les trouvent jamais assez longues. Nous en viendrons à la pratique au printemps, au jardin, dans les petits champs voisins du monastère, surtout à la laiterie que nous préparons à cette fin. Si nous pouvions réussir à faire aimer l'agriculture, à leur en montrer l'honneur et le profit, je crois que nos peines seraient bien payées [16].**

De son côté, Barnard numérote les passages auxquels il veut répondre et ajoute même quelques annotations sur les lettres reçues. À la suite du plan de la terre des Ursulines qu'il a demandé, nous trouvons deux projets de rotation préparés pour chaque champ de culture sur une période de dix années. À l'école d'un maître aussi expérimenté et aussi zélé, Mère Saint-Raphaël progresse rapidement et sûrement dans les sciences agricoles. Consciente des aptitudes naturelles qu'elle se découvre pour tout ce qui a trait à la terre, elle pressent le

---

16. Mère Saint-Raphaël à Édouard Barnard, 13 mars 1892, AUO, *Coll. J. Barnard.*

rôle spécial qu'elle est appelée à exercer, non seulement dans son école, mais dans toute la région. C'est alors que l'idée d'organiser une ferme-modèle, centre expérimental destiné à rendre de nombreux services aux agriculteurs des alentours, se concrétise dans son esprit. Dans les années qui vont suivre, nous la verrons consacrer son savoir, ses énergies, son dynamisme, en un mot, toute sa personne pour le succès de cette entreprise.

Dans son rapport qu'il adresse au Commissaire de l'Agriculture et de la Colonisation, voici comment Édouard Barnard met en lumière la véritable situation de l'École Ménagère et de la ferme des Ursulines de Roberval. Il donne son appréciation sur les réalisations, les succès et les besoins de cette institution, invite discrètement son ministère à lui fournir une aide financière plus substantielle pour un plus rapide avancement.

> J'ai le plaisir de vous informer que les R.R. D.D. Ursulines de Roberval (...) ont adopté en tous points, les enseignements donnés par le *Journal d'Agriculture* de ce département, et qu'elles ont réussi au-delà de leurs espérances. J'ai vu du blé-d'Inde cultivé et mûri dans le jardin attenant au couvent de Roberval, qui aurait pu figurer avantageusement à l'exposition provinciale de Montréal. J'ai examiné soigneusement le petit troupeau de vaches canadiennes, composé de six vaches (...). Or, au moyen des fourrages en vert, ces vaches évaluées dans le pays à environ 16$ chacune, ont donné 426 livres de beurre dans le courant de l'été.
>
> (...) J'ai été heureux de constater que déjà sans aucun secours de la part du public ou de notre département, les R.R. D.D. Ursulines ont créé et établi régulièrement un enseignement agricole pratique aussi bien que théorique, basé sur les données les plus utiles, et mis en pratique tant au champ, au jardin et dans la basse-cour qu'enseigné théoriquement en classe. J'ai vu de mes yeux, du tapis fait dans la maison, avec les laines du pays, qui pourrait rivaliser, tant pour la qualité que pour les dessins, avec les bons tapis en laine importés à grands frais d'Europe. Trois métiers et les rouets nécessaires sont en fonctions journalières, mus par les élèves, sous la direction d'habiles religieuses. Un exhibit important des objets ainsi fabriqués se prépare actuellement

pour l'exposition universelle de Chicago. Les terres adjoignantes, appartenant à cette communauté, sont bien disposées, de bonne qualité et dans des conditions qui permettent d'en tirer d'excellents enseignements pour les cultivateurs du pays, en général. Déjà la ferme possède quelques instruments aratoires de grand mérite, et quelques déboursés minimes de la part du département de l'agriculture suffiraient pour doter la province de l'enseignement si rare, dans le monde entier et si précieux, de l'agriculture, de l'horticulture, l'apiculture, la vacherie et la basse-cour, au point de vue du rôle de la mère de famille et de ses adjointes à la campagne.

Les religieuses montrent l'exemple et se chargent elles-mêmes des opérations agricoles et horticoles les plus pénibles. (...) Il y a malheureusement un côté faible à ce tableau. Les RR. DD. sont les premières à le constater et à désirer un changement. Le couvent a été construit d'une manière modèle, avec toutes les améliorations modernes, et pour l'avenir. Or, l'agriculture bien faite, l'agriculture intensive, comme l'exigent les besoins d'un pareil établissement servant d'instruction aux élèves, nécessite, même l'économie la plus rigide, des frais d'améliorations qui s'imposent, sur une terre négligée jusqu'ici et qu'il a fallu acheter dans l'état ordinaire des propriétés laissées sans améliorations entre les mains de fermiers. Ainsi il faudra labourer des étendues considérables, dès cet automne, en vue d'y semer des plantes fourragères qui jusqu'ici ont fait complètement défaut; il faudra fossoyer, clore et construire à neuf un logement pour la récolte future et pour les animaux indispensables. Ces frais seront considérables, en y mettant, je le répète, toute l'économie possible.

Bien qu'elles aient trois métiers en opération, il leur en faudrait encore autant pour que toutes les élèves qui le désireront puissent profiter de l'avantage qui leur est offert. (...) Je suggère respectueusement que les RR. DD. Ursulines de Roberval reçoivent dès cet automne une petite somme en argent, en reconnaissance des services rendus.

(...) J'ai raison de croire que les religieuses apprécieraient grandement le moindre effort que vous voudriez bien faire en ce sens. Elles ne demandent absolument rien. Je dois leur rendre ce témoignage.

(...) J'attire respectueusement votre attention, M. le commissaire, sur le programme d'études actuellement suivi, que

je donne ici, à la suite de cette lettre. Ce programme me paraît aussi complet que bien fait (...)[17].

Ces lignes témoignent de la sincérité, de l'intérêt et de l'admiration que Barnard porte à l'œuvre des Ursulines de Roberval. Ajoutons en passant qu'il continuera jusqu'à sa mort d'aider les religieuses, soit par ses visites à la ferme, soit par les octrois et les bourses qu'il obtiendra de son ministère pour les élèves et la maison. Artisan pour une grande part de leurs travaux et de leurs succès scolaires et agricoles, ami et protecteur du monastère, il *va devenir en quelque sorte le co-fondateur de l'École Ménagère Agricole de Roberval, la première du genre dans la province*[18].

3. L'Incorporation du Monastère de Roberval

Avant de fermer le volet de l'année 1892, signalons l'arrivée aux Ursulines d'un personnage qui, pendant quarante-trois années, dispensera aux religieuses et aux élèves, un dévouement et un zèle infatigables. L'abbé Thomas-Victor Marcoux[19], prêtre du diocèse de Québec, ami du curé Lizotte dont il est le vicaire, reçoit sa nomination comme aumônier chez les Ursulines. Il succède à l'abbé Dufresne qui devient curé de Saint-Siméon de Charlevoix. Ce dernier, après s'être dévoué pendant deux années et avoir rendu d'immenses services comme artiste et musicien, quitte la communauté en y laissant beaucoup de regrets.

17. *L'Enseignement agricole pour les femmes dans la province de Québec*, dans *Courrier du Canada*, 7 décembre 1892, recueilli dans *Varia Saguenayensia*, Vol. VI, p. 7.
18. Perron, *op. cit.*, p. 283.
19. Thomas-Victor Marcoux, né à Beauport en 1860, ordonné à Québec en 1886, aumônier des Ursulines de Roberval de 1892 à 1935. Retiré au monastère, il y décède le 3 mars 1943, est inhumé dans le cimetière des Ursulines. (André Simard, *Les Évêques et les Prêtres au diocèse de Chicoutimi*, pp. 576-577.).

Abbé Thomas-Victor Marcoux « Monsieur le Chapelain », aumônier des Ursulines de 1892 à 1935. Retiré ensuite dans ses appartements qu'il partage avec son successeur, il décède en 1943. Il repose dans le cimetière de la communauté.

Son remplaçant ne tarde pas à se mériter l'estime et la considération de tout le monde, tant des religieuses que des élèves. Organiste renommé, il continue de toucher l'orgue à l'église Notre-Dame pendant un certain temps. « Monsieur le chapelain » (son appellation d'alors), en impose, non seulement par sa taille exceptionnellement haute, mais par ses qualités de ponctualité, de discrétion, de piété, de dévouement et d'adaptation. Mère Saint-Raphaël dira de lui plus tard : *C'est un homme de paix, de bon conseil ; il ne peut que faire régner la paix*[20]. Nous aurons l'occasion de mieux montrer, au cours de ses nombreuses années passées au monastère, le profond attachement et le constant intérêt qu'il a déployés pour l'œuvre des Ursulines.

Il arrive que parfois des visites surprises se présentent à la grille du parloir. En cette fin de novembre

20. Souvenir des religieuses de Roberval, témoins oculaires.

1892, Mgr Michel-Thomas Labrecque[21], évêque de Chicoutimi, en route pour Mistassini avec les Pères Trappistes qui vont s'y établir, passe quelques heures au
Monastère. Au cours de la visite de la maison, les travaux de l'ouvroir retiennent l'attention du prélat et des
Pères. Ici, les rouets tournent rondement; plus loin, les
navettes des métiers glissent rapidement entre les laines
bien tendues d'une pièce bientôt convertie en couvre-
lit; là, un tapis tissé avec des vieilles laines teintes
émerveille les visiteurs. Une pareille ingéniosité témoigne de l'enseignement pratique et économique qu'on
dispense dans cet établissement[22].

Quelques jours après, à l'occasion de la cérémonie
de vêture de Sœur Marie-Louise Verret, en religion
Marie-du-Rosaire, d'autres personnages, y compris les
membres de sa famille, obtiennent le privilège de visiter
l'École Ménagère. Avant de quitter l'ouvroir, le papa
Verret exprime son admiration et sa reconnaissance par
un don de dix dollars en or pour récompenser les
élèves[23].

L'année 1893 s'avance avec la perspective d'un sacrifice pour la communauté de Roberval. Jusqu'à cette
date, l'administration matérielle dépend de la Maison-
Mère. Nous avons constaté avec quelle fidélité on lui demande les permissions et avec quel respect on attend le
feu vert pour agir.

Après une expérience de dix années, Québec juge
qu'il est temps de penser à l'incorporation des deux
dernières fondations de Roberval et de Stanstead. Mère
Marie-de-l'Assomption, supérieure à la Maison-Mère,

---

21. Né à Saint-Anselme en 1849, ordonné prêtre à Québec en 1871,
    évêque à Chicoutimi de 1892 à 1928, décédé à l'Hôtel-Dieu
    Saint-Vallier de Chicoutimi, le 3 juin 1932. (Simard, *op. cit.*,
    pp. 33-36.).
22. Mère Saint-Frs-de-Paule à Mère Marie-de-l'Assomption, 26
    novembre 1892, AUQ, *Roberval* III, 15.
23. *Ibid.*

assemble son conseil pour lui soumettre cette question *en prévision de la fondation d'Hébertville proposée à nos Sœurs de Roberval et de la nouvelle bâtisse que nos Sœurs de Stanstead veulent faire, voulant éviter par ce moyen d'assumer ces nouvelles responsabilités* [24].

On se souvient qu'en 1882, Mère Saint-Raphaël, sur le conseil de son notaire, demande à la Supérieure de Québec de faire incorporer sa communauté afin de lui assurer les dons qui pourraient lui être offerts. Cette démarche lui vaut une réponse assez décevante, puisqu'elle ne l'a pas encore oubliée après dix ans. Plus tard, dans une lettre, elle confiera à ce sujet: *Je ne savais pas (...) ce que c'était (...) j'écris et demande cela [l'incorporation]; je croyais faire un bon coup. Depuis, ce mot n'a pas eu mon affection et je le déteste même dans le dictionnaire* [25].

Le temps se charge d'adoucir et d'éclairer bien des situations. Les petites incompréhensions survenues dans quelques circonstances entre Québec et Roberval, pénibles au premier abord, finissent par s'accepter dans la foi et la charité de part et d'autre. Et l'on constate par le ton et le climat de la correspondance de Roberval que l'union entre les deux communautés s'est toujours maintenue. Les Mères du Lac reçoivent des dons en argent de Québec, mais elles ne manquent aucune occasion de leur faire parvenir des petits cadeaux en nature, soit en produits de la ferme ou en objets d'art sortis de leur atelier de broderie ou de tissage. Excellente façon d'entretenir et de développer des relations amicales et fraternelles!

Voici ce que nous trouvons sous la plume de l'annaliste de l'époque, Mère Saint-Raphaël: *Pour nous, le mot incorporation veut dire séparation et nous nous trouvions bien sous la tutelle de nos Mères* [26]. Elles craignent

24. AUQ, [*Actes du Conseil*], 13 janvier 1893.
25. Mère Saint-Raphaël à Mère Sainte-Antoinette, 22 octobre 1893, AUQ, *Roberval* III, 63.
26. AUR, *Annales*, I, p. 20.

Les trois dernières fondatrices du groupe des sept. Elles sont photographiées à Québec en 1893, lors de leur visite au Vieux Monastère en vue d'obtenir leur incorporation.
De gauche à droite: Mère Marie-de-la-Nativité, Mère Saint-François-de-Paule, Mère Saint-Raphaël.

une rupture et cette perspective les peine profondément. Mais loin de se refuser à ce changement, elles comprennent qu'en l'acceptant, elles franchissent un grand pas vers leur autonomie.

Les Mères de Québec désirent que la question de l'incorporation soit étudiée dans un esprit de charité et d'entraide fraternelles. Dans le but d'établir une plus grande liberté d'expression et d'entente, elles invitent les fondatrices de Roberval et de Stanstead à se réunir à Québec. Le 20 janvier 1893, Mère Saint-François-de-Paule, supérieure, Mère Marie-de-la-Nativité, assistante et Mère Saint-Raphaël, dépositaire, seules survivantes des professes venues de Québec, arrivent à la Maison-Mère. Bien douce est la joie du revoir après une si longue absence. On les trouve méconnaissables: amaigries par les privations, usées par les fatigues physiques et morales. Mais de leur visage, se dégagent une maturité, une résignation, une paix qui impressionnent profondément leurs anciennes compagnes[27]. Les dix jours qui suivent s'écoulent trop rapidement, les deux communautés missionnaires ont à peine le loisir de se communiquer leurs expériences, leurs succès et leurs espoirs. Les Mères de Québec s'évertuent à procurer du bonheur à leurs Sœurs visiteuses et multiplient les attentions, les surprises et les témoignages d'affection. Les Mères Marie-de-l'Immaculée-Conception Létourneau, supérieure à Stanstead, et Mère Marie-de-la-Nativité de Roberval retrouvent, avec une joie indicible, leur chère sœur, Mère Marie-de-l'Assomption Létourneau, supérieure à Québec. Que de fois au cours de ces heures d'intimité familiale, on rappelle le souvenir de leur plus jeune sœur Marie-de-la-Providence demeurée à Roberval![28]

En hommage aux Mères visiteuses, les élèves présentent deux séances de réception, une de l'Académie Sainte-Ursule et un examen de « callisthénie »[29], moments fort intéressants pour les missionnaires qui tiennent à imiter ce qui se fait à Québec dans la mesure de leurs moyens[30].

Enfin, après plusieurs jours passés à étudier les clauses de l'incorporation, sonne l'heure du départ. Le 31 janvier, à sept heures du matin, après les adieux de la veille au soir, les Mères de Roberval *reprennent gaiement la route du Lac-Saint-Jean, le cœur embaumé des parfums de charité qui s'exhalent du cœur des Mères de Québec et les mains chargées de largesses.* Elles reviennent avec un trousseau renouvelé et un bel ornement blanc[31].

---

27. AUR, *Document E*, p. 22.
28. Deux autres sœurs Létourneau font partie de la communauté des Ursulines des Trois-Rivières : Sœur Marie-de-l'Annonciation et Sœur Marie-de-Saint-Paul.
29. Traduction de l'anglais *callisthenics* encore d'usage au début du siècle dans la maison de Québec qui comptait plusieurs religieuses anglaises.
30. AUQ, *Annales*, II, p. 638.
31. AUR, *Annales*, I, p. 20.

Par l'acte d'incorporation, les Mères de Québec abandonnent aux religieuses de Roberval les fonds dépensés, à la condition qu'après cinq ans de grâce, elles soient tenues de leur payer annuellement les intérêts des sept mille (7 000$) dollars de la donation Beaudet, conservant la liberté de leur rendre le fonds quand elles le voudraient. Dans le cas, où la communauté se dissoudrait, ou s'établirait ailleurs, tous les fonds reviendraient de droit à Québec[32]. Quelques jours plus tard, le cardinal Taschereau approuve l'incorporation de Roberval et de Stanstead[33]. Ce n'est qu'après la session suivante que l'acte officiel sera voté par la Chambre.

Une autre question préoccupe les religieuses. Elles doivent répondre aux citoyens d'Hébertville qui, depuis 1882, renouvellent leurs instances auprès de la Maison-Mère pour obtenir une fondation dans leur paroisse. En mars 1893, le Conseil de la Fabrique de cette paroisse convoque une assemblée des marguilliers. Ceux-ci *consentent à donner gratuitement à Mgr Labrecque, évêque de Chicoutimi, un terrain convenable pour bâtir un couvent et toutes dépendances. Les religieuses qui voudront bâtir un couvent auront la liberté de choisir le terrain et l'endroit qu'elles trouveront convenable*[34].

Le nom des Ursulines n'apparaît pas dans cet acte, mais il est vraisemblable que cette assemblée les concerne puisqu'en ce début de 1893, les religieuses de Roberval se rendent à Hébertville pour une visite d'affaires, voyage effectué à la suggestion de la Maison-Mère: *Nous pensons qu'il est absolument nécessaire que vous alliez à Hébertville et même plus d'une fois pour bien asseoir votre jugement d'abord, puis pour indiquer les amé-*

32.   AUQ, [*Actes du Conseil*], 13 janvier 1893.
33.   Mgr E.-Alexandre Taschereau aux Ursulines de Québec, 17 janvier 1893, AUQ, *Roberval* III, 18.
34.   Procès-verbal du 12ᵉ jour de mars 1893, extrait des *Régistres de la Fabrique de Notre-Dame-d'Hébertville*.

liorations que vous exigez, sans toutefois passer les contrats
qui ne devront être faits qu'après l'incorporation [35].

Et l'annaliste de Roberval ajoute:

> Il fut décidé que Mère Saint-François-de-Paule, supé-
> rieure et Mère Saint-Raphaël, dépositaire, se rendraient sur
> les lieux pour examiner si la chose était possible. Un séjour
> de quelques heures dans cette localité fit bientôt voir l'inuti-
> lité de toute démarche. Vu sa situation géographique, cette
> paroisse n'est pas appelée à se développer [36].

Par la suite, on ne trouve plus aucune mention de
cette fondation dans les documents conservés à Roberval.

Vers le même temps, l'École Ménagère vit des
heures de grande effervescence. Sur les instances des
amis de la maison, tout spécialement, le député Girard,
les religieuses acceptent de participer à l'Exposition de
Chicago. Des dames de Roberval offrent leurs services
pour aider à la préparation et au choix des objets qui
méritent de figurer à cette exposition. Elles sont reçues
à la double grille du parloir où sont entassés, sur des
tables, des parures d'église, des travaux à l'aiguille, des
tricots et du tissage, une série de cahiers de dessins gra-
dués, d'autres, d'exercices littéraires exécutés par les élèves des sept classes du Pensionnat.

La Maison-Mère, heureuse de ce projet, demande
« d'avoir l'exposition d'abord ». Mère Saint-François-de-
Paule écrit à la Supérieure de Québec d'envoyer chercher à la gare du chemin de fer, une caisse contenant
les ouvrages expédiés à Chicago [37].

Laissons parler un témoin de cette exposition, dans
un compte rendu qu'il rédige dans le journal.

---

35. Le Conseil de Québec à la Supérieure de Roberval et à son
     Conseil, 13 janvier 1893, AUQ, *Roberval* III, 15.
36. AUR, *Annales*, I, p. 20.
37. *Expositions scolaires, Couvent de Dames Ursulines*, nouvelle
     recueillie dans l'*Électeur*, 9 mars 1893, *Varia Saguenayensia*,
     Vol. VI, p. 85.

> Mentionnons d'abord un carton montrant le fil de lin du Lac-Saint-Jean à ses différentes périodes: filé, blanchi, puis tricoté au crochet en jolis dessins qui défieront l'œuvre du temps. Nous notons ensuite: des pièces d'ouvrages au métier (laine et coton), l'une signée Marie Villeneuve (13 ans), une autre Anna-Marie Fortin, même âge; une chaude, moëlleuse couverture en belle laine bien étoffée, ouvrage d'Élise Gosselin, qui prétend n'avoir que 10 ans (est-ce bien possible, mademoiselle?); un tapis à carreaux, signé Éveline Bilodeau; une collection de serviettes en fil brut et blanchi, faites au parfait; des ouvrages de bonneterie tricotés dans toutes les règles de l'art, par Laura Bouchard (11 ans), Marie-Anne Roy (12 ans), Aldina Morin (10 ans).
>
> Tous nos compliments, mesdemoiselles de Roberval: voilà du bon et du solide, qui ira célébrer l'industrie de la femme canadienne jusqu'à Chicago[38].

La réputation de l'École Ménagère commence à lui attirer dans le milieu enseignant des personnes désireuses de connaître de plus près, son programme et son fonctionnement. Au cours du mois d'août, deux religieuses des SS. Noms de Jésus et de Marie, de Saint-Lin, viennent passer une quinzaine à Roberval pour examiner les travaux exécutés par les élèves et se renseigner sur la philosophie de l'École. Elles repartent enrichies d'expériences nouvelles et heureuses des liens d'amitié et de fraternité établis entre les deux communautés[39]. Cette visite ouvre l'ère des cours de vacances qui se poursuivront pendant un bon nombre d'années.

À la communauté, en ce même mois, trois novices de chœur ont le bonheur de prononcer leurs vœux de religion: Sœur Rose-Délima Gosselin, dite de Saint-Louis et nièce de Mère Saint-François-de-Paule, Sœur Marie-Phédora Rémillard, dite de Saint-Stanislas et Sœur Marie-Hélène Belley, dite de Saint-François-Xavier. Cette dernière est la sœur de Mgr Belley, ex-curé de Saint-Prime dont nous avons plusieurs fois si-

38. *Ibid.*
39. AUR, *Annales*, I, p. 21.

gnalé la présence au cours des différentes cérémonies religieuses du monastère. Édouard Rémillard, écuyer, père de Sœur Saint-Stanislas, laisse deux superbes cadeaux à la communauté : un plateau et un bougeoir en argent[40].

Après la détente des vacances, la joie des succès, des éloges et des prix remportés à l'Exposition de Chicago, survient une grande tristesse qui coïncide avec le début de l'année scolaire. La communauté pleure une jeune Sœur trop tôt enlevée à son affection et à ses espoirs. Le 5 septembre 1893, Sœur Eva Cloutier, en religion, Saint-Louis-de-Gonzague, nièce de Mère Saint-Raphaël, s'éteint après quelques mois de souffrances à la suite d'une maladie de cœur dont elle a déjà senti les atteintes vers sa douzième année. Malgré le peu d'années vécues au monastère, elle laisse un souvenir inoubliable de ses vertus et de son grand esprit religieux.

Orpheline de mère dès sa tendre enfance, elle termine ses études au couvent des Ursulines de Roberval à l'âge de 18 ans. Avec le consentement de son père, elle passe du pensionnat au cloître, sans retourner à la maison paternelle. S'oublier, agir contre ses inclinations, voilà sa devise. De santé plutôt frêle, elle se dévoue auprès des élèves comme maîtresse de classe et de musique. Après trois années de vie religieuse, âgée de 24 ans, elle s'endort paisiblement, sans agonie, entourée de sa chère tante et de ses Sœurs attristées. « C'est une grande perte pour la communauté », ajoute l'annaliste[41].

Cette épreuve passée, la vie reprend son rythme habituel. Avec courage et foi, les Sœurs affrontent la tâche quotidienne qui appelle la générosité de chacune, en ce début d'année scolaire. En effet, sont inscrites dès septembre : 29 pensionnaires, 13 demi-pensionnaires, 125 externes. Mère Saint-Raphaël se demande comment elle pourra loger tout ce monde dans la maison de pierre.

---

40. *Ibid.*, p. 22.
41. *Ibid.*, p. 21.

Depuis 1890, pensionnaires et externes partagent la même bâtisse pendant l'hiver à cause du froid qui sévit dans l'ancienne maison. Quand la saison devient plus douce, ces dernières réintégrent le vieux couvent pour continuer les classes. Mais voilà que cet externat menace de s'écrouler; les Mères jugent imprudent d'y séjourner plus longtemps. Que faire devant cet éclatement de la vie?... Le conseil du monastère n'ose exprimer tout haut la seule solution qui s'imposerait. Le spectre des dettes se dresse impitoyablement comme pour freiner tout nouveau développement.

Dans une lettre à Québec, la dépositaire risque une esquisse d'un certain projet d'agrandissement de l'école. Cette hardiesse lui vaut une réception certes peu favorable, si l'on en juge par les explications données en réponse, en septembre suivant. À l'instar de la Bienheureuse Marie de l'Incarnation, son esprit apostolique voudrait combler tous les besoins, secourir toutes les misères. Elle déplore que les externes ne puissent bénéficier pour leurs études des avantages dont jouissent les pensionnaires.

> **Nos pauvres externes peuvent apprendre très peu comparativement à leurs besoins et les familles trop éloignées pour envoyer leurs enfants à l'externat sont privées du bien que ces enfants pourraient faire à l'intérieur de la famille. Est-ce sortir de l'esprit de notre saint Institut dont la mission s'est toujours formée sur les besoins du temps, que de songer à faire du bien à ces enfants privées pour un grand nombre d'une bonne instruction religieuse? Que ferait notre Vénérable Mère elle-même dans cette circonstance?[42]**

Quelle que soit la portée de ces réflexions, son idée est lancée; le temps et les événements se chargent de la faire cheminer.

À la Maison-Mère, le projet d'incorporation se précise. Aux formalités administratives, succèdent les pro-

---

42. Mère Saint-Raphaël à Mère Sainte-Antoinette, 14 septembre 1893, AUQ, *Roberval* III, 29a.

positions pour une convention spirituelle ratifiée par le Chapitre, que l'on fait parvenir au monastère du Lac[43]. Cette union de prières s'observera encore au moment de l'Union régionale en 1930.

Depuis environ trois années, les religieuses de Roberval pressent les Mères de Québec de se rendre au Lac-Saint-Jean pour mieux juger des problèmes et des besoins du monastère et de la région. On ne sait pour quelle raison cette demande se voit remise d'année en année. Avant l'incorporation, Mère Saint-François-de-Paule, supérieure de Roberval, prie Mgr Bégin, auxiliaire de Québec, d'user de son influence pour décider les Mères à venir enfin visiter leurs Sœurs du monastère du Lac. L'évêque adresse donc aux Ursulines de Québec la pressante supplique de la supérieure de Roberval et explique le pourquoi de cette visite :

1° Pour qu'elles aient une connaissance exacte de la mission ;
2° qu'elles jugent si l'on doit rebâtir l'externat ou s'il y a la moindre possibilité de recevoir des externes sans cela ;
3° qu'elle voient les besoins de la population ;
4° qu'elles leur donnent de bons conseils qui seront fidèlement suivis.

Mgr Bégin ajoute un paragraphe de sa main dans lequel il conseille à la Supérieure de s'y rendre avec deux compagnes[44].

Cette lettre réussit à convaincre les Mères de Québec de ne pas résister plus longtemps à une demande sollicitée avec autant d'instances et de persévérance. Le 7 novembre, Mère Marie-de-l'Assomption, supérieure et Mère Sainte-Antoinette, assistante se mettent donc en route pour le Lac-Saint-Jean. Les voyageuses ne prennent que le temps strictement nécessaire pour se rendre compte de l'état des choses et reconnaître non seulement l'utilité de ce voyage, mais le fondement des raisons invoquées par Roberval.

---

43. AUQ [*Actes du Conseil*], 24 septembre 1893.
44. Mgr Bégin aux Ursulines de Québec, 19 septembre 1893, AUQ, *Roberval* III, 31.

À différentes reprises, lisons-nous dans les *Annales*,
nous les avions désapprouvées [les Mères de Roberval] tant
sur leurs nouvelles acquisitions de terrains que sur la vente
de certains lots de terre; ces transactions nous paraissaient
étranges, mais il a été facile de changer d'idées, étant sur les
lieux. En un mot, c'était une consolation bien méritée par
nos excellentes Sœurs avant leur incorporation, et nous
avons été heureuses de leur avoir procuré cette consolation[45].

Adolphe Chapleau, lieutenant-gouverneur de la
province de Québec, signera, le 8 janvier 1894, l'acte officiel par lequel le monastère de Roberval est constitué
en corporation sous le nom de «Ursulines de Roberval»[46],

L'incorporation, qui autorise le conseil de Roberval
à gérer ses propres affaires, ne brise pas les liens étroits
qui unissent la mère et la fille: bien des fois les religieuses de Roberval auront encore besoin des conseils
des Mères de Québec. Ces dernières se montreront
toujours secourables.

C'est avec un bonheur indescriptible que la communauté apprend que le gouvernement reconnaît officiellement l'École Ménagère comme institution provinciale. À
partir de cette date, Mère Saint-Raphaël doit fournir annuellement, au ministère de l'agriculture, un rapport
détaillé sur les activités de l'école et de la ferme et l'utilisation des sommes qu'il lui octroie[47].

Désormais, elle sait qu'elle peut compter sur des
personnes influentes qui n'hésiteront pas à la seconder
dans les nouveaux projets qu'elle songe à entreprendre
dans un avenir très prochain.

---

45. AUQ, *Annales*, II, p. 653.
46. *Gazette officielle de Québec*, no 40, Vol. XXV, p. 2103; Charte
    XXXVI, *Statuts de Québec* 1894.
47. Vien, *op. cit.*, p. 144.

4. Construction d'une aile pour l'École Ménagère

L'agrandissement de la ferme, l'incorporation, la reconnaissance officielle de l'école confèrent à la communauté des avantages et des droits appréciables, l'invitent à franchir une autre étape de son développement.

Pendant les dix premières années, le monastère ne s'appuie que sur le peu de ressources dont il dispose pour vivre et bâtir. Cette situation entraîne une source d'inquiétudes et de tracas par l'accumulation des dettes. Mais depuis 1892, avec les subsides obtenus pour la ferme et l'application des méthodes scientifiques suggérées par Barnard, les travaux agricoles progressent sûrement, le troupeau laitier se sélectionne, le rendement de la culture s'améliore considérablement.

Du côté de l'École, les programmes se perfectionnent et sont demandés, non seulement dans la province, mais au-delà des mers. De la France et de la Belgique, parviennent de hautes approbations, de nombreuses louanges pour cette nouvelle formule d'éducation qui protège la famille en lui préparant des «femmes dépareillées», comme le dira plus tard Mgr Albert Tessier[48].

Avec l'accroissement du nombre des élèves qu'il faut entasser dans la maison de pierre et l'impossibilité pour les externes d'habiter le premier couvent, il s'avère urgent de penser sérieusement à construire si l'on veut poursuivre l'œuvre commencée. Inutile de songer à utiliser, à cet effet, l'argent reçu du gouvernement, car c'est pour la ferme qu'il est explicitement octroyé.

La clairvoyance, le dynamisme et le courage de Mère Saint-Raphaël sont de nouveau mis à l'épreuve. Ce projet de construction, elle l'a déjà soumis à la Maison-

---

48. Né à Sainte-Anne-de-la-Pérade en 1895, décédé à Trois-Rivières en 1976. Pédagogue, professeur, historien, il a été visiteur-progandiste et rénovateur des écoles ménagères en 1937. (Le *Nouvelliste*, Trois-Rivières, 14 septembre 1976.).

Mère. Probablement qu'à l'occasion de la visite des religieuses de Québec, en novembre dernier, la question est étudiée et une décision prise. On ne retrace cependant aucun indice de refus ou d'approbation de ce projet.

Nous supposons que les Ursulines de Roberval, dès l'automne de 1893, entreprennent des démarches auprès du Ministère de l'Agriculture par l'entremise du député Girard et qu'elles obtiennent l'espoir d'une aide financière.

En janvier 1894, Mère Saint-Raphaël écrit que « la grande affaire de l'École Ménagère n'est pas officielle encore » et que le député « fait preuve d'un grand dévouement » pour la maison[49]. Un peu plus tard, elle fait savoir que *le curé Lizotte se rend à Québec, où ses propres affaires l'appellent et il traitera de la nôtre de manière à avoir une assurance sur le fait qu'on veut bien nous aider à créer une École Ménagère; notre député l'accompagne*[50].

Cette femme intrépide semble oublier les pénibles tracas occasionnés par la construction de 1890. Elle n'ignore pourtant pas que l'entreprise nouvelle pèsera encore plus lourdement sur ses épaules, en ces temps où la pénurie d'argent se fait sentir dans toute la région, y compris au monastère. Courageuse, elle va de l'avant!

De son côté, la Supérieure de Roberval fait état de sa pauvreté dans une lettre à Québec: *Nous portons la croix d'une gêne pécuniaire depuis le 1er janvier, jusqu'au 31 décembre. Un grand nombre d'employés ne reçoivent pas leur salaire; les Ursulines en ressentent le contrecoup dans le paiement des pensions en retard*[51].

Le curé Lizotte revient de son voyage à Québec heureux de constater les bonnes dispositions que le gouver-

49. Mère Saint-Raphaël à Mère Sainte-Antoinette, 7 janvier 1894, AUQ, *Roberval* III, 56a.
50. Mère Saint-Raphaël à Mère Marie-de-l'Assomption, 28 janvier 1894, AUQ, *Roberval* III, 58a.
51. Mère Saint-François-de-Paule à Mère Marie-de-l'Assomption, 4 mars 1894, AUQ, *Roberval* III, 63.

nement manifeste à l'égard des Ursulines. En effet, la communauté reçoit, un peu plus tard, la confirmation qu'un octroi de deux mille cinq cents (2 500$) dollars, payables par termes de cinq cents (500$) dollars par année, pendant cinq ans, lui parviendra pour la construction d'une aile spéciale pour l'enseignement ménager. «Nous devons cette condescendance de l'Honorable ministre, à l'influence du député du comté, M. Jos. Girard qui s'est montré notre ami dévoué, aux nombreuses démarches de M. Lizotte, puis à M. Édouard Barnard», lisons-nous dans les *Annales*[52].

Forte de cette garantie, la communauté se dispose à faire un emprunt afin de pouvoir commencer les travaux le plus tôt possible. L'abbé J.-A. Rainville[53] de Saint-Vallier de Bellechasse s'offre à lui prêter la somme de deux mille (2 000$) dollars à 5%, capital remboursable par parties si elle le désire. Cet argent permet de commencer la démolition du premier monastère dès le mois de mai 1894. En même temps, débutent les travaux de la nouvelle aile de l'École Ménagère. Le beau «bois de cèdre» que l'on retire de l'ancien couvent est utilisé pour la troisième fois.

L'on reprend le même plan que pour la première bâtisse, mais, cette fois, on lui assure de solides fondations et de robustes cheminées. La communauté ne requiert pas les services d'un architecte; elle confie l'entreprise à Joseph Poitras de Roberval, maître-charpentier de bonne renommée. Mère Saint-Raphaël, déjà assez expérimentée dans la conduite d'une construction, surveille de près le chantier, s'assure que le plan est bien suivi et que les travaux avancent.

Le nouveau bâtiment mesure 80 pieds sur 30 pieds, se compose de deux étages avec toit mansard et prolonge la partie nord du monastère. Un passage couvert de

---

52. AUR, *Annales*, I, pp. 21-22.
53. Les reçus conservés à la Procure ne portent que les initiales de son prénom.

L'École Ménagère construite en 1894 et détruite entièrement par l'incendie de 1897. Aile à droite.

50 pieds le relie à la maison de pierre. Le rez-de-chaussée comprend la laiterie, la glacière, la boulangerie, la buanderie et le four. L'ouvroir, la cuisine, le bureau de la maîtresse générale et un grand vestibule se partagent le premier étage. Les classes occupent le second plancher. La répartition de ces locaux et leur attribution révèlent bien le type de l'école.

Les travaux se poursuivent assez rapidement, mais avec *bien des tracassements par rapport à la bâtisse et les employés. Tout de même, la maison sera lambrissée en partie en juin*[54]. Le 23 juillet, les ouvriers posent les fenêtres, celles du vieux couvent radouées, et s'apprêtent à fermer la maison le lendemain. L'impitoyable manque d'ar-

---

54. Mère Saint-François-de-Paule à Mère Marie-de-l'Assomption, 17 juin 1894, AUQ, *Roberval* III, 65.

gent oblige la communauté à faire cesser les travaux jusqu'à ce que *les ministres viennent dire de continuer en
ouvrant de nouveau leur bourse*[55]. La supérieure explique
que les frais de construction ont été contrôlés, restreints
autant que faire se peut. *Il manquerait encore mille deux
cents (1 200$) dollars comptant pour le crépi, le mobilier in-
dispensable. Si saint Joseph veut cette œuvre, il la conduira
à bonne fin*[56].

Ces travaux suspendus, les ouvriers s'emploient à
élever une grange-étable mesurant 90 pieds sur 30 pieds
avec la subvention de huit cents (800$) dollars que le
ministre de l'Agriculture vient d'accorder pour cette
construction. Aucun problème majeur ne retarde la
poursuite de l'entreprise, si bien qu'en août, on peut

Grange-étable construi-
te en 1894 sur la ferme
Saint-Joseph.

55.   La même à la même, 23 juillet 1894, *ibid.*, 67.
56.   *Ibid.*

apercevoir du monastère sa silhouette qui se dresse solidement au milieu des champs. Il semble qu'elle s'avère une réussite si on s'appuie sur les détails que nous fournit la plume d'un témoin du temps: *Munie d'un bon système de ventilation, d'un éclairage convenable, de l'eau courante, elle procure une entière satisfaction. Le troupeau laitier sélectionné se compose de sept Ayrshires, le poulailler, de Plymouth-Rock grises*[57].

La marche de l'école se poursuit dans des conditions normales. Le travail se maintient à la hausse et les succès répondent aux efforts déployés. En fin de juin, huit pensionnaires se présentent au Bureau des Examinateurs. Quatre parmi elles obtiennent leur diplôme en anglais et en français pour école modèle; quatre, pour école élémentaire; toutes avec la mention *grande distinction*. La première conserve une note moyenne de 9.6 sur 10.0 points et la dernière, 9.2. Maîtresses et diplômées accueillent ces résultats dans la jubilation[58].

Au cours des vacances, les religieuses préparent les exhibits pour l'Exposition provinciale. *Plusieurs ouvrages envoyés à Chicago seront présentés de nouveau; on y ajoutera une nappe, des rideaux rouges et plusieurs autres petites choses*[59].

Le 3 juillet 1894, les religieuses sont convoquées pour les élections triennales. Mère Marie-de-la-Nativité devient supérieure, Mère Saint-Raphaël, assistante, Mère Mère Saint-François-de-Paule, dépositaire et maîtresse des novices. Mère Marie-de-la-Providence, maîtresse générale du pensionnat, chargée de la musique et du dessin, Mère Marie-du-Sacré-Cœur, portière[60]. Quel

---

57. Notes recueillies par Mère Saint-Jean Moran, *op. cit.*

58. Mère Marie-de-la-Nativité à Mère Marie-de-l'Assomption, 15 juin 1894, AUQ, *Roberval* III, 64.

59. Mère Saint-François-de-Paule à Mère Marie-de-l'Assomption, 25 juillet 1894, AUQ, *Roberval* III, 68.

60. Mère Marie-de-la-Providence à Mère Marie-de-l'Assomption, 5 août 1894, AUQ, *Roberval* III, 70.

que soit l'emploi de Mère Saint-Raphaël, de fait, le plus pesant du fardeau repose sur ses vaillantes épaules; la supérieure et la dépositaire en appellent toujours à ses lumières et à sa compétence dans les affaires importantes. La direction de la ferme et de ses dépendances demeure également sous sa responsabilité. Elle rédige des notes sur ses expériences agricoles qu'elle destine à l'élaboration des divers programmes de l'enseignement ménager. À cette époque, le jardin et la laiterie constituent l'objet de ses études et de ses recherches. Le verger compte cinquante arbres fruitiers plantés l'année précédente: pommiers, pruniers et cerisiers. En attendant le local convenable pour donner aux élèves la pratique pour la laiterie, elle prépare des maîtresses compétentes pour enseigner ces matières.

Depuis le début de la fondation, le noviciat fait partie de la communauté. Mais à partir de 1894, les novices se retirent dans un local aménagé tout spécialement pour elles et plus conforme aux lois canoniques. Il va sans dire que, de part et d'autre, la séparation s'effectue avec des regrets. L'enthousiasme, la spontanéité et le dynamisme de cette jeunesse à l'ardeur communicative manqueront aux personnes plus âgées. De leur côté, les novices vivront plus éloignées des témoignages vivants et entraînants des ferventes anciennes. À l'avenir, la vie communautaire sera organisée un peu différemment pour les plus jeunes, mais plus adaptée à leur formation.

Voilà qu'une visite soudaine s'annonce en cette mi-août: *Le Lieutenant-gouverneur accompagné de l'ex-gouverneur du Manitoba, M. Royal, M. Taché, secrétaire du lieutenant-gouverneur, M. Girard, notre député, les deux maires de Roberval, M. Ménard, enfin M. le curé.* Ces visiteurs parcourent la maison, la construction, la laiterie, le jardin et la grange et paraissent enchantés des réalisations de l'École Ménagère. Tous reconnaissent l'étonnant état des travaux exécutés avec si peu d'argent; chacun se propose d'appuyer les demandes présentées au Ministère de l'Agriculture[61]. Mais il faut attendre patiemment et avec confiance le résultat des délibérations de ces illustres visiteurs.

On recommence donc une nouvelle année scolaire dans les mêmes conditions que l'année précédente, vu l'arrêt des travaux de l'école. Mgr Labrecque, mis au courant de la situation pénible des Ursulines de Roberval, présente, à son tour, une supplique au ministre Beaubien. La réponse parvient à l'évêché chargée d'une promesse rassurante, en des termes très obligeants et bienveillants:

> À la demande de Votre Grandeur surtout, je ne puis abandonner la vaillante Sœur Saint-Raphaël. Je ne sais trop, je dois l'avouer à votre Grandeur, comment je me tirerai d'affaires, mais commençons d'abord par la tirer, elle, d'affaires, car elle le mérite. À l'avenir, je donnerai donc 700$ par année, quand je n'ai promis que 500$ par ma lettre du 12 février 1894[62].

Avec ce surplus, les travaux reprennent dès le printemps de 1895. Mère Saint-Raphaël espère que la bâtisse sera terminée en août. Jamais elle n'a douté du bien fondé de son œuvre, mais cette fois, son courage semble fléchir quelque peu.

> Aidez-nous à prier pour que cette œuvre réponde à l'attente; ce n'est pas une petite affaire d'organiser cela. Si nous réussissons, tout est gagné pour nous, et j'y vois, pour ma part une planche de salut pour soutenir la communauté; mais si nous manquons notre coup, il est évident que le tort ne sera pas petit[63].

Enfin, les ouvriers terminent leurs travaux en fin de juillet, excepté le peintre qui doit continuer pendant

---

61. Mère Marie-de-la-Nativité à Mère Marie-de-l'Assomption, 14 août 1894, AUQ, *Roberval* III, 72.
62, Louis Beaubien à Mgr Labrecque, 19 octobre 1894, *Évêché de Chicoutimi*, série 8, cote 52, Vol. 2, pièce 81.
63. Mère Saint-Raphaël à Mère Sainte-Antoinette, 23 mai 1895, AUQ, *Roberval* III, 85.

quelques jours. La bâtisse offre une belle apparence : propre, solide, bien éclairée, avec des lieux d'utilité générale convenables, une cave assainie parfaitement. Comme on ne peut se procurer de fournaise pour établir un bon système de chauffage régulier, on renouvelle l'expérience des poêles à bois d'avant 1890 [64]. Religieuses et élèves, au comble du bonheur de posséder des locaux adéquats pour le logement et les cours d'enseignement ménager, acceptent facilement les petites incommodités provoquées par ce système de chauffage désuet.

En septembre, avec l'ouverture des classes, l'externat s'installe dans ce nouvel établissement. Pour la première fois, on reçoit des élèves quart-pensionnaires. Nous réservons la dernière partie de ce chapitre pour faire connaître la réorganisation des cours et le programme que l'on applique.

Entre-temps, l'on songe à l'inauguration officielle de l'École. Les préparatifs s'accélèrent, on adresse des invitations aux différentes personnalités de la province qui ont contribué efficacement à l'avancement de l'œuvre des Ursulines, aux curés et aux notables de la région.

Pendant que les élèves poursuivent leurs classes, que les religieuses non retenues chez les enfants s'affairent pour assurer le succès des fêtes prochaines, la grande porte conventuelle s'ouvre en ce matin du 15 septembre, pour « l'Honorable Wilfrid Laurier accompagné de sénateurs, de ministres et de plusieurs députés. Ils parurent contents de notre système d'enseignement et promirent de le protéger au besoin » [65].

Le 28 septembre, à dix heures, *Mgr Louis-François Laflèche, évêque des Trois-Rivières, en compagnie de L'honorable Olivier Taillon, Premier ministre, et ses collègues, des députés du comté, de plusieurs curés des parois-*

---

64. Mère Saint-François-de-Paule à Mère Marie-de-l'Assomption, 14 juillet 1895, AUQ, *Roberval* III, 87a.
65. AUR, *Annales*, I, p. 23.

ses environnantes se rencontrent à Roberval pour l'inauguration officielle de l'École Ménagère[66]. Ces distingués visiteurs sont reçus par la communauté avec les
plus grand honneurs. Dans la cour du couvent, le maire
de Roberval présente une adresse de bienvenue dans
des termes appropriés et très solennels.

Mgr Laflèche[67], dans sa touchante allocution, présente la mission de la femme dans la famille. Il démontre le rôle important des Écoles Ménagères dans l'éducation pratique de la jeune fille, future épouse du colon et
du cultivateur. Avec l'éloquence, la flamme et la vigueur
qui le caractérisent, il souhaite que tous les couvents des
campagnes canadiennes modèlent leur enseignement sur
l'École inaugurée ce jour-là.

La visite de la maison commence; tous les appartements de l'école, y compris ceux du monastère, s'ouvrent pour recevoir ces dignes personnages. Le site du
couvent, l'aménagement des classes, des dortoirs, des
réfectoires, des cellules, l'ordre et la propreté, l'atmosphère de paix et de tranquillité qu'on y respire émerveillent ces visiteurs.

Les élèves, dispersées dans leurs salles respectives,
taillent des vêtements, cousent, ajustent; quelques-unes,
assises au rouet, filent la laine ou le lin, d'autres trico-
tent, plusieurs, installées au métier, tissent des tapis ou
des couvertures. À la beurrerie, des jeunes filles ma-
nient habilement baratte et malaxeur, pour enfin présenter fièrement, aux spectateurs, un échantillon d'un
beurre appétissant fraîchement fabriqué dans cet atelier.

On pénètre ensuite dans la cuisine, où la maîtresse
et ses élèves accueillent les visiteurs avec aisance et simplicité. Les apprenties-cuisinières exécutent avec savoir-

66. AUQ, *Annales*, III, p. 38.
67. Mgr Louis-François-R. Laflèche, né à Sainte-Anne-de-la-Pérade
    en 1818, ordonné en 1844, 2e évêque des Trois-Rivières, de
    1870 à 1898, décédé en 1898, à l'âge de 80 ans. (*Apothéose de
    Mgr Louis-François-R. Laflèche*, Trois-Rivières, Imp. Saint-
    Joseph, 1926, p. 18.).

faire le menu qu'on leur a confié. La besogne partagée, chacune essaie d'appliquer les méthodes de préparation des aliments, les principes de cuisson, les règles d'assaisonnement étudiées pendant les cours de théorie.

On se dirige alors dans la salle où une exposition des produits de la ferme démontre le succès de son exploitation proclamée excellente, par les juges du Concours du Mérite Agricole. À ce moment, le ministre Beaubien demande la parole pour louer l'œuvre de Mère Saint-Raphaël et annoncer que les Ursulines se sont mérité le plus grand nombre de points pour leur ferme vraiment modèle, lors du Concours du Mérite Agricole, le premier dans le district. Il demande à Mgr Laflèche de remettre, à Mère Saint-Raphaël, la médaille d'argent et un diplôme du Mérite Agricole :

> Dans d'autres pays, dit-il, des religieuses ont reçu des décorations pour services rendus sur les champs de bataille. Ici, nous n'avons pas de guerre, Dieu merci, et les médailles d'honneur se gagnent sur des champs de moissons et non de blessés. Une vaillante entre les vaillants s'y est distinguée, et bien que son humilité s'y soit longtemps refusée, je vous la présente, Monseigneur, je présente son exemple à toute la province, et je vous prie de lui remettre, de la part du gouvernement, cette récompense dont le prix augmentera encore, en passant par vos mains [68].

Au milieu des applaudissements des assistants, l'évêque présente la médaille d'argent à Mère Saint-Raphaël, toute confuse d'être l'objet d'un pareil honneur. À la suite, Thomas Chapais [69] prononce un élo-

68. *Les Ministres au Lac-Saint-Jean, une scène émouvante au Couvent de Roberval*, nouvelle dans *L'Événement*, 2 octobre 1895, recueillie dans *Varia Saguenayensia*, Vol. VII, p. 224.
69. Né à Saint-Denis de Kamouraska en 1858, rédacteur et propriétaire du *Courrier du Canada*, docteur es-lettres et professeur d'histoire à l'Université Laval, auteur de plusieurs ouvrages sur l'histoire du Canada, député, ministre et sénateur en 1919, décédé en 1946. (*Répertoire des Parlementaires québécois*, pp. 14-15.).

quent discours dans lequel il faut l'éloge de la communauté des Ursulines.

> Cette médaille est gagnée depuis longtemps, dit-il, car les religieuses de Roberval travaillent par leur exemple à promouvoir l'agriculture et la colonisation.
>
> Nous sommes certains, maintenant, que de cette école sortiront des essaims de jeunes filles ayant appris à lire, à écrire, à chiffrer, sachant tenir des comptes, rédiger une lettre; ayant surtout spécialement appris à préparer un bon repas, à faire des habits d'hommes et de femmes, à les raccommoder, à travailler le lin, la laine, à les convertir en belles étoffes, à prendre soin du jardin, du poulailler[70].

Les visiteurs se retirent émerveillés et convaincus que l'œuvre commencée à Roberval s'avère l'une des *réalisations les plus fécondes en importants résultats sociaux*. L'École Ménagère solidement édifiée et officiellement reconnue par le gouvernement, l'exploitation de la ferme sanctionnée par les autorités du Mérite Agricole, autant d'événements pour consoler, rassurer la communauté et l'engager plus fortement à poursuivre son œuvre. Quant à Mère Saint-Raphaël, l'âme inspiratrice et dirigeante de ces progrès, elle s'applique maintenant à reviser et à mettre le dernier point au programme d'études de son école.

5. Programme d'études de l'École Ménagère

Installées dans la nouvelle bâtisse, où l'espace, l'aménagement des locaux, la lumière et la propreté invitent au travail, les religieuses peuvent maintenant dispenser l'enseignement intégral de toutes les matières au programme, tant pour la théorie que pour la pratique.

Désormais, l'École Ménagère et le pensionnat forment deux sections distinctes. L'horaire est bâti de façon à permettre aux élèves du pensionnat de suivre le cours

---

70. *Les Ministres au Lac-Saint-Jean, op. cit.*, p. 224.

régulier des études et, moyennant rétribution, de prendre part aux cours dispensés par l'École Ménagère. Les élèves de cette section, dont la concentration porte sur les cours d'économie domestique, reçoivent, des classes du pensionnat, l'enseignement du cours d'études régulier. En dehors de ces cours, toutes ne forment qu'une seule famille, se retrouvent ensemble aux repas, aux récréations et pour ce qui regarde la formation morale.

Revenons aux premières années de la fondation et voyons le contenu des matières qu'on y enseigne. Le cours régulier adopté à Roberval peut conduire au cours supérieur si on le désire. Il comporte un programme assez imposant, calqué sur celui de Québec et adapté aux différents degrés du cours. Voici les matières qui couvrent l'ensemble du programme des cours élémentaire et supérieur:

> **Instruction religieuse, histoire sainte, histoire profane, langue française, littérature, éléments de langue anglaise, logique, arithmétique, toisé, géographie, cosmographie, astronomie, physique, chimie, botanique et les autres branches de l'histoire naturelle, horticulture, calligraphie, dessin linéaire au crayon et à l'aquarelle, étude et pratique des ouvrages utiles aux jeunes filles [71].**

Les finissantes peuvent également obtenir le diplôme d'enseignement décerné par le Bureau Central des Examinateurs du Conseil de l'Instruction publique, en s'inscrivant aux examens exigés pour ce brevet.

Un recueil de feuilles dactylographiées, jaunies par le temps, précieusement conservées à Roberval, contient le programme initial d'enseignement ménager appliqué par Mère Saint-Raphaël et ses compagnes. Il comprend douze chapitres que nous énumérons dans l'ordre original:

---

71. Odélie Ouellet, graduée le 25 juin 1885, a remis à Roberval son diplôme imprimé et décoré à la main par les religieuses du couvent, où apparaissent ces matières. Il porte la signature de Mère Saint-Raphaël et celle du curé Lizotte.

Pédagogie familiale et soins des malades, aviculture (théorique et pratique), apiculture, pomologie, horticulture, industrie laitière, art culinaire (théorie), blanchissage, entretien du linge et des vêtements, couture, filage, tissage et tricot, nettoyage des habitations, comptabilité domestique et agricole, quelques notions de chimie agricole.

Chaque chapitre se compose d'une série de questions et de réponses, variant de cinq à cinquante, selon l'importance de la matière.

De 1882 à 1895, toutes les élèves pensionnaires et externes reçoivent, outre les matières du cours régulier, des leçons de tricot, de couture, de filage, de tissage, de raccommodage, de tenue de la maison. Cette dernière s'inscrit à l'horaire de tous les jours. Après chaque repas, quatre élèves, à tour de rôle, lavent et essuient la vaisselle avec une de leurs maîtresses. Au dortoir, chacune balaie l'endroit qu'elle occupe, certaines d'entre elles se chargent des allées. D'autres élèves se partagent les classes, le réfectoire, le parloir et même la sacristie, toujours sous la direction d'une religieuse qui les guide et leur enseigne les bons procédés. Tout ce travail pratique s'accomplit d'une façon merveilleuse, avec ordre et bonne volonté[72].

On ne peut donner la pratique de l'art culinaire, vu l'exiguïté de la petite cuisine-boulangerie de 18 pieds sur 13 pieds. L'ouvroir est ouvert tous les jours pendant au moins trois quarts d'heure pour les élèves qui apprennent à carder, à filer, à tisser, etc.

Déjà en 1884, l'institution suscite l'attention des personnages de marque qui admirent son fonctionnement et s'émerveillent de ses réalisations. Jean-Charles Chapais qui a visité plusieurs fois cette école, raconte à l'occasion d'une conférence prononcée en 1910, les impressions qu'il a conservées lors de sa première visite à Roberval en 1884.

---

72. Mère Saint-Henri à Mère Sainte-Catherine, 1er octobre 1882, AUQ, *Roberval* I, 169.

(...) Je m'en vais encore trouver un fait propre à vous édifier sur l'esprit d'initiative, non pas cette fois, des Canadiens-français, mais des Canadiennes-françaises. Ce fait est celui de la fondation de ce qu'on appelle aujourd'hui *une école ménagère*.

Il est venu à ma connaissance, en l'année 1884, au cours d'un voyage que je faisais, en ma qualité d'officier spécial du Département de l'Agriculture de Québec, au Lac-Saint-Jean. Un des meilleurs souvenirs que j'aie conservé de ce voyage est celui d'ne visite qu'il m'a été donné de faire au monastère des religieuses Ursulines de Roberval, fondé alors depuis deux ans, c'est-à-dire en 1882. J'eus le privilège de visiter cette institution naissante. J'y vis un atelier où l'on trouvait en opération les cardes, le rouet, le dévidoir et le métier à tisser. Dès le début de leur œuvre au Lac-Saint-Jean, les religieuses Ursulines ont voulu résoudre le problème de donner aux jeunes filles de cultivateurs non seulement une éducation de première classe au point de vue religieux, littéraire et scientifique, mais encore les leçons domestiques qui les mettent en état de tenir parfaitement la maison d'un cultivateur et de s'y livrer aux travaux qui sont l'apanage des femmes de la campagne, tout en pouvant être, par leur instruction et leur éducation, l'objet de la recherche des jeunes cultivateurs instruits, qui, disons-le à l'honneur de notre époque, cessent de croire que c'est un déshonneur pour un jeune homme instruit de cultiver la terre. (...)[73]

En effet, Chapais ne ménage pas ses éloges à l'adresse des religieuses et de l'école. Il a été visiblement conquis par les activités déroulées au cours de sa visite et il en garde un souvenir tout vibrant même après plusieurs années.

Le programme d'études des débuts élaboré par Mère Saint-Raphaël n'est pas voué à se figer dans le temps. Au fur et à mesure des expériences acquises, elle le revise et l'ajuste, toujours dans les limites de ses possibilités. *La parfaite organisation d'une école ména-*

---

73. J.-C. Chapais, *Réminiscences et revendications*, Québec 1910, p. 8, notes recueillies et citées par l'abbé J.-C. Tremblay, *Progrès du Saguenay*, 1921.

gère, assure-t-elle, *demande du temps et ne s'accomplit pas sans difficulté, comme toutes les œuvres utiles.*

Après treize ans de recherches, d'essais et d'adaptation, la fondatrice, tout en maintenant les mêmes principes et la même pédagogie, peut offrir un programme d'enseignement ménager renouvelé, plus conforme au temps et aux besoins des élèves. Le voici, tel que publié pour la première fois dans le *Journal d'Agriculture* de septembre 1895 :

1° Théorie : notions d'agriculture, d'horticulture, d'arboriculture, de pomologie. Pratique au jardin et au verger.

2° Théorie : tenue de la vacherie, de la laiterie, du beurre, du fromage. Pratique : traite des vaches, soins de la laiterie, fabrication du beurre de ferme et du fromage pour la famille.

3° Théorie : profits de la basse-cour, soins à donner au poulailler ; nourriture économique pour la production des œufs et l'élevage des petits.

4° Théorie : les règles de l'art culinaire en général. Pratique : à la cuisine, à la boulangerie.

5° Théorie : entretien du linge. Pratique : à la buanderie, blanchissage.

6° Pratique : à l'ouvroir, coupe des vêtements et couture, raccommodage et reprisage. Emploi de la laine et du lin ; tricot, filage, tissage.

Toutes les élèves qui suivront ce cours apprendront à lire, à écrire, à compter et à tenir la correspondance et la comptabilité de la famille. Il y aura des leçons spéciales d'instruction religieuse, de pédagogie et d'hygiène, ainsi que des leçons de choses afin de donner aux élèves des connaissances générales sur les sciences.

Les élèves du pensionnat actuel suivront ces cours suivant les exigences de leur position sociale et le désir de leurs parents[74].

Après la lecture de ce programme, une interrogation nous vient tout naturellement à l'esprit. Pourquoi, dans la correspondance du Ministère de l'Agriculture,

---

74. La date du journal manque.

dans celle d'Édouard Barnard et les compte rendus de visites dans les journaux de l'époque, le qualificatif *agricole* est-il toujours accolé au titre d'École Ménagère?

La correspondance de Mère Saint-Raphaël et les rapports qu'elle a fournis au Ministère de l'Agriculture ne mentionnent pas le mot agricole. Dans ces derniers, elle présente tout d'abord l'état de la ferme; dans une autre partie bien distincte, elle énumère les activités, les améliorations, les résultats et les besoins de l'*École Ménagère*.

Il semble qu'elle ne tienne pas au qualificatif *agricole*, probablement parce qu'elle craint une confusion au sujet du type de son institution qui diffère d'une école agricole proprement dite. Les matières du programme concernant l'agriculture ne visent qu'à une initiation et à une compréhension des travaux de la ferme qui peuvent convenir à une femme de la campagne de ce temps. Dans une lettre adressée à Québec, elle explique ce genre de travaux:

> Il n'est pas question de travailler aux champs comme cela se faisait jadis. Grâce aux instruments aratoires, de bons chevaux et deux ou trois hommes font tout l'ouvrage. Il est donc question de l'exquise propreté en trayant les vaches, en soignant la laiterie, en faisant le beurre, etc. Il est encore question de faire une bonne cuisine avec économie, de cultiver un jardin avec profit, non pas de le bêcher; de blanchir et repasser leur propre linge, d'apprendre à tailler, à coudre, à raccommoder, à filer, à tisser, à tricoter, etc [75].

Nous ne trouvons cependant aucune preuve plus précise qui pourrait élucider tout équivoque au sujet du titre de l'école que la fondatrice veut maintenir.

N'allons pas croire que les cours d'enseignement ménager engagent les religieuses qui les dispensent dans une voie de facilité. Conçus avec intelligence par Mère Saint-Raphaël, basés sur des principes de psycho-

---

75. Mère Saint-Raphaël à Mère Sainte-Antoinette, 14 septembre 1893, AUQ, *Roberval* III, 29a.

logie éclairée, inspirés par une pédagogie expérimentée, ils exigent des connaissances d'un ordre différent de celles du cours régulier, non moins étendues, mais qui ne s'improvisent pas. Au contraire, elles s'acquièrent par une étude rigoureuse, une pratique persévérante, une adaptation constante à mesure que les sciences ménagères et les techniques agricoles se perfectionnent. Par-dessus tout, il importe que les maîtresses gardent bien vivante la préoccupation de procurer, aux jeunes filles de la classe agricole, une éducation la plus complète possible. Ainsi, elles les rendront aptes à remplir dignement leur mission d'épouse, de mère, à seconder les travaux de leur mari sur la ferme.

C'est pourquoi Mère Saint-Raphaël insiste pour que toutes ses religieuses apprennent à coudre, à filer, à tisser, à tricoter et à travailler au jardin, s'exercent à observer et à aimer la nature. Elle les engage à se créer une mentalité simple, pratique, ouverte à tout ce qui touche à l'agriculture. En effet, on ne peut communiquer la flamme d'un idéal qu'à la condition de l'avoir développée en soi. Que de fois elle répète à ses Sœurs: *Enseignez des choses pratiques, utiles. Pas d'apparat; faites le bien simplement comme le demandent nos* **Réglements et nos Constitutions**[76].

En considérant les transformations opérées au cours de ces trois dernières années avec si peu de moyens, on s'étonne et on éprouve un sentiment de profonde admiration devant le courage magnanime, entreprenant, persévérant de ces religieuses qu'aucune difficulté ne fait reculer.

Qu'il s'agisse d'agrandir la terre, de l'exploiter selon les méthodes modernes, de construire une aile nouvelle, d'obtenir des subsides du gouvernement, d'élaborer ou d'adapter les programmes de l'école, ce qui paraît humainement impossible finit par se réaliser avec le temps. Ces femmes, tout en ne négligeant pas les valeurs terres-

---

76.   AUR, Documents, *Paroles de Mère Saint-Raphaël*, série I, p. 1.

tres, placent d'abord leur confiance au-dessus des influences et des espérances humaines. Voilà la clé qui leur ouvre les portes et les bourses.

En ce moment, les religieuses de Roberval ne possèdent pas plus de ressources pécuniaires, mais au moins, elles sont en état d'exercer avec fruit leur travail d'éducatrices et d'enseignantes à l'École Ménagère, enfin organisée.

L'œuvre grandit. Aux difficultés des commencements, succède une période de stabilité plus favorable au progrès.

Yahvé avait donné, Yahvé a repris. Que le nom de Yahvé soit béni!

Job, I, 21

CHAPITRE V

La grande épreuve

L a première communauté d'Ursulines établie sur les
rives du Lac-Saint-Jean compte déjà quatorze années d'existence. Pendant ce temps, que de transformations survenues au prix de grandes souffrances et de
lourdes privations! L'année 1896 débute donc dans l'espérance. Mère Saint-Raphaël voit ses vœux réalisés;
c'est le calme après l'effervescence des grands travaux de
construction et d'organisation.

Cette heure de promesse, le Seigneur la choisit
pour y apposer un sceau divin, celui du sacrifice. Les
derniers jours de cette année à peine terminés, un terrible incendie détruit totalement l'œuvre en pleine voie
de prospérité. Sous le poids de cette grande épreuve, les
religieuses puisent dans leur foi profonde, le courage
d'un recommencement.

Les secours matériels reçus du gouvernement, des
paroisses du diocèse et de nombreux amis permettent le
relèvement de l'édifice et contribuent à la reprise des activités scolaires normales, dans un délai remarquable-
ment court.

1. L'espoir d'un jour

Bien que l'École Ménagère soit établie plus spécialement pour les élèves qui désirent suivre le cours en économie domestique, de septembre 1895 à juin 1896 aucune ne s'inscrit pour ce genre d'études. Cependant
l'école fonctionne avec les élèves du cours régulier qui
prennent les leçons données à la cuisine, à la laiterie et

à l'ouvroir, selon le temps que leur laissent les autres études. Souvent elles utilisent même leurs congés et leurs récréations pour avancer ou terminer les travaux commencés.

On comprend qu'à cette époque, la plupart des jeunes filles bien douées pour les études cherchent plutôt à suivre le cours régulier, afin d'obtenir un brevet d'enseignement. Elles ajoutent ensuite un complément avec des cours spéciaux suivis à l'École Ménagère.

D'autres, de familles plus aisées, sans être obligées de travailler à l'extérieur du foyer, peuvent prolonger leur formation avec le cours complet d'enseignement ménager, tout en suivant le cours régulier. Certaines élèves, moins douées pour les études ordinaires mais très qualifiées pour les travaux pratiques, préfèrent le cours d'économie domestique distribué sur plusieurs années. Elles suivent en plus, les matières essentielles du cours régulier.

S'il se rencontre différentes catégories d'élèves pour chaque section, la formation qu'elles reçoivent repose sur les mêmes principes. Mère Saint-Raphaël essaie de maintenir l'idéal des débuts : préparer des jeunes filles pour leur futur rôle au foyer et dans la société. Cet objectif, l'expérience lui en confirme de plus en plus l'importance et la grandeur ; toujours, au cours de sa carrière d'éducatrice, elle veillera attentivement à le préserver, à le développer.

Vers la fin de l'année scolaire 1896, le Ministre de l'Agriculture envoie deux délégués à Roberval pour prendre connaissance du travail accompli au cours des dix mois.

Le 3 juin, dès 7h30, l'Assistant-commissaire de l'Agriculture et Georges Buchanan se présentent à l'École Ménagère. Ils visitent les élèves occupées à la cuisine, à la laiterie, à la couture et s'attardent à l'ouvroir, où fonctionnent six rouets et quatre métiers à galon. Nappes et serviettes, tapis de plancher, habits de tous genres pour femmes et enfants sont fabriqués dans cet atelier avec une grande perfection. *Il y avait là des articles de couture supérieure à la qualité et à la beauté à un grand nombre de ceux que nous achetons dans les magasins. Cinq prix sont décernés aux élèves de l'ouvroir* [1].

Dans son rapport au ministre de l'Agriculture, Mère Saint-Raphaël précise:

> **Nous avons été heureuses de constater une application soutenue aux leçons [d'enseignement ménager] et de décerner aux plus méritantes quatre médailles à la fin de l'année scolaire.**
>
> **Les dernières dispositions [les bourses] que vous venez de prendre, Honorable Monsieur, en favorisant l'admission de quelques élèves, sont de nature à soutenir et à faire grandir l'œuvre que vous avez si bien commencée** [2].

Une fois assurée du bien-être de tout le personnel du monastère et de l'école, la Mère songe aux besoins d'une autre petite famille: celle du domestique Luc Simard. Le modeste appentis, qu'il habite depuis les premières années de la fondation, nécessite de grandes améliorations. La communauté entreprend donc en mai « une construction de 20 pieds sur 25 pieds, sans façon et chaude », qui est terminée en très peu de temps [3].

Bientôt sonne l'heure des vacances où l'on se permet plus facilement d'alterner travail et détente. Chaque année, une vieille tradition chère aux Ursulines souligne d'une façon spéciale le 21 juillet, fête de sainte Madeleine, et le 29, celle de sainte Marthe. On choisit la première, pour fêter les enseignantes et la seconde, les Sœurs auxiliaires. Au jour dit, *les Marthes* exécutent avec bonheur les plus belles pièces de leur répertoire, qui d'ordinaire ne manquent pas de couleur locale. Le 29 juillet, *les Madeleines* envahissent la cuisine, s'occu-

---

1. *L'École Ménagère de Roberval,* dans *Le Progrès du Saguenay,* 23 juillet 1896, nouvelle recueillie dans *Varia Saguenayensia,* Vol. VII, p. 402.
2. Rapport de Mère Saint-Raphaël au Ministère de l'Agriculture, juin 1896.
3. AUR, *Annales,* I, p. 24.

pent de préparer les repas du jour et donnent congé à
leurs Sœurs. Les réputées artistes préparent la soirée
récréative pour toute la communauté[4]. Ces fêtes récipro-
ques contribuent à entretenir un climat de simplicité et
de fraternité.

À cette époque, les vacances ne revêtent pas encore
le caractère de *l'exode* pour les études universitaires ou
autres. Les religieuses peuvent mieux profiter de ces
moments privilégiés pour intensifier la vie communautaire, développer l'esprit de famille, refaire le plein
spirituel et perfectionner les études à l'intérieur du cloître. Cette vie, si austère qu'elle paraisse, comporte de
nombreux avantages pour la vie religieuse. Elle favorise
une connaissance mutuelle des sujets et offre une vie
plus intérieure, plus calme, éloignée des distractions
causées par les sorties de toutes sortes. À peine quelques jours de congé par semaine, en plus des récréations journalières, permettent libre cours aux conversation et aux joyeuses promenades près du lac et dans la
grande cour ombragée.

Par contre, le cloître peut facilement engendrer un
certain désintéressement vis-à-vis des problèmes sociaux qui préoccupent le monde contemporain. Pour
parer à cette déviation possible, les supérieures veillent
à ce que les Sœurs deviennent des éducatrices compétentes, ouvertes, éclairées et instruites, même sur les sujets d'actualité. Elles demandent donc aux religieuses les
plus qualifiées de dispenser des cours aux plus jeunes
Sœurs. Elles leur procurent des abonnements aux pé-
riodiques de France et de Belgique les plus solides et les
plus recommandés, invitent des conférenciers, dévelop-
pent le goût des lectures sérieuses et utiles, en un mot,
travaillent à maintenir le flambeau de la culture.

L'année scolaire 1896-1897 s'annonce assez bien:
vingt et une pensionnaires dont douze petites ménagè-

---

4. Mère Marie-de-la-Nativité à Mère Marie-de-l'Assomption, 26
    juillet 1896, AUQ, *Roberval* III, 110.

res, deux autres attendues, trente-six demi-pension-
naires et quart-pensionnaires figurent sur les listes.
L'École Ménagère bénéficie des premières bourses du
Ministère de l'Agriculture[5].

Chaque année, le 21 décembre, la communauté fête
Monsieur le Chapelain Marcoux. Cette fois, la cérémonie
de profession religieuse de Sœur Marie-du-Bon-
Secours, fixée ce même jour, vient rehausser l'éclat de
cette solennité. *C'est une heureuse de plus,* écrit *Mère
Marie-de-la-Nativité.* Plus loin, elle ajoute: *Notre petite
postulante, Sœur Lacombe, commence très bravement son
noviciat; si sa santé la soutient, j'espère que nous aurons
là un sujet de mérite*[6].

Avec cette dernière recrue, la communauté compte
vingt-huit religieuses toutes dévouées à l'œuvre qu'elles
aiment tant et dont le développement leur permet de
fonder les plus consolantes promesses d'avenir.

Cependant, en cette fin d'année 1896, toute teintée
d'espérance, déjà la Croix sombre s'avance avec mystère...

2. Un terrible incendie

Les vacances du jour de l'An se poursuivent avec
joie et entrain. On attend bientôt le retour des élèves.
En ce matin du 6 janvier 1897, on solennise avec ferveur
la fête de l'Épiphanie. La chapelle resplendit dans sa parure des grandes célébrations liturgiques. La crèche de
l'Enfant-Jésus s'adosse à une fenêtre, à deux pas de l'autel. Levées depuis quatre heures, les religieuses viennent de terminer l'Office du Bréviaire et l'Oraison. En
attendant l'heure de la messe, selon la coutume établie,

5. Mère Marie-de-la-Nativité à Mère Sainte-Antoinette, 24 septembre 1896, AUQ, *Roberval* III, 113a.
6. Mère Marie-de-la-Nativité à Mère Marie-de-l'Assomption, 27
décembre 1896, AUQ, *Roberval* III, 119.

elles sortent et se retirent, soit dans leur cellule, soit dans la communauté, pour continuer pieusement une lecture spirituelle. Cinq d'entre elles préfèrent demeurer dans leur stalle pour prolonger leur oraison[7].

Il est cinq heures et demie du matin. L'une des sacristines prépare les ornements pour la célébration liturgique, l'autre s'affaire autour de la crèche pour allumer les nombreux lampions alimentés à l'huile d'olive et disposés à travers la ouate blanche. Tout à coup, cette dernière s'aperçoit avec stupeur que le feu court aux draperies. Malgré des efforts déployés pour l'éteindre, il enserre bientôt toute la crèche et enflamme dentelles et décorations. La chaleur qu'il dégage fait éclater les vitres de la fenêtre. Le vent glacial de ce matin-là s'engouffre et active le feu qui, en moins de dix minutes, embrase toute la chapelle située au second étage. Impossible de sauver le saint Sacrement, pourtant à proximité du brasier. Les fiammes poussées par le vent avancent rapidement. Les cellules des religieuses occupent le troisième étage; les appartements du chapelain sont au-dessus du foyer de l'incendie. Le dortoir des élèves se situe au quatrième, sous le toit.

Tous les appartements sont éclairés avec des lampes à pétrole: autant de chances de répandre l'incendie. Aux premiers crépitements du feu, Mère Saint-François-de-Paule, présente à la chapelle, accourt vers la cloche conventuelle pour appeler du secours. À la postulante qui passe, elle confie ce poste tandis qu'elle se dirige en vitesse au dortoir des pensionnaires pour éveiller quatre élèves demeurées au couvent pour les vacances. Mère Marie-de-la-Providence, occupée à garder ces dernières, leur donne l'ordre de sortir par l'escalier carré à l'extrémité est de la maison de pierre. Elle-même suit Mère Saint-François-de-Paule qui descend par l'escalier de la

---

7. Ces détails et les autres qui suivent viennent de plusieurs récits autographes laissés par des religieuses de la maison, témoins de cet incendie.

tourelle, du côté opposé, précisément au-dessus du feu. En passant, elles sonnent chez l'aumônier; sans tarder, celui-ci sort de sa chambre, enfonce une porte de clôture et se trouve en face des religieuses qui ne paraissent pas soupçonner l'imminence du danger. Il saisit le premier extincteur chimique qu'il rencontre sur son passage, essaie de le faire fonctionner, mais l'effet s'avère inutile.

Voyant l'impossibilité de sauver le monastère malgré les efforts des religieuses qui se passent les chaudières d'eau à la chaîne, l'abbé arrête l'élan de quelques Sœurs qui courent au sauvetage des papiers de la procure et de ce qui leur semble le plus précieux. Il leur ordonne d'une voix ferme de sortir du brasier. Ne voyant pas Mère Saint-François-de-Paule, dépositaire, il se dirige vers la procure, mais doit revenir sur ses pas. Il fait retourner d'autres Sœurs, dont la nièce de Mère Saint-François-de-Paule, Sœur Saint-Louis, novice. Cette dernière rencontre Sœur Saint-Antoine-de-Padoue et toutes deux vont au secours de la tante. Elles ne reviennent pas. Tout probablement, Mère Saint-François-de-Paule et Mère Marie-de-la-Providence, après avoir sonné chez le chapelain, se sont dirigées vers la chapelle, toujours par l'escalier de la tourelle, où elles ont été asphyxiées par la fumée.

La sonnerie prolongée à cette heure matinale et les fortes lueurs de l'incendie finissent par réveiller les voisins qui accourent en vitesse secourir le couvent. D'autres personnes, venues de l'Anse, ne tardent pas à paraître sur le lieu du sinistre. De Chambord, on aperçoit, au-dessus du village, une immense sphère lumineuse dans le firmament. Des parents des religieuses, inquiets, s'engagent immédiatement en voiture sur le lac, en direction de Roberval. Des élèves externes, mêlées à la foule, conduisent les aides bénévoles à l'intérieur de la maison. Mais quels services efficaces apporter à ce moment, où déjà les flammes se répandent dans tout l'édifice? Roberval ne possède pas encore de système de pompe à incendie. Pour comble de malheur, l'aqueduc, à faible pression, refuse de fournir l'eau pour remplir les chaudières, seul moyen pour éteindre les flammes. Le feu continue impitoyablement son œuvre de destruction. L'École Ménagère, construction en bois sec, située à une cinquantaine de pieds de la maison de pierre, disparaît en un rien de temps dans le brasier. Les efforts des sauveteurs se concentrent donc du côté de la maison du domestique et des bâtiments de la ferme que l'on réussit, heureusement, à épargner.

On imagine avec quelle angoisse, les religieuses réunies en face de cette fournaise ardente, dont les flammes rougissent ce ciel d'hiver, s'aperçoivent que plusieurs de leurs compagnes manquent. Elles se regardent, muettes de stupeur, n'osant avouer leurs craintes, espérant encore que quelqu'un ramène les absentes. La Supérieure s'avance vers Jean-Baptiste Parent, très dévoué envers la maison et lui demande un dernier effort:

Monsieur Parent, auriez-vous la bonté d'aller à la rencontre de Mère Saint-François-de-Paule, de Mère Marie-de-la-Providence et des autres que nous ne voyons pas ici?

Pour toute réponse, l'ami de la première heure salue tristement et se dirige vers le théâtre de l'incendie. Toutes celles qui viennent d'être nommées ont franchi le seuil de l'éternité et l'ami généreux n'a pas le courage de rapporter la triste réalité[8].

En effet, sept moniales ne répondent pas à l'appel: Mère Saint-François-de-Paule, Élise Gosselin, 48 ans; Mère Sainte-Anne, Laure Hudon, 32 ans; Mère Sainte-Ursule, Clorinde Garneau, 36 ans; Mère Marie-de-la-Providence, Emma Létourneau 31 ans; Mère Saint-Louis, Rose Gosselin, 24 ans; Mère Saint-Antoine-de-

---

8. *Lettre circulaire* envoyée par Mère Sainte-Antoinette, supérieure à Québec, à la demande des communautés religieuses ursulines de la province et d'outre-mer pour faire connaître les détails de la catastrophe, 24 février 1897.

Padoue, Catherine Bouillé, novice, 22 ans; Sœur Saint-Dominique, Marie-Louise Girard, converse, 42 ans[9].

> Il est faux, de dire, ainsi que l'ont publié certains journaux français, que les religieuses n'ont pu s'échapper à cause des grilles de fer; il y avait des issues de tous côtés, et l'on pouvait facilement pénétrer dans le monastère et en sortir. Il est certain que parmi les religieuses qui ont péri, plusieurs ont été victimes de leur dévouement, en retournant sur leurs pas pour sauver les archives et autres objets de valeur[10].

La tradition maintenue aux Ursulines de Roberval prétend que les victimes n'ont pas souffert la torture des flammes; suffoquées par la fumée, elles ont été terrassées immédiatement par l'asphyxie. Mère Saint-Raphaël, accompagnée de quelques religieuses en prières, regarde, de la maison du domestique, les flammes anéantir les labeurs de quinze années. *Offrons notre sacrifice pour l'Église du Canada*, dit-elle, à Mère Marie-de-la-Nativité. *Pourvu que le règne de Dieu arrive et que sa volonté se fasse, tout est bien*[11]. Le but apostolique de la fondation de 1882 demeure toujours vivant dans son cœur. Il est sept heures du matin, quand le curé Lizotte annonce avec douleur, à la foule rassemblée dans la cour, que sept religieuses ont perdu la vie dans ce tragique incendie. Des hommes et des femmes pleurent et ne savent comment témoigner leur sympathie aux religieuses debout dans la neige. Le curé invite les vingt et une Ursulines présentes à se rendre au presbytère. Avant de partir, agenouillée avec ses Sœurs près du brasier fumant, la Supérieure, d'une voix ferme, prononce l'acte d'acceptation de la volonté de Dieu. Puis, se tournant vers le chapelain, elle lui demande s'il peut leur célébrer la messe. Toutes se dirigent vers l'église paroissiale, où elles assistent avec une ferveur indicible au Saint

---

9. Voir leur notice biographique en appendice.
10. *Circulaire, op. cit.*
11. Notes de Mère Saint-Jean Moran. Elle précise qu'elle a entendu ces paroles «de ses oreilles» au matin du 6 janvier 1897.

Sacrifice, abandonnant à la Providence leur complet dénuement[12].

Comment ne pas rapprocher ici l'état où les Ursulines de Roberval sont réduites, à la misère et à l'indigen-
ce de Marie de l'Incarnation et ses compagnes, lors de
l'incendie du monastère de Québec, le 30 décembre 1650.
Cette dernière écrit à son fils :

> Je demeuré nue comme les autres que je fus trouver sur
> la neige, où elles priaient Dieu en regardant cette effroiable
> fournaise. Il paraissait à leurs visages, que Dieu s'étoit empa-
> ré de leurs cœurs, tant elles étoient tranquilles et soumises
> à Dieu dans le grand dénuement, où sa Providence nous avait
> réduites, nous privant de tous nos biens et nous mettant dans
> la nudité d'un Job, non sur un fumier, mais sur la neige à la
> rigueur d'un froid extrême[13].

Elle trouve sa paix dans le total abandon à la volonté de Dieu.

> Ma paix intérieure et les agréements aux desseins de
> Dieu sur nous, firent de grandes opérations dans mon cœur.
> C'était un concours de plaisirs correspondans au bon plaisir
> de Dieu dans un excez que je ne puis exprimer[14].

Mère Marie-de-la-Nativité, supérieure, adresse
immédiatement une dépêche télégraphique à Mgr Labrecque, évêque de Chicoutimi, alors de passage à Québec. Elle lui donne les noms des sept religieuses disparues et lui demande de communiquer la foudroyante
nouvelle à la Supérieure de Québec.

Après la messe, les citoyens de Roberval s'empres-
sent d'offrir l'hospitalité aux religieuses. La Supérieure
accepte l'offre de ceux qui peuvent en réunir un plus
grand nombre : le docteur Jules Constantin, Leufroid
Paradis et Arthur Du Tremblay. Quatre religieuses de-

---

12. *Circulaire, op. cit.*
13. Dom Guy Oury, *Marie de l'Incarnation ursuline, 1599-1672, cor-
    respondance*, nouvelle édition, Solesme, Abbaye Saint-Pierre,
    1971, p. 414.
14. *Ibid.*, p. 426.

meurent au presbytère et les quatre élèves pensionnai-res, chez l'aubergiste Alphonse Marcoux, en attendant de retourner dans leur famille. À la paroisse, on ne célè-bre que des messes basses en ce jour, afin que les ci-toyens puissent chercher les restes de victimes dans les décombres. Du monastère, il ne reste que les murs ex-térieurs, comme un symbole d'espérance.

Le soir, un message des Ursulines de Québec an-nonce pour le lendemain, l'arrivée de Mgr Labrecque, accompagné de l'abbé Lionel Lindsay, aumônier, de Mère Sainte-Antoinette, supérieure de Québec, de Mère Marie-de-l'Assomption, dépositaire et sœur de la supé-rieure de Roberval.

Le trajet paraît long aux voyageurs; on s'inquiète pour les Sœurs du Lac. Vers les huit heures du soir, le train entre en gare. Le curé de Roberval, le chapelain Marcoux et plusieurs citoyens attendent patiemment leur arrivée. La tristesse peinte sur leurs visages révèle mieux que les paroles la part qu'ils prennent à l'épreuve qui atteint pour ainsi dire tout le village. On conduit les arrivants au presbytère, où les chères survivantes sont réunies pour les accueillir.

Mère Sainte-Antoinette continue le récit:

> Leur attitude calme et résignée, la fermeté d'âme avec laquelle elles envisageaient cette rude épreuve, nous ont prouvé une fois de plus, que la croix, acceptée de la main du Souverain Maître, apporte toujours avec elle des grâces de force et de consolation. Ce fut avec une vive émotion que nous apprîmes de la jeune et courageuse Supérieure de 40 ans, qui comptait une de ses propres sœurs parmi les victi-mes, les détails de ce désastreux incendie [15].

Dans la journée du 7 janvier, dès qu'une possibilité permet de pénétrer sur le lieu encore fumant des décom-bres, les gens de Roberval entreprennent des recherches pour découvrir les restes des victimes. Hélas! on ne re-trouve que quelques ossements recueillis dans une

---

15. *Circulaire, op. cit.*

même bière que l'on transporte dans l'église paroissiale où, dans l'après-midi, un Libera est chanté.

Le lendemain matin, 8 janvier, ont lieu les funérailles. Écoutons encore Mère Sainte-Antoinette :

> On avait tendu l'église en noir; au milieu, s'élevait un catafalque entouré de cierges ardents. À dix heures, au son des cloches, la population entière et un grand nombre d'étrangers se rendent au service funèbre. M. le Curé Lizotte officiait assisté de diacre et sous-diacre. On voyait au chœur Mgr Labrecque, Messieurs les Grands Vicaires Belley, Delâge et plusieurs prêtres. La musique solennelle, le chant grave de la messe des morts, rendu avec tant d'expression et de piété, la foule recueillie, tout redisait hautement les regrets de l'assistance. Tous se firent un devoir et un honneur de reconduire les dépouilles vénérées au cimetière du couvent, en face des ruines encore fumantes [16].

Ce même jour, onze religieuses et trois élèves pensionnaires accompagnées de l'abbé Lindsay, partent en train pour se rendre aux Ursulines de Québec. Parmi elles, Mère Saint-Rémi, la plus touchée par la catastrophe, présente de profondes brûlures aux mains et à la figure. De plus, elle compte sa propre sœur au nombre des victimes de l'incendie. Pour permettre aux voyageuses de se trouver des vêtements et de faire quelques préparatifs, le train retarde son départ d'une heure. James-Guthrie Scott, gérant de la compagnie du chemin de fer et grand ami des Ursulines, leur accorde des passages gratuits et un char spécial pour ce trajet [17].

Le train arrive à Québec le soir du même jour et une foule de curieux attendent les voyageuses. La Maison-Mère ouvre bien grandes ses portes et accueille avec la plus chaude affection leurs Sœurs encore sous le choc de la terrible tragédie des dernières heures. Les trois plus malades sont placées à l'infirmerie et les autres, à la communauté. Rien n'est épargné en fait d'attentions, de soins et de vêtements pour les aider à se remettre le

---

16. *Ibid.*
17. Vien, *Histoire de Roberval, Op. cit.*, p. 149.

plus tôt possible des brûlures et des fatigues qu'elles supportent avec beaucoup de résignation et de courage.

Pendant ce temps, à Roberval, les dix autres religieuses moins atteintes physiquement et psychologiquement, regroupées au presbytère, cherchent les moyens de réorganiser la vie communautaire et la reprise des classes.

3. Au lendemain de l'épreuve

Après une destruction aussi complète d'une œuvre si riche d'espérance, acquise au prix de tant de sacrifices et de labeurs, vaut-il mieux recommencer ou tout abandonner et réintégrer le monastère de Québec? Les gens du village craignent le départ des Ursulines. Quant aux religieuses de Roberval, réunies au presbytère avec Mgr Labrecque et les deux Mères de Québec, d'un commun accord, elles attendent paisiblement la volonté de Dieu exprimée par la voix des Supérieurs. Au début, l'évêque opte pour que les religieuses et leurs pensionnaires soient transférées à Québec. Mais le curé Lizotte tient fermement à les garder; il plaide si bien la cause de sa paroisse, qu'il obtient que le projet ne se réalise pas. Il sait qu'il peut compter sur la générosité de plusieurs amis.

En effet, Thomas Du Tremblay, propriétaire d'un vaste hôtel situé sur les bords du Lac, offre gratuitement tous ses locaux jusqu'à la mi-juin, pour permettre aux religieuses de continuer leur œuvre. Il va même jusqu'à leur donner la liberté d'enlever des murs dans les appartements, si elles le désirent. Cette grande libéralité inspire bientôt à une veuve de l'endroit, Madame Eugène Roy, d'offrir gracieusement sa maison pour les classes de l'Externat. Avec quelle profonde gratitude, empreinte d'une vive émotion, les religieuses acceptent les solutions proposées![18]

---

18. AUR, *Document G*, p. 31.

Avant son départ, Mgr Labrecque prie la Supérieure de Québec de bien vouloir laisser pour un certain temps, à Roberval, Mère Marie-de-l'Assomption, dépositaire, sœur de Mère Marie-de-la-Nativité, afin d'aider à la réorganisation de l'œuvre. Le curé met son presbytère à la disposition de sept religieuses ; les trois autres logent chez Luc Simard, domestique du couvent.

Mère Marie-de-l'Assomption écrit quelques jours plus tard :

> **Monsieur le curé est on ne peut plus dévoué et bienveillant ; il ne se réserve que son office, tout le reste de son presbytère est à notre disposition. Les exercices de piété, les récréations se font en commun. Le silence est aussi facilement observé que possible [19].**

La nouvelle du tragique incendie ne tarde pas à se répandre partout dans la province et même à travers le Canada. L'archevêque de Québec, Mgr Bégin, les prêtres de l'Archevêché et du Séminaire, les communautés religieuses, des amis, des anciennes élèves, le clergé et les paroissiens du diocèse de Chicoutimi adressent des messages de sympathie aux religieuses de Roberval.

Le Parlement provincial, en session, est également informé. Le député Girard pour la région du Lac-St-Jean prononce un discours dans lequel il rappelle tout le bien opéré depuis 1882 par les Ursulines de Roberval et expose ensuite leurs pressants besoins. Le ministre de l'Agriculture répond favorablement en intensifiant les paroles du député et en insistant pour obtenir une aide substantielle. Le 8 janvier, un comité spécial étudie la demande et le parlement vote une somme de cinq mille (5000$) dollars pour le relèvement de l'École Ménagère de Roberval [20].

Le 12 janvier, de retour à sa résidence, le député vient renouveler aux religieuses ses témoignages de pro-

---

19.   Mère Marie-de-l'Assomption à Mère Sainte-Antoinette, 13 janvier 1897. Les lettres envoyées à Québec du 6 au 20 janvier 1897 sont revenues aux archives de Roberval.
20.   Vien, *op. cit.*, p. 150.

fondes sympathies, les rassure au sujet de l'octroi promis et les prie de croire à sa continuelle et bienfaisante protection. Il laisse entendre que les machines à coudre et à tricoter seront probablement remplacées par le Département de l'Agriculture. Ce même jour, la Supérieure de Roberval reçoit une lettre du premier ministre de la province, Edmund-James Flynn :

> (...) Je regrette, écrit-il, que les réunions du conseil Exécutif m'empêchent d'aller vous présenter mes hommages et aussi mes condoléances dans le grand malheur qui vient de vous frapper. La catastrophe du 6 janvier a créé un véritable deuil national. (...) Le gouvernement aurait voulu contribuer plus largement qu'il ne l'a fait à la renaissance de votre œuvre si péniblement édifiée. Les circonstances ne l'ayant pas voulu, j'ai été heureux cependant de pouvoir faire proposer à la chambre un vote de 5000$ pour favoriser le rétablissement de votre École Ménagère (...)[21].

Qu'un premier ministre daigne prendre la plume pour exprimer ses condoléances, son respect et sa considération à la communauté de Roberval cruellement éprouvée, témoigne du prestige et de l'estime qu'elle s'est mérités auprès des dignitaires du gouvernement.

Ajoutons une autre voix non moins éloquente, mais impressionnante dans son expression sympathique et prophétique. Dès qu'il apprend le douloureux événement survenu à Roberval, l'archevêque de Saint-Boniface au Manitoba, adresse lui-même une lettre à la Supérieure de Québec :

> (...) Je vois dans cette épreuve, qui devient presque un deuil national, une action très miséricordieuse de la divine Providence, qui s'est choisi des victimes pures et saintes, afin de mériter à notre chère Église du Canada des jours meilleurs. Nous traversons une époque bien mouvementée, et la foi de plusieurs est mise en péril; il faut une grande expia-

---

21. Edmund-James Flynn à Mère Marie-de-la-Nativité à l'occasion de son voyage à Québec, 12 janvier 1897, AUQ, *Roberval* III, 126.

tion, il faut des victimes ; votre communauté si fervente a eu l'honneur d'être choisie pour cette œuvre héroïque (...). Nous puiserons donc dans ce douloureux événement un motif d'espérance. Si dix justes eussent suffi pour sauver Sodome, est-ce que ces chères sept consumées ne sauveront point le Canada et surtout la vieille Province catholique de Québec? Chantons la gloire de celles qui sont tombées au champ d'honneur ![22]

Combien touchante pour Mère Saint-Raphaël, la lettre d'un vieil ami et protecteur, Édouard Barnard! Après lui avoir présenté ses plus sincères sympathies, il l'encourage à recommencer l'œuvre qu'il juge très importante pour l'avenir du Lac-Saint-Jean et celui de la province. Il lui indique la marche à suivre pour obtenir des secours du Ministère de l'Agriculture et lui promet d'user de tout son pouvoir et de ses influences pour lui préparer les voies auprès de ses collègues et des ministres[23].

Cette vaillante Mère reprend la charge de dépositaire laissée vacante par la mort de Mère Saint-François-de-Paule. La supérieure de Québec, après les quelques jours passés à Roberval pour consoler, soutenir et chercher des solutions d'accommodement pour la vie présente, songe à retourner à son monastère et, selon le désir exprimé par Mgr l'Évêque, laisse Mère Marie-de-l'Assomption. Elle prend la route de Québec au matin du 11 janvier, accompagnée de Mère Marie-du-Sacré-Cœur qui rejoindra ses Sœurs du Lac en convalescence.

Le lendemain, les activités vont bon train. Thomas du Tremblay commence à déménager afin de permettre aux menuisiers d'enlever des cloisons pour les salles d'études, de récréations et les dortoirs des élèves. La visite à la maison de Madame Roy s'avère très satisfaisante ; peu de transformations suffisent pour loger les

22.   Mgr Adélard Langevin à Mère Sainte-Antoinette, 15 janvier 1897, AUQ.

23   Édouard Barnard à Mère Saint-Raphaël, AUR, *Lettres 1897-1899*.

externes, mais «il faut s'attendre à s'y trouver un peu dans la gêne». Les dames du village viennent à tour de rôle offrir leurs services pour la couture ou autres petits travaux. Madame Arthur Pelletier, sœur du curé Lizotte, prépare un breuvage chaud chaque fois que les travailleuses arrivent de l'hôtel[24].

Enfin, le 21 janvier, la maison du Tremblay accueille les religieuses dispersées dans les foyers de Roberval et le premier noyau des convalescentes revenues de Québec. Elle offre des locaux aménagés d'une façon pratique et satisfaisante dans les circonstances. À la joie du revoir, se mêlent des moments lourds de tristesse surtout par le souvenir des sept victimes du 6 janvier. Chacune rappelle les heures douloureuses vécues dans cette pénible tragédie. On croit rêver! Mais il faut bien vite revenir à la réalité, car des circulaires sont déjà parvenues aux élèves pensionnaires pour les inviter à revenir au bercail dès le 1er février[25].

Mère Marie-de-l'Assomption ayant apporté un secours inappréciable dans l'organisation provisoire de l'œuvre, songe maintenant à retourner à Québec. Les deux dernières fondatrices, Mère Marie-de-la-Nativité et Mère Saint-Raphaël, l'accompagnent dans le but d'entreprendre des démarches au sujet des travaux de reconstruction du monastère.

Avec les bons soins, la chaude affection et les charitables attentions prodiguées par la Maison-Mère, les dernières convalescentes, reposées et réconfortées, peuvent enfin revenir à Roberval le 28 janvier. Seule Mère Sainte-Angèle Maltais, dont la santé semble compromise à la suite du choc subi lors de l'incendie, prolonge son repos pour quelque temps[26]. Une réception des plus fraternelles attend les voyageuses, heureuses de retrou-

24. Mère Marie de l'Assomption à Mère Saint-Joseph, 13 janvier 1897, AUR, *Lettres 1897-1899.*
25. AUR, *Annales*, I, p. 26.
26. *Circulaire, op. cit.*

ver leurs Sœurs. Elles considèrent comme un privilège d'avoir eu l'occasion de connaître les Mères de Québec dont elles ont beaucoup entendu parler depuis la fondation et qui leur ont manifesté tant de bontés pendant ce séjour en leurs murs. *De notre côté*, ajoute Mère Sainte-Antoinette dans sa circulaire, *nous avons été consolées du bon esprit et de la parfaite formation religieuse de cette jeune communauté*[27].

Le voyage des deux fondatrices remporte un plein succès. En plus des ententes pour les affaires temporelles, elles obtiennent une recrue qu'elles ramènent immédiatement avec elles. Mère Sainte-Anne Tousignant, spécialisée pour la musique, le chant et l'anglais, accepte avec bonheur de venir aider les Sœurs de Roberval dont le personnel s'est appauvri par la disparition de sujets qualifiés pour l'œuvre. On peut imaginer la joie et la surprise des religieuses, lorsque réunies près de la réception pour accueillir leurs Mères, elles aperçoivent une figure nouvelle que la Supérieure se hâte de leur présenter. Avec la compétence et l'enthousiasme qui la caractérisent, Mère Sainte-Anne se met résolument au travail et s'initie avec ardeur à ses nouvelles fonctions[28].

Au matin du 2 février, chaque religieuse reprend son emploi quelque peu modifié par les vides à combler. Le retour de vingt-quatre pensionnaires, bien décidées à partager de bonne grâce avec leurs éducatrices, les nombreuses incommodités de ce pensionnat temporaire, apporte au monastère un regain de vie bienfaisant.

Les externes commencent leurs classes avec le même esprit, dans la maison cédée à cette fin par Madame Eugène Roy. Mère Saint-Joseph et Mère Marie-du-Sacré-Cœur s'y rendent chaque matin en voiture couverte, prêtée par les Ursulines de Québec, et reviennent chaque fin d'après-midi, vers seize heures. Deux autres Sœurs empruntent le même mode de transport, pour se

---

27. *Ibid.*
28. AUR, *Annales*, I, p. 26.

rendre deux fois par jour aux lieux épargnés par l'incendie, pour le service de la laiterie[29].

Pendant que le travail scolaire reprend ses droits et son rythme, Mère Marie-de-la-Nativité et Mère Saint-Raphaël s'affairent activement à la réédification de la maison de pierre et de l'École Ménagère. Le défi s'avère insurmontable, mais nos deux fondatrices savent, par expérience, que lorsque les moyens humains leur manquent, le bras de la Providence est toujours prêt à les secourir.

4. Secours et reconstruction

Le projet d'une reconstruction entraîne de nouveaux emprunts et des rentes plus fortes à rencontrer chaque année, en plus des dettes déjà accumulées, mais le Conseil n'hésite pas devant cette perspective. Il faut à tout prix relever l'œuvre commencée avec tant de succès et appelée à se développer pour le plus grand bien de la population.

Les nombreux témoignages de sympathie reçus depuis le 6 janvier s'accompagnent souvent de dons en argent ou en nature. Nous avons déjà mentionné la subvention de cinq mille (5 000$) dollars accordée par le gouvernement provincial à la demande du député Girard. Les Ursulines de Québec, en plus d'une cordiale hospitalité de plusieurs semaines offerte aux onze religieuses de Roberval, font parvenir à leurs Sœurs du Lac un montant de mille (1 000$) dollars. À ces aumônes, chaque fois que l'occasion se présente, elles ajoutent des dons d'utilité générale. *Combien de caisses remplies d'agréables surprises, d'objets divers prennent la direction du monastère du Lac*, lisons-nous dans les *Annales*[30]. Alexina Marcoux, ancienne élève du pensionnat, multiplie les

---

29. AUR, *Document G*, p. 33.
30. AUQ, *Annales*, III, p. 85.

démarches pour rendre service aux religieuses. Elle entreprend une chaîne de lettres qui rapporte près de deux
mille cinq cents (2 500$) dollars. Pendant un an, la com-
pagnie du chemin de fer de Québec et Lac-Saint-Jean accorde à la communauté un billet de passage gratuit;
une diminution est également faite sur le transport des
matériaux de construction.

L'architecte Joseph Ouellet réduit de moité le coût
des plans pour les nouvelles bâtisses. Suivent les dons
des évêques, des prêtres des paroisses, des séminaires,
des communautés religieuses du pays et ceux d'outre-
mer, des anciennes élèves des Ursulines de Québec et de
Roberval, des marchands, des parents des religieuses,
des amis, etc.

La plume reconnaissante de Mère Saint-Raphaël
s'attarde à l'énumération des dons reçus et des donateurs. Elle souligne tous les détails et désire que tous les
bienfaiteurs passent à la postérité, depuis le gouvernement provincial, jusqu'à *l'humble femme qui apporte une
serviette, la seule bonne qui soit au logis.* Elle insiste sur le
dévouement et le zèle du curé Lizotte, qui se met en
tête du déblaiement des ruines du couvent avec ses paroissiens et dirige les travaux de reconstruction. Au lendemain du feu, il donne son harmonium pour la chapelle. Les noms des familles qui ont bien voulu accueillir
les religieuses après l'incendie et l'aumône de ceux
qui ne peuvent disposer que de leur temps et de leur
personne sont fidèlement inscrits dans les *Annales.* Elle
note également le dévouement du chapelain Marcoux
dont la présence d'esprit et la débrouillardise dans le
sauvetage ont contribué à épargner des vies humaines
et à organiser l'hôtel dans les jours suivants[31].

Encouragées par les assurances au montant de quatorze mille (14 000$) dollars et par les autres secours
matériels reçus, les religieuses commencent, sans plus
tarder, des recherches pour trouver des hommes com-

31. AUR, *Annales,* I, pp. 31-38.

pétents et responsables afin de leur confier la direction des travaux. Dès la fin de février, Térence Potvin accepte l'entreprise du relèvement de la maison de pierre et Johnny Poitras, l'aile de l'École Ménagère. Le 3 mars, arrivent les plans dressés par l'architecte Ouellet. Les conseillères et le curé Lizotte, après les avoir étudiés attentivement, se déclarent satisfaits. À la place de l'ancien passage couvert, reliant l'École Ménagère à la maison de pierre, on érige une annexe pour l'externat, mesurant 60 pieds sur 30 pieds, que l'on dédie à la Sainte-Famille. Avec l'aile Sainte-Angèle qu'elle prolonge, la construction en briques mesure 140 pieds sur 30 pieds.

Heureusement, la température de ce printemps 1897 favorise les ouvriers pour le travail à l'extérieur. Cet avantage permet au curé Lizotte d'entreprendre très tôt le déblaiement du terrain avec les paroissiens de Roberval. La première pelletée de terre est enlevée et les ouvriers commencent les travaux vers la fin du mois de mars[32].

Les jours coulent paisibles à l'hôtel. Les élèves acceptent généreusement les nombreuses privations imposées par le manque d'espace, de matériel scolaire et de commodités de toutes sortes. À la communauté, les religieuses essaient d'assumer de leur mieux toutes les besognes qui se présentent et revivent la pauvreté des premières années. Depuis quelques semaines, les nouvelles de Mère Sainte-Angèle, encore retenue à Québec, sont moins rassurantes. Déjà atteinte d'une grave maladie de cœur, elle voit son état de santé s'aggraver à la suite des pénibles émotions survenues lors de la tragédie du 6 janvier. Le courage déployé à ce moment dépasse le seuil de son endurance physique. Pendant sa maladie, elle édifie les Mères de Québec par sa patience, sa soumission à la volonté de Dieu, sa piété, sa ferveur et son grand désir du Ciel. Au cours de la dernière nuit,

---

32. Mère Marie-de-la-Nativité à Mère Sainte-Antoinette, 4 mars 1897, AUQ, *Roberval* III, 131.

elle prie sans cesse et demande à sa veilleuse de s'unir à elle. L'aumônier demandé vers 5h du matin, alors qu'elle est pleinement consciente, demeure à son chevet jusqu'au moment de son dernier soupir survenu vers 5h30, le 23 mars.

Le lendemain, arrive de Québec le télégramme annonçant le décès de la grande malade. Vu les circonstances de l'heure, les funérailles et l'inhumation ont lieu à la Maison-Mère[33]. De nouveau plongées dans la peine, les religieuses renouvellent leur acceptation de la volonté de Dieu. La lettre que Mère Marie-de-la-Nativité adresse à Québec exprime des sentiments de reconnaissance et de tristesse, mais combien élevés au-dessus des vues humaines:

> Comme le bon Dieu a su déjouer nos calculs au sujet de notre chère petite Sœur Sainte-Angèle Maltais! Ne dirait-on pas que notre petite communauté veut se refaire au ciel. Huit, en moins de trois mois!
>
> Comment vous remercier, ma bonne Mère, et comment remercier la communauté pour tous les bons soins que vous avez prodigués à notre chère Sœur, pour lui avoir procuré la paix, la tranquillité, pendant les dernières semaines qu'elle devait passer sur la terre; elle eût été si fatiguée ici de tout le brouhaha que nous entendons tout le long du jour: pianos, métiers, machines à coudre, à tricoter, allées et venues des enfants, etc. Elle va reposer près du tombeau de Notre Vénérable Marie-de-l'Incarnation; n'est-elle pas là comme la représentante de notre petite communauté?[34]

De son côté, Mère Sainte-Antoinette, de Québec, écrit: *Vous avez une protectrice de plus Là-Haut. Elle aimait tant sa chère communauté si éprouvée, qu'elle ne saurait l'oublier, là où la charité est dans toute sa perfection*[35].

33. AUR, *Annales*, I, p. 26.
34. Mère Marie-de-la-Nativité à Mère Sainte-Antoinette, 24 mars 1897, AUQ, *Roberval* III, 133.
35. Mère Sainte-Antoinette à Mère Marie-de-la-Nativité, 24 mars 1897, AUR, *Lettres 1897-1899*.

Et la vie continue! Les travaux avancent rapidement. Charles Vézina, plombier, à qui l'on a déjà confié l'entreprise du système de chauffage de la construction de l'ancienne maison de pierre, vient visiter ce qui reste de la fournaise et négocier un nouveau contrat. Après avoir étudié soigneusement le travail à exécuter pour les deux bâtisses, il présente une soumission qui, une fois discutée avec le curé Lizotte, est acceptée pour le montant global de trois mille trois cents (3 300$) dollars. Ce prix est le même que pour la maison de pierre seule, lors de sa construction en 1886. *M. le curé est un fin diplomate et bien rusé qui l'attrapera*, écrit Mère Saint-Raphaël[36].

C'est avec étonnement que l'on constate le prodigieux avancement des travaux. Une lettre du 10 avril nous apporte des précisions à ce sujet. Les toits de l'École Ménagère et de l'annexe Sainte-Famille sont levés, le lambrissage avancé, les entre-planchers du premier étage posés. Du côté de la maison de pierre, les colonnes sont placées et quelques murs du rez-de-chaussée réparés. Dans les jours suivants, on se prépare à lever le toit et à remplacer la pierre détériorée par le feu. L'entreprise des fenêtres s'élève à six cents (600$) dollars pour les trois maisons[37].

Dès le mois d'avril, Thomas du Tremblay reçoit des touristes américains, des demandes de réservations à son hôtel pour la fin de juin, choix beaucoup plus hâtif que celui des années passées. À cette surprise s'ajoute un autre désagrément. Le propriétaire de la maison, où s'est réfugié Du Tremblay, presse le départ de celui-ci, pour louer son logis à d'autres. Embarras pour les Ursulines et pour leur charitable bienfaiteur! Pour ne pas abuser de la générosité de ce dernier, les religieuses

---

36. Mère Saint-Raphaël à Mère Sainte-Antoinette, 4 avril 1897, AUQ, *Roberval* III, 135.

37. Mère Marie-de-la-Nativité à Mère Sainte-Antoinette, AUQ, 10 avril 1897, AUQ, *Roberval* III, 135a.

décident de terminer les classes pour le 10 juin, afin d'avoir le temps de tout remettre en ordre à l'hôtel avant l'arrivée des touristes. Un peu déçues au début, les résidentes de la maison du Tremblay se consolent assez facilement, à la pensée que cette situation leur épargnera peut-être d'autres souffrances causées par l'exiguïté des locaux en ces journées chaudes de l'été. Dès le 25 avril, Mère Saint-Raphaël commence déjà à pressentir les incommodités que la saison peut leur occasionner :

> **Nous espérons que le bon Dieu va nous ménager les chaleurs pour la fin de juin, nous les redoutons pour aussi longtemps que nous aurons nos élèves, nous sommes comme des sardines en boîte. Notre Mère Marie-de-la-Nativité est fatiguée, son appétit laisse beaucoup à désirer. Aidez-nous à prier pour que ses forces soutiennent jusqu'au bout[38].**

Cette nouvelle du départ des religieuses de l'hôtel communique aux ouvriers une ardeur sans pareille pour terminer les travaux de l'École Ménagère le plus tôt possible. De son côté, le curé Lizotte s'occupe du remplacement de la cloche du monastère. Il confie cet achat au curé de Saint-Roch de Québec et lui demande que le baptême se fasse également dans cette paroisse. Mère Saint-Raphaël désire que les parrains et marraines soient choisis parmi les principaux citoyens de Saint-Roch, ce qui n'empêcherait pas d'en inviter d'autres[39].

En attendant, le problème de l'heure, c'est de trouver un logement pour les religieuses à leur sortie de l'hôtel. Habituées aux privations et aux incommodités des derniers mois, elles ne demandent qu'un toit pour abriter leur repos de la nuit. L'état des travaux leur permet d'espérer l'installation temporaire d'un dortoir dans le grenier de l'École Ménagère *assez vaste et muni de belles lucarnes.*

---

38. Mère Saint-Raphaël à Mère Sainte-Antoinette, 25 avril 1897, AUQ, *Roberval* III, 141.
39. La même à la même, 2 mai 1897, *ibid* 143.

À côté des dévouements et des largesses dont les Ursulines sont l'objet depuis janvier surtout, surgissent certaines manifestations désobligeantes à leur égard. La générosité que le gouvernement leur témoigne dans l'épreuve qu'elles viennent de traverser suscite des critiques. Mère Marie-de-la-Nativité s'en ouvre à la supérieure de Québec:

> Les contre-coups de l'épreuve sont sérieux parfois. On nous disait aujourd'hui que nous avons des ennemis qui travaillent contre nous. On trouve que le gouvernement fait trop pour nous. C'est l'assurance d'un octroi de 1 000$ par année qui chatouille ceux qui sont contre nous. Si on ne nous le donne pas, nous ne sommes plus obligées de tenir l'École Ménagère, et nous gardons notre maison. Nous serions plus indépendantes, mais nous aurions moins de bien à faire[40].

Malgré les grands soucis qu'elle partage avec Mère Saint-Raphaël, dépositaire, cette jeune supérieure ressent lourdement le poids de la responsabilité de sa charge. Cependant sa grandeur d'âme, son courage et sa bonté lui gagnent de plus en plus l'admiration, l'affection et la confiance de chacune de ses filles. Quant à Mère Saint-Raphaël, «elle a le talent de se multiplier pour faire face à tout. Le bon Dieu est donc bon de nous les avoir laissées quand il moissonnait chez nous», écrit une jeune religieuse de Roberval[41].

Voilà que Mgr Labrecque annonce sa visite pastorale pour le 17 juin. Il faut donc hâter le déménagement si l'on veut obtenir des ouvriers pour aider à mettre un peu d'ordre, tant à l'hôtel qu'à l'école. Cette fin d'année précipitée entraîne un surcroît d'ouvrage pour tout le personnel de la maison[42]. Le curé Lizotte non moins occupé, à la veille de la visite de l'évêque, se rend quand

40. Mère Marie-de-la-Nativité à Mère Sainte-Antoinette, 18 mai 1897, AUQ, Roberval III, 148.
41. Mère Saint-Jean à Mère Marie-de-l'Assomption, 20 mai 1897, AUQ, *Roberval* III, 149.
42. Mère Marie-de-la-Nativité à Mère Sainte-Antoinette, 30 mai 1897, AUQ, Roberval III, 152.

même à Québec pour assister à la cérémonie de bénédiction de la cloche, fixée au 13 juin, à Saint-Roch.

Le 10 juin, date choisie pour la fin des classes, la
maison Du Tremblay reçoit les adieux des hôtes qu'elle
a si bien accueillies depuis février. Cette jeunesse généreuse, ardente à l'étude, sourit maintenant aux vacances qui s'ouvrent devant elle. Quelques minutes pour
les salutations d'usage et bientôt, dans les salles, seul
l'écho répond aux dernières voix des retardataires.

Il semble que l'interruption des classes pendant un
mois après l'incendie n'ait pas nui aux études des élèves. Les sept candidates au brevet du Bureau Central obtiennent leur diplôme avec de bons résultats. La compétence des enseignantes, la bonne volonté et l'application
au travail des élèves expliquent cet incroyable succès[43].

Les religieuses organisent immédiatement le déménagement dans l'École Ménagère, même si les travaux se
poursuivent encore. Avec l'aide des ouvriers, quelques
jours suffisent pour aménager l'hôtel avant de le remettre à son propriétaire. On peut imaginer avec quel
bonheur les religieuses reprennent le chemin de leur
nouvelle maison en ce matin du 16 juin. Vers 16 h 30,
ce même jour, le saint Sacrement est transporté dans une
classe transformée temporairement en chapelle. La
cloche, baptisée à Saint-Roch quelques jours auparavant, laisse entendre pour la première fois, sa voix
sonore et harmonieuse.

Et l'annaliste du temps conclut :

> **Que d'émotions en cette journée! Que de souvenirs à
> évoquer! Nous nous retrouvions à cinq mois d'intervalle sur
> le théâtre du sinistre du 6 janvier, dans un logement conve-
> nable, ayant avec nous l'Hôte du Tabernacle, pouvant obser-
> ver nos saintes règles, surveiller les travaux et avoir l'espoir
> d'offrir à nos élèves, vers la mi-septembre un beau pension-
> nat.**
>
> **Que la protection de la Divine Providence est visible
> dans cette réédification de notre monastère; ce doit être pour**

---

43. AUR, *Document G*, p. 33.

**nous et pour la postérité monastique, le sujet de continuel-
les actions de grâces; nos chères martyres ont dû prier beaucoup pour nous** [44].

Laissons les religieuses à la joie du retour dans leur
maison. Elles peuvent maintenant goûter quelques
heures de repos nécessaire après les grandes fatigues des
dernières semaines. Nous les retrouverons bientôt, partout où de multiples travaux réclament leurs bras et leur
dévouement.

5. L'installation définitive

Logées temporairement dans l'aile de l'École Ménagère où les travaux sont loin d'être terminés, les religieuses s'adaptent aux inconvenients et aux dérangements
causés par le tintamarre des voitures, des marteaux, des
scies et l'équipe des ouvriers en continuel va-et-vient
dans la maison. Cette situation ne semble pas altérer le
bonheur de leur vie communautaire et leur ferveur religieuse.

Mère Sainte-Anne, à Roberval depuis janvier, qui a
partagé avec les Sœurs toutes les incommodités provoquées par leur séjour à l'hôtel Du Tremblay, écrit à sa
Supérieure de Québec que la communauté de Roberval
lui plaît tous les jours davantage. Son bonheur lui
vient surtout de l'atmosphère toute imprégnée de la
plus suave charité qu'elle respire. *Je suis heureuse ici*, af-
firme-t-elle, *je suis prête à y demeurer tant que le bon Dieu
le voudra (...). Si vous jugez à propos de me rappeler à
la Maison-Mère, je laisserai la moitié de mon cœur à Roberval* [45].

Mère Marie-de-la-Nativité, supérieure, termine en
cette année 1897, le premier triennat de sa charge. Il
faut donc procéder à de nouvelles élections. Mère Saint-

---

44. AUR, *Annales*, I, p. 27.
45. Mère Sainte-Anne à Mère Sainte-Antoinette, 10 juin 1897,
    AUQ, *Roberval* III, 154a.

Raphaël explique à Québec que, même si la maison de Roberval possède de *bonnes religieuses*, il est difficile de trouver présentement, parmi elles, un sujet qualifié pour la formation des novices. *De grâce, Mère*, supplie-t-elle, *une bonne maîtresse pour notre noviciat, s'il-vous-plaît! Le bon Dieu vous le rendra*[46].

Le 5 juillet, avec l'autorisation de l'évêque, Mère Marie-de-la-Nativité et Mère Saint-Raphaël entreprennent un voyage à Québec dans le but de traiter de vive voix la question des sujets. Après avoir posé les raisons de part et d'autre, il est convenu que si, après les élections de Roberval le 1er août, la supérieure réélue ou élue persiste dans sa demande, le monastère de Québec fournira une maîtresse des novices. Les courageuses Mères reprennent donc la route du Lac-Saint-Jean, consolées et remplies d'espérance.

Les ouvriers viennent de terminer définitivement l'aile de l'École Ménagère. Du côté de la maison de pierre, deux étages sont entièrement finis et le troisième étage avance rapidement. On entrevoit déjà la possibilité d'ouvrir le pensionnat en septembre.

À la communauté sonne l'heure des élections. Réélues, Mère Marie-de-la-Nativité et Mère Saint-Raphaël renouvellent leurs instances afin d'obtenir une responsable pour la formation des sujets. Le conseil de Québec fixe son choix sur Mère Marie-de-l'Incarnation, Elmire Blanchet, religieuse d'une ferveur et d'une vertu peu communes[47]. Accompagnée de son frère, l'abbé Adalbert Blanchet, curé à Saint-Antoine-de-Tilly, elle arrive à Roberval le 21 août. Avec quelle fraternelle affection, on accueille cette Mère attendue avec tant de bonheur! De combien de témoignages d'attachement et de délicates attentions, on l'entoure pour lui adoucir les austérités de la vie rude d'alors!

---

46. Mère Saint-Raphaël à Mère Sainte-Antoinette, 25 juin 1897, AUQ, Roberval III, 160a.
47. AUQ, *Annales*, III, p. 112.

Un nouveau renfort se présente au monastère. Quatre jeunes postulantes, nullement effrayées par les incommodités et la pauvreté occasionnées par le séjour dans une maison en construction et les suites de l'incendie, viennent offrir leur jeunesse au service de la communauté. Leur sérieux et leur bonne volonté sont mis à l'épreuve avec les tâches manuelles qu'on leur assigne aussitôt[48].

Les Mères visitent la construction chaque jour et s'émerveillent de la rapidité avec laquelle les ouvriers exécutent leurs travaux et la perfection qu'ils y apportent. Il est probable qu'il faudra tout de même attendre à la mi-septembre pour ouvrir les classes, car il faut laisser sécher parfaitement les murs avant de procéder à l'ameublement des locaux. *Aujourd'hui, plus que jamais, nous sentons l'absence de nos chères victimes et la privation de tout ce que le feu nous a enlevé. C'est à nous de profiter de cette inoubliable épreuve*, écrit Mère Saint-Raphaël[49].

Le temps des vacances se partage entre le travail et le ressourcement communautaire et spirituel. Les religieuses suspendent donc les activités de toutes sortes pendant une période de dix jours pour suivre les exercices de la retraite. Les derniers jours d'août marquent la fin des gros travaux dans la maison de pierre. Comme elle apparaît belle et solide, avec ses trois étages au-dessus du rez-de-chaussée, une tourelle et un triple pignon! À l'exception du toit un peu différent, on croit revoir le premier monastère de 1890, témoin de si heureuses années, mais si tôt disparu. Encore quelques petites finitions ici et là, et bientôt, cette maison restaurée invitera ses anciennes résidentes à revivre entre ses murs comme autrefois. Cette espérance fait redoubler d'ardeur au déménagement, au nettoyage et à l'ameublement des appartements.

L'abbé Marcoux partage avec les religieuses l'organisation du monastère. Après avoir apporté la dernière

---

48. AUR, *Annales*, I, p. 28.
49. Mère Saint-Raphaël à Mère Sainte-Antoinette, 15 août 1897, AUQ, *Roberval* III, 174.

Après l'incendie de 1897. À gauche, l'École Ménagère reconstruite. À droite, la *maison de pierre* entièrement refaite à l'intérieur. Le toit diffère de la première construction de 1890.

main à la préparation de la chapelle, il bénit le tabernacle et toute la maison. Le 11 septembre au soir, le
saint Sacrement est transporté dans ce modeste sanctuaire bien petit, mais simple et propre. Le lendemain, on
y célèbre le saint sacrifice pour la première fois. Et c'est
de nouveau le silence! Seul le grincement des clés traditionnelles de clôture se fait entendre. Les portes se ferment. Les religieuses se retrouvent encore une fois chez
elles derrière leurs grilles monastiques, dans une atmosphère de paix et de joie.[50]

Pendant quelques jours, libérées des gros travaux
d'aménagement, elles goûtent enfin un peu de calme
avant l'arrivée des élèves. Quant au climat de la communauté, il ne semble pas connaître de chute de température. Une lettre de Mère Marie-de-l'Incarnation Blanchet nous livre ses observations à ce sujet:

> **Tout le travail s'accomplit avec une gaieté et une com-
> plaisance charmantes. Mère Supérieure a le don d'entraîner**

---

50. AUR, *Annales*, I, p. 29.

tout le monde à sa suite. La première partout, à la prière comme aux travaux communs, elle prêche beaucoup plus en exemples qu'en paroles. Nous la voyons toujours là, où c'est le plus fatigant.

Je trouve qu'il y a une émulation de dévouement et d'abnégation admirable. Les postulantes le remarquent comme moi et en sont édifiées. Ces dernières n'ont guère fait autre chose depuis leur arrivée que de laver les vitres; elles sont pleines de ferveur[51].

Le 15 septembre, les corridors du pensionnat retentissent joyeusement de cris et de rires d'enfants. Trente-trois pensionnaires, une trentaine de quart-pensionnaires et une centaine d'externes envahissent, les unes, les dortoirs, les autres, les salles d'études ou les ateliers. La nouveauté les enchante: tout est propre, bien éclairé, fonctionnel. Chacune choisit un coin à son goût pour y établir son « domicile » pour l'année.

Le dimanche suivant, le premier ministre de la province, Félix-Gabriel Marchand, accompagné de plusieurs de ses collègues, visite le monastère. Occasion propice pour le remercier de l'intérêt qu'il porte aux Ursulines et à leur œuvre. Tout particulièrement pour les bourses des élèves qu'il vient de fixer à trois cents (300$) dollars pour l'année courante.

Monseigneur Labrecque profite de son passage à Roberval pour faire sa visite canonique chez les Ursulines. Il est peiné de constater la surcharge de travail qui incombe à chaque sujet et suggère de faire de nouvelles instances auprès des Mères de Québec pour obtenir du secours[52].

Après cette visite paternelle et bienveillante, Mère Marie-de-l'Incarnation Blanchet prend la plume pour se faire l'avocate des Sœurs de Roberval:

Que nous ayons un réel besoin de sujets, n'est pas compris de tout le monde, mais si les Mères de Québec voyaient

---

51. Mère Marie-de-l'Incarnation Blanchet à Mère Sainte-Antoinette, 21 septembre 1897, AUQ, *Roberval* III, 178.
52. AUR, *Annales*, I, p. 30.

ce qu'il y a à faire ici, elles seraient les premières à s'offrir ou à presser d'en envoyer quelques-unes. L'École Ménagère occupe beaucoup de religieuses (...).

Nous allons perdre la doyenne de nos Sœurs converses, Sœur Saint-Laurent. Il y a près de deux mois qu'elle est malade; la maladie a commencé par une petite fièvre, puis est tournée en consomption[53].

Au début d'octobre, les Ursulines reçoivent un ex-voto en marbre destiné à perpétuer le souvenir des chères victimes de la tragédie du 6 janvier. Il est gracieusement offert par les anciennes élèves et Zéphirin Bouillé, père de Sœur Saint-Antoine-de-Padoue, une des disparues dans cette catastrophe. Placé dans la chapelle extérieure, il rappellera toujours l'héroïque dévouement de ces religieuses, qui ont payé de leur vie leur charité. Ce don est suivi d'un autre, non moins sensible au cœur des Sœurs. La Maison-Mère fait parvenir à Roberval, un «beau grand portrait à l'huile de la Vénérable Marie-de-l'Incarnation». Cadeau précieux, l'unique décoration du genre à figurer sur les murs dénudés de la nouvelle maison.

Enfin, les Mères de Québec prêtent pour deux ans, Mère Sainte-Philomène, Hilda Maltais, jeune professe de deux mois, qui vient avec enthousiasme partager les travaux et la vie des Sœurs du Lac. Que de mercis prennent la route de la Maison-Mère, à l'adresse de toute la communauté, pour cette recrue si bien qualifiée pour l'enseignement en général![54]

Déjà, les postulantes arrivent au terme de leur probation. La cérémonie de vêture coïncide avec la fête de la Présentation de Marie, le 21 novembre. Sœur Dubeau devient Sœur Sainte-Ursule, Sœur Carrier, Sainte-Angèle et Sœur Gignac, Saint-Antoine-de-Padoue, trois noms portés par les disparues dans l'incendie. Tou-

---

53. Mère Marie-de-l'Incarnation Blanchet à Mère Sainte-Antoinette, 30 septembre 1897, AUQ, *Roberval* III, 179.
54. AUR, *Annales*, p. 31.

tes sont au comble du bonheur et partagent, avec leurs Sœurs, la joie d'un grand congé. L'abbé Marcoux et Arthur du Tremblay, toujours attentifs à souligner les anniversaires ou les fêtes importantes, envoient deux gros paquets de cassonade pour la tire de la Sainte-Catherine.

Vers le même temps, la communauté est invitée à un spectacle aussi inusité que nouveau. Roch-Pamphile Vallée, magistrat du district, se présente au parloir pour faire entendre du chant et de la musique au moyen d'un phonographe. Pendant deux heures, religieuses et élèves profitent d'un concert inoubliable[55].

Une autre innovation, destinée à améliorer le système d'éclairage, se prépare. Roberval entreprend les travaux pour l'installation de l'électricité dans le village. Les Ursulines sont invitées à profiter du même avantage, pendant que les électriciens travaillent sur place. Après avoir bien réfléchi sur cette question, le conseil de la communauté accepte ce mode d'éclairage nouveau, bien que plus dispendieux, vu les dangers de l'usage de l'huile de charbon employée pour alimenter les lampes. Un électricien de Roberval, Simon Cimon, offre ses services gratuits pour l'installation dans tout le couvent. Que de précieux avantages pour l'avenir découleront de cette dernière transformation! Mais pour le moment, la nouveauté rencontre plutôt une certaine réserve.

Noël revêt un caractère modeste mais pieux. Le 26 décembre, on devance la messe d'anniversaire des victimes du 6 janvier. En fin d'après-midi, on chante l'Office des morts et le lendemain, le service. Que de lourds souvenirs marque cette journée!

Chères bonnes Sœurs, écrit Mère Marie-de-la-Nativité, je n'aurais jamais cru que les liens qui nous attachaient fussent si difficiles à briser. Nous nous évertuons à développer l'espérance plutôt que de nous laisser abattre par des souve-

---

55. Mère Marie-de-la-Nativité à Mère Marie-de-l'Assomption, 27 déc. 1897, AUQ, *Roberval* IV, 29.

nirs trop pénibles et si frais qu'il nous faut sans cesse refouler[56].

Malgré les efforts pour oublier ces douloureux événements, les cœurs restent brisés, et probablement pour longtemps encore. Quand on songe à la pauvreté des débuts de la fondation, aux difficultés de toutes sortes surmontées pour l'édification de l'œuvre et qu'il suffit de moins de deux heures pour l'anéantissement de tant de labeurs, on ne peut s'empêcher d'éprouver une vive émotion, une admiration profonde pour ces femmes restées debout dans leur épreuve.

La rapidité avec laquelle la reconstruction s'est effectuée nous étonne. On est également impressionné par la grande générosité des citoyens de Roberval, des communautés religieuses, du clergé, du gouvernement et de combien d'autres personnes de l'extérieur.

Grâce à cette charitable collaboration, voilà les religieuses de nouveau installées dans leur monastère, le troisième depuis 1882; les élèves pensionnaires et externes logées, soit au pensionnat, soit à l'École Ménagère. L'œuvre édifiée sur les bases solides de la pauvreté, de la charité et de la confiance, fortifiée par l'épreuve, se relève et regarde l'avenir avec encore plus d'espérance.

Une femme parfaite, qui la trouvera? Elle a bien plus de prix que les perles.

Pr. 9, 10.

---

56. La même à la même, 28 décembre, 1897, *ibid.*, 29a.

CHAPITRE VI

Vers le progrès

Au cours de cette dernière période traversée par tant de travaux, marquée de très lourds sacrifices et attristée par des deuils pénibles, les Ursulines, plus fortes que leur épreuve, ont relevé le défi d'un recommencement. L'œuvre qui a paru anéantie un moment s'achemine de nouveau vers la voie du progrès, voire même d'une certaine prospérité.

Mais les vides creusés dans le personnel enseignant par l'incendie ne sont pas comblés au rythme des besoins. Les santés fléchissent sous le poids du travail et causent un grand problème aux autorités de la maison. Puis survient la question de l'Union des Ursulines avec celles de France qui soulève des débats et des inquiétudes.

Mère Saint-Raphaël, qui reprend les rênes du gouvernement aux élections de 1900, s'applique à discerner les signes qui assureront l'avancement de l'œuvre. Ainsi le nombre croissant des pensionnaires suscite les projets de construction du pensionnat et de la chapelle. Plusieurs institutions religieuses, attirées par la renommée de l'École, viennent se renseigner à la source. De nombreux visiteurs de marque ne ménagent pas les encouragements et les félicitations. C'est dans l'action de grâce que le monastère, le clergé et la population célèbrent le premier jubilé de la fondation.

1. Problèmes épineux

L'année 1898 s'ouvre avec la perspective de nouveaux deuils. Annie, l'une des deux sœurs Connolly,
orphelines confiées aux religieuses depuis trois ans, succombe le 7 janvier, à la suite d'une complication au
cœur après quelques jours de maladie. Elle repose encore aujourd'hui dans le cimetière de la communauté
près des victimes qui l'ont sauvée de l'incendie l'année
précédente[1].

L'état de santé de Sœur Saint-Laurent devient
inquiétant. Malgré les nombreux soins qu'on lui prodigue depuis quelques mois, la maladie poursuit son
cours. Le 10 février, elle reçoit l'onction des malades
dans une parfaite résignation et souhaite une mort prochaine. Le 8 mars, elle termine sa courte existence terrestre, âgée de 31 ans, dont 8 années de profession religieuse. Une mauvaise grippe contractée probablement
à l'occasion de l'incendie, a dégénéré en «consomption». Pendant son séjour à l'infirmerie, elle s'est évertuée à utiliser son talent d'habile fileuse jusqu'à la fin.
«Adroite pour toutes sortes d'ouvrages, propre, écono-
me, dévouée, elle a rendu de grands services à la communauté.» Elle laisse à ses compagnes le souvenir d'une
vie religieuse très fervente[2].

C'est la treizième tombe qui se ferme depuis la fondation et la neuvième, depuis janvier 1897. À la suite de
la surcharge de travail assumée par les religieuses et des
nombreuses privations supportées depuis plus d'un an,
il se produit un fléchissement dans la santé de plusieurs
d'entre elles. Devant cette situation, pour aider à soutenir l'activité de chacune des Sœurs, la Supérieure veille
à fournir une nourriture plus fortifiante, tout en demeu-
rant dans les limites de la plus stricte frugalité.

Le conseil que lui suggère la Supérieure de Québec à propos du breuvage aux repas nous éclaire sur

1. AUR, *Annales*, I, p. 50.
2. *Ibid.*, p. 51.

l'austérité pratiquée au réfectoire encore à cette époque : *Je n'aime pas cette manière de demander du thé au dîner. On peut en donner à qui en a besoin pour un temps, mais qu'on s'en abstienne avant d'en prendre l'habitude*[3]. Évidemment, les temps ont changé ! Cette boisson, considérée superflue à ce moment, s'est peu à peu intégrée aux mets ordinaires des repas. Si le menu s'avère pauvre en variété, il se compose de viande de bonne qualité, de légumes sains et des petits fruits variés fournis par la ferme et le jardin.

La splendeur du panorama que la nature offre en ce printemps 1898 exalte les poètes, mais réserve aussi de la prose aux autres. L'enthousiasme des beaux jours se change en une certaine amertume avec l'apparition des chenilles et des vers gris qui, après avoir menacé les espérances de la moisson future, s'attaquent maintenant aux arbres.[4] Malgré cette épreuve, Mère Saint-Raphaël mentionne dans son rapport au Ministère de l'Agriculture que l'état de la ferme s'avère satisfaisant.

> Le rendement de l'avoine et celui des patates ont été exceptionnellement bons à l'automne de 1897 ; nous avons récolté 656 minots d'avoine et 800 minots de patates saines. Les seules cultures sarclées que nous faisons sont le blé d'Inde et les patates que nous employons avec avantage pour la nourriture du bétail ; le blé d'Inde est ensilé ainsi qu'une partie du fourrage vert.
>
> La ferme comprend 84 arpents en culture d'avoine, de pois, de lentille, en fourrages verts, en pâturages, en prairies.[5]

Après avoir énuméré chacune des catégories de têtes de bétail qui se chiffrent à 83, le rapport contient aussi les détails sur l'enseignement théorique et prati-

---

3. Mère Sainte-Antoinette à Mère Marie-de-la-Nativité, 22 mars 1898, AUR, *Lettres 1897-1899*.
4. AUR, *Annales*, I, p. 52.
5. Rapport de Mère Saint-Raphaël au Ministère de l'Agriculture, 25 juin 1898.

que dispensé au cours de l'année, en somme le même depuis 1895.

> **Nous sommes heureuses de constater le bien qui résulte de ces cours. Le goût du travail se développe, on y contracte des habitudes de propreté, d'ordre et d'économie. Les élèves, en général, montrent beaucoup de goût et de bonne volonté à mettre la main à tous les genres de travaux.**
>
> **Toutes les élèves ne prennent pas une part active à tous ces travaux, il n'y a que celles qui bénéficient des bourses; quant aux autres, nous nous conformons au désir des parents qui veulent allier le cours de l'École Ménagère à celui du Pensionnat. Les bourses de 1898-99 sont déjà retenues et nous avons à refuser bon nombre de demandes. C'est dire que nous avons aussi à regretter que l'allocation ne soit plus de 1300$ comme nous avions lieu d'espérer[6].**

Il nous semble que le succès et le développement de l'École sont liés à l'aide que l'on peut fournir aux élèves qui s'inscrivent au cours ménager. La plupart des familles de Roberval vivent encore pauvrement, ce qui explique le grand nombre de bourses demandées pour les études.

Dès les premiers jours des vacances, commencent les exercices de la retraite annuelle. Pour cette année encore, la Maison-Mère se charge d'en défrayer les dépenses. Un autre cadeau surprise s'ajoute à ce dernier. James-Guthrie Scott, secrétaire et gérant du chemin de fer Québec-Lac-St-Jean, gratifie la communauté de Roberval et celle de Québec d'une «passe» jusqu'à janvier 1899. *J'éprouve beaucoup de plaisir*, écrit-il, *à vous transmettre sous pli, une passe annuelle sur notre ligne pour vous-même et une autre dame*[7]. Que d'attentions en faveur des Ursulines multiplie ce généreux bienfaiteur, depuis 1897!

---

6. *Ibid*.
7. James-G. Scott à Mère Marie-de-la-Nativité, 17 juillet 1898, AUQ.

Plusieurs semaines après l'arrivée des 29 pensionnaires pour la nouvelle année scolaire, l'abbé Joseph
Doucet curé de Au Sable, Michigan, confie aux religieuses une petite orpheline, Jeannette Couchy, qui n'a pas
encore sept ans. Avec une grande charité, cette enfant
bien charmante, mais un peu gâtée, est reçue pour toute
la durée de ses études[8].

Et voilà qu'en ce début d'année, la question de l'octroi est agitée de nouveau auprès des autorités gouvernementales. Il semble que l'on ne trouve pas assez con-
sidérable le nombre d'élèves destinées à l'École Ménagère. Sur le conseil de la Supérieure de Québec, les religieuses de Roberval n'insistent pas pour maintenir cette
subvention. *Si l'octroi est supprimé, l'institution continuera
son œuvre à un rythme plus lent, d'une façon moins éla-
borée, mais elle deviendra indépendante*[9].

Les Ursulines affrontent maintenant un autre problème suscité par la municipalité de Roberval au sujet
de la construction de l'aqueduc. En 1890, un système
très rudimentaire est établi dans tout le village: des
troncs d'arbres creusés et soudés les uns aux autres servent de conduite pour amener l'eau aux usagers. Immédiatement, le couvent accepte la nouvelle installation,
beaucoup plus avantageuse que l'approvisionnement distribué par une pompe. Différents incidents causés par
des intermittences, des blocages en plusieurs endroits
du village, le manque de pression et le désastre du
couvent, le 6 janvier 1897, entraînent des pourparlers
pour la construction d'un aqueduc métallique. Le conseil municipal retarde ses décisions et cette lenteur provoque des inquiétudes pour l'approvisionnement d'eau
au cours de l'hiver 1898[10]. Les Ursulines craignent que
la nouvelle taxe d'eau annuelle représente plus que l'in-

---

8. AUR, *Annales*, I, p. 53.
9. Mère Sainte-Antoinette à Mère Marie-de-la-Nativité, 14 septembre 1898, AUR, *Lettres 1897-1899*.
10. Vien, *Histoire de Roberval*, pp. 209-210.

térêt du capital déboursé pour un aqueduc privé au couvent. La complication des formalités à remplir les inquiète. Le curé Lizotte, consulté à ce sujet, leur conseille d'attendre la suite des événements[11].

En novembre, Mère Saint-Raphaël exprime ses craintes à la Maison-Mère :

> **Nous devions avoir l'eau au commencement d'octobre,
> et voilà que nous ne l'aurons pas même cet hiver. Le village
> est taxé à l'exception du couvent, mais en revanche, on se pro-
> pose de nous faire payer annuellement pour avoir la dite eau,
> pas moins de cent piastres et très probablement plus, ce qui
> pour nous, équivaut à la rente d'un capital de deux à trois
> mille piastres.**

Elle demande aux Mères de consulter un avocat
pour savoir s'il vaudrait mieux se rendre indépendantes,
en amenant l'eau directement au couvent, et si les conseillers municipaux peuvent les obliger à recevoir l'eau
de leur aqueduc[12].

La réponse arrive par le retour du courrier assez
claire et convaincante. On conseille aux religieuses de
Roberval de ne pas se rendre indépendantes au sujet de
l'aqueduc. Ce procédé pourrait déplaire aux conseillers
et tourner au désavantage de la communauté et il importe de sauvegarder la bonne entente et les relations
d'amitié entretenues jusqu'à ce jour. Il s'agit de passer
un acte notarié pour un temps déterminé, signé par le
conseil municipal, avec la clause que la taxe demeurera
la même, advenant une augmentation du nombre des
bâtisses[13].

Rassuré par ces suggestions, le conseil de la communauté décide d'aider la municipalité à payer ses énor-

---

11.   Mère Marie-de-la-Nativité à Mère Sainte-Antoinette, 6 août
      1898, AUQ, *Roberval* III, 172a.
12.   Mère Saint-Raphaël à Mère Marie-de-l'Assomption, 14 no-
      vembre 1898, AUQ, *Roberval* IV, 75.
13.   Mère Sainte-Antoinette à Mère Saint-Raphaël, 19 novembre
      1898, AUR, *Lettres 1897-1899.*

mes dettes, en acceptant la contribution qu'elle exige pour des améliorations dont le couvent profite. En attendant, tout le monde se contente du vieil aqueduc de bois, jusqu'à l'achèvement complet des travaux, le 4 décembre 1899[14].

De France, arrive une nouvelle bouleversante pour les Ursulines de Québec. La Supérieure du monastère de Blois fait parvenir une circulaire où elle exprime l'idée d'une union des Ursulines de tout l'Ordre, sous une seule supérieure générale, avec future résidence à Rome. Ce projet, paraît-il, est désiré par le Souverain Pontife. Elle mentionne que le Cardinal Francesco Satolli, protecteur de l'Ordre, accorde tous ses soins aux trois maisons de Rome, de Blois et de Calvi, ainsi qu'à toutes les autres communautés qui voudront s'unir à elles. Cependant, pour le moment, il semble que les monastères gardent la liberté d'adhérer à l'invitation ou de la refuser.

Les Ursulines de Clermont adressent à leur tour une circulaire dans laquelle elles incluent un modèle de supplique au Saint-Père en faveur de l'Union. La Supérieure de la Maison-Mère de Québec, soupçonnant l'embarras des Mères de Roberval, leur fait connaître sa position au sujet de ce projet :

> Quant à nous, nous gardons le silence autant que possible, c'est-à-dire, que nous ne répondrons qu'aux lettres qui nous sont adressées personnellement, comme celle que nous envoyons aujourd'hui à Blois, et dont nous vous adressons copie (...). Pour en arriver là, il nous a fallu réfléchir et consulter M. le Chapelain et Mgr l'Archevêque (...).
>
> Quoi qu'il en soit, nous avons besoin de prier pour que tout tourne à la plus grande gloire de Dieu et au salut des âmes. Tout n'est encore qu'à l'état de projet et probablement que nous n'en verrons pas la fin (...)[15].

---

14. Vien, *op. cit.*, pp. 212-213.
15. Mère Sainte-Antoinette à Mère Marie-de-la-Nativité, 26 février 1899, AUR, *Lettres 1897-1899*.

Toute désirable que soit cette union, elle demande des réformes dans les Constitutions des diverses congrégations. À Québec et dans ses filiales, les religieuses craignent que cette solution entraîne plus de problèmes que de réels avantages. Mais, conclut l'annaliste, «le temps et la sagesse de l'Église peuvent tout arranger» [16].

Vers la mi-octobre 1899, la cour de Rome demande que chaque ursuline se prononce par voix de scrutin sur l'opportunité d'entrer dans cette union. Sur les conseils des Évêques, toutes les communautés de Québec refusent leur adhésion à ce projet [17].

En Europe, ces premiers débats aboutissent à l'union des Ursulines de Blois, de Rome et de Calvi avec une supérieure générale à Rome. Le 15 novembre 1900, 71 communautés représentées en congrès votent l'union et, le 17 juillet 1903, Léon XIII signe le décret de l'approbation de l'Union Romaine [18]. Cette fois, à Québec, l'on espère que ce dossier sera fermé pour longtemps.

Il est bien intéressant d'apprendre que ce projet d'union des Ursulines de France a commencé à agiter les esprits, même avant la fondation des Ursulines au Canada. Il semble que la Congrégation de Paris soit la première à proposer ce projet. Voici ce que Marie de l'Incarnation écrit de Dieppe à sa Supérieure de Tours, le 2 avril 1639, après avoir été reçue chez les Ursulines de cette Congrégation:

> Plusieurs d'entre elles ont eu des ouvertures de cœur très engageantes, et elles m'ont témoigné le désir qu'elles ont d'une union générale de toutes les Ursulines de France (...). La Mère Supérieure m'a dit que plusieurs prélats, dans la dernière conférence qu'ils ont tenue à Paris, ont fort agité cette

---

16. AUR, *Annales*, I, p. 54.
17. *Ibid.*
18. Mère Marie-de-Saint-Jean Martin, o.s.u., *L'Esprit de Sainte Angèle Mérici*, Rome, Maison Généralice de l'Union Romaine des Ursulines, 1947, p. 665.

affaire, et qu'ils étaient même dans le dessein de l'exécuter sans je ne sçai quelle autre affaire qui interrompit celle-là[19].

Après son arrivée à Québec, Marie de l'Incarnation éprouve de grandes difficultés à établir l'union des religieuses de sa communauté qui appartiennent aux congrégations de Tours et de Paris, tellement elles diffèrent sur beaucoup de points et de traditions. Heureuse de l'avoir obtenue après cinq années d'efforts et de prières dans ce but, elle en fait part à son fils dans une lettre du 30 août 1664.

> Cette grande paix et union en laquelle nous vivons a déjà touché plusieurs personnes de grande piété de France, et donné subjet d'espérer l'union généralle de toutes les Ursulines de France, divisées en diverses congrégations et par conséquant constitutions, mais sous une mesme règle et mesmes fonctions. C'est une petite semence que Dieu fera fructifier en son temps, ainsy qu'on m'escrit icy de toutes parts ; ainsy en mes réponses, je tasche de jetter quelques petits mots de ce grand bien à tous ceux que je pense y pouvoir en quelque chose coopérer (...)[20].

Marie de l'Incarnation paraît se prononcer en faveur d'une union générale pour les congrégations de France, mais elle se contente d'insinuer, pour Québec, quelques réserves qu'elle fait connaître dans la même lettre :

> Pour ce païs, nous avons des règlements particuliers, d'autant qu'il y a quelque chose qui ne peut s'accommoder à la façon de France : le climat, les vivres et autres circonstances y sont entièrement différantes[21].

Et pour plusieurs années, cette question demeure pendante.

Mère Saint-Raphaël, toujours soucieuse d'embellir la propriété du couvent et de procurer un peu plus

---

19. Dom Guy Oury, *Marie de l'incarnation (1599-1672) correspondance*, Solesme, Abbaye Saint-Pierre, 1971, p. 77.
20. *Ibid.*, p. 229.
21. *Loc. cit.*

Un groupe d'élèves pensionnaires, année 1899.

de confort aux religieuses et aux élèves, entreprend une plantation d'érables sur la «Voie augustine», promenade longue de deux arpents. Elle vient rejoindre la «Voie angéline» plantée depuis plusieurs années. Après avoir semé en pépinières des graines d'érables venant de Louiseville, Mère Saint-Raphaël transplante les jeunes rameaux, les taille avec attention et, en 1899, les plante dans la voie préparée à cette fin. Avec quelle habileté elle enseigne aux jeunes religieuses et aux élèves, la façon de planter, de tailler, de protéger les arbres![22]

L'année scolaire se termine le 26 juin. Le rapport habituel mentionne que des spécialisations pour la panification et la préparation de la fécule de pommes de terre se sont ajoutées au programme. Une attention particulière a été portée sur l'apprêt des restes d'un repas, l'évaluation d'un menu pour une famille d'ouvrier ou de

22.   AUR, *Document G*, p. 34.

cultivateur, la tenue d'un journal pour la ménagère. Par-dessus tout, les religieuses cherchent à inspirer aux élè-ves l'amour du travail, de l'ordre et de l'économie, des goûts simples et modestes[23].

La Maison-Mère, après les élections du 1er août 1899, décide de rappeler Mère Sainte-Philomène Maltais prêtée depuis 1897, dont l'état de santé provoque des inquiétudes. Ce départ suscite beaucoup de regrets et prive la communauté d'un sujet très capable. Le 15 août, fête de l'Assomption de la Vierge Marie, le cloître ac-cueille Corinne Béliveau de Saint-Maurice de Champlain et Marie-Louise Paquet de Deschambault, sujets qui pa-raissent posséder de réelles aptitudes et des signes de vocation solides. Ces nouvelles recrues font renaître l'es-pérance au cœur des religieuses et les consolent quel-que peu de la perte qu'elles viennent de subir. On ter-mine les vacances avec la joie d'une belle et pieuse cé-rémonie de vêture. Le 30 août, Marie-Anne Doucet, entrée le 5 mai précédent, revêt l'habit religieux sous le nom de Sœur Marie-du-Carmel.

L'on est encore à la période d'organisation des classes, quand arrive l'heureuse nouvelle que les dis-cussions au sujet de l'octroi accordé à l'École Ménagère se terminent en faveur de cette dernière. Grâce à l'habi-le influence du député Girard, le montant des bourses est augmenté à sept cents (700$) dollars pour l'année 1899[24].

Les semaines courent si rapidement que l'on arri-ve déjà en novembre. Et le 21, c'est grande fête au mo-nastère. Sœur Saint-Antoine-de-Padoue prononce ses vœux de religion entre les mains de l'abbé Thomas-Grégoire Rouleau, principal de l'École Normale Laval de Québec. Assistent au chœur, les deux frères prêtres de la nouvelle professe, dont l'un est curé à Sherbrooke et l'autre, professeur de théologie au séminaire de Québec.

---

23. Rapport de Mère Saint-Raphaë au Ministère de l'Agriculture, 19 juin 1899.
24. AUR, *Paroles de Mère Saint-Raphaël*, p. 2.

Cette cérémonie procure un joyeux congé dans toute la maison. Pour les Ursulines, ce dernier événement important clôt la fin de ce siècle.

Février 1900 rappelle à toute la population de Roberval le 25e anniversaire d'ordination sacerdotale du curé Lizotte. Les Ursulines invitent le jubilaire pour une séance dramatique et musicale et lui présentent un tapis et un coussin tissés et brodés à l'ouvroir, en hommage de reconnaissance[25].

Mère Marie-de-la-Nativité touche la fin de ses deux triennats dans la charge de supérieure. Les religieuses et les élèves soulignent d'une façon toute particulière son anniversaire de profession du 9 mai par une séance des plus charmantes et des mieux réussies.

L'état de santé de la supérieure inspire des craintes non seulement à Roberval, mais aussi à Québec. Depuis l'incendie de 1897, Mère Marie-de-la-Nativité se dépense sans compter pour le bien de la communauté et l'avancement de l'école. Qu'il s'agisse de remplacer dans une classe, de présider aux examens des élèves, de diriger la chorale, de conseiller des maîtresses, elle s'oblige à répondre à toutes ces nécessités. Ces excès de fatigue expliquent que les mauvais effets d'une grippe mal soignée minent sourdement sa constitution physique. Hélas! nous verrons par la suite les pénibles conséquences qui résulteront de ce surmenage.

Au sortir de la retraite annuelle, le 25 juillet, le monastère reçoit la visite de Monseigneur Diomède Falconio, délégué apostolique, résidant à Ottawa. Le lendemain, après la célébration eucharistique, le prélat, accompagné de Mgr Labrecque et de quelques prêtres, visite le monastère et l'École Ménagère. À la demande de la Supérieure, il applique une indulgence à la statue de la sainte Famille, placée au-dessus de l'autel de la chapelle. La visite se termine avec le dîner servi dans les appartements de l'aumônier[26].

---

25.   AUR, *Annales*, I, p. 57.
26.   *Ibid.*, p. 61.

2. Sous l'égide de Mère Saint-Raphaël

Depuis six années, Mère Marie-de-la-Nativité occupe la charge de supérieure. Au 1er août 1900, elle dépose sans peine le fardeau qu'elle a porté avec zèle,
dévouement et charité, à la satisfaction et à l'admiration
de ses Sœurs. Mère Saint-Raphaël, qui a déjà vaillamment gouverné le monastère pendant les six premières
années de la fondation, est réélue supérieure. Malgré
ce nouveau témoignage de confiance de la communauté, elle se sent accablée à la pensée de reprendre cette
charge. Elle est bien seule à ne pas avoir soupçonné
qu'elle serait élue à ce poste. «Tout le village, paraît-
il, s'attend à cette nouvelle depuis des semaines; voix
du peuple, voix de Dieu», écrit la Supérieure de Québec[27]. Quant à Mère Marie-de-la-Nativité, elle devient
dépositaire et maîtresse des novices. Malgré son état de
santé qui laisse beaucoup à désirer, la communauté ne
peut se priver de sa compétence, de son expérience et
de ses capacités, vu le manque de sujets préparés pour
occuper ces fonctions.

Les religieuses entreprennent une étude sérieuse
pour confronter les anciens et les nouveaux règlements
en application aux Constitutions[28]. Ce travail sera
soumis à la Maison-Mère et à l'approbation de l'évêque avant d'être mis en application dans la communauté.

Malgré l'épreuve de l'incendie, la reconstruction du
monastère et de l'école, les nouveaux emprunts ajoutés
aux anciennes dettes, les affaires matérielles de la maison commencent à progresser. De la Maison-Mère, Mère
Sainte-Antoinette, écrit: *Je vois que votre Institut prospère. Votre état de comptes est splendide: 700$ en caisse!
Il est vrai que vous avez des intérêts à payer, mais vous en*

---

27. Mère Sainte-Antoinette à Mère Saint-Raphaël, 3 août 1900,
     AUR, *Lettres* 1900-1902.
28. *Règlements des Religieuses Ursulines de la Congrégation de Paris*,
     1652, réimprimés en 1860 et en 1895.

venez à bout. Nos félicitations! Vous êtes des vraies femmes d'affaires [29].

Le 24 octobre, Mère Saint-Jean-Berchmans Garneau prononce ses vœux de profession en présence de toute la communauté, des élèves et des membres de sa famille, à l'exception de son père. Le curé Georges Paradis de la paroisse préside la cérémonie et donne le sermon de circonstance. Cette belle fête procure un grand congé dans tout le couvent.

Après la pieuse fête de Noël célébrée avec le plus de solennité possible par les religieuses et les élèves, commencent les examens trimestriels qui se terminent juste avant le départ pour les vacances, le 27 décembre. L'aumônier qui les préside témoigne beaucoup de contentement.

Attristée et inquiétée par le mauvais état de santé de Mère Marie-de-la-Nativité, Mère Saint-Raphaël propose aux religieuses de la communauté d'implorer le secours de saint Joseph pour obtenir le rétablissement de cette Mère. On promet d'accepter gratuitement au pensionnat, pendant une année, une petite fille pauvre pour la préparer à sa première communion. De plus, sept messes seront célébrées au cours de l'année en l'honneur des sept allégresses et des sept douleurs de saint Joseph. Si la guérison est obtenue, on renouvellera ces deux promesses pour une autre année, en actions de grâces [30].

De Québec, la supérieure et Mère Marie-de-l'Assomption, sœur de la malade, s'inquiètent vivement et demandent de ses nouvelles plus souvent. Mère Saint-Raphaël fournit elle-même le bulletin de santé le plus récent:

> J'ai enfin des nouvelles décisives à vous donner sur notre chère malade. Le docteur Constantin l'a auscultée ce matin; voici ce qu'il m'a dit: «Il y a quelque chose sur les deux pou-

---

29. Mère Sainte-Antoinette à Mère Saint-Raphaël, 2 octobre 1900, AUR, *Lettres 1900-1902*.
30. AUR, *Annales*, I, p. 70.

mons, mais avec des soins, des fortifiants et de la prudence, elle peut vivre encore plusieurs années. » Les bronches sont dilatées. Elle a plus de force, peut se lever et faire quelques tours sans fatigue. Elle a peu d'appétit (...) tout se prend en quantité minime, voilà ce qui nous inquiète et nous désole (...)[31].

Le 3 juin 1901, les religieuses ont la douleur de voir s'éteindre Jeannette Couchy, leur petite protégée âgée de neuf ans. Malade depuis le printemps, elle a été entourée de la sollicitude et de la tendresse des Mères. Malgré leurs bons soins, elle succombe à une crise cardiaque dans l'espace de quelques jours. Elle repose au cimetière de la communauté, tout près de sa compagne Annie Connolly[32].

Une visite soudaine à l'École Ménagère vient changer l'atmosphère des jours ordinaires. Il s'agit du député Girard, des abbés Thomas Marcoux, aumônier et Georges Paradis, curé, de Jean-Charles Chapais et Edmond Dallaire, tous deux conférenciers agricoles. Nous ne citons que quelques lignes du long article publié par un journaliste :

> Nous ne saurions dire assez de bien de l'œuvre qui s'accomplit dans cette École si chère aux Ursulines et à laquelle ces bonnes religieuses consacrent leur temps, leurs bons soins et leurs talents (...).
>
> Admiré surtout, à l'ouvroir, un joli costume complet, le tout filé, tissé, taillé et cousu par les élèves. La garniture même avait été tissée et travaillée de manière à en faire une jolie imitation de fourrure.
>
> Au jardin, les élèves sont initiées à la culture des fleurs et des légumes de tous genres. Ce jardin est beau, vaste, bien divisé et bien entretenu[33].

---

31. Mère Saint-Raphaël à Mère Sainte-Antoinette, 5 mars 1901, AUQ, *Roberval* IV, 121.
32. AUR, *Annales*, I, pp. 72-73.
33. Nouvelle recueillie dans *Le Colon du Lac-Saint-Jean*, 17 juin 1901.

Une leçon-pratique de filage en 1900. Au premier plan, une cardeuse prépare la laine pour le filage.

Ces comptes rendus rédigés par des voix extérieures mettent en lumière la constance dans la pédagogie de Mère Saint-Raphaël à travers les années et l'évolution de son programme d'enseignement ménager. Dans son rapport au ministère, la fondatrice mentionne que la tâche la plus ardue est de former les élèves à l'ordre et à l'économie. Bien que le cours comprenne trois années, plusieurs ne peuvent en profiter plus d'un an. À ces dernières, *nous tâchons de donner des notions générales sur chacune des branches du programme* [34].

À la cérémonie de distribution des prix du 21 juin, l'unique graduée de l'année reçoit un diplôme d'honneur dû à la plume de Mère Saint-Raphaël. Ce travail « d'une finesse et d'une délicatesse exquises, exécuté

---

34. Rapport de Mère Saint-Raphaël au Ministère de l'Agriculture, 10 juin 1901.

avec un art et un goût parfaits, attire l'admiration de tous ».

Si la fondatrice excelle dans les activités manuelles et artistiques, sa clairvoyance et son génie dans les affaires nous étonnent plus encore. Au cours des vacances, elle pose un acte qui aura une grande répercussion lors de l'exhaussement des eaux du Lac Saint-Jean, en 1926. Pour éviter plus tard tout trouble, quant aux tuyaux d'égouts de la ville ou d'autres travaux nécessités par le développement de l'industrie, Mère Saint-Raphaël et son conseil font l'acquisition

> 1° d'un lot de grève compris entre la propriété du monastère et la ligne d'eau basse ordinaire du Lac Saint-Jean (...), occupant une superficie de 1,051,823 pieds carrés, mesure anglaise.
>
> 2° un lot en eau profonde en front du lot de grève, borné au nord-est par la ligne ou contour de niveau du fond du Lac Saint-Jean, à 3 pieds au-dessous du niveau de l'eau basse ordinaire (...), couvrant une superficie de 875,784 pieds carrés, mesure anglaise. Le tout tel qu'indiqué sur le plan ci-joint.
>
> Le prix des deux lots s'élève à cinquante (50$) dollars. Le contrat ne sera signé que le 20 décembre 1901 par « Sir Louis-Amable Jetté, lieutenant-gouverneur, E. E. Taché, sous-ministre des Terres, Mines et Pêcheries et par Joseph Boivin, sous-secrétaire de la Province » [35].

Ce précieux document vaudra une exceptionnelle protection pour la propriété du monastère, lors des négociations pour l'indemnisation avec la compagnie Duke-Price, à la suite de la crue des eaux et de l'inondation des terrains en 1926 et en 1928. Nous y reviendrons plus tard.

Si on se réjouit de voir remplir la ruche au début de septembre, on est un peu moins rassuré au sujet de la ferme et de la récolte d'automne. Les Ursulines parta-

---

35. Contrat et plan signés entre la Communauté des Ursulines et le Ministère des Terres, Mines et Pêcheries, le 20 décembre 1901, AUR, *Section des plans et contrats*.

gent l'angoisse des fermiers des alentours et, comme eux, subissent les dégâts et les pertes causés par une grande sécheresse. La vie semble se retirer des arbres, des plantes, les sources d'eau tarissent, le feu détruit les forêts, même les maisons, le sol crevassé devient combustible à certains endroits. L'angoisse monte pour les gens sans gîte, sans vivres, sans travail, à l'approche de l'hiver.

Les Ursulines s'attendent à rencontrer des difficultés pour le paiement des pensions, pour leur propre subsistance et celle de leurs élèves. Elles se joignent à la population pour adresser des prières publiques, faire des processions, jeûner au pain et à l'eau afin d'obtenir du Ciel la fin de ces malheurs.

Après Noël, parvient une nouvelle des moins rassurantes. Tout près du couvent, le médecin a diagnostiqué un cas de petite vérole, alors que Roberval semble avoir été épargné jusqu'à ce jour. Il propose aux autorités de la maison de prendre immédiatement des mesures préventives. Les examens oraux traditionnels sont remis à plus tard, aucune personne de l'extérieur n'est reçue au couvent et on oblige celles du monastère à se faire vacciner. Par prudence, la date du retour des élèves est fixée au 13 janvier 1902.

Au premier de l'An, il est de tradition que les Ursulines reçoivent la visite de leurs domestiques et qu'elles préparent des étrennes pour chacun des membres de leur famille. La maladie de Mère Marie-de-la-Nativité, dépositaire, peine beaucoup les employés. Thomas Morin, le second dans l'ordre d'ancienneté, trouve une idée des plus savoureuses pour lui faire plaisir. Tôt le matin, il se présente fièrement au parloir avec deux belles perdrix, fruit de sa chasse. *Il y en a une pour la Mère Supérieure, dit-il, et l'autre, pour Mère dépositaire. J'ai pensé que cette perdrix pourrait peut-être aiguiser son appétit. J'ai aussi un lièvre, si vous le trouvez bon, je me ferai un plaisir de le lui offrir* [36].

---

36. AUR, *Annales*, I, p. 82.

Malgré les soins, les remèdes et les attentions qui lui sont prodigués, Mère Marie-de-la-Nativité décline rapidement. Elle demande donc et obtient d'être dispensée de ses emplois. Mère Assistante Blanchet reprend la fonction de maîtresse des novices qu'elle vient d'exercer pendant trois années. La Supérieure endosse à peu près tout le travail que le dépôt peut offrir. On se prépare à accepter le grand sacrifice que le Seigneur s'apprête à demander à la communauté.

Pour la consoler et la tirer d'embarras, la Maison-Mère envoie deux religieuses du chœur, Mère Sainte-Pélagie Gosselin et Mère Marie-de-l'Enfant-Jésus Chaffers. Arrivées le 7 janvier, dès le lendemain, elles font connaître leurs impressions à Québec :

> À sept heures moins dix, nous frappions à la porte du couvent. Toutes les religieuses étaient à l'entrée pour nous recevoir. Mère Saint-Raphaël était toute rayonnante de bonheur (...).
>
> La chère malade est tellement changée que, au premier abord, nous ne l'avons pas reconnue assez pour risquer de la nommer ; sa faiblesse est grande, cependant, elle continue d'aller et venir par la maison, en dépit d'un point qui la fait souffrir depuis huit jours, lorsqu'elle tousse[37].

Une troisième recrue s'annonce par une voie toute à fait inespérée. Depuis novembre, une correspondance se poursuit avec l'archevêque de Québec et une religieuse ursuline du monastère de Saint-Paul, Minnesota, États-Unis, qui veut changer de communauté pour des raisons personnelles et pertinentes. Mgr Bégin, s'appuyant sur les certificats et les références d'usage fournis par l'évêque et le monastère du lieu, conseille à cette religieuse de se diriger vers le couvent de Roberval.

Le conseil de la maison consent à la recevoir, mais en toute prudence, lui propose des conditions très sévères[38]. Mère Odile Sirois, après les avoir étudiées, les

---

37. Mère Sainte-Pélagie à Mère Sainte-Antoinette, 8 janvier 1902, AUQ, *Roberval* IV, 150.
38. AUR, [*Actes du Conseil*], pp. 24-25, 17 novembre 1901.

accepte et prend la route de Roberval. Elle arrive le
2 février 1902 et adopte le nom de Saint-Nazaire, en
hommage à Mgr Bégin qui l'a protégée.

Depuis quelque temps, la communauté se voit
dans l'obligation d'agrandir la ferme. L'augmentation du
bétail exige une plus grande culture, plus de pâturage,
etc. Après avoir considéré les terrains à vendre, le conseil de la maison conclut le marché de l'achat de la ferme
appartenant au domestique Luc Simard. Avec cette
acquisition, la communauté possède 175 acres en culture
et 50 en forêts. C'est à Notre-Dame-des-Champs que
l'on confie la protection de ces nouveaux terrains[39].

En fin d'après-midi, le 20 août, se présentent pour
une visite à la ferme, Sydney Fisher, ministre de l'Agriculture à Ottawa, Thomas Duffy, trésorier de la province, Joseph Girard, député fédéral pour Chicoutimi et
Saguenay, Georges Tanguay, député du Lac-Saint-Jean.
Le journal local souligne, entre autres, un fait tout à
l'honneur de la ferme des Ursulines:

> Le ministre a remarqué une superbe vache canadienne
> enregistrée sous le nom de Zamora pour laquelle il n'a pas hé-
> sité à offrir 125$. Les religieuses l'ont laissée partir à regret
> cédant au désir du ministre qui travaille à créer un troupeau
> de vaches canadiennes à la ferme expérimentale d'Ottawa[40].

Du côté de la communauté, on sent l'épreuve de la
séparation toute proche, mais on s'évertue à chercher les
occasions de procurer des petits plaisirs à Mère Marie-
de-la-Nativité. Au soir du 17 septembre, toutes les religieuses se rendent à l'infirmerie lui offrir des vœux
pour son 45ᵉ anniversaire de naissance. Le chant d'un
cantique préféré avec accompagnement de guitare et de
mandoline lui apporte une douce joie. Elle ne cesse de
témoigner sa reconnaissance pour les soins et les délicatesses dont on l'entoure. Vers la mi-octobre, elle garde
entièrement la chambre, même pour y recevoir la Com-

---

39. *Ibid.*, p. 27.
40. Nouvelle recueillie dans *La Défense*, 20 août 1902.

munion. Et le 31 octobre 1902, dans une grande paix, elle s'en va rejoindre son Dieu qu'elle a servi avec tant d'amour, de patience, de générosité. Âgée de 45 ans, elle a fourni à sa communauté 28 années de dévouement, de zèle admirable dans les charges les plus importantes de la maison. Nommée pour la fondation de Roberval en 1882, elle fait le sacrifice de ses deux sœurs Ursulines à Québec et devient un pilier de la mission naissante. Durant les six années comme supérieure, survient l'incendie de 1897, la mort tragique de sept religieuses, dont sa propre sœur selon la nature. Son courage, en cette occasion, fait l'admiration de tous les témoins. L'annaliste conclut : *Le Seigneur nous l'a donnée, Il nous l'a ôtée. Que son saint nom soit béni! Nous pleurons une Sœur, une Mère, une Fondatrice, mais nous aurons une protectrice de plus au ciel. Mais, mon Dieu, que le calice est amer!* [41]

De nombreux témoignages de sympathie venus de plusieurs évêques, des prêtres, des communautés religieuses, des représentants du gouvernement, des amis, des anciennes élèves et des journaux attestent à l'unanimité la grandeur et les vertus de cette religieuse. Voici, parmi tant d'autres, celui de l'archevêque de Québec, Mgr Bégin :

> **D'un dévouement sans bornes, laborieuse, très intelligente et très instruite, d'une délicatesse exquise, cette sainte religieuse avait un cœur d'or, des sentiments nobles et élevés, la majesté d'une reine et la tendresse d'une vraie mère. Elle était attachée par toutes les fibres de son âme à la belle œuvre que poursuit votre monastère de Roberval (...). Je l'ai revue l'an dernier atteinte de l'impitoyable maladie qui l'a conduite à la tombe, faible, mais toujours active, pleine de courage et d'humeur joviale. Ses conversations ne manquaient jamais de m'impressionner vivement, elles portaient le cachet de la sagesse, de la modération, de la vertu (...)** [42].

Les funérailles présidées par Mgr François-Xavier Belley, grand vicaire, se déroulent avec beaucoup de so-

---

41. AUR, *Annales*, I, pp. 99-100.
42. Mgr Bégin aux Ursulines de Québec, 3 novembre 1902 AUQ.

lennité dans la chapelle du monastère remplie à craquer. Mère Marie-de-la-Nativité repose dans le cimetière de la communauté, à l'ombre de la grande croix, tout près des sept victimes de 1897.

Nulle autre plus que Mère Saint-Raphaël ne ressent, à cette heure, la tristesse et la douleur de cette dure séparation. Désormais, c'est dans son cœur qu'elle conserve la mémoire des premières années de la fondation et des compagnes qui l'ont précédée dans l'au-delà. Courbée sous le poids des ans et des fatigues, avec courage, la dernière survivante des sept fondatrices de 1882 reprend résolument la longue route qui lui reste encore à parcourir.

3. Construction et bénédiction du pensionnat

Si l'on constate, depuis quelques années, l'augmentation du nombre des élèves pensionnaires, par contre, la question du logement commence à susciter de nouveaux problèmes. Les constructions de 1897, pourtant assez vastes pour le temps, s'avèrent vraiment insuffisantes et les élèves, trop à l'étroit, souffrent de cette situation. Pour apporter une solution temporaire, on ferme la chapelle extérieure au public afin d'y loger des élèves et les religieuses cèdent leur salle de communauté pour les classes. Elles entrevoient donc, encore une fois, la perspective d'une nouvelle construction. Mais avant de passer à la décision finale, Mère Saint-Raphaël, supérieure et Mère Marie-du-Sacré-Cœur, zélatrice, se rendent à la Maison-Mère le 18 février 1903 pour prendre des informations. Leur entrevue avec l'architecte Ouellet promet des succès et elles croient à la possibilité d'un emprunt à un taux raisonnable. Il ne manque que le consentement de l'évêque pour la mise en marche du projet. Les fondations pourraient donc débuter dès l'automne de 1903[43].

---

43. AUR, *Annales*, I, p. 92.

Même après l'assurance de cette première démarche, Mère Saint-Raphaël, «la bâtisseuse» pourtant expérimentée, manifeste une certaine réticence. Comme pour s'encourager ou se donner une raison de poursuivre son projet, elle écrit:

> Nous n'avons qu'un parti à prendre, bâtir ou non! Dans l'intérêt de notre œuvre, la nécessité d'aller en avant s'impose. Votre charité me viendra en aide, je le sais. Dites-nous, ce que nous avons de mieux à faire quant à l'emprunt et comment il faut procéder. Vous nous serez un conseil plus sûr que tout ce que nous pourrions entendre de part et d'autre (...)[44].

En attendant, elle se tourne du côté de la Sainte Famille, à qui le monastère est dédié, pour obtenir le succès des travaux, un emprunt à des conditions favorables, la paix et la concorde parmi les ouvriers. La communauté promet:

> 1° De prendre au pensionnat une enfant pauvre durant sept ans en l'honneur de l'Enfant-Jésus.
> 2° De faire une aumône toutes les semaines de la valeur d'un pain ou environ, durant sept ans en l'honneur de la sainte Vierge.
> 3° De communier tous les mercredis et de réciter les sept Douleurs et les sept Allégresses en l'honneur de saint Joseph durant sept ans[45].

Les affaires avancent. Le 31 mai, l'architecte Joseph Ouellet présente à la communauté trois soumissions dont la plus haute s'élève à quarante et un mille (41 000$) dollars et la moins élevée à vingt-neuf mille quatre cents (29 400$) dollars. Les religieuses réfléchissent sérieusement sur le choix à fixer, et, pour plus d'assurance, téléphonent à l'évêque de Chicoutimi: «Marchez, si vos

44. Mère Saint-Raphaël à Mère Sainte-Aurélie, supérieure, 3 avril 1903, AUQ, *Roberval* IV, 162.
45. AUR, *Annales*, I, p. 94.

Mères vous approuvent, je vous bénis et j'irai vous voir bientôt», répond-il[46].

L'archevêque de Québec, mis au courant du projet, écrit à Mère Saint-Raphaël et lui fait part de son appréhension de la voir contracter «une énorme dette», suite à son emprunt de trente mille (30 000$) dollars. Tout en comprenant que le besoin d'agrandir soit urgent, il lui suggère de réduire les dimensions du plan, de 136 pieds de longueur à 80 ou 90 pieds. Il termine en expliquant que ce sont «de simples considérations inspirées par le grand intérêt qu'il porte à la communauté», et il demande une réponse[47].

On imagine la déception causée par cette lettre. Mais pour Mère Saint-Raphaël, aucune hésitation; un désir de l'évêque, c'est un ordre. Le plan sera donc modifié. Elle en avertit le prélat qui en est touché et ne tarde pas à lui adresser une autre lettre témoignant de la haute estime qu'il porte à la communauté de Roberval:

> **En vous voyant si dociles à mon simple désir, je me demande si je n'aurais pas fait aussi bien de ne vous rien dire. Tout de même, croyez que je n'ai eu en vue que l'avantage de votre maison et nullement l'intention de vous faire de la peine. J'apprécie trop bien vos excellentes religieuses et leur magnifique œuvre pour vouloir entraver le moindrement la marche progressive de votre institution.**
>
> **Je suis toujours ravi de l'esprit si religieux qui vous anime toutes et des travaux héroïques auxquels vous vous livrez pour répondre aux besoins spirituels et temporels de la région si pleine d'avenir du Lac-Saint-Jean[48].**

C'est désormais la question de l'emprunt qui préoccupe le conseil d'administration. Le temps presse, car on veut signer le contrat au cours des vacances.

46. Mère Saint-Raphaël à Mère Sainte-Aurélie, 31 mai 1903, AUQ, *Roberval* IV, 168.
47. Mgr Bégin à Mère Saint-Raphaël, 11 juin 1903, AUR, *Lettres 1903-1906*.
48. Le même à la même, 25 juin 1903, *ibid.*

Le 6 août 1903, Mgr Labrecque préside les élections du conseil de la communauté. Mère Saint-Raphaël est réélue supérieure, Mère Marie-de-l'Incarnation Blanchet, assistante, Mère Marie-du-Sacré-Cœur, zélatrice, Mère Saint-Stanislas, maîtresse des novices, Mère Marie-du-Rosaire, maîtresse générale, Mère Saint-François-Xavier, dépositaire et Mère Marie-de-l'Assomption, portière. À cette occasion, Monseigneur encourage de nouveau les projets en cours[49].

Enfin, un emprunt de dix-huit mille (18 000$) dollars est négocié au taux de 4 1/4 %. Après avoir coupé, retranché le premier plan « avec ardeur et bonne volonté » pour se conformer au désir de l'archevêque de Québec, il a fallu ajouter par la suite pour ne pas s'exposer à recommencer bientôt. Le coût des travaux de la construction de 100 pieds par 50 pieds, s'élèvera à vingt-deux mille (22 000$) dollars. La plupart des religieuses regrettent le plan original, car les pensionnaires s'annoncent plus nombreuses que jamais. L'octroi accordé à l'École Ménagère est porté à mille trois cents (1 300$) dollars, pour le plus grand bonheur des boursières. Le 13 août 1903, le contrat est signé et les travaux de fondation débutent la semaine suivante. L'entreprise est confiée à Joseph Giroux[50].

La formule de l'École de Roberval commence à vouloir s'implanter dans d'autres institutions. Plusieurs visiteurs profitent des vacances pour venir prendre des informations sur le programme et le fonctionnement de l'École. Notons le passage du Père Frédéric, franciscain commissaire de Terre Sainte, de l'abbé Alphonse Beaudet, curé de Saint-Pascal de Kamouraska et de deux Sœurs de la Providence de Montréal. Ils s'informent si les Ursulines craignent que ces « nouvelles créations » leur causent du tort. Mère Saint-Raphaël leur répond

---

49. AUR, *Annales*, I, pp. 100-101.
50. Mère Saint-Raphaël à Mère Sainte-Aurélie, 19 août 1903, AUQ, *Roberval* IV, 175a.

qu'il *lui importe peu, pourvu que le bien se fasse*[51]. Évidemment, on est loin de l'esprit de clocher et des mesquines ambitions entre maisons d'éducation!

Les travaux commencés en fin d'août vont bien. «Mais nous nous prenons à regretter le premier plan qui n'aurait pas été trop vaste pour la population qui nous entoure, mais le bon Dieu l'a ainsi permis sans doute pour notre plus grand bien», écrit la fondatrice[52]. Disons immédiatement, pour justifier la clairvoyance de ses prévisions, que cette partie coupée du pensionnat manquera toujours et occasionnera des situations de gêne aux générations futures.

L'année 1904 s'ouvre sous la protection spéciale de la Vierge, par la célébration du glorieux cinquantenaire de la proclamation du dogme de l'Immaculée-Conception. À cette occasion, Pie X proclame une année sainte pour le monde entier. Pour les Ursulines de Roberval, ce sera en plus, la réalisation d'un événement marquant pour l'œuvre: l'installation dans le nouveau pensionnat.

Les beaux jours du printemps favorisent l'avancement des travaux. Tout de même, l'architecte se demande si les mois d'été suffiront pour terminer la construction.

Le 12 août au soir, les portes du cloître s'ouvrent bien grandes pour recevoir Mère Marie-de-l'Immaculée-Conception, supérieure de Stanstead et sœur selon la nature des Mères Marie-de-la-Nativité et Mère Marie-de-la-Providence, toutes deux décédées à Roberval. Parties pour se rendre à Québec, elles reçoivent de leur évêque la permission de prolonger leur voyage jusqu'au Lac-Saint-Jean.

Le lendemain, après une petite fête en leur honneur à la Communauté, elles prennent des informations de

51. AUR, *Annales*, I, p. 102.
52. Mère Saint-Raphaël à Mère Sainte-Aurélie, 13 septembre 1903, AUQ, *Roberval* IV, 177.

toutes sortes sur l'enseignement ménager. Le grand lac, les beautés de la nature à cette saison les ravissent, l'étendue de la maison les étonne. Les heures coulent heureuses mais rapides. Le 15, après les salutations d'usage, les visiteuses reprennent la route de Québec, laissant à Roberval le plus suave et le plus fraternel souvenir de leur séjour[53].

On est au 1er septembre. Les élèves arrivent dans quelques jours et la construction, encore inachevée, ne peut en abriter aucune. Pour loger les 90 pensionnaires inscrites, en plus des salles de la communauté, il faut céder le dortoir des novices. La promesse d'une installation prochaine et plus confortable, dans la construction neuve, adoucit la perspective des incommodités et des privations provoquées par ce manque d'espace.

Enfin, dès les premiers jours d'octobre, les élèves prennent possession de l'aile nouvelle du pensionnat dédiée à Notre-Dame-du-Sacré-Cœur. La bâtisse comprend trois étages munis de commodités modernes qui assurent un bon confort, mais sans luxe. La bénédiction de l'édifice est fixée au 5 octobre 1904.

Au jour convenu, malgré une température peu favorable, un public nombreux venu de toutes les parties du comté, voire même de la ville de Québec, se presse en foule à l'entrée du monastère. Les visiteurs parcourent la maison, vivement intéressés par la nouveauté et le genre de cette école.

Mgr Belley, suivi d'un grand nombre de prêtres, procède à la bénédiction du nouvel édifice. Il présente ensuite l'historique du couvent, évoque le souvenir de ses épreuves, de ses succès et de son évolution, souligne le dévouement de l'abbé Lizotte présent à la cérémonie.

Le soir, une superbe statue de saint Joseph, mesurant neuf pieds et demi de hauteur, est érigée sur le toit du monastère. L'architecte Ouellet, après avoir ouvert

---

53. AUR, *Annales*, I, p. 106.

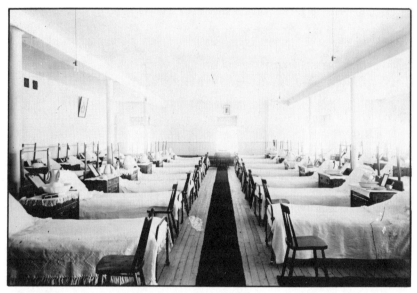

Pensionnat en 1904. Dortoir des plus grandes élèves. Au centre, tapis tissé à l'ouvroir.

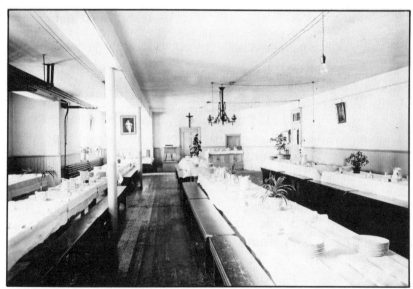

Réfectoire des élèves de l'École Ménagère et des pensionnaires en 1904.

une souscription auprès des amis du couvent, veut bien offrir, pour sa part, un montant de trente dollars. Toute dorée, très bien finie, cette haute statue, placée au centre de l'édifice, domine tout Roberval comme un symbole d'une protection encore plus efficace[54].

Le 8 décembre, le monde entier honore la Vierge Marie par un déploiement de démonstrations et de célébrations inspirées par la piété des fidèles. Au monastère, la fête revêt un caractère beaucoup plus modeste. C'est dans une atmosphère de silence, de piété filiale et de prières appropriées que l'on témoigne son amour envers Marie.

Une dernière fête familiale réunit les pensionnaires autour du traditionnel arbre de Noël, abondamment pourvu, grâce à la générosité de la famille Rémillard. De la plus petite à la plus grande, chacune reçoit un cadeau enrubanné et bien adressé. Et l'on s'endort ce soir-là, en rêvant aux douces joies des vacances des Fêtes toutes proches.

L'année 1905 commence dans l'inquiétude provoquée par le mauvais état de santé de Mère Saint-Raphaël. Depuis quelque temps, l'infirmière constate une plus grande faiblesse, une petite toux persistante, de fréquentes insomnies. Le médecin, consulté, diagnostique une inflammation d'un poumon avec une grande faiblesse du cœur, ce qui peut amener de sérieuses complications. «Même si la Mère n'a que soixante-sept ans d'âge, dit-il, elle en a quatre-vingts, par l'usure.»

L'annonce de cette nouvelle sème l'angoisse chez les religieuses. De ferventes prières montent vers le ciel pour la guérison de la supérieure. À la réception, on ne cesse de répondre au téléphone à la question: «Comment est la Mère Supérieure? Nous prions avec vous et faisons prier nos enfants», ajoute-t-on. L'archevêque de Québec envoie sa bénédiction à la malade. De son côté, Mgr Labrecque, en sa qualité de supérieur ma-

---

54. *Ibid.*, p. 110-112.

jeur lui défend de mourir maintenant, lui ordonne de se rétablir promptement et lui envoie également une bénédiction spéciale.

Ces nombreuses prières reçoivent bientôt une réponse favorable. Après une dizaine de jours, le médecin constate que tout danger est conjuré, mais la malade doit encore garder l'infirmerie. Vers la fin de février, la communauté accueille la convalescente à l'heure des récréations, mais ce n'est qu'en mars qu'elle présidera à la chapelle et au réfectoire [55].

Au cours des premières années de la fondation, Mère Saint-Raphaël, amante de la nature, avait commencé à organiser un petit musée. Malheureusement, l'incendie de 1897 avait détruit la plus grande partie des spécimens qui le composaient à l'exception de quelques-uns, appartenant au règne animal et quelques objets rares. Faute de temps pour les classer, il avait fallu les placer dans des caisses reléguées au grenier.

En 1905, la petite collection s'enrichit, grâce à la générosité d'un jeune entomologiste, neveu de Mère Saint-Raphaël. Le classement de ces nombreuses et précieuses variétés de plantes et de fleurs, à insérer dans les herbiers, exige des connaissances en botanique, en zoologie et en entomologie. La tradition s'est maintenue avec les années et rares sont les jeunes filles qui terminent leurs études à Roberval, qui ne possèdent pas leur herbier personnel confectionné avec une perfection et un art inspirés par l'amour des sciences de la nature.

## 4.	Événements divers

La question de l'Union des Ursulines en un seul Institut, une Supérieure générale avec Maison-Mère à Rome, s'agite à nouveau au Canada. Le *Motu Proprio* de Pie X, envoyé dans chaque monastère d'Ursulines, le

---

55. *Ibid.*, pp. 114-116.

5 juin, exprime le désir de cette union et prie les évê-ques d'amener doucement les hésitantes à y consentir. Après en avoir donné lecture à la communauté, Mère Saint-Raphaël recommande à ses religieuses une parfaite disposition d'esprit et de cœur à obéir au vicaire du Christ. *Que le fiat soit entier et le bon Dieu saura tirer sa gloire de notre sacrifice*, dit-elle.

Elle écrit aussitôt à Mgr Labrecque pour l'assurer du respect et de la soumission de sa communauté. L'évê-que répond immédiatement à la Supérieure et lui con-seille de consulter la Maison-Mère, d'agir comme elle et d'attendre avec confiance ce que l'Esprit Saint veut des Ursulines[56].

Depuis la fondation, les pique-niques, les excur-sions diverses pour les finissantes s'effectuent en dehors

Pique-nique de fin d'année à Val-Jalbert, près de la chute, en 1904.

---

56. *Ibid.*, p. 122.

de la ville. À partir de 1905, c'est la ferme du monastère qui offrira ces détentes champêtres et l'évêque accorde, à cet effet, la permission à deux religieuses d'accompagner les élèves dans ces occasions.

Pour recruter des vocations, les Ursulines invitent, pour la première fois, au cours des vacances, les anciennes élèves à une retraite de quelques jours, prêchée par un Père jésuite. Soixante-douze jeunes filles se rendent à l'appel. Dans cette atmosphère de réflexions et de prières, les jours coulent trop rapidement, on leur souhaiterait une durée de trente-six heures. Le dernier exercice terminé, chacune retourne à son foyer, réconfortée, emportant avec elle son secret...

Le 4 septembre 1905, on accueille 115 pensionnaires, nombre jamais atteint depuis 1882. Les 360 élèves de l'institution fournissent un travail ardent et encourageant pendant le premier semestre. Les dernières semaines de décembre sont marquées par une épidémie de petite vérole et de rougeole qui s'attaque aux grandes et aux petites élèves. Pour enrayer la contagion, les religieuses convertissent leur salle de communauté en infirmerie. Les séquestrées y demeurent jusqu'après les Fêtes.

Après avoir écrit à la Supérieure générale de l'Union Romaine pour obtenir les Constitutions de cette nouvelle institution, Mère Saint-Raphaël reçoit le petit volume au début de janvier 1906. Elle en prend connaissance et livre ses remarques à la Supérieure de Québec:

> **Tout me paraît peu favorable aux communautés du Canada. L'article concernant la dot et le noviciat donne le coup de mort à la nôtre, car jamais nous n'aurons de sujets capables de donner $2000.00; très rares sont ceux qui en donnent $500.00. La majorité ne paie que les dépenses.**
>
> **Le noviciat ne comprend plus de formation à l'enseignement (...). Je ne sais pas non plus ce qu'on entend par l'autonomie des monastères quand il faut sans cesse faire appel à la Prieure provinciale et à la Générale.**
>
> **Nous espérons que, si ce n'est pas un ordre que le Souverain Pontife a donné, nous aurons la consolation de**

rester ce que nous sommes ; puisse le bon Dieu nous laisser longtemps Mgr Bégin ! Ses lumières et sa grande connaissance de Rome et des cardinaux nous seront d'un grand secours[57].

Ces lignes témoignent que ni le parti-pris, ni l'attachement aux anciennes constitutions des Ursulines de Québec n'empêchent les religieuses d'adhérer à l'Union. Elles se reposent entièrement sur la décision des évêques.

Depuis novembre dernier, la santé de Mère Saint-Jean-Berchmans inquiète ses infirmières. Une pharyngite accompagnée d'une forte température l'a obligée à se confiner à l'infirmerie. En janvier, le médecin déclare que le mal gagne les poumons et, en mars, elle est devenue incurable. Le 19, munie des secours de l'Église, pendant que les religieuses prient autour de son lit, elle s'endort pour toujours sans passer par les affres de l'agonie. Âgée de 27 ans, elle en a passé 5 dans la vie religieuse.

Malgré une santé frêle, sa bonne volonté et son indomptable énergie font pencher la décision des autorités en faveur de son admission à la profession. Sa piété profonde, son humeur égale, son dévouement infatigable, sa charité douce et pacifique lui gagnent facilement l'attachement des personnes qui l'entourent. Un peu plus tard, voici ce que Mère Saint-Raphaël écrit à Québec :

> Notre petite Sœur Saint-Jean-Berchmans nous a été ravie avec toutes les marques de prédestination. Elle nous aidera au Ciel, j'espère, et elle nous obtiendra des sujets qui glorifient Dieu, en sauvant les âmes. L'avenir de notre communauté est entre les mains du bon Dieu, mais il nous cache si bien ses desseins que nous sommes tentées parfois de nous décourager. Le personnel ne répond pas à notre œuvre et il diminue au lieu d'augmenter. Maintenant plus que jamais, je sens le poids de la Croix de 1897.

---

57. Mère Saint-Raphaël à Mère Sainte-Aurélie, 3 janvier 1906, AUQ, *Roberval* V, 13.

Notre vénérable Mère a une parole d'or: «C'est lorsque l'on croit tout perdu que Dieu relève». J'espère qu'il en sera de même pour nous [58].

Cette foi en la Providence si forte chez la fondatrice se communique à toute la communauté et la fait survivre aux tâches multiples qui lui incombent.

Depuis quelques jours, maçons et ouvriers travaillent dans la voie angéline. Ils fabriquent un piédestal en ciment et une niche en bois pour recevoir une magnifique statue de Notre-Dame-de-Grâce, offerte par la famille Joseph Verret de Lorette. Le 31 mai, l'aumônier procède à la bénédiction de cette madone en présence des religieuses et des élèves. À la récréation du soir, se déroule la grande procession, dite du couronnement de Marie. Pensionnaires et externes, vêtues de blanc, bannière de l'Immaculée en tête, parcourent les allées du grand jardin et de la cour. Les plus petites soutiennent les rubans qui se détachent de la grande couronne de fleurs que portent quatre Enfants de Marie et que l'on va déposer aux pieds de la Vierge dans la voie angéline.

Un dernier chant et le long défilé blanc s'ébranle de nouveau pour regagner silencieusement le pensionnat, dans la paix et le calme du soleil couchant. La Vierge du couronnement veille encore sur les lieux témoins de tant de démonstrations à la gloire de Marie [59].

Dans la communauté, les élections de 1906 revêtent une importance exceptionnelle. Mère Saint-Raphaël termine un mandat de six années de supériorat et doit nécessairement quitter son poste. On se demande qui pourra la remplacer. Toutes croient que le moment est venu qu'une religieuse de la maison remplisse cette charge. C'est dans une prière encore plus spéciale, celle des Quarante-Heures, que l'on demande à l'Esprit Saint d'éclairer les capitulantes.

---

58. La même à la même, 15 avril 1906, *Ibid.*, 15.
59. AUR, *Annales*, I, p. 133.

Le 1er août, l'archévêque de Québec et l'évêque de Chicoutimi président l'élection du nouveau conseil de la maison. Mère Saint-Stanislas Rémillard, professe du monastère du Lac, est élue supérieure, malgré ses appréhensions et son âge relativement jeune. En lui remettant les clés de la maison, Mgr Bégin lui dit en guise de taquinerie: «Gardez-les bien!» Mère Saint-Raphaël devient de nouveau dépositaire. Elle aurait bien mérité un peu de repos, mais telle n'est pas la volonté de Dieu[60].

Au jour du 24 octobre, fête patronale de la fondatrice, s'organise,chaque année, une petite séance dramatique ou littéraire en hommage au dévouement et au zèle de la première supérieure de la maison. Cette année, elle coïncide avec la cérémonie de prise d'habit de deux anciennes élèves: Joséphine Néron et Mary Perron. La première reçoit le nom de Saint-Alexandre, en souvenir de la Mère du même nom, une des fondatrices décédée en 1885, dont Madame Néron, Marie James, élève en ces premières années, a gardé un profond souvenir.

En plusieurs circonstances, nous avons parlé de la grande pauvreté des débuts de la fondation, de certaines incompréhensions survenues avec la Maison-Mère qui semble ne pas comprendre les besoins de la communauté de Roberval. Nous avons aussi montré avec quel respect et grande soumission Mère Saint-Raphël se plie aux décisions, parfois très contrariantes, venant de Québec. Mère Sainte-Antoinette, supérieure au Vieux Monastère, venue à Roberval lors de l'incendie, apprend avec peine les souffrances et les privations des premières années et constate la pauvreté extrême où sont encore réduites les religieuses. De retour à Québec, elle cherche tous les moyens de leur venir en aide et de leur prouver l'affection et l'admiration de sa communauté pour l'œuvre accomplie dans la région du Lac-Saint-Jean.

---

60. *Ibid.*, p. 137.

Au cours des derniers mois de sa vie, elle sent le besoin d'exprimer en justice, à la seule survivante des fondatrices, ses regrets pour les erreurs involontaires de la Maison-Mère lors de la fondation de Roberval. Voici ce qu'elle écrit :

> **Il faut que je vous dise que nous avons appris à faire des fondations. Vous étiez notre première, et vous avez été certainement très mal servies. Quand j'y pense encore, je ne puis croire que nous vous avons laissées partir avec si peu de ménage, literie, lingerie, etc. Ce n'est presque pas croyable. Nous n'étions pourtant pas méchantes, et comme nous vous avons fait souffrir ! Aussi le bon Dieu vous dédommage : votre maison a du prestige, chaque paroisse voudrait être dotée d'une maison semblable à celle de Roberval. Toutefois, je sais que ce n'est pas là la récompense que vous ambitionnez. Avant tout, vous désirez la formation chrétienne des enfants qui vous sont confiées et qu'elles soient en état de faire tout le bien possible dans le milieu où elles seront appelées à vivre (...)[61].**

À la réception de cette lettre, Mère Saint-Raphaël se hâte de répondre :

> **Vous avez du chagrin de la fondation de 1882. Il est vrai que nous avons bien souffert, mais tout a été permis par la divine Providence qui voulait fonder la maison sur la croix et la pauvreté. Réjouissez-vous donc chère Mère, et remerciez le bon Dieu avec nous[62].**

Voilà la qualité de l'esprit religieux et la profondeur de la charité de Mère Saint-Raphaël. Elle oublie ce qui la peine, pardonne les erreurs, excuse les incompréhensions, ne prononce que des paroles de bénédiction dans les circonstances heureuses ou pénibles de la vie.

C'est avec peine que les religieuses voient disparaître un de leurs bienfaiteurs de la première heure de la fondation, Jean-Baptiste Parent, décédé dans sa 87e

---

61. Mère Sainte-Antoinette à Mère Saint-Raphaël, 20 novembre 1906, AUR, *Lettres 1903-1906.*
62. La même à la même, 25 novembre 1906, *ibid.*, 23.

année. En 1881, c'est lui qui vend le terrain et la maison qui, une fois transformée, devient le monastère. Tous les matins, le « bon Père Parent », comme on l'appelle à la communauté, assiste à la messe de son prie-Dieu dans la chapelle extérieure. Après plusieurs semaines de grande faiblesse, le 22 janvier 1907, il termine son long pèlerinage terrestre rempli de travail et de bonnes œuvres. Un service est chanté dans la chapelle de la maison[63].

Une circonstance tout à fait inattendue devient bientôt l'occasion d'une décision importante pour l'œuvre.

5. Projet d'une chapelle, premier jubilé de la fondation

Le soir du 28 janvier, Mgr Bégin, en promenade à Chicoutimi, fait annoncer qu'il sera au monastère le lendemain midi en compagnie de Mgr Labrecque. Au cours de la visite, les deux prélats causent longuement. Mgr Bégin taquine à nouveau la fondatrice au sujet de « l'Université de Roberval », tandis que Mgr Labrecque, frappé par l'exiguïté de la chapelle, répète pour la seconde fois : *Votre chapelle n'est pas convenable, bâtissez-en une autre*. Les Mères en sont bien conscientes, mais ne peuvent songer à une autre construction sans l'aide de quelques bienfaiteurs.

Soudain, Mgr Bégin propose de procéder par souscriptions pour recueillir les sommes nécessaires pour l'érection de cette chapelle. Mgr Labrecque autorise sur-le-champ Mère Saint-Raphaël à employer ce moyen. « Très bien, Mgr, réplique-t-elle, je vous prends au mot ; voici du papier et une plume. Il est convenable que votre nom figure en tête de liste des souscriptions ». L'on s'amuse fort de l'ingéniosité de la fondatrice, mais

---

63. AUR, *Annales*, I, p. 154.

on s'exécute. L'évêque de Chicoutimi, l'archevêque de Québec, Mgr Belley, l'aumônier et plusieurs autres prêtres présents inscrivent un montant global de quatre mille quatre cent cinquante (4 450$) dollars. Mgr Labrecque engage la communauté à poursuivre l'affaire[64].

À la même visite, la question de l'Union surgit dans la conversation. L'archevêque ne paraît pas s'en préoccuper beaucoup et l'évêque de Chicoutimi la goûte fort peu.

> Cependant, ajoutent-ils, si le Saint Père le veut, il faudra bien dire aussi: je veux. Vous trouverez des personnes qui aideront à payer la dot des religieuses contemplatives pour avoir des prières continuelles, mais personne n'aidera pour ce motif, une religieuse enseignante. La question de la dot paraît irréalisable pour le Canada.
>
> Si l'on retient les novices à Roberval, il faudra les remplacer par des sujets étrangers aux usages, aux coutumes, au but particulier de chaque maison canadienne, inconvénient considéré assez grave. De plus, les novices pourront-elles assumer les frais de voyage et leur pension? Et que dire des réunions générales pour les communautés? Il faudrait une union toute faite d'exemptions pour le Canada.
>
> Nous demandons au bon Dieu de faire sa volonté et d'être toujours filles soumises de la sainte Église[65].

Pendant huit années, les évêques et les communautés d'Ursulines ont étudié sérieusement cette question. Après avoir considéré le peu d'avantages pratiques en comparaison des nombreux inconvénients attachés à l'adhésion à l'Union et s'être assuré que le Saint-Père accorde réellement la liberté pour ce choix, Mgr Bégin fait connaître sa décision à la Maison-Mère qui la communique aussitôt à Roberval:

> Le *Moto Proprio* du Pape concernant la question de l'Union des Ursulines n'impose en aucune manière cette

---

64. *Ibid.*, pp. 155-156.
65. Mère Saint-Raphaël à Mère Sainte-Aurélie, 12 février 1907, AUQ, *Roberval* V, 27a.

union et laisse complètement la liberté de ne pas l'accepter. Voilà qui est clair (...).

Je vous conseille de ne plus agiter cette question; cela ne pourrait servir qu'à diviser les esprits et à faire du mal dans votre communauté[66].

Du côté de la chapelle, on enregistre des souscriptions mais la question de l'emprunt subit des lenteurs. Par contre, le plan est presque définitif. La bâtisse mesure 125 pieds sur 50 pieds. Le premier étage comprend les appartements de l'aumônier, des locaux pour les élèves et la chapelle occupe le second plancher.

Toutes les Ursulines du monde entier commémorent, le 31 mai 1907, le centenaire de la canonisation de sainte Angèle Mérici, fondatrice de l'Ordre. La communauté prépare une fête des plus grandioses à cette occasion. Pendant plusieurs jours, on s'affaire à orner chaque fenêtre de la façade du monastère qui doit être illuminée au soir de la fête. Une magnifique statue de sainte Angèle, don d'Édouard Rémillard, père de la supérieure, apparaît à la porte centrale, au milieu de nombreuses lumières aux couleurs variées. Le tableau de Marie de l'Incarnation, placé dans une autre porte, se détache dans le jeu brillant qui l'illumine. Les autres fenêtres portent différents dessins, véritables mosaïques, des transparents et des blasons.

Les pensionnaires, en grand congé ce jour-là, obtiennent le privilège de rester dans la cour en avant, au cours de la soirée pour mieux admirer le spectacle. Au retour, elles se rendent au parloir chantant leurs plus beaux cantiques, alternant avec un petit orchestre composé de trois harmoniums, cinq guitares, un violon, qui exécute avec beaucoup d'ensemble quelques belles pièces.

Au soir de cette mémorable fête, chacune emporte en son cœur une impression de douceur, de paix, *un avant-goût des harmonies célestes*, tandis que le public

---

66. Mgr Bégin à Mère Sainte-Aurélie, 8 mars 1907, AUQ.

s'attache à l'aspect féérique que présentent le couvent et la cour[67].

Aussitôt après le départ des élèves pour les vacances, Mère Saint Stanislas, Mère Saint-Raphaël et Mère Marie-de-l'Enfant-Jésus se rendent à Québec dans le but d'apporter leur collaboration à l'étude et à l'interprétation des Règlements des Ursulines avant une nouvelle impression. Elles obtiennent la permission de visiter le couvent de Mérici, l'Hôpital Général et l'Hôtel-Dieu du Sacré-Cœur pour prendre des informations au sujet de la construction de la chapelle.

Le 1er août 1907 marque une glorieuse étape pour les Ursulines de Roberval. Les célébrations du jubilé d'argent de leur fondation coïncident avec la bénédiction de la première pierre de la future chapelle. Au matin de ce grand jour, toute la ville est en liesse et la population se rend en foule au couvent. À 9h, une messe solennelle est chantée dans la petite chapelle du monastère par Mgr François-Xavier Belley, assisté des abbés Alexandre Maltais, de Sherbrooke, comme diacre et Adjutor Tremblay, vicaire de Roberval, comme sous-diacre.

Dans le chœur prennent place : Mgr Donat Baril, v.g. des Trois-Rivières, les abbés Joseph Lizotte, Jos.-Georges Paradis, curé de Roberval, Héraclius Lavoie, curé de Saint-Joseph d'Alma, le Supérieur des Pères Oblats de la Pointe-Bleue, le Père Jos.-Édouard Emery, o.m.i.[68], Thomas Marcoux, aumônier. Suivent le clergé, le député Girard, G.-A. Gigault, sous-ministre de l'Agriculture et Jean-Charles Chapais, assistant-commissaire de l'industrie laitière au Canada.

Après le dîner, Mgr Baril procède à la bénédiction de la première pierre de la chapelle. L'abbé Maltais prononce le sermon de circonstance. Au cours de la cérémonie à la salle des réceptions, vingt-cinq fillettes, en-

67. AUR, *Annales*, I, pp. 160-161.
68. Ex-recteur de l'Université d'Ottawa.

fants d'anciennes élèves de l'École, offrent vingt-cinq bouquets et une bourse de vingt-cinq dollars à la Mère Supérieure, en souvenir des vingt-cinq années écoulées depuis la fondation établie au Lac-Saint-Jean. Mgr Baril et Mgr Belley font ressortir avec éclat le dévouement et les hautes qualités de Mère Saint-Raphaël, seule survivante des sept héroïques missionnaires.

Le député Girard rend hommage à la communauté, au ministre de l'agriculture Louis Beaubien et au sous-ministre Georges-Auguste Gigault pour les secours apportés à l'œuvre des Ursulines. À la chapelle, une soyeuse dentelle d'or au maître-autel cadre magnifiquement avec le voile de tabernacle de filet brodé au cours de l'hiver par les doigts experts de la Mère fondatrice[69].

Au soir de cette grande solennité, dans le silence de la prière, plus d'une paupière se ferme sur une larme à la pensée des grâces, des consolations et des épreuves survenues au cours de ces vingt-cinq années. Le lendemain, un service solennel sera chanté par l'abbé Lizotte pour les quinze disparues, déjà rendues dans l'éternité. La communauté compte quarante-six religieuses. En dépit de ces épreuves, l'œuvre prospère.

En ces temps, plusieurs personnages illustres honorent l'École Ménagère de leur visite. Se présentent dès septembre 1907, le lieutenant-gouverneur Louis Jetté, accompagné de son épouse et de Lomer Gouin, premier ministre. Un peu plus tard, Lord Albert Grey, gouverneur-général, Lady Grey, leurs aides-de-camp et les membres de leur suite sont conduits par Benjamin-Alexandre Scott, maire de Roberval. À la salle des rouets, Lord Grey encourage les jeunes filles en leur disant « que la Reine Victoria était une habile fileuse ». Il se choisit une paire de bas de laine confectionnés à la main. Lady Grey demande une chaude et moelleuse couverture de laine tissée par les élèves. À la cuisine, un aide-de-camp obtient un pot de confitures aux atocas.

---

69. *Ibid.*, pp. 165-168.

En fin d'octobre, on reçoit le ministre de l'agriculture Jules Allard, accompagné de son épouse et du député Joseph Girard. Madame Allard insiste pour qu'on lui tisse de la flanelle grise pour se confectionner une robe. Viennent ensuite des Sœurs de la Providence, deux Sœurs de la Congrégation de Saint-Pascal et quelques-unes de leurs élèves.

En revenant des cérémonies d'inauguration de l'École Normale de Chicoutimi, Pierre Boucher de La-Bruère, surintendant de l'Instruction publique et l'abbé Edmond Duchesne, principal, passent quelques heures à examiner les travaux exécutés par les élèves.

Les religieuses interrompent leur retraite d'été 1908 pour recevoir le délégué apostolique, Mgr Donato Sbarreti, Mgr Fergus-Patrick Evay, archevêque de Toronto, Mgr Labrecque de Chicoutimi et une vingtaine de prêtres et de notables de Roberval. Un congé, nouveau genre est accordé selon des prescriptions très précises et avec ordre de les suivre. Lever à six heures, pas de méditation ni de récitation de l'Office, trois desserts au dîner, récréation à chaque repas, grand silence retardé d'une heure, pendant deux jours consécutifs. La retraite terminée, à la date la plus accommodante, le congé se passe tel que prescrit[70].

Revenons au début de l'année 1908. On y entre avec l'espérance de voir avancer rapidement les travaux de la chapelle commencés depuis août précédent, sous la direction d'Abel Ouellet aidé de Thomas Pagé, Fortunat Gingras et Arthur Lavallée. Des dons en argent et en nature continuent d'arriver au monastère.

Le 15 février comble de bonheur Sœur Sainte-Justine Lizotte, qui prononce ses vœux de profession religieuse. Le curé Lizotte ne peut malheureusement se rendre à l'invitation de sa nièce. Mgr François-Xavier Belley donne le sermon. Un magnifique congé fournit une joyeuse détente pour tout le personnel.

---

70. *Ibid.*, pp. 172-183, 190-195.

Dans le but de procurer des fonds pour aider la construction de la chapelle, des personnes de la ville se dévouent et mettent à contribution leurs facultés créatrices. Un groupe de musiciens apportent à la Supérieure les recettes provenant de leur dernier concert. Ils précisent avec une pointe d'humour qu'ils ont voulu devancer les dames de la ville.

Après avoir travaillé avec ardeur pendant plusieurs mois, ces dernières ouvrent une grande vente de charité. Aidées des religieuses, elles montent des comptoirs dans la salle des réceptions du couvent qui recevra le public pendant plusieurs semaines. Pour attirer les foules, la fanfare de Roberval exécute ses plus belles pièces au cours des soirées. À la fin, Mesdames Jules Constantin, Euloge Ménard, Leufroid Paradis et Pierre Huot se présentent au parloir pour remettre un chèque de 2124$ dollars, profit net de leur vente.

Trois séances dramatiques et musicales offertes au public par les élèves pensionnaires rapportent un montant de 130$ dollars. Toutes ces offrandes sont destinées à payer les autels et les stalles de la chapelle[71].

Ces petites consolations arrivent à point. Mère Saint-Raphaël explique la situation de la construction à Québec:

> Du côté de la chapelle, les travaux ne vont pas au pas de course, mais cette lenteur s'accommode avec nos ressources et fait en quelque sorte notre affaire. L'action de la Providence est manifeste, jamais d'avance, mais au fur et à mesure. C'est ce qui nous encourage[72].

Pendant que l'aumônier Marcoux entreprend un voyage à Saint-Pascal pour essayer de négocier un emprunt pour les Ursulines, Thomas Pagé hisse la croix au-dessus du dôme de la chapelle sous les regards éblouis

---

71. *Ibid.*, pp. 197-198.
72. Mère Saint-Raphaël à Mère Marie de l'Assomption, 24 septembre 1908, AUQ, *Roberval* V, 49.

des spectateurs rassemblés sur les lieux. A son retour, l'abbé constate avec joie le merveilleux exploit, mais s'avoue moins heureux dans le succès de son voyage. Partout on répète: «Pas d'argent à prêter!»

En effet, à Roberval comme ailleurs, l'année s'avère dure et les perspectives d'avenir, peu encourageantes. Dans sa correspondance, Mère Saint-Raphaël énumère les épreuves qui sévissent à ce moment dans la contrée et au monastère:

> Nous avons eu une large part des épreuves que la divine Providence a bien voulu envoyer à nos régions: perte considérable d'animaux, réserve de bois ravagée par le feu, ce que nous pouvons évaluer à $3000.00. Nous n'avons qu'à Bénir le bon Dieu et compter sur son secours pour nous aider à traverser cette suite de malheurs.
>
> (...) Vous savez sans doute qu'une série d'accidents arrivés dans notre petite ville, en arrête le progrès. Incendie des scieries, du magnifique Hôtel Roberval, dépression de la population surtout dans la classe ouvrière, feux de forêts. Le divin Maître a ses vues, il faut le bénir de tout [73].

Cette croix de la pauvreté, avec quelle patience amoureuse elle la porte! Toujours, elle maintient son regard fixé en avant vers Celui en qui elle place sans cesse sa confiance et elle attend, en toute sérénité, les sommes dont la communauté a besoin pour terminer la chapelle.

Avec l'année 1908, se clôt la période intensive des constructions. L'École Ménagère, sortie de l'ombre, est devenue un centre que les personnages illustres comme les institutions les plus humbles, visitent pour étudier sa pédagogie, adopter ses méthodes et s'émerveiller de ses réalisations.

La fondatrice, âme inspiratrice de l'œuvre, support moral de la maison, pourrait maintenant s'arrêter, se reposer, contempler la génération de nombreuses jeunes

---

73.   La même à la même, 4 novembre 1908, *ibid.*, 52a.

filles devenues des femmes de maison compétentes, des mères et des épouses incomparables qui font la joie de leurs maris et de leurs enfants. Non, cette femme infatigable, malgré le poids des ans, tend de toute son âme, avec autant d'ardeur qu'aux premiers jours de la fondation, vers une autre étape de son œuvre qu'elle pressent encore plus féconde.

Pas d'apparat, faites le bien simplement comme le demandent nos Règlements et nos Constitutions.

Mère Saint-Raphaël (1920)

CHAPITRE VII

Expansion de l'œuvre

L'école de 1882, née dans une extrême pauvreté, ballottée par les vents des difficultés et des incompréhensions, détruite et relevée de ses ruines, poursuit les étapes de son évolution d'une façon qui étonne les autorités civiles et religieuses qui prennent connaissance de son organisation et de ses réalisations.

Sa philosophie repose sur des principes de foi, de simplicité, d'humilité qu'elle veut sauvegarder, même à la suite des événements qui l'orientent vers des horizons plus grands, plus élevés.

Cette montée, l'affiliation à l'Université Laval, le nouveau projet du Département de l'Instruction publique pour les écoles ménagères de la province, entraîne certains changements, non pas quant au fond du programme, mais dans la forme de l'organisation scolaire. Parfois même, naissent des moments d'incertitude, face à l'avenir de l'établissement. Nous verrons l'institution se maintenir quand même dans un climat de confiance, de sérénité, de soumission, jour après jour, dans les situations heureuses ou pénibles des années à venir.

1. La chapelle achevée

Un soir de janvier 1909, à la fin d'une joyeuse récréation, retentit le cri: Au feu! Au feu! Immédiatement, comme sous l'effet d'une puissance magique, la salle de communauté devient déserte. C'est la course pour découvrir l'origine de la fumée et de la senteur de gaz qui envahissent déjà la maison. Minute d'angoisse assez longue pour revivre le film des événements de la catastrophe de 1897. Heureusement, les plombiers appelés sur place, trouvent la cause de l'incident: un morceau cassé de la fournaise du pensionnat laisse échapper l'eau qui abîme la cave, pendant que le gaz et la fumée montent aux étages supérieurs.

Le lendemain, les élèves, quoique privées de chauffage, s'amusent fort à circuler dans les allées et venues des classes au réfectoire, coiffées de leurs chauds bonnets de laine et vêtues de leurs épais manteaux de drap. Les plombiers effectuent leur travail avec diligence et, le soir du même jour, la fournaise se rallume et recommence à distribuer sa chaleur. Mais, en attendant que le dortoir soit suffisamment réchauffé, la soirée se prolonge jusqu'après 22 heures. Un bon réveillon servi au réfectoire des religieuses apporte une légère compensation pour les ennuis de la journée. Chacune regagne ensuite son lit où, blottie sous les chaudes couvertures, le sommeil ne tarde pas à faire oublier l'aventure de la veille[1].

Peu d'événements à consigner dans les mois qui suivent, si ce n'est le succès de l'emprunt de dix-huit mille (18 000$) dollars, à 5%, pour la continuation des travaux de la chapelle. Un don de cent dollars, offert à la mort de Georges Béliveau, père de Mère Saint-Augustin, est employé à l'achat d'une statue de sainte Ursule destinée à trôner dans le futur sanctuaire, à côté de celle de sainte Angèle.

La profession religieuse de Sœur Saint-Ignace Roberge figure comme une faveur un peu exceptionnelle. De faible santé, après avoir subi plusieurs maladies au cours de son noviciat, son bon esprit, sa générosité et son ardeur au travail lui obtiennent l'autorisation de prononcer ses vœux le 28 avril. La communauté se réjouit de pouvoir conserver parmi ses membres cet excellent sujet.

---

1. AUR, *Annales*, I, p. 202.

Avec juin, c'est la perspective des revisions, des examens et des brevets. Le 8, trente élèves se présentent aux épreuves de musique en présence d'un délégué du Collège de musique Dominion. Toutes réussissent d'une manière plus que satisfaisante et obtiennent un diplôme qui leur est remis à l'occasion de la distribution des prix. Il semble que ce soit la première fois, depuis la fondation, que l'enseignement de la musique soit sanctionné par cet organisme.

Le gouvernement du Québec, qui s'intéresse de plus en plus à l'enseignement ménager, inaugure cette année un système d'examens sur les différentes branches de ce cours. Le 15 juin, il délègue Georges-Auguste Gigault, sous-ministre de l'Agriculture et O.-E. Dallaire pour exercer ce contrôle. Le curé Paradis de Roberval, Madame Jean-Baptiste Carbonneau, épouse du député au Lac-Saint-Jean, le maire Léonce-Philippe Bilodeau, le docteur Jules Constantin, médecin de la communauté, Madame Constantin, Madame Napoléon Boivin et le docteur Edmond Savard de Chicoutimi, apportent, par leur présence à cette séance, un cachet de solennité. Un des visiteurs résume les activités de la journée dans le journal local :

> La matinée se passe à visiter les différents départements de l'École Ménagère, en commençant par la salle des jeunes, où des petites élèves s'initient à l'art de tenir une aiguille. Tout près, des repasseuses lissent aux fers chauds avec adresse, du linge d'un blanc éclatant. Au premier étage, une vingtaine de fileuses rythment une complainte de Botrel au ronronnement de leurs rouets, pendant que les juges admirent un superbe tapis de plancher tissé.
>
> L'on passe à la laiterie pour goûter un appétissant beurre frais ; à la cuisine, de petites ménagères préparent les mets du menu que les visiteurs seront à même d'apprécier au repas du midi. La salle de coupe présente des confections de vêtements variés, de reprisage et de raccommodage de toutes sortes. On s'émerveille ensuite du bon goût et du fini des broderies, des lingeries fines, des travaux de peinture à l'eau et à l'huile.

Classe de coupe et de couture à l'École Ménagère vers 1910.

Les élèves de l'École Ménagère occupées à préparer un repas à la cuisine en 1911.

L'après-midi est consacré aux examens oraux et écrits. Pendant trois heures, environ 150 élèves de l'École Ménagère et du Pensionnat, subissent avec grand succès le feu des questions des examinateurs qui s'étendent même au-delà du programme prévu.

À la fin de cette journée, les élèves présentent à l'auditoire une jolie pièce, où alternent chant et musique et contraste agréablement avec l'atmosphère sérieuse des heures précédentes. Les examinateurs adressent compliments et encouragements aux élèves et aux religieuses. Le sous-ministre, dans un langage profond et sincère, fait l'éloge des communautés enseignantes, exalte la mission sublime qu'elles remplissent dans la province. O.-E. Dallaire, à son tour, ne ménage pas ses félicitations pour l'œuvre des jardins scolaires et l'intérêt que les élèves manifestent pour ces travaux. Tous les visiteurs soulignent l'exquise cordialité du Chapelain, à l'occasion du dîner offert dans ses appartements. Ils expriment leur reconnaissance pour la journée très agréable passée au Monastère des Ursulines[2].

Peu de temps après, arrivent les résultats des examens qui réjouissent les aspirantes aux brevets: dix ménagères obtiennent leurs diplômes. La médaille d'or, accordée par le Ministre de l'Agriculture, est décernée à Marguerite Bergeron[3], élève la plus méritante du groupe[4].

L'abbé Marcoux, en plus de porter un très grand intérêt à l'œuvre se distingue par l'exceptionnelle courtoisie qu'il accorde aux hôtes de la maison. Il multiplie les occasions de combler les religieuses de dons magnifiques. Musicien, organiste, il veut que les voûtes de la future chapelle retentissent des plus belles harmonies

2. Nouvelle recueillie dans *Le Lac-Saint-Jean*, 18 juin 1909, Roberval.
3. Cette élève est devenue plus tard Ursuline à Roberval sous le nom de Mère Sainte-Philomène.
4. Rapport de Mère Saint-Raphaël au Ministère de l'Agriculture, 26 juin 1910. Dossier 2400, appendice 3, p. 3, *Archives du Ministère de l'Agriculture*, Québec.

dans les célébrations liturgiques. Il annonce à la communauté que, désormais, un superbe orgue Casavant remplacera d'une façon plus grandiose l'humble harmonium d'alors. Très sensible à ce nouveau témoignage de générosité, la communauté établit, au nom du donateur, une fondation pour une pension d'élève. Elle s'engage à recevoir, annuellement et gratuitement au pensionnat, une enfant qui manifeste, de préférence, des dispositions pour la vie religieuse.

L'aumônier se réserve le droit de choisir le sujet qui bénéficiera de ce privilège aussi longtemps qu'il vivra. Après la mort de l'abbé, la communauté demeure libre d'appliquer cette pension selon son choix[5].

Une nouvelle de l'extérieur plonge le monastère et la population de Roberval dans un deuil général: la disparition du magistrat Léonce-Philippe Bilodeau, ami de la maison, décédé le 28 juillet, à l'âge de 54 ans. Grand chrétien, père de quatorze enfants, maire de la paroisse à plusieurs reprises, il est reconnu comme «l'âme dirigeante des grands travaux d'améliorations qui ont donné à la municipalité cet élan de prospérité que tous ses citoyens sont heureux de constater». Doué d'un talent musical et d'une voix remarquable, il est invité à faire partie du Quatuor Vocal qui chante pour la première fois le *O Canada*, sur les Plaines d'Abraham à Québec, lors de la grande convention canadienne-française de 1880. La ville lui offre des funérailles civiques qu'elle célèbre avec le plus grand faste possible[6].

C'est avec bonheur que les religieuses voient s'avancer le mois d'août. Tout d'abord, les élections présidées par Mgr Labrecque confirment Mère Saint-Stanislas dans sa fonction de supérieure pour un autre triennat. Le conseil se compose des mêmes membres, à l'exception de Mère Saint-Augustin, élue maîtresse des

---

5. AUR, *Annales*, I, p. 207.
6. Vien, *op. cit.*, p. 164.

novices, et de Mère Marie-du-Carmel, maîtresse générale des élèves.

Enfin, arrive le jour de la bénédiction de la chapelle! Le 3 août, l'évêque de Chicoutimi, Mgr Labrecque, préside la cérémonie; un grand nombre de prêtres du diocèse et de l'étranger prennent place dans le sanctuaire, parmi lesquels Mgr Frs-Xavier Belley, les Pères de Victor, s.j., Georges Lemoine, o.m.i., Auguste Giroux, c.ss.r., le curé J.-E. Lizotte, de Saint-Jean-Deschaillons, les abbés Hubert Kéroack, ancien curé de Jonquière, J.-Almas Larouche, curé de Chicoutimi, Georges Paradis, curé de Roberval, L.-A. Déziel, curé de Beauport, Charles-Édouard Gagné, aumônier des Ursulines de Québec, F.-X. Laplante, curé de Portneuf, J.-A. Ph. Dubé, c.s.v., du séminaire de Joliette, Ph. Mathieu du séminaire de Québec, Georges Ouvrard, vicaire à Beauport, J.-E. Duchesne, principal de l'École Normale de Chicoutimi.

À la grand-messe, la foule remplit la chapelle extérieure, les anciennes élèves et les dames occupent les bancs dans la nef, les religieuses, les stalles. Mgr Labrecque officie pontificalement assisté des abbés Paradis, comme diacre, Gagné, sous-diacre, Lizotte, comme prêtre-assistant. L'orgue, don de l'aumônier Marcoux, est inauguré par Gustave Gagnon, organiste de la Basilique de Québec, invité spécialement pour la circonstance. Un magnifique chœur d'hommes exécute avec brio les chants de la messe. Le Père de Victor donne le sermon et développe avec beaucoup de sens pratique, le rôle et la mission d'une chapelle.

Tous les invités se présentent ensuite au banquet, servi dans les appartements de l'aumônier, par des dames amies des religieuses. Presque tous ces prêtres logent dans les chambres improvisées dans le nouveau dortoir situé sous la chapelle, tout près de la salle des convives. Comme les portes sont restées ouvertes pour faciliter l'accès à ce lieu, voilà qu'après le repas plusieurs prêtres, ignorant les lois de la clôture, entreprennent une joyeuse promenade dans la cour, en emprun-

La chapelle du monastère bénite le 3 août 1909.

Une partie des stalles des religieuses.

La chapelle vue du sanctuaire.

tant la voie angéline. Grand émoi pour les religieuses qui les aperçoivent!

Vers 14h, Mgr demande à la Mère Supérieure d'ouvrir les portes du cloître pour les autres abbés, qui convoitent, à l'instar de leurs chanceux confrères, une visite de la maison et du jardin. Jusqu'à 16h30, se poursuit le va-et-vient des invités, de l'intérieur à l'extérieur du couvent.

Pour terminer cette mémorable journée, un récital d'orgue est offert au public, à 20h. Quelques religieuses seulement, désignées pour veiller à «l'ordre et à la clôture», assistent à cette soirée, bien discrètement installées dans une salle voisine. Les autres, dans le silence de leur solitude, se contentent de capter quelques échos des harmonies qui parviennent jusqu'à leurs cellules monastiques. Elles font monter au ciel des hymnes d'actions de grâces en reconnaissance de ce merveilleux temple, rêve si ardemment et si longtemps désiré[7].

Dans une lettre adressée à Québec un peu plus tard, nous retrouvons certains détails intéressants sur l'ensemble de ce nouveau sanctuaire:

> Cette chapelle allie le style roman au bizantin. L'élégance de l'architecture, l'équilibre des proportions, la finesse des colonnes, la pureté des lignes, le dôme profilé au-dessus de la nef, tout, dans cette enceinte, invite à la prière et à la méditation. Le sanctuaire, séparé du chœur des religieuses par une grille, reflète la simplicité du style, mais tout converge vers le maître-autel, véritable œuvre d'art. L'architecte Ouellet a voulu en dresser le plan gratuitement.
>
> Aucune sculpture ne décore les stalles ni le splendide chemin de croix offert par Peter John O'Sullivan de New-York, de sorte que l'unité du style est respectée intégralement[8].

Quelques personnes ont l'heureuse inspiration d'apporter des dons pour aider à pourvoir aux nécessi-

---

7. AUR, *Annales*, I, pp. 208-209.
8. Mère Saint-Raphaël à Mère Marie-de-l'Assomption, 20 septembre 1909, AUQ, *Roberval* V, 70a.

tés et à la décoration de cette spacieuse chapelle. Le curé Lizotte offre un magnifique calice en or bénit par Pie X. Un ami du monastère fait parvenir un porte-missel pouvant servir de porte-ostensoir. Les religieuses du Sacré-Cœur envoient deux larges palmes artificielles et les pierres d'autel. De jolis vases à fleurs se rangent dans les armoires de la sacristie. Les anciennes élèves, réunies en retraite au monastère, organisent une collecte entre elles pour payer la statue de la Vierge.

La communauté place au-dessus du maître-autel un transparent, peinture de la sainte Famille, œuvre de Mère Marie-de-l'Eucharistie des Sœurs de la Charité de Québec. De fortes lumières électriques, du côté de la sacristie, produisent un effet éclatant qui met en évidence les personnages du tableau. Cette peinture originale retient l'attention et inspire la dévotion aux saints patrons de la communauté.

Le curé Lizotte, toujours soucieux de faire plaisir aux religieuses, leur donne un montant de deux mille (2 000$) dollars en précisant les conditions suivantes: lui payer une rente de 5%, sa vie durant; après sa mort, appliquer cette rente pendant trente années à l'éducation des enfants pauvres, selon le choix de la communauté[9].

Les ouvriers profitent des dernières semaines des vacances pour déménager, dans l'ancienne chapelle, la salle de musique située au pensionnat depuis 1905. Cette dernière se transforme en deux salles d'études coupées par un corridor. Les locaux pour la coupe, la couture et la cuisine occupent les anciens appartements de l'aumônier:

> Ce n'est pas, sans un serrement de cœur, écrit Mère Saint-Raphaël, que nous voyons ce petit sanctuaire (la chapelle) changer de destination. C'est là, qu'après l'incendie de 1897, nous avons puisé force et courage pour soutenir la lutte quotidienne que nous créaient les suites de ce terrible événement: tout passe, les personnes et les choses.

9. Acte de donation passé devant le notaire Israël Dumais, le 2 février 1910. AUR.

Dans la même lettre, elle déplore de nouveau, le nombre insuffisant de sujets pour accomplir le travail exigé par l'œuvre :

> **Il nous faut faire face à tout avec un personnel bien inférieur aux besoins actuels, je ne serais pas surprise que le bon Dieu fît quelques miracles pour nous venir en aide puisqu'Il ne nous envoie pas d'ouvrières pour travailler à sa vigne** [10].

La communauté vient de se détacher d'un sujet bien précieux, Mère Sainte-Anne Tousignant, venue de Québec en 1897, pour secourir les Sœurs de Roberval. Très fatiguée, épuisée même, elle retourne au berceau de sa profession, après avoir rendu de très grands services dans l'enseignement de l'anglais et s'être dévouée pour la musique et le chant. Les religieuses n'oublieront pas outre ses multiples qualités mises au service de la communauté, son talent en poésie, surtout à l'occasion des fêtes. Combien de strophes finement rimées sont sorties, en un rien de temps, de sa plume alerte et spontanée! Le souvenir de son entier et généreux dévouement pour la cause de Roberval est à jamais imprimé dans tous les cœurs.

Malgré leurs nombreuses occupations, les religieuses ne se ferment pas aux organismes extérieurs qui sollicitent leur aide. Ainsi l'Œuvre des Tabernacles, abandonnée depuis quelques années, reprend ses activités. Les dames de la ville demandent à se réunir deux fois par mois au parloir des élèves. La présence active de quelques religieuses stimule leurs efforts, soutient et inspire leur travail dans la confection des ornements et la lingerie d'autel, qu'elles font parvenir aux prêtres pauvres et démunis et aux missions naissantes. Machines à coudre et accessoires de couture sont mis à la disposition des ouvrières bénévoles. Apostolat discret, mais réel, prolongement de l'éducation des jeunes filles.

---

10. Mère Saint-Raphaël à Mère Marie-de-l'Assomption, 11 août 1909, AUQ, *Roberval* V, 69.

Avec la construction de la chapelle, se résout d'une façon adéquate le problème du manque de locaux si souvent évoqué depuis le début de la fondation. Désormais, le personnel religieux et laïque jouira d'un lieu vaste, agréable, invitant pieusement à la prière et aux célébrations liturgiques. Tant pour l'enseignement ménager que pour les matières classiques ou artistiques, religieuses et élèves peuvent compter sur une salle de classe spécialisée, assez grande, bien aérée et bien éclairée, convenablement pourvue du matériel nécessaire pour le genre d'études poursuivies. L'institution connaîtra bientôt certains changements à l'intérieur de ses structures.

2. Affiliation à l'Université Laval

L'année scolaire 1909 s'ouvre sur une perspective très prometteuse avec les 110 élèves pensionnaires présentes au soir de la rentrée, malgré le coût de la pension portée à sept dollars par mois, à la demande de l'École Normale de Chicoutimi. Les Mères accueillent ces jeunes avec d'autant plus de joie qu'elles peuvent leur offrir un confort qui les aidera à mieux supporter les fatigues et les difficultés inhérentes à la vie d'un internat. Également, ces dernières se disposent à profiter plus efficacement de tous les avantages procurés par l'instruction et l'éducation dont elles jouissent.

Libérée des grandes préoccupations suscitées par les récentes constructions, Mère Saint-Raphaël peut donc se consacrer plus facilement à une amélioration et à une organisation plus poussées de l'école et de la ferme. Les progrès de cette dernière surtout reposent presque uniquement sur la vigilance et la vaillance de sa directrice, depuis le départ de son fermier Luc Simard, bien initié à tous les secrets du succès dans ce domaine.

Depuis longtemps, la fondatrice projette de tenter des expériences dans la culture des céréales et des arbres fruitiers plus adaptés au sol et au climat de la région.

L'installation d'un rucher et l'organisation d'un jardin pour les élèves, indépendant de celui du monastère, font également partie du plan élaboré. Comme elle désire baser ses travaux sur des données scientifiques, elle n'hésite pas à s'adresser au Ministère de l'Agriculture pour obtenir des conférenciers qui viendront à Roberval distribuer les richesses de leur compétence en ces matières.

Quelques semaines plus tard, le ministre répond à la requête de Mère Saint-Raphaël et autorise Émile Plante à se rendre sur place. Dans son entretien sur l'horticulture, particulièrement sur la culture des melons, le conférencier capte l'attention et l'intérêt de ses auditrices. Ses leçons pratiques trouveront certes des applications dès le printemps suivant.

Voici que les Ursulines de Québec, à leur tour, songent à introduire, dans leur cours d'études, certaines matières propres à l'enseignement ménager: l'art culinaire, la couture, le tricot, la tenue de la maison. Vu la surcharge de leur programme, elles manifestent encore quelques hésitations avant l'adoption de ce projet. Elles s'adressent donc à Mère Saint-Raphaël pour obtenir les renseignements nécessaires pour l'organisation qu'elles veulent mettre sur pied. Heureuse de cette orientation possible des Mères de Québec, la fondatrice leur livre ses plus lumineuses directives et les secrets de ses meilleures expériences en même temps que le programme suivi à Roberval. Elle les encourage et les invite à aller de l'avant dans cette initiative. Pour elle, un programme d'études enrichi de cette façon, présenté même aux élèves des grandes villes, n'inspire aucune appréhension[11].

Au Lac-Saint-Jean, depuis toujours, les élèves des Ursulines font face aux exigences d'un double programme, le régulier et le ménager, sans préjudice ni pour l'un ni pour l'autre cours, ni pour l'obtention des brevets

---

11. La même à la même, 28 octobre 1909, *ibid.*, 71a.

dans chaque catégorie d'études. Au contraire, la jeune fille, appelée par vocation à la maternité naturelle ou spirituelle, trouve un épanouissement normal dans l'initiation aux travaux de la maison qui la reposent du travail intellectuel et la préparent à son futur rôle de mère.

Quoi de plus agréable pour des pensionnaires que la perspective d'un double congé? Deux cérémonies de vêture s'annoncent pour le 15 octobre et le 16 novembre. Hélène Maurice, française d'origine, dont la famille vient de quitter la France pour conserver sa foi, revêtira l'habit religieux sous le nom de Sainte-Thérèse-de-Jésus. Sa compagne, Lucienne Olivier, ancienne élève des Ursulines de Québec, répondra à celui de Marie-de-la-Providence. Les élèves pratiquent les chants de circonstance et se prêtent facilement à la solennité que l'on veut apporter à ces premières cérémonies dans la nouvelle chapelle.

Vers le même temps, on apprend que l'École Ménagère de Saint-Pascal vient d'obtenir son affiliation à l'Université Laval. Les autorités du monastère se demandent si elles doivent solliciter le même privilège pour leur école. Ce projet ne sourit guère à Mère Saint-Raphaël qui a toujours tendu à la plus grande simplicité pour sa communauté et ses élèves. Mais elle s'informe et demande conseil. Enfin, quelques évêques et plusieurs personnalités entendues dans la question l'encouragent à aller de l'avant, dans l'intérêt de l'œuvre.

Le 4 novembre, Mère Saint-Stanislas, supérieure du Monastère, s'adresse à l'Université Laval pour demander l'affiliation de l'École Ménagère de Roberval[12]. Si la communauté se décide à prendre cette initiative, ce n'est pas par pure imitation, ni par désir de grandeur, mais bien pour sauvegarder «le droit d'aînesse» de son école. Elle pense aux générations futures qui auront peut-être besoin de cette protection pour maintenir la renommée de l'institution.

------

12.   AUR, *Annales*, I, p. 212.

Une réponse très obligeante de l'Université arrive par le retour du courrier. Le Recteur, en faveur du projet, s'informe des rapports qui existent entre le cours ménager et le cours d'études régulier, de la durée de ces cours, du diplôme qui couronne ces années d'études. Il demande une copie des deux programmes adoptés par l'école.

Après avoir pris connaissance des renseignements qui lui sont parvenus, il s'empresse de faire savoir aux Ursulines qu'il accepte d'emblée le programme d'enseignement ménager. Cependant, il précise certaines exigences auxquelles il faudra se conformer :

1° **Les diplômes ne pourront être accordés avant l'âge de seize ou dix-sept ans.**

2° **Les diplômes ne s'obtiennent qu'après concours ou examens à la fin de la troisième ou quatrième année.**

3° **L'Université aura la haute main sur les questions d'enseignement à donner à l'École Ménagère et sa décision sera prépondérante pourvu qu'elle ne soit pas contraire à vos constitutions.**

4° **L'Université sera représentée à ces examens par un délégué nommé par elle à cet effet.**

5° **L'affiliation ne peut être accordée qu'après approbation de Mgr L'Évêque de Chicoutimi.**

Le Recteur termine en assurant la communauté que les choses « ne traîneront pas en longueur » et qu'il demeure à sa disposition pour d'autres renseignements dont elle pourrait avoir besoin [13]. En effet, arrive quelques jours plus tard une lettre contenant l'arrêté du Conseil universitaire, en date du 15 décembre, décrétant l'affiliation à l'Université Laval de l'École Ménagère de Roberval [14].

---

13. L'abbé Amédée Gosselin, recteur de l'Université Laval, à Mère Saint-Stanislas, les 8 et 13 novembre 1909, AUR, *Correspondance, Univ. Laval.*
14. L'abbé Ph. Fillion, secrétaire du Conseil de l'Université, à Mère Saint-Stanislas, 16 décembre 1909, *ibid.*

Dans le but d'établir une véritable entente et d'obtenir certains éclaircissements au sujet des programmes
et des examens de fin d'année, la supérieure invite le
Recteur de l'Université à se rendre à Roberval. Il accepte
la proposition avec une grande courtoisie et se présente
au parloir, dès le 20 janvier 1910, accompagné du Père
Arthur Mélançon, s.j., de passage dans la ville. Tous
deux visitent, avec un intérêt marqué, les classes du
pensionnat et les départements de l'enseignement ménager. Le Recteur s'entretient ensuite avec les religieuses
sur la façon de déterminer quelques adaptations au programme afin de l'unifier avec celui de l'École de Saint-
Pascal. Désormais, on établira deux sections dans l'enseignement: les matières scolaires qui demeurent complètement sous le contrôle de la maison et les branches
universitaires, sous celui de l'Université. Cette dernière
peut imposer ses manuels, modifier les programmes,
etc. Les examens des matières scolaires restent sous la
responsabilité exclusive de l'école. Quant à ceux des
autres branches de l'enseignement ménager, la maison
prépare trois séries de questions qu'elle adresse à l'Université qui choisit ensuite l'une d'elles et la renvoie à
l'institution sous pli cacheté. L'ordo est adressé à l'Université qui décerne les diplômes et les certificats selon
les degrés et les points conservés.

Cette visite, menée avec beaucoup de bienveillance
et de confiance mutuelles, apporte aux religieuses l'assurance que l'entente conclue avec cette haute institution
produira d'heureux fruits.

Ajoutons que, désormais, l'École Ménagère et le
Pensionnat seront fusionnés. En plus du cours d'études
classico-ménager élaboré par l'Université, l'École maintient la préparation pédagogique pour les élèves qui désirent obtenir un brevet d'enseignement élémentaire,
modèle ou académique au Bureau central des examinateurs [15].

---

15. AUR, *Annales*, I, p. 213.

Quelques semaines plus tard, la communauté apprend avec tristesse que Mère Marie-de-l'Incarnation Cimon, zélatrice et première professe de la maison, souffre d'une pneumonie. «Rien de grave», diagnostique le médecin. Cependant le mal poursuit son chemin et l'on constate que la faiblesse augmente de jour en jour. Le soir du 12 février, la malade annonce à ses sœurs qu'elle ira fêter son 25e anniversaire de profession au Ciel. En effet, la communauté prépare les célébrations de ce jubilé pour le 16 courant. Personne n'ose croire à un dénouement aussi subit, mais l'accent et l'expression de la malade frappent son entourage. Le lendemain matin, le médecin, venu la visiter, ne s'alarme pas davantage. Mais en fin d'après-midi, la Supérieure, cédant à une heureuse inspiration, le rappelle et obtient que l'onction des malades soit donnée à la «douce patiente», par mesure de prudence. Dans la nuit du même jour, une forte crise se produit et, à 12h45, la malade succombe paisiblement dans cet abandon à la Providence qui l'a soutenue au cours de sa trop courte vie.

On imagine avec quelles émotions, religieuses et élèves apprennent ce décès aux premières heures du matin. La perspective des fêtes jubilaires se change en une bien triste réalité. A l'heure même pour la grand-messe des noces d'argent, on célèbre les funérailles de cette Mère que l'on aurait voulu garder à l'affection des siens encore bien longtemps. L'abbé Henri Cimon, curé de Saint-Alphonse et cousin de la défunte, préside la cérémonie, assisté des abbés Eugène Frenette, secrétaire à l'évêché de Chicoutimi et de Ludger Gauthier, vicaire à Roberval. Dans le chœur, on remarque Mgr Frs-X. Belley, deux Pères Oblats de la Pointe-Bleue et l'abbé Marcoux, aumônier.

Le souvenir de la régularité, des vertus et surtout de la grande charité pratiquées par cette chère disparue, l'aînée des professes de Roberval, demeurera longtemps un sujet de profonde édification. Douée d'un grand esprit d'ordre et d'économie, d'une habileté pour les ouvrages manuels, de talents appréciables pour la tenue de la maison, elle a consacré ses énergies au service de la communauté, s'oubliant pour les autres, jusqu'à sacrifier ses propres besoins[16]. En ce moment, où le nombre des ouvrières s'avère déjà trop restreint pour couvrir les besoins de l'œuvre, cette douloureuse disparition atteint encore plus profondément les religieuses.

Sans s'arrêter plus longtemps à sa peine, chacune reprend avec courage le rythme de ses activités coutumières. Tant d'enfants à instruire et à éduquer, un programme chargé à couvrir dans un temps limité, autant de raisons pour ranimer le zèle et soutenir l'élan des enseignantes. L'affiliation à l'Université, outre l'encouragement et la reconnaissance officielle de l'école sur un plan supérieur, apporte un surcroît de travail aux autorités et au personnel de la maison. À titre de pionnière dans le domaine de l'enseignement ménager, cette dernière doit participer au remaniement des programmes pour toutes les écoles de ce genre qui naîtront, apporter le fruit de ses expériences, répondre à toutes les autres demandes des autorités dirigeantes de cette haute institution.

Le Surintendant de l'Instruction publique vient de fonder un comité concernant les Écoles Ménagères et réclame la présence de deux religieuses de Roberval. Sur l'avis de Mgr Labrecque, le conseil accepte cette proposition. Mère Saint-Stanislas, supérieure et Mère Saint-Raphaël sont déléguées pour assister à ces premières délibérations. Cependant, la date précise de la convocation demeure encore inconnue[17].

En avril, le Recteur de l'Université, après avoir étudié le programme de l'École Ménagère de Saint-Pascal en comparaison avec celui de Roberval, adopte certaines modifications quant au programme distribué sur quatre années et les normes relatives aux examens et

---

16. *Ibid.*, p. 214.
17. AUR, [*Actes du Conseil*], 18 mars 1910.

aux diplômes. Une lettre au Recteur apporte les précisions suivantes que nous tenons à faire connaître. Elle
révèle le sérieux et l'étendue du champ de connaissances que les élèves doivent acquérir avant le couronnement de leurs études par un brevet universitaire:

1° Il y aura pour l'obtention des diplômes d'enseignement ménager, des examens écrits et des examens oraux. Les
matières principales, dites universitaires, parce que l'Université en aura le contrôle et qu'elle posera les questions. Les matières secondaires, dites scolaires, seront données par l'Institut
et seront aussi sous son contrôle.

Pour obtenir un diplôme, il faudra avoir conservé au
moins deux tiers des points sur l'ensemble, tant écrit qu'oral
et pas moins de la moitié sur toutes et chacune des matières
principales et le tiers sur les matières secondaires.

La partie pratique est laissée au jugement des maîtresses qui marqueront les notes.

2° Il y aura des diplômes différents: le premier, celui
d'enseignement ménager ou certificat d'aptitudes, le second
celui d'enseignement ménager, cours supérieur.

Pour le premier diplôme, les examens se passeront à la
fin ou dans le courant de la troisième année d'enseignement
ménager proprement dit. Pour le second, après la quatrième
année ou cours académique.

Premier cours (ménager proprement dit), en 3ᵉ année.

Matières universitaires classiques: Langue française:
dictée, lettre, littérature — 5 heures; Géographie générale —
1 heure; Histoire de France, d'Angleterre, du Canada, Histoire Sainte — 1 heure.

Enseignement ménager, 3ᵉ année.

Matières universitaires: Science du ménage, art culinaire et pratique, anatomie et physiologie de l'homme, hygiène, médecine domestique, pédagogie familiale, botanique
et horticulture, laiterie, aviculture.

En 4ᵉ année: mêmes matières, plus, zoologie, agriculture, minéralogie, chimie et physique, pratique de la laiterie[18].

---

18. L'abbé Amédée Gosselin, recteur, à Mère Saint-Stanislas,
19 avril 1910, AUR, *Corr. Univ. Laval.*

En devançant un peu les événements, disons immédiatement que Roberval se mérite de beaux résultats à cette première épreuve de l'Université. Mère Saint-Raphaël les spécifie dans son rapport de fin d'année :

> **Les succès obtenus dans les examens écrits et oraux qui viennent d'avoir lieu, témoignent hautement de l'ardeur que les élèves ont mise à se rendre dignes de l'obtention d'un certificat ou d'un diplôme d'enseignement ménager : sur les cinq candidates, quatre ont reçu de l'Université des certificats et la cinquième, un diplôme académique avec la note grande distinction [19].**

Malgré le peu d'enthousiasme que cette nouvelle orientation de l'école ménagère a soulevé dans ses débuts, Mère Saint-Raphaël et son personnel se réjouissent maintenant de l'organisation mise sur pied et des résultats déjà obtenus. L'œuvre commencée si petitement dans l'ombre, poursuivie humblement avec courage et ténacité, vient de franchir un autre pas par son affiliation à l'Université Laval.

3.   Ombres et lumières

Un personnage bien dévoué à la communauté vient de disparaître. Au soir du 28 avril, un appel téléphonique du presbytère de Roberval annonce la mort du curé Georges Paradis. C'est à la suite d'une congestion cérébrale, survenue à l'issue de la messe des Quarante-Heures, célébrée chez les Frères Maristes, qu'il vient de succomber après quelques semaines de maladie. Ce prêtre charitable, par les économies qu'il s'est imposées, a réussi à procurer les secours pécuniaires pour l'instruction de plusieurs séminaristes de la paroisse et d'un certain nombre de jeunes filles du couvent. Très intéressé à l'œuvre des Ursulines, il n'a cessé de l'encourager par ses visites réconfortantes et de l'aider par ses conseils

---

19.   *Op. cit.*, appendice 3, p. 5.

lumineux. Il va même jusqu'à lui léguer, par testament, un montant de deux mille (2 000$) dollars qui lui sera versé après la mort de sa sœur Claudia.

En hommage de reconnaissance pour ce charitable don, la communauté fait célébrer trente messes pour le repos de son âme. L'abbé Paradis compte une sœur parmi les religieuses du monastère, Mère Marie-du-Sacré-Cœur. La paroisse regrette ce pasteur zélé, dévoué, qui n'a cherché qu'à lui procurer le plus grand bien[20].

Avec les beaux jours du printemps, Mère Saint-Raphaël s'apprête à mettre sur pied le projet du rucher, expérience qu'elle veut tenter depuis plusieurs années. À sa demande, le Ministère de l'Agriculture envoie, à Roberval, Luc Dupuis de Saint-Roch-des-Aulnaies, chargé de donner des conférences et des instructions sur les abeilles. Il intéresse vivement son auditoire par ses propos à la fois scientifiques, humoristiques et même littéraires. Avant de partir, il procède à l'installation de deux ruches, gracieuseté du même ministère. Maîtresses et élèves participent à cette nouvelle démonstration.[21]

Au nom de la Ligue anti-tuberculeuse organisée au cours du mois de mai par l'Université Laval à Québec, pour chercher les moyens de combattre le fléau de la tuberculose dans la Province, le docteur Jules Constantin s'offre à donner à la communauté des conférences sur ce sujet. Il conclut en affirmant que la pratique d'une hygiène rigoureuse s'avère le plus grand facteur pour la sauvegarde de la santé. Son optimisme stimule l'auditoire et l'encourage à entreprendre une lutte sans merci contre cette impitoyable tuberculose qui a fauché tant de jeunes sujets à Roberval, comme à Québec. Ainsi l'on espère se ménager encore de longues années de vie en santé. Personne, en ce moment, ne se doute qu'une compagne vit ses dernières semaines sur la terre. Mère

---

20. AUR, *Annales*, I, p. 215.
21. *Op. cit.*, appendice 3, p. 4.

Marie-de-l'Immaculée-Conception Hawkings, atteinte depuis plusieurs années d'une maladie de cœur, poursuit quand même sa tâche journalière. Le dimanche 19 juin, comme elle éprouve une plus grande difficulté à se rendre à la chapelle pour l'office habituel, la Supérieure demande à l'aumônier de lui apporter la communion à l'infirmerie. Au cours de l'après-midi, elle devient subitement inconsciente à la suite d'une crise aiguë du cœur. Le médecin, appelé, constate que tout espoir est perdu. Immédiatement, le prêtre apporte à la mourante l'Onction des malades. Le mal augmente en violence, si bien que, vers les vingt heures, elle expire au milieu de ses Sœurs consternées, dans la 55e année de son âge et la 20e de sa profession.

La distribution des prix du lendemain est marquée d'une profonde tristesse. Les élèves, peinées de la mort d'une maîtresse qu'elles aiment beaucoup, renoncent à la musique et aux chants de circonstance à l'occasion de cette cérémonie solennelle. On se contente d'une simple lecture de la liste des prix mérités. Après la séance, aucune manifestation de joie comme à l'ordinaire. Spontanément, chacune se rend en silence boucler sa malle et, en peu de temps, toutes les élèves se groupent autour des religieuses pour entendre raconter les derniers moments de vie de leur bonne Mère disparue si vite.

Les funérailles se déroulent le 22 juin dans la chapelle du monastère. Seuls quelques neveux et nièces venus de Sherbrooke y assistent. Douée d'un don merveilleux pour l'enseignement, Mère Marie-de-l'Immaculée-Conception est employée aux classes jusqu'à la fin de sa vie. Très dévouée, aimable et joyeuse, elle sait dérider même les fronts les plus soucieux, surtout lorsqu'elle emploie la langue française avec laquelle elle semble ne jamais pouvoir se familiariser. La communauté ressent vivement le vide creusé par la mort de cette fervente religieuse. Lui survit au monastère, une jeune nièce ursuline, Sœur Sainte-Marie O'Sullivan; au pensionnat, deux nièces pleurent la disparition de la tante bien-aimée, si maternelle à leur égard.

Le lendemain, Mgr Labrecque en tournée épiscopale à Roberval, répondant à un secret désir des religieuses, daigne conférer la confirmation aux élèves du couvent, dans la grande chapelle resplendissante de lumière et de fleurs pour la circonstance. À sa visite à la communauté, il semble frappé par le nombre croissant des mortalités chez les religieuses, surtout depuis l'incendie. Mère Supérieure en profite pour lui demander un adoucissement au règlement monastique. *En effet*, répond l'évêque, *je constate un excès de fatigue chez vous, il faut refaire vos forces. À l'avenir, pour favoriser le repos, le lever matinal sonnera une heure plus tard, soit à cinq heures, les congés à table se répèteront, au cours de la semaine, à la discrétion de la Supérieure.* C'est avec reconnaissance que l'on accueille cette faveur inattendue et, surtout, l'on se propose d'en bien profiter pour un mieux-être général[22].

Un certain matin d'août, s'annonce un événement aussi nouveau que captivant: la cueillette d'un essaim d'abeilles, sorti bien discrètement «de la clôture» pour s'en aller loin des regards de ses propriétaires, quelque part en ville. Après les recherches entreprises dans le but de retrouver les fugitives, on apprend que plusieurs personnes ont vu passer un «volier de mouches des religieuses» qui est allé se blottir sur une branche d'arbre. Personne n'a jugé opportun d'en avertir au couvent.

On finit par les ramener au rucher et les spectatrices, un peu en retrait, assistent avec intérêt à l'arrivée des abeilles dans leur nouvelle habitation. Toutes admirent l'instinct qui préside au protocole d'entrée de la reine et de ses sujettes, vraie leçon de respect et de soumission que la nature offre par l'exemple de ces petits insectes.

Le temps est venu pour les religieuses de se plonger dans le silence de la retraite pour dix jours, sous la direction spirituelle du Père Louis Héroux, s.j. Quelle

---

22. AUR, *Annales*, I, pp. 217-218.

n'est pas leur joie, au sortir de ces heures de solitude, d'accueillir les Mères Marie-de-la-Croix et Saint-Jean-l'Évangéliste de l'Hôtel-Dieu Saint-Vallier de Chicoutimi. Elles viennent, pour une dizaine de jours, étudier le programme d'enseignement ménager. Leur supérieure, Mère Saint-Gabriel et une Sœur auxiliaire les accompagnent et repartent après deux jours. Ces visiteuses sont reçues au réfectoire monastique et à la salle de communauté, au même titre que des Sœurs Ursulines.

Bientôt la maison et la cour retentissent de rires et d'éclats de voix connus et inconnus des 135 pensionnaires arrivées le 1er septembre. Deux religieuses de Jésus-Marie de Trois-Pistoles s'inscrivent ce même jour pour les cours d'enseignement ménager. C'est toujours avec le même bonheur que les Mères accueillent leurs élèves au début de chaque année scolaire. Même si la besogne qui leur incombe s'avère ardue, leur courage grandit à la mesure des exigences qui se présentent.

Enfin, le Surintendant de l'Instruction publique convoque à Québec la réunion du comité composé de la Mère Supérieure de l'École de Saint-Pascal, d'Antoinette Gérin-Lajoie, directrice d'une École ménagère provinciale à Montréal, de Mère Saint-Stanislas de Roberval et de Mère Saint-Raphaël. Il s'agit d'étudier un projet de programme concernant l'enseignement ménager conjoint avec les études classiques des écoles ménagères.

Parties le matin du 8 octobre, les Mères de Roberval sonnent au Vieux Monastère le soir même, à 19 heures. Quel doux et affectueux accueil des religieuses de Québec! Le lendemain, grand congé en leur honneur et *Deo Gratias* au réfectoire. Mgr Bégin daigne leur accorder la joie d'une rencontre toute paternelle au parloir. Les 12 et 13 octobre sont réservés à la visite du couvent de Mérici, en compagnie de quelques Mères de Québec qui veulent profiter des lumineuses expériences de Mère Saint-Raphaël pour la tenue de leur ferme, déjà trop négligée.

Le 14, de 10 à 12 heures et de 14 à 17 heures, se réunissent au Parlement les membres du comité. Le

Surintendant, après ces premières délibérations, décide de remettre à janvier 1911, l'examen du travail élaboré par les Sœurs de la Congrégation de Saint-Pascal et les Ursulines de Roberval. Ces dernières profitent de leur séjour dans la capitale pour se rendre, à l'Hôpital Général et chez les Franciscaines de la Grande-Allée, visiter les ouvrages de fantaisie qu'elles fabriquent. Quel goût et quelle adresse ces dernières manifestent dans l'exécution de leurs travaux! Les Mères de Roberval reprennent la route du Lac-Saint-Jean au matin du 17 octobre, heureuses des informations prises au cours de ces différentes visites pour l'utilité de leur œuvre[23].

Enfin, une nouvelle des plus réjouissantes parvient de Rome. Le postulateur de la cause de béatification de la Mère Marie de l'Incarnation annonce que, le 29 novembre prochain, se tiendra la Congrégation qui doit se prononcer pour ou contre l'héroïcité de ses vertus. Le Saint-Père donnera ensuite son opinion. Si elle est favorable, le Décret sera promulgué et le procès sera terminé. Tous les monastères des Ursulines s'unissent dans une prière commune et fervente pour obtenir du ciel le succès de cette rencontre et les miracles qui hâteront la béatification de la Servante de Dieu.

Au Vieux-Monastère, surtout, des suppliques ne cessent de monter vers le Seigneur. Pendant trente jours consécutifs, des visites à la chapelle et au tombeau de Marie de l'Incarnation se succèdent. Cette trentaine est clôturée par un triduum au cours duquel le Saint Sacrement est exposé jour et nuit. Religieuses et élèves se remplacent pour l'adoration continuelle[24].

Une ombre vient voiler l'éclat de la lumière de Noël en cette fin d'année 1910. Toute la communauté partage la peine de Mère Supérieure qui apprend le décès de sa mère, Madame Édouard Rémillard, bienfaitrice de la

---

23. AUQ, Annales, IV, pp. 360-361.
24. Les Ursulines de Québec à Mère Supérieure de Roberval, 29 octobre 1910, AUR, *Lettres 1907-1914*.

maison. Les religieuses unissent leurs prières à celles de leur Mère et, par sympathie, renoncent à plusieurs petites réjouissances communautaires, traditionnelles en ces jours de fête. Profitant quand même des jours de vacances qui leur sont offerts, elles se préparent à entreprendre une autre étape de l'année scolaire avec entrain et sérénité.

4. Diverses initiatives

Au début de janvier 1911, le Surintendant de l'Instruction publique convoque de nouveau le comité chargé d'élaborer des travaux dans le but d'unifier les programmes des Écoles Ménagères. La Supérieure de Roberval, accompagnée de Mère Saint-Raphaël, se met en route et se présente aux Ursulines de Québec, au soir du 5 janvier. Écoutons l'annaliste du Vieux-Monastère :

> Nos Mères sont heureuses de constater que la bonne Mère Saint-Raphaël, malgré sa quasi-cécité et le poids des années n'avait pas éprouvé trop de lassitude de ce voyage long et ennuyeux.
>
> Le 6 janvier p.-m., deux Sœurs de la Congrégation, la Supérieure de l'École de Saint-Pascal et la directrice des études à Montréal, vinrent rencontrer les deux Mères de Roberval. Mère Marie-de-l'Assomption et son Assistante avaient présenté leurs hommages aux deux filles de la Vénérable Marguerite Bourgeoys. À la fin de la réunion d'entente au sujet des Écoles Ménagères affiliées à l'Université Laval, on servit un goûter de gâteaux et de café.
>
> Le 7 janvier, rencontre avec le Recteur de l'Université qui se montre, une fois de plus, d'une grande bienveillance. Le 9 janvier, Mgr Labrecque de Chicoutimi, vient au parloir encourager ses Ursulines à poursuivre avec persévérance les démarches commencées. La réunion au Parlement, ce même jour avec le Surintendant, par suite de l'absence de Mlle Gérin-Lajoie, n'eut aucun résultat pratique.
>
> Le 18 janvier, étaient présents au Parlement, avec les religieuses, Mlle Gérin-Lajoie, Madame F.-L. Béïque, M. le Surintendant, M. J.-N. Miller, secrétaire du Département de

l'Instruction publique. L'honorable Boucher de la Bruère propose de demander au gouvernement des Écoles Normales, où viendraient se former à l'enseignement de l'art ménager, des sujets de diverses maisons religieuses. On objecte les inconvénients au point de vue religieux, d'éloigner ainsi des Sœurs de leur communauté et l'embarras pour le personnel de l'École d'avoir à diriger ces normaliennes nouveau genre. Le Surintendant comprit et il n'en fut plus question. Quant au programme élaboré avec tant de soins, le dernier mot ne fut pas dit alors! Il fallait patienter... [25]

Ce projet des Écoles Normales, jugé inacceptable présentement, s'avère cependant le fruit d'une pensée justifiée si l'on veut obtenir une certaine uniformisation de l'enseignement ménager et que le visage de chaque école reflète le même air de famille. L'idée jetée en bonne terre a mûri avec le temps...

Trente ans plus tard, environ, sous l'initiative de Mgr Albert Tessier, les Sœurs des Saints Noms de Jésus et Marie de Montréal ouvriront une École de Pédagogie familiale affiliée à l'Université de Montréal. Cette institution offrira des cours, couronnés par un baccalauréat en pédagogie, à tout le personnel des écoles ménagères de la province. Les religieuses ne verront, à ce moment, aucune objection à les suivre.

Une nouvelle se répand bientôt dans tout le monastère : le Saint-Père a approuvé les travaux de la Congrégation des Rites sur l'héroïcité de Marie de l'Incarnation et le Décret en sera publié à l'été. Quelle consolation pour les Ursulines et quel retentissant *Te Deum* sera entonné à la réception de ce Décret, en attendant que soit promulgué celui de la béatification! [26]

Maintenant, c'est la Vierge que l'on honore en lui dédiant un magnifique autel, don de Luc Boily de Chambord, père de Sœur Marie-de-la-Présentation. Ce

---

25. AUR, Annales, IV, pp. 397-398.
26. Les Ursulines de Québec à Mère Saint-Raphaël, 28 février 1911, AUR, *Lettres 1907-1914.*

dernier a déjà offert deux cents (200$) dollars à l'époque de la construction de la chapelle. Ce brave cultivateur ne recule devant aucun sacrifice lorsqu'il s'agit de la gloire de Dieu. Pour la première fois, la messe est célébrée dans le petit sanctuaire de l'infirmerie des religieuses érigé à l'endroit même de l'avant-chœur de l'ancienne chapelle. On y retrouve l'autel du petit oratoire, autrefois la propriété de l'abbé Georges Paradis, à Saint-Gédéon, acheté par la communauté, ainsi que les ornements, les chandeliers, le calice, etc. Mère Supérieure et Mère Sainte-Marie, toutes deux patientes de l'infirmerie, assistent à cette première célébration. Cette dernière, malade depuis le 19 mars, inspire de sérieuses inquiétudes : le médecin craint la tuberculose. Mais on espère que ses forces reviendront avec les bons soins qui lui sont prodigués.

Du côté de l'école, plusieurs conférenciers se présentent. Le député Jean-Baptiste Carbonneau de Roberval obtient du ministère de l'Agriculture, J.-A. Gareau de Joliette pour donner des connaissances nouvelles sur l'horticulture et l'aviculture. La ferme s'est enrichie d'un poulailler froid qui abrite une centaine de poules. Chaque groupe d'élèves le visiteront et appliqueront les leçons qu'elles viennent de recevoir.

À son tour, le Docteur Constantin offre un entretien sur l'anatomie, fort intéressant et très goûté. Quelques jours plus tard, le Département de l'Agriculture délègue Solyme Roy, arboriculteur de profession, dans le but d'établir une station fruitière dans le jardin, à titre d'expérience. Plusieurs tentatives ont échoué jusqu'à présent, faute de connaissances suffisantes pour mener à bonne fin cette culture.

Voici en bref les conditions stipulées dans le contrat conclu entre le Ministre de l'Agriculture et la communauté. Le gouvernement fournit les arbres, les plants et un jardinier spécialisé pour la préparation du sol et la plantation. Il donne une allocation annuelle de 25$ pendant cinq ans. Le régisseur s'engage à fournir gratuitement le terrain, ainsi que les soins et l'attention pour

Les élèves du pensionnat prennent une leçon pratique au poulailler.

Les élèves de l'École Ménagère préparent la terre du jardin avant les semis du printemps autour de 1915.

l'exploitation raisonnée de ce verger. Il accepte également de recevoir un inspecteur du ministère et de présenter chaque année un rapport sur les résultats obtenus. À la fin de l'expérience, le verger constitué en station d'arboriculture restera la propriété du dit ré-
gisseur[27].

Les travaux de la plantation des arbres débutent
même avant la signature de ce contrat, car la saison
avance et il est grand temps de procéder à la mise en
terre des plants si l'on veut leur procurer les meilleures
conditions de croissance. Les élèves participent avec
intérêt à la démonstration avant de commencer les longues séances d'examens de fin d'année.

Un peu avant la grande dispersion de juin, elles célèbrent, dans la plus stricte intimité, le jubilé d'argent
d'ordination de l'aumônier Marcoux. Celui-ci s'oppose à
toutes démonstrations extérieures, mais consent au
congé traditionnel que les étudiantes attendent depuis
longtemps. Une grand-messe solennelle et l'offrande
d'une modeste somme de 25$, don de la communauté,
soulignent cette fête que l'on aurait souhaitée beaucoup
plus éclatante. Mais ce cachet de simplicité n'empêche
en rien les démonstrations intérieures de vénération et
de reconnaissance envers « M. le Chapelain ».

À vrai dire, l'atmosphère de la communauté porte
plutôt à la tristesse en ce moment. Mère Sainte-Marie
vient de recevoir l'onction des malades et, de jour en
jour, on s'attend au dénouement fatal. En effet, au matin
du 9 juillet, elle succombe à la tuberculose, malgré les
bons soins dont on l'a entourée, à l'âge de 30 ans et
après cinq ans de profession religieuse. En plus de sa
pénible maladie, un grand chagrin de famille supporté
intimement a contribué à l'avancement de ses jours. Elle
laisse à la communauté et au pensionnat où elle s'est
dévouée, un profond souvenir et le témoignage d'une
vie entièrement vouée au Seigneur.

27. Contrat signé par J.-E. Caron, ministre d'Agriculture et Mère
    Saint-Raphaël, 17 juillet 1911, AUR, *Section des contrats*.

Les religieuses, encore toutes à leur peine à la suite de ce décès, sont tirées de leur tristesse par la surprise d'une grande visite. Mgr Francesco Stagni, délégué apostolique au Canada, accompagné de Mgr Labrecque et d'un grand nombre de prêtres du diocèse, prendront le dîner au monastère le lendemain. Inutile de songer aux quelques appartements de l'aumônier pour la réception. On décide donc de transformer en salle à dîner un des plus grands locaux destinés aux élèves. Les dames de la ville prêtent leur concours pour la décoration, la préparation des mets et le service de la table. Tout se passe à la satisfaction générale et les visiteurs se retirent immédiatement pour continuer leur route vers Mistassini, où le Délégué doit présider les cérémonies de la bénédiction du monastère des Pères Trappistes[28].

À Roberval, les vacances ressemblent, pour une bonne partie, à l'année scolaire. Les cours d'enseignement ménager, inaugurés en 1893 pour les religieuses des autres communautés qui désirent étudier le programme et le fonctionnement de l'École, se poursuivent avec le même intérêt. Nous avons la certitude que des certificats de compétence, approuvés par le ministre de l'Agriculture, sont décernés aux méritantes après le cours[29]. Citons les communautés représentées aux vacances de 1911: la Congrégation des Servantes du Saint-Cœur-de-Marie de Donnacona et du Lac-au-Sable, les Sœurs de la Charité de la Malbaie, de Montréal et les Ursulines de Stanstead et de Rimouski. Les religieuses ne comptent pas le travail et les fatigues quand il s'agit de faire connaître et propager l'enseignement ménager.

Et voilà déjà septembre! Quelle réconfortante rentrée: 125 pensionnaires au rendez-vous du premier jour!

---

28. AUR, *Annales*, I, p. 226.
29. B. Michaud, secrétaire du ministère de l'Agriculture, 13 septembre 1910, AUR, *Lettres 1907-1914*.

Avec les externes, on comptera 310 élèves. Dès les premières semaines, une intéressante causerie de J.-C. Chapais, agronome, introduit ces jeunes dans l'esprit de
leur institution en faisant valoir la dignité et la grandeur de la profession d'agriculteur. Il insiste également
sur les bienfaits qui résultent de l'éducation qu'elles reçoivent et les engage à en profiter pleinement.

La fête de Mère Saint-Raphaël, d'ordinaire fixée au
24 octobre, est remise au 21 novembre, 50e anniversaire
de sa prise de voile. Après les démonstrations de circonstance, un grand congé est accordé aux religieuses et
aux élèves. C'est avec peine que l'on constate chez la
fondatrice un vieillissement et des troubles sérieux de
vision. En 1907, lors d'un voyage à Québec, elle consulte un oculiste. Il lui conseille de ménager ses yeux
usés et lui ajuste des verres pour la soulager. Son occu-
pation de dépositaire ne la favorise pas en ce sens. Malgré les avertissements reçus, elle continue le même
travail qui consiste surtout à aligner des séries de chiffres. En 1910, dans un autre voyage, elle revoit le même
spécialiste. Cette fois, le diagnostic est très sérieux: une
cataracte voile complètement son œil droit et s'attaque
à l'autre. Avec ses 73 ans sonnés, le mal est déclaré
sans remède. L'année suivante, il a progressé si vite
qu'il ne reste qu'une lueur dans l'œil gauche, lui per-
mettant de distinguer les objets à proximité et de se conduire seule dans la maison par des chemins connus.

La communauté et les élèves adressent de ferventes
prières pour obtenir sa guérison; Mère Saint-Raphaël
leur suggère de demander plutôt une parfaite conformité
au bon plaisir divin. Elle peut encore écrire, mais il lui
est impossible de se relire. Ses lettres d'alors, tracées au
crayon et que l'on a conservées, accusent une pente,
vraie diagonale de gauche à droite. Aux heures de récréation, le tricot remplace la couture à la main; son
tempérament très actif ne la laisse jamais inoccupée: elle
prie, écrit, tricote ou dicte des lettres à sa secrétaire d'occasion. Désormais, sa mémoire deviendra son œil,

son guide[30], autant pour elle que pour la communauté qui s'appuie encore sur sa vaste expérience et sa remarquable clairvoyance.

5. Phase de transition pour l'École Ménagère

Le début de l'année 1912 marque quelques cérémonies religieuses: la prise de voile d'Alice Ouellet qui reçoit le nom de Sainte-Ursule et la profession de Sœur Saint-Laurent Gignac. Dans un autre domaine, des conférenciers délégués par le Ministère d'agriculture, le Frère Liguori, aviculteur, trappiste d'Oka et H. Toussignant, ancien élève de cette institution, donnent des entretiens sur la basse-cour, l'incubation artificielle et l'élevage des poussins. Tous deux constatent que l'entreprise est en bonne voie et qu'il faut la continuer. Un peu plus tard, Raphaël Rousseau, autre diplômé de la même école, présente des notions sur différentes branches de l'agriculture. Après avoir visité les activités dans leurs divers départements, il se déclare satisfait et obtient de son ministère une machine à coudre et des instruments aratoires pour le jardin des petites[31].

Si les expériences dans l'enseignement de l'agriculture se multiplient et s'avèrent fructueuses, par contre l'École entre dans une période d'insécurité et de transition, causée par les grandes questions concernant l'orientation nouvelle des Écoles ménagères. Désormais le Ministère continuera à dispenser des bourses et des octrois, à contrôler la section de l'enseignement ménager proprement dit. Le Département de l'Instruction publique se réserve la partie classique et l'on pourrait dire la supervision de l'ensemble des cours.

L'affiliation à l'Université Laval n'a encore posé aucune difficulté quant à l'application du programme, des

---

30. AUR, *Document G*, pp. 52-53.
31. Confirmation dans une lettre de G.-A. Gigault à Mère Saint-Raphaël, 27 mars 1912, AUR, *Lettres 1907-1914*.

Une salle d'étude au pensionnat.

examens et de l'obtention des diplômes. Le Ministère
d'agriculture, par l'intérêt et la compréhension apportés
à la maison, n'a cessé de lui prodiguer conseils, encouragements et aide pécuniaire aux heures les plus difficiles. Depuis les débuts, l'école des Ursulines, institution privée, a suivi les programmes des couvents et des
écoles publiques de la province, mais n'a reçu la visite
d'aucun inspecteur. Les finissantes se sont présentées au
Bureau Central des Examinateurs Catholiques pour obtenir un brevet qui leur a permis d'enseigner.

Voilà qu'en avril 1912, Charles-Joseph Magnan,
inspecteur général des écoles de la province, délégué par
le Surintendant de l'Instruction publique, vient visiter
l'école des Ursulines. Il parle du projet d'ériger l'École
Ménagère de Saint-Pascal et l'École Ménagère de Roberval en écoles normales classico-ménagères et demande si la communauté veut bien l'accepter. Cette dernière consent, à condition que les résolutions prises à
cette fin lui conviennent. Le visiteur rencontre ensuite

les élèves au travail, questionne, examine et se dit très satisfait des réalisations et de l'organisation présente.

Immédiatement après son départ, la Supérieure écrit au Surintendant de l'Instruction publique pour lui demander de reconnaître l'École Ménagère de Roberval comme école normale classico-ménagère, s'offrant à commencer les cours en septembre prochain. Le Surintendant répond par le retour du courrier qu'il soumettra cette demande au Comité catholique du Conseil de l'Instruction publique[32].

Dans une lettre adressée à l'évêque de Chicoutimi, la Supérieure, après avoir fait état de la question, conclut:

> Nous donnons volontiers notre adhésion à ce projet et adoptons le programme des Dames de la Congrégation qui est conforme au nôtre, à l'exception de la langue latine que nous n'avons pas enseignée. Nous avons en plus toutes les branches de la philosophie que nous aimerions à conserver, mais, nous nous soumettons toutefois aux décisions que vous trouverez bon de prendre. (...)
> Nous espérons jouir de tous les avantages et secours qui seront accordés à la maison-sœur de la nôtre[33].

Quelques jours plus tard, dans une autre lettre, elle précise:

> Je crois bon de vous dire, Mgr, que les programmes dont nous nous servons maintenant, resteront les mêmes. Nous sommes convaincues que le travail diminuera au lieu d'augmenter: nos élèves n'ayant qu'un seul diplôme en vue, leur attention sera moins partagée[34].

Mgr Labrecque approuve l'adhésion de la communauté à ce projet, se propose de prendre en mains les

---

32. Pierre Boucher de LaBruère à Mère Saint-Stanislas, 12 avril 1912, AUR, *ibid.*
33. Mère Saint-Stanislas à Mgr Labrecque, 11 avril 1912, *Archives de l'Évêché de Chicoutimi*, série 8, cote 52, Vol. 3, pièce 39.
34. La même au même, 20 avril 1912, *ibid.*, pièce 40.

intérêts de l'école de Roberval à la réunion du Comité qui s'ouvrira le 8 mai prochain[35].

L'on attend donc, avec patience et confiance, les décisions du Surintendant, tout en continuant les activités coutumières. Le 30 avril, anniversaire de la mort de Marie de l'Incarnation, donne à chaque année l'occasion de prières spéciales et de petites fêtes de famille rappelant les épisodes de sa vie. Cette fois, elle coïncide avec la cérémonie de prise d'habit de Fernande Paquin qui prend le nom de Sainte-Marie, en souvenir de son ancienne maîtresse du même nom, décédée peu auparavant. Après les tableaux vivants, les saynètes, les danses indiennes présentés avec succès par les élèves, on termine la journée avec le traditionnel *Te Deum* d'actions de grâces.

Et c'est mai qui entre avec les journées plus ensoleillées, saluées avec bonheur, sans doute pour les joies d'un été bienfaisant qui s'annonce, mais aussi pour le succès des semences et des plantations de toutes sortes. Le rapport soumis au Ministère de l'Agriculture révèle que les arbres fruitiers plantés en mai, l'an dernier, ont justifié certaines appréhensions : quelques survivants seulement apparaissent dans le verger. Avec l'autorisation du ministre J.-E. Caron, Auguste Dupuis fait parvenir, au profit de la station fruitière, un certain nombre de pommiers, de cerisiers, d'ormes blancs, d'ormes pleureurs et de bouleaux pleureurs.Solyme Roy dirige les nouvelles plantations. Avec ce dernier essai, on espère parvenir à doter la région de quelques espèces de fruits rustiques[36].

Dès le 10 mai, le secrétaire du Comité de l'Instruction publique fait parvenir la nouvelle officielle qu'il a décidé d'ériger l'École Ménagère de Roberval en École

---

35.   Le même à la même, 12 avril 1912, AUR, Lettres 1907-1914.
36.   Rapport de Mère Saint-Stanislas au Ministère de l'Agriculture, 23 juin 1912, dans *Documents de la Session*, vol. 46 I, 1912, p. 26.

Normale Ménagère. Il ajoute que la question sera soumise au Gouvernement provincial qui doit se prononcer en tout dernier lieu. La Supérieure fait connaître à la communauté la nouvelle et les règlements du Comité concernant la direction de ces Écoles normales[37].

Cette question en suspens provoque chez les religieuses une certaine insécurité, mais sans nuire à l'entrain des préparatifs d'une fin d'année. L'époque des examens arrivée, l'Université délègue l'aumônier de la maison pour les présider. Les matières orales et pratiques sont contrôlées par la Supérieure et plusieurs religieuses, mais toujours en présence du délégué. Malheureusement, un retard du courrier prive les treize candidates présentées à ces examens de la joie de recevoir au jour de la distribution des prix, leurs certificats tous mérités avec la note Grande distinction. Seules les élèves qui postulent un autre brevet et prolongent leur séjour au couvent pour attendre la date fixée pour les examens du Bureau Central, ont le bonheur de les recevoir avant leur départ. Vêtues de leur robe blanche et gantées comme pour la cérémonie officielle des prix, elles se rendent à la communauté, où la Mère Supérieure leur remet le certificat obtenu[38]. Et bientôt, la cage est vide! Tout est devenu silencieux.

On profite de ces premières semaines de tranquillité pour suivre les exercices de la retraite avant l'arrivée des religieuses qui viennent prendre des cours d'enseignement ménager. Par décision du Ministère d'agriculture, ils sont devenus obligatoires pour quiconque enseigne dans ces écoles spécialisées.

Le 31 juillet, Mgr Labrecque vient pour sa visite officielle et, le lendemain, il préside les élections triennales. Mère Saint-Stanislas, déposée après avoir exercé un mandat de six années de supériorat, devient maî-

37. AUR, *Annales*, I, p. 236.
38. Mère Marie-de-l'Enfant-Jésus Chaffers à Mère Sainte-Aurélie, 23 juin 1912, AUQ, *Roberval* V, 101.

tresse des novices et du Pensionnat. Mère Saint-Augustin Béliveau est élue supérieure et Mère Marie-de-l'Incarnation Blanchet, nommée conseillère; les autres membres du conseil sont maintenues dans leur charge. Au cours de l'après-midi, l'évêque vient confirmer les nouvelles élues, cause familièrement, s'informe, répond aux questions ou donne des conseils toujours judicieux[39].

S'ajoutent aux communautés habituelles, pour les cours d'été, celles du Bon-Pasteur de Québec, des Servantes du Saint-Cœur-de-Marie de Limoilou et de Saint-Joseph-de-Saint-Vallier. Toutes repartent le 24 août, très satisfaites de leur séjour et se proposent de revenir l'année suivante, pour la même fin.

Des 334 élèves qui se présentent le 4 septembre, 137 sont pensionnaires. Toutes étudient les sciences ménagères et sont partagées en deux catégories: le cours préparatoire qui comprend quatre années et le cours ménager proprement dit composé des élèves des cinquième, sixième, septième et huitième années.

Grande fête au monastère en ce premier octobre. Trois religieuses du Vieux Monastère — les Mères Sainte-Aurélie Chaperon, supérieure à Québec, Marie-de-l'Assomption Létourneau, assistante et Saint-François-de-Borgia Riverin, supérieure à Mérici — viennent passer huit jours à Roberval. Laissons l'annaliste de Québec nous parler de leur visite:

> Ce voyage que nos Sœurs du Lac imploraient en vain depuis 1897, est dû à l'initiative de Mère Saint-François-de-Borgia. Après avoir demandé force conseil à Mère Saint-Raphaël au sujet des travaux de la ferme, des moyens d'améliorer la terre, elle reçut la réponse qu'il était difficile de traiter par écrit de choses importantes et compliquées, surtout, quand elle, septuagénaire ne voit presque plus du seul œil qui lui reste. Elle ajoutait qu'il vaudrait mieux aller juger, de visu à Roberval, des méthodes employées, du travail accompli, grâce à une expérience achetée au prix de nombreux essais et de sacrifices d'argent et de temps. Il fal-

---

39. AUR, *Annales*, I, p. 239.

lait donc, pour le bien de Mérici, profiter de l'invitation de Mère Saint-Raphaël.

De plus, les succès remportés par l'École Ménagère, faisaient souhaiter à nos Mères, de juger par elles-mêmes d'une œuvre qui attire des religieuses et des visiteurs de presque toutes les parties de la province (...).

De nos Sœurs de Roberval, nos trois visiteuses ne diront jamais assez l'esprit religieux, la ferveur, le zèle et l'inlassable dévouement, et, en plus, l'amour filial porté à la Maison-Mère. La communauté compte 44 membres, tous d'une activité incroyable, d'une ardeur sans pareille pour faire face à toutes les exigences de la situation.

Les élèves ont donné une réception très goûtée et nos Mères se sont beaucoup intéressées à les visiter dans leurs différents départements et à les voir travailler comme des petites maîtresses de maison [40].

La fête traditionnelle du 24 octobre et le grand congé qui l'accompagne fournissent une nouvelle occasion de témoigner à Mère Saint-Raphaël l'affection, le respect et l'admiration qu'on lui garde. Toutes forment des vœux pour la conserver encore pendant de longues années pour le plus grand bien de la communauté et de l'œuvre.

Les premiers jours de novembre apportent un froid, accompagné d'une chute de neige, qui force les fermiers à discontinuer les travaux des champs en pleine activité. Une température peu propice à la moisson n'a pas permis au grain de mûrir suffisamment. Dans certains endroits, il est même resté vert. Les pertes pour les religieuses et la région s'avèrent assez lourdes.

À cette épreuve, s'en ajoute une autre particulière à la communauté. Mère Saint-Augustin, quelques mois après son élection au supériorat, subit une grande fatigue, un épuisement dus probablement à l'adaptation à sa nouvelle tâche. Le poids de cette fonction pèse lourdement à la vue des vides laissés par des sujets encore dans la force de l'âge, des santés qui déclinent, des vocations trop peu nombreuses, de l'obligation de confier

---

40. AUQ, *Annales*, IV, pp. 626-627.

classes et offices à des personnes déjà chargées de travail. Les expériences passées prouvent qu'il vaut mieux prévenir le mal avant qu'il ne soit trop tard. Aussi, les soins affectueux et assidus qu'on prodigue à la jeune supérieure font espérer, sous peu, un regain de santé.

Ces dernières années marquées par des événements importants pour l'école ont contribué à lui donner un nouvel élan, à la valoriser à ses propres yeux comme à ceux de l'extérieur. Mais on pressent que l'heure vient, où il faudra peut-être lutter pour maintenir la reconnaissance officielle de l'œuvre pionnière de Mère Saint-Raphaël dans le domaine de l'enseignement ménager qu'elle a créé et introduit au pays dès 1882.

Prenez un grand soin de la santé des enfants; voyez à ce qu'elles mangent bien et à ce qu'elles dorment bien.

Mère Saint-Raphaël, 1920

CHAPITRE VIII

Alternances de peines et de joies

L'œuvre commencée par Mère Saint-Raphaël a originé de son génie créateur. Avec les années, elle a
progressé en s'adaptant au temps et aux besoins dans la
mesure des possibilités. Sans bruit, avec largeur de vue,
la fondatrice a distribué le fruit de ses expériences aux
communautés sœurs venues puiser à sa source.

Le curé Alphonse Beaudet, de Saint-Pascal, vient
dès 1902 prendre des informations en vue d'ouvrir un
établissement pour l'enseignement ménager. Il fonde
une école du type de celle de Roberval qui, plus favo-
risée en ses débuts, dans un contexte social différent,
va de l'avant et bientôt conquiert le titre de première
École Normale classico-ménagère.

Aux yeux d'un certain public, Roberval semble re-
léguée au second rang, mais non sur le plan qualité de
l'enseignement, reconnu le même quant au fond par les
autorités du temps. Nous comprendrons par la suite les
circonstances qui ont amené le gouvernement à favoriser plutôt l'École sœur de Saint-Pascal pour l'honorer
de ce titre. Les fêtes jubilaires des noces d'or de Mère
Saint-Raphaël suscitent une explosion de consolants témoignages pour l'œuvre pionnière de Roberval. Sur-
viennent des jours plus sombres provoqués par la tristesse de la guerre et la disparition de plusieurs religieuses douées admirablement pour l'enseignement.
Voyons comment l'école poursuit la voie humble, qu'elle
s'est tracée comme idéal fondamental, dans les luttes pa-
cifiques soutenues pour le maintien de ses droits et de
son rayonnement.

1. L'attente

Les mois ont passé depuis que le Comité du Département de l'Instruction publique a décidé d'ériger l'école des Ursulines et celle de Saint-Pascal en Écoles Normales Ménagères. On attend toujours la réponse de la Législature provinciale qui doit ratifier cette proposition. À Roberval, l'expérience démontre que, depuis ses débuts, les luttes et les difficultés accompagnent toujours l'œuvre dans ses entreprises, mais la Providence ne lui a jamais manqué. Les religieuses, fortes de cette profonde conviction, essaient de vivre et de travailler dans un climat de grande confiance.

À la fin de janvier, un nouveau visiteur se présente à l'École Ménagère. Le ministre d'agriculture délègue G. Huguenin, professeur à l'École de Sainte-Anne-de-la-Pocatière, pour passer un examen sur certaines branches de l'enseignement agricole. Les élèves font honneur à leurs professeurs et répondent brillamment au questionnaire assez volumineux qui leur est soumis. Le visiteur, dans une conférence sur l'importance et la grandeur de l'enseignement ménager, captive son auditoire du commencement à la fin.

Quelques semaines plus tard, L.-A. Gareau explique, dans un langage vivant et imagé, le rôle de la femme au foyer. Mars réserve le plaisir de recevoir Jean-Charles Chapais, ami de la maison depuis longtemps, intéressé à ses progrès et dévoué à la cause de l'enseignement ménager au Lac-Saint-Jean. Même si le sujet de sa causerie, l'économie en général, semble très aride, il le développe d'une façon si intéressante, que l'heure paraît courte aux élèves, sous le charme de ses paroles convaincantes et enthousiastes.

Aux activités intellectuelles, succède une soirée à caractère religieux. Un missionnaire des Pères Blancs, le Père Forbes, qui se dévoue à l'évangélisation des Africains, se présente à la communauté et demande pour parler de sa mission aux élèves. Pendant plus de deux heures, à l'aide de projections lumineuses, il transporte

son auditoire sur le sol d'Afrique, explique les difficultés de son travail, fait ressortir la pauvreté et les mœurs
de ces contrées. Ce grand missionnaire invite les bonnes
volontés à rester à l'écoute de l'appel du Seigneur et à
y répondre fidèlement. À la fin de la soirée, les élèves
lui offrent une aumône substantielle pour secourir un
petit noir orphelin.

Après ce vivant et authentique témoignage, ces
jeunes sont mieux disposées à réfléchir sur la vocation, à l'occasion de la pieuse cérémonie de vêture du
30 avril, en la fête de Marie de l'Incarnation. La célébration eucharistique terminée, deux jeunes filles au
long voile de tulle blanc, vêtues d'une élégante robe de
mariée se présentent à l'autel pour recevoir l'austère
habit de l'Ursuline. Moment toujours émotionnant pour
les élèves, tout yeux et tout oreilles, pour saisir l'instant
où apparaîtront les héroïnes du jour, revêtues de la
robe noire aux nombreux plis, du large et long manteau et du vaporeux voile blanc. Enfin, Elmire Lindsay,
devenue Mère Saint-Thomas et Anne-Marie Kéroack,
Mère Marguerite-Marie, font leur entrée solennelle dans
le chœur avec leur nouveau costume! Quel contraste
avec l'éclatante parure du matin! Que d'interrogations il
suscite dans les esprits de ces jeunes!

Un congé, gai comme le beau soleil de ce début de
printemps, permet de prolonger les échanges sur l'événement de la journée. Rouets, métiers, machines à coudre s'avèrent trop peu nombreux pour répondre à l'ardeur des ouvrières, désireuses, tout en causant, d'avancer ou de terminer les ouvrages commencés. Broderies
et tricots, lecture et composition occupent les doigts et
les esprits des autres ouvrières. Ainsi, l'on est bien vite
rendu au soir de cette belle journée[1].

Enfin, une lettre du Surintendant vient renverser
le projet élaboré pour l'école depuis un an. Voici ce que
Mère Saint-Augustin, supérieure, écrit à l'évêque de
Chicoutimi:

---

1. AUR, Annales, I, pp. 244-245.

> Nous avons reçu une lettre du Surintendant de l'Instruction publique dans laquelle il nous demandait si nous avions objection à ce qu'il proposât une motion au Comité de l'Instruction publique pour l'érection de l'École de Saint-Pascal et la nôtre en École Normale simplement ménagère et non Classico-ménagère. Comme il nous demandait une réponse immédiatement, nous avons répondu que nous ne nous opposions pas à cette motion, que nous serions même heureuses de la voir réussir[2].

Malheureusement, la dernière partie de cette lettre porte le Surintendant à croire qu'il peut facilement laisser tomber dans l'ombre l'école des Ursulines, qui se montre si peu enthousiaste face au premier projet pour lequel elle est même prête à renoncer.

À Saint-Pascal, la lettre du Surintendant, datée du 6 mai 1913, rencontre une très forte opposition. Mère Sainte-Marie-Vitaline, directrice de l'établissement, refuse « la modification proposée de devenir simplement une École normale ménagère », sous prétexte qu'on ne peut décerner des brevets d'enseignement ménager seulement, puisque le classique et le ménager se donnent simultanément et « sont inséparables ». Forte de cet argument solide, elle réclame le maintien de la décision première prise par le Comité catholique de l'Instruction publique, à savoir être reconnue École normale classico-ménagère[3]. Mais les Ursulines ignorent absolument cette revendication de Saint-Pascal et laissent dormir la question concernant leur école.

On croit comprendre les motifs des hésitations du gouvernement, à la lecture d'une lettre de Mgr Louis-Nazaire Bégin adressée au curé Alphonse Beaudet, le promoteur de la première demande soumise au Comité catholique:

---

2. Mère Saint-Augustin à Mgr Labrecque, 10 mai 1913. *Archives de l'Évêché de Chicoutimi*, Série 8, cote 52, Vol. 3, pièce 47.

3. Les Sœurs de la Congrégation de Notre-Dame de Montréal, *L'Œuvre d'un grand éducateur, le chanoine Beaudet*, Montréal, Presses de l'École des Sourds-Muets, 1947, p. 308.

Un mot seulement pour vous dire : 1° que votre demande a été agréée, mais après bien des discussions ; 2° avec l'entente que votre programme d'études soit absolument le même que celui des Écoles normales ; 3° on n'aime pas cette appellation classico-ménagère, mieux vaut ménagère seulement ; 4° on s'est moqué beaucoup de vos prétentions d'enseigner le latin aux jeunes filles, lorsque le programme est déjà trop surchargé ; on a dit que c'était du « bluff » américain (...).

Vous devez des remerciements à l'honorable Surintendant et aussi un peu à l'archevêque de Québec et à l'évêque de Chicoutimi. Personne n'était opposé à l'enseignement ménager, en lui-même, mais uniquement à cet amalgame de deux cours bien distincts que certains prétendent ne pouvoir être exécutés avec quelques succès, faute de temps[4].

L'idée d'une École normale se justifie pour la formation d'institutrices selon des méthodes et un programme bien définis. Ces diplômées pourront ensuite enseigner les matières du cours ménager d'une manière uniforme dans les écoles primaires de la province. Les jeunes, qui acquièrent plus facilement les habitudes qu'on veut leur inculquer, grandiront avec une mentalité ménagère.

Mais il semble que la principale objection, que le gouvernement soulève au sujet de la création des écoles normales ménagères, vienne des écoles normales régulières. Voici ce qu'en pense le ministre d'agriculture, dans sa lettre au curé de Saint-Pascal :

La question d'une subvention augmentée est très secondaire à la question principale, qui consiste à déclarer école normale ménagère, une école où l'on ne donnerait pas seulement des diplômes d'enseignement ménager, mais où l'on aurait droit de donner des diplômes pour un cours pédagogique aussi bien que les écoles normales régulières. C'est à quoi s'opposent ces dernières.

Si vous consentiez à la création d'une école normale exclusivement ménagère, avec droit de donner des diplômes pour l'enseignement ménager, mais sans insister pour la collation des diplômes relatifs à la formation pédagogique, je

---

4. *Ibid.*, p. 350.

**crois que nous pourrions solutionner cette question faci-
lement**[5].

Et c'est probablement pour clore le plus tôt possible
ces débats que le Surintendant propose, aux deux écoles
de Roberval et de Saint-Pascal, la solution donnée dans
sa lettre du 8 mai 1912. Nous voyons alors la réaction
différente de ces deux écoles. Contrairement à Roberval,
Saint-Pascal s'ingénie à mettre à contribution toutes les
influences possibles pour combattre les préjugés des
personnes qui s'opposent au projet de l'érection d'une
école normale classico-ménagère. Il est bien amusant
d'apprendre que Charles-Joseph Magnan, inspecteur
général des écoles de la province, se mette de la partie
pour suggérer un petit truc qu'il juge tout à fait efficace
pour faire fléchir la volonté du premier ministre. Il écrit
à Sœur Sainte-Marie-Vitaline : «Invitez donc Sir Lomer
Gouin et Lady Gouin, [à l'École Ménagère]. Ce que femme veut, Dieu le veut, dit-on, et souvent les bons maris
agissent de même[6].» À son tour, l'Archevêque de Québec presse le ministre de ratifier le projet du Comité
catholique «pour créer une école normale type»[7].

Enfin, la nouvelle officielle de l'érection de la première École Normale Classico-ménagère est annoncée le
26 juin 1913, pendant la cérémonie de la distribution des
prix, par A. Stein, député au provincial, qui a multiplié
ses interventions en faveur de cette institution[8].

Pendant ce temps, au Lac-Saint-Jean, on ignore ces
derniers événements et on attend encore le résultat de la
motion soumise au Parlement par le Surintendant, telle
que présentée aux Ursulines, le 10 mai 1913. Disons,
pour expliquer la situation réelle, qu'après la réception
de cette lettre, l'évêque de Chicoutimi leur a conseillé
de n'entreprendre, auprès du gouvernement, «aucune

---

5. *Ibid.*, p. 326.
6. *Ibid.*, p. 341.
7. *Ibid.*, p. 343.
8. *Ibid.*, p. 359.

démarche, soit pour remercier, soit pour demander, car ce dernier devrait faire connaître ses désirs à la communauté »[9].

Revenons au dernier jour de mai, où O.-E. Dallaire procède à la visite officielle de l'école de Roberval. Heureux du succès des travaux et des activités qu'il constate, il félicite et encourage les élèves et leurs professeurs et termine ces journées par une conférence sur l'ordre et l'économie. Il la présente d'une façon pittoresque et charmante que les élèves goûtent beaucoup. Ce visiteur est l'initiateur des jardins scolaires établis depuis quelques années dans les écoles primaires de la province.

Les examens de musique des 26 élèves de ce département sont présidés par Gustave Gagnon, secrétaire du Collège de musique Dominion et membres du jury. Il se dit très satisfait des progrès réalisés par ces jeunes et décerne, pour la classe Senior, une médaille en argent enjolivée d'une lyre en or. Elle est méritée par Marie Chaffers, qui a obtenu son diplôme avec distinction. Les huit élèves du cours universitaire se méritent des certificats d'enseignement ménager avec la note grande distinction.

Des amis de la maison offrent, pour la distribution des prix, plusieurs médailles en or, en argent et des volumes. Adjutor Rivard, secrétaire général de la Société du bon parler français, gratifie le pensionnat de quatre médailles en bronze pour récompenser les succès et la bonne volonté des élèves en ce domaine[10].

Le rapport, fourni au Ministère de l'agriculture, en cette fin d'année scolaire, nous apprend que le clapier et le rucher ont donné de bons résultats :

> **Ce dernier surtout, le plus important, composé de onze ruches au printemps, a donné neuf bons essaims et produit 400 livres de miel. La flore sur les bords du Lac-Saint-Jean est**

---

9. Mgr Labrecque à Mère Saint-Stanislas, 21 mai 1912, AUR, *Lettres 1907-14*.
10. AUR, *Annales*, I, pp. 246-247.

Le rucher protégé des vents par la chapelle vers l'année 1913.

riche et ne meurt que très tard, en sorte que la grande miellée se termine quinze jours plus tard qu'ailleurs.

L'aviculture est en honneur ici. Notre poulailler est l'objet de fréquentes visites de la part des étrangers, et quelques familles de la localité font maintenant une étude spéciale de cette branche des industries agricoles. Notre plantation fruitière a bien soutenu les rigueurs de l'hiver à l'exclusion de quelques cerisiers.

De la ferme à l'École ménagère proprement dite, il n'y a qu'un pas, puisque toutes les branches qu'on y enseigne convergent vers un même but: donner à la vie rurale la place qu'elle doit occuper dans l'esprit des jeunes filles, même de celles qui n'auront pas le bonheur de goûter les joies pures et saines d'un foyer champêtre, à la tête duquel se trouve une femme digne d'en être la reine.

Ce mode d'enseignement n'entrave pas les études classiques, et un bon nombre d'élèves se présentent chaque année aux divers brevets d'enseignement. Les beaux-arts ne sont pas négligés: musique, peinture, etc[11].

11. Rapport de Mère Saint-Augustin au Ministère de l'Agriculture, 29 août 1913, *Documents de la Session*. 1913, Vol. 47 II, pp. 80-82.

À travers ces lignes, se détache la préoccupation claire et ferme d'inculquer aux jeunes filles l'amour du foyer et des tâches connexes, l'attachement à la vie rurale, le désir d'acquérir une formation raisonnée, utile, pratique et la plus complète possible. L'enseignement des arts demeure une option pour les élèves des classes sociales différentes qui désirent profiter de cette culture. Mère Saint-Raphaël et ses compagnes éducatrices restent attachées aux principes fondamentaux et à la philosophie qui ont guidé l'école jusqu'à ce jour.

Encouragées par la bienfaisante influence de leur institution et par les succès obtenus, elles veulent demeurer ouvertes aux nouveaux changements qui surviendront dans l'avenir au moment voulu par la Providence. Elles les accepteront à condition qu'ils contribuent au bien de l'école et au maintien des droits acquis par leur initiative première.

2. La déception

Les vacances sont à peine commencées et déjà les salles de classe et les ateliers reluisent de propreté sous les chauds rayons du soleil de cette fin de juin qui les inondent de sa lumière. Bientôt, arriveront les religieuses des autres communautés inscrites aux cours d'enseignement ménager pour une durée d'environ quatre semaines.

Ces vaillantes étudiantes, comme leurs généreux professeurs, en plus des fatigues accumulées pendant l'année scolaire, s'en imposent de nouvelles par cette session intensive de cours. Heureusement, elles peuvent compter sur la détente que leur offre le site enchanteur du monastère situé en face du grand lac ; l'immense cour ombragée de beaux arbres, embaumée du parfum des fleurs qui jalonnent ses grandes allées ; la tranquillité et le calme des soirs, où seul le clapotis de l'eau vient rompre le silence. Dans un tel milieu, on oublie, en grande partie, les fatigues des heures de pratique passées à la cuisine, au tissage, à la couture, à la beurrerie ou à l'étude proprement dite.

Depuis quelques années, la disparition ou le départ de certains sujets de la communauté place le monastère dans une impasse pour l'enseignement de l'anglais. À la suite d'une pressante demande aux Ursulines de Québec, Mère Sainte-Paula Higgins-O'Kelley est prêtée pour un temps indéterminé. Malgré son âge assez avancé et une santé fragile, cette vaillante Mère accepte avec bonheur de venir secourir les religieuses de Roberval. Elle arrive donc dès les premiers jours des vacances, accompagnée de Marie-Anna Barabé qui se présente pour son entrée au noviciat. Clara Barabé, sœur de cette dernière, vient offrir ses services aux religieuses pendant quelque temps. Vu l'impossibilité pour les Ursulines d'arriver à couvrir tous les champs d'action, l'évêque de Chicoutimi leur permet d'accepter ce secours de l'extérieur.

Mère Sainte-Paula se propose d'employer une bonne partie des vacances à préparer des jeunes Sœurs pour les rendre aptes à enseigner la langue seconde. Entre temps, elle s'emploie également aux travaux d'art dans lesquels elle excelle, devenant ainsi une précieuse aide pour la communauté[12].

Cette joie d'une double recrue pour le monastère s'assombrit, en apprenant par les journaux, la nouvelle de l'érection de l'École ménagère de Saint-Pascal, tandis qu'on ignore celle de Roberval qui a sollicité le même privilège, le 10 avril 1912. Autour de la table des conseillères, on s'interroge, on réfléchit et on prie sous le regard de Notre-Dame-du-Bon-Conseil pour connaître le meilleur parti à prendre. La Supérieure écrit à Mgr Labrecque pour lui annoncer la nouvelle et sa détermination de communiquer avec le ministre Caron.

Après le recul des années et à la lumière des divers documents conservés aux archives, on se rend compte

---

12. AUR, *Annales*, I, p. 248.

que les Mères de Roberval se sont entièrement reposées sur la bonne volonté des autorités gouvernementales et la confiance que ces dernières ont toujours témoignée à leur institution. Éloignées de Québec, elles ignorent la demande réitérée de l'École de Saint-Pascal et son rejet de la proposition du Surintendant, le 9 mai 1913. Elles ne sollicitent l'influence d'aucune personnalité de marque pour intercéder en leur faveur. Nous comprenons que leur attitude silencieuse et leur acceptation résignée de porter le titre d'École normale ménagère seulement contribuent à diriger l'attention du gouvernement sur la seule école de Saint-Pascal. De plus, quel soulagement pour les finances de ce dernier!

Les Ursulines éprouvent tout de même une grande déception. Elles concluent que ce nouveau titre place l'École du curé Beaudet sur un plan supérieur à celle de Roberval et la prive du titre d'institution pionnière qu'elle s'est acquise au prix de tant de sacrifices. Poussées par un sentiment qu'elles croient juste, elles interrogent humblement, par lettre, le ministre d'agriculture pour connaître les raisons pour lesquelles l'École de Roberval a été ignorée lors de l'élévation de Saint-Pascal. Nous la citons intégralement:

L'érection de l'École Ménagère de Saint-Pascal en École Normale Classico-Ménagère nous a surprises et profondément peinées: surprises, car jusqu'aux derniers jours de juin l'on nous disait qu'il n'en était pas question; profondément peinées, car nous avions l'assurance que cette maison et la nôtre marcheraient de pair. Il nous est donc permis de demander la ou les raisons de ce changement et de solliciter bien humblement une réponse.

Est-ce parce qu'il y a trente ans que nous travaillons à propager l'enseignement Classico-ménager dans la province de Québec en donnant à un grand nombre de communautés les renseignements qu'elles venaient nous demander à ce sujet? Monsieur l'abbé Beaudet et les Dames de la Congrégation sont venus tour à tour, et ces dernières, jusqu'à trois fois, étudier notre organisation; et nous avons répondu sans restriction à toutes leurs questions.

Est-ce pour le local que l'on croirait peut-être insuffisant? Il nous sera facile de donner des preuves du contraire.

Pour le personnel enseignant? Notre personnel compte quarante-huit religieuses, toutes occupées directement ou indirectement à l'éducation des enfants.

Notre situation locale y est-elle pour quelque chose? Ce n'est pas un obstacle au recrutement des élèves, lesquelles se chiffraient, cette année, à trois cent trente-quatre.

La question d'un Principal, de professeurs, si besoin il y a, ne pourrait-elle pas être réglée ici comme elle l'a été ailleurs?

Nous pourrions évoquer ici les sacrifices que le terrible incendie de 1897 nous a imposés, la situation financière que nous a faite le relèvement des ruines du monastère, et cela pour continuer notre œuvre.

Monsieur l'abbé Beaudet réclame le titre de Promoteur de l'Enseignement Classico-Ménager; il le mérite et nous le lui décernons volontiers; mais qu'il nous soit permis d'en réclamer une petite part. Toujours nous avons donné à nos élèves une instruction solide avec le cours ménager; mais les exigences des premières années de la fondation de notre maison, étaient moindres qu'elles ne le sont devenues depuis. Tous les cours d'aujourd'hui résisteront-ils à l'épreuve du temps? Nous avons toujours répondu, je crois, aux désirs de tous ceux qui s'intéressent à notre œuvre.

Si l'on nous objecte que nous n'avons pas fait de réclame pour l'érection de notre maison en École Normale, nous répondrons que, directement, non; car nous savions que la question des Écoles Normales Classico-Ménagères embrassait la maison de Saint-Pascal et la nôtre.

Lorsque, au début de notre fondation, nous eûmes la visite de l'Honorable Wilfrid Laurier et de quelques autres personnages distingués, surpris de rencontrer une Institution de ce genre, il nous dit en nous quittant: «Nous nous souviendrons». Il est passé sans avoir eu l'occasion de se souvenir, mais n'aurait-il pas légué cette promesse à ses successeurs? Nous vous prions donc de vous souvenir en rendant justice à une humble maison qui s'est maintenue au milieu des épreuves.

Nos programmes répondent déjà à tout ce que celui des Écoles normales demande, et nos élèves subissent, en général, leurs examens à la grande satisfaction des examinateurs.

Permettez-nous, Monsieur le Ministre, de solliciter votre bienveillant concours à une question très grave pour nous. Je regrette que le feu de 1897 ait détruit les flatteuses appréciations qui nous sont venues de la France et de la Belgique, lorsque, après examen de nos programmes qu'on nous avait demandés, on nous exprimait surprise et admiration de notre œuvre. Ce serait peut-être là une preuve sensible que nous avons été les premières à nous occuper d'enseignement ménager.

Nous vous soumettons le tout avec la confiance d'être pleinement exaucées.

Veuillez agréer le profond respect avec lequel je suis, au nom du Conseil de notre maison, Monsieur le Ministre, Votre très humble,

Sœur Saint-Augustin, supérieure [13]

La réponse, arrivée quelques jours après, leur apporte les éclaircissements attendus et peut-être aussi la surprise de constater que, par leur intention d'accepter le titre d'École normale ménagère qu'on leur a proposé, les Ursulines ont grandement nui à leur avancement. Voyons en quels termes mesurés, délicats et respectueux, elle est exprimée:

J'ai votre lettre se rapportant à l'érection de votre établissement en École Normale Classico-Ménagère. Lorsque l'érection de l'établissement de Saint-Pascal fut décidé en principe, il fut question de votre maison. Nous considérâmes alors la question (très importante au point de vue financier) d'ajouter deux Écoles normales à celles qui existaient déjà et de charger le budget d'une dépense de $12,000.00 au lieu des octrois moins élevés payés auparavant à Roberval et à Saint-Pascal. On nous représenta qu'il serait bien difficile d'augmenter la dépense d'une manière aussi considérable. On allégua en outre que Roberval avait signifié son intention d'accepter son érection sous le titre d'École normale ménagère, et que les autorités de cette maison paraissaient satisfaites de cette solution.

---

13. Mère Saint-Augustin à J.-E. Caron, ministre de l'Agriculture, 2 juillet 1913, AUR, copie conservée aux *Archives*.

C'est pourquoi l'on décida d'ériger en premier lieu Saint-Pascal en École Normale Classico-Ménagère, et de remettre à plus tard une semblable érection en faveur de votre maison.

Je regrette bien, croyez-le, Madame, toute la peine et le désappointement que vous ressentez.

Il n'y a pas là, soyez-en sûre, aucune intention de méconnaître les mérites de votre établissement, mérites que nous avons reconnus d'ailleurs en plus d'une circonstance.

La question relative à Roberval reste toujours ouverte. Les mérites de votre maison, ses aspirations et ses droits recevront, à une époque qui ne peut être éloignée, toute la considération du gouvernement. (...)[14]

Ces lignes prouvent l'authenticité de l'enseignement donné à Roberval et apportent la certitude que cette institution n'est pas considérée inférieure à celle de Saint-Pascal, comme certains ont semblé le croire. De plus, le ministre souligne les droits de l'école, attention qui lui revient en toute justice.

À son retour, après une absence de quelques semaines, le Surintendant trouve sur son bureau le document officiel du gouvernement en date du 29 juin 1913. Immédiatement, il écrit à Mère Saint-Augustin :

J'ai été, comme vous, surpris d'apprendre que l'École Ménagère de Saint-Pascal avait été érigée en École normale Classico-ménagère, sans que l'École ménagère de Roberval, la plus ancienne du pays, ait obtenu le même avantage.

J'ose croire que ce n'est que partie remise, et que la recommandation du Comité catholique recevra son plein effet.

Le gouvernement n'ayant pas ratifié cette recommandation, on m'avait mis sous l'impression, le printemps dernier, qu'il ne désirait accorder aux écoles de Roberval et de Saint-Pascal que le titre d'écoles normales ménagères et non celui d'écoles normales classico-ménagères. Alors, je vous ai écrit pour vous demander si vous accepteriez d'être érigée en école normale ménagère seulement.

---

14. Le même à la même, 8 juillet 1913, AUR, *Lettres 1907-1914*.

Les choses en restèrent là, jusqu'à la réception par mon département de l'arrêté ministériel de juin dernier concernant seulement l'école de Saint-Pascal. (...) [15]

Ces propos concordent avec les explications données dans les lettres précédentes. Les Ursulines comprennent alors l'inutilité de poursuivre, pour le moment, le débat en vue d'obtenir le titre d'École normale classico-ménagère. Il faudra patienter encore plusieurs années avant de voir la réalisation de ce projet.

Même si l'école ne jouit pas des mêmes privilèges que celle de Saint-Pascal, les élèves se présentent en grand nombre à l'entrée de septembre: 150 pensionnaires, 386 avec les externes, chiffre jamais atteint jusque là. Dès le 4 de ce mois, Antonio Grenier, sous-ministre de l'Agriculture, invite les Ursulines à se rendre à Québec le 11 courant, pour prendre part à une assemblée qui se tiendra au Palais législatif. Il sera question des normes à établir avant de disposer des crédits accordés par le gouvernement, de la façon de développer et d'encourager l'enseignement ménager dans les écoles rurales et les écoles normales de la province.

Le 10 septembre, Mère Saint-Augustin, Mère Saint-Raphaël et Mère Saint-François-Xavier partent pour Québec. Elles profitent de ce voyage pour régler différentes questions financières concernant la maison et l'école. J.-Ed. Caron leur accorde une entrevue privée au cours de laquelle il se montre d'une courtoisie, d'une bienveillance remarquables. Elles reviennent très satisfaites de l'issue de la réunion avec les principaux des Écoles Normales, les officiers du Ministère de l'Agriculture et du Département de l'Instruction publique et des délégués des Écoles Ménagères. Désormais, un enseignement ménager et agricole doit continuer à être donné régulièrement aux élèves instituteurs et institutrices

---

15. Boucher de LaBruère à Mère Saint-Augustin, 23 juillet 1913, *ibid*.

dans les écoles normales, au moyen de conférences et de cours abrégés dispensés par des professeurs et des conférenciers d'agriculture. Les sujets à traiter seront déterminés par les officiers de ce ministère. On suggère également que, dans la mesure du possible, un jardin potager et fruitier soit mis à la disposition des élèves [16].

Du Vieux Monastère, les Mères reviennent comblées de mille bontés et de délicates attentions. Tout particulièrement, Mère Saint-Raphaël, future jubilaire d'octobre prochain, se voit l'objet d'une bien touchante fête de famille. Quelques moments après le dîner, elle est appelée à la communauté où toutes les religieuses l'attendent et la reçoivent au chant de l'*Ecce quam bonum*. La Mère Supérieure couronne la jubilaire. On l'invite à s'asseoir dans un fauteuil recouvert de broderie confectionnée par Mère Sainte-Antoinette, son amie et confidente de jadis, qui l'a devancée dans son éternité. Après le baiser et les vœux de circonstance, en prélude des noces d'or, on lui chante toute l'affection et la vénération que les Mères du Vieux Monastère lui conservent. On lui présente un cadeau enveloppé de tendresse et de mystère qu'il ne lui sera pas permis d'ouvrir avant le 23 octobre.

Avec quelle profonde reconnaissance et touchante émotion, Mère Saint-Raphaël reçoit cet hommage de ses Sœurs de Québec, au monastère qu'elle a quitté depuis 31 ans. Si ses yeux lui refusent la joie de voir comme autrefois, son cœur garde toute la fraîcheur et la chaleur de sa tendre affection, que sa parole communique en des termes savoureux et d'une délicatesse exquise [17].

Le lendemain de leur arrivée à Roberval, 16 septembre, la communauté s'accorde un congé pour entendre raconter ce merveilleux voyage. Mère Sainte-Paula jubile plus que toute autre de l'accueil et de l'hommage que ses Sœurs de Québec ont offerts aux Mères du Lac. Et ce

---

16. AUR, *Annales*, I, p. 252.
17. AUQ, *Annales*, IV, p. 737.

n'est que l'aurore de plus grandes réjouissances au monastère !

Mais auparavant, la communauté se voit inquiétée par la maladie de Mère Marie-de-l'Enfant-Jésus Chaffers, obligée de s'aliter sur l'ordre du médecin qui diagnostique une pneumonie. Bien que le cas lui paraisse bénin, il conseille quand même à la malade de faire la communion en viatique pendant quelques jours, vu que la maladie s'avère grave en elle-même. On s'alarme également au sujet de Mère Marie-de-l'Incarnation Blanchet, incapable de se rendre à la grande chapelle de la communauté et qui doit garder l'infirmerie.

La nuit du 23 septembre se passe très difficilement pour Mère Marie-de-l'Enfant-Jésus ; cependant le médecin garde encore l'espoir d'un retour possible à la santé. Hélas ! sous des apparences trompeuses, la maladie fait son œuvre. Le 25, le médecin se montre de nouveau optimiste, mais la malade assure que ses forces déclinent rapidement. Au cours de l'après-midi, de son fauteuil où les religieuses la visitent, elle devient tout à coup si affaissée, qu'elle ne répond le plus souvent que par des signes. Le médecin, de nouveau appelé, constate une congestion de poumons très prononcée. L'aumônier vient lui donner l'Onction des malades. Le lendemain matin, après une nuit qui ressemble plutôt à une douce et paisible agonie, elle expire à l'âge de 54 ans, dont 35 de profession religieuse.

Les obsèques du 29 septembre sont présidées par l'aumônier Marcoux. Les prêtres de la paroisse et des environs sont retenus à Chicoutimi pour la fête de Mgr Labrecque. Aucun membre de la famille n'assiste aux funérailles, sinon sa nièce Marie, élève au pensionnat. La ville entière s'associe au deuil de la communauté par envoi de fleurs, bouquets spirituels, généreuses offrandes de messes venus surtout des parents des élèves reconnaissants envers cette vaillante éducatrice.

Mère Marie-de-l'Enfant-Jésus, partie du monastère de Québec en 1902 pour venir secourir les religieuses de Roberval, s'est dévouée avec zèle et amour auprès des élèves quart-pensionnaires qu'elle aimait tendrement. De plus, elle s'est imposée le surcroît des leçons de mandoline, de violon et de guitare, après ses classes régulières de la journée.

Quelques jours avant sa mort, elle écrit à un oncle, le Docteur O'Leary Chaffers de Montréal pour lui demander un diadème pour la statue de la Vierge de la chapelle qu'elle veut offrir à Mère Saint-Raphaël à l'occasion de ses noces d'or. Lorsque le riche diadème doré parvient à la communauté, Mère Marie-de-l'Enfant-Jésus n'est plus là. Quel vide pour les religieuses !

L'épreuve se prolonge au monastère. Dans la nuit du 14 octobre, Mère Sainte-Paula est atteinte de deux fortes hémorragies pulmonaires. Le médecin ordonne un repos complet et ne lui permet même pas de se rendre à l'infirmerie. On la soigne donc dans sa petite chambrette au bout du dortoir et on interdit toute visite afin d'éviter de la faire parler. À la vue de son état, Mère Sainte-Paula s'afflige pour la communauté privée de deux sujets dans l'espace de quelques semaines. Ne conservant que très peu d'espoir de revenir à la santé, elle demande qu'on avertisse sa famille et les Mères de Québec de son état actuel. Elle supplie ces dernières d'envoyer un sujet capable de combler le double vide que la mort de Mère Marie-de-l'Enfant-Jésus et sa maladie viennent de creuser à Roberval. Ce n'est qu'après la troisième journée que les hémorragies cessent leur ravage, mais la malade demeure dans une grande faiblesse. Les religieuses du Vieux Monastère, alarmées, rappellent cette bonne Mère dès qu'elle sera capable d'entreprendre le long voyage pour Québec. Elles ne font aucune allusion à la remplaçante demandée, silence qui ajoute à la peine de la malade, consciente du besoin extrême qui se fait sentir à Roberval, surtout avec la perspective des noces d'or[18].

---

18. AUR, *Annales*, I, pp. 259-260.

En effet, trois jours seulement nous séparent des grandes festivités du jubilé de Mère Saint-Raphaël. Que de travail pour réaliser, en si peu de temps, le programme élaboré depuis plusieurs mois!

3. Jubilé d'or de Mère Saint-Raphaël

Après avoir vécu des angoisses provoquées par la grave maladie de Mère Sainte-Paula et la disparition de Mère Marie-de-l'Enfant-Jésus, l'âme dirigeante des préparatifs du jubilé, la communauté redouble d'activités pour compenser l'arrêt de travail survenu en ces moments. Bientôt, le monastère, les salles de classe décorés avec goût prennent un air de fête, les corridors se parent de banderolles aux inscriptions variées, la chapelle revêt ses plus belles parures, enfin l'atmosphère invite les cœurs à la joie.

Déjà les réponses aux invitations pour la fête arrivent nombreuses. La présence de l'archevêque de Québec et celle de l'évêque de Chicoutimi obligent les religieuses à préparer deux trônes dans le sanctuaire de la chapelle. Comme la communauté ne dispose de tentures que pour un seul, elle s'empresse d'en commander de nouvelles à Québec, car aucun marchand de Roberval ne peut les lui fournir. Le précieux colis arrive au soir du 21 octobre. Immédiatement, les plus habiles couturières taillent et cousent une partie de la nuit pour confectionner les tentures qui doivent être terminées pour le lendemain soir. Ernest Tremblay, neveu de Mère Saint-Joseph, s'offre gracieusement pour draper les trônes dans le sanctuaire, après son travail de la journée. Enfin, tout est prêt et les illustres invités seront reçus avec toute la dignité et le respect que leur caractère épiscopal requiert en de telles circonstances.

Les petites externes ouvrent le triduum des fêtes profanes et religieuses par une séance en l'après-midi du 21 octobre. Leur gentillesse et leur spontanéité charment l'assistance et tout particulièrement la fondatrice, qui a conservé toute sa vie un amour de prédilection pour ces petites. Le lendemain, 22 octobre, la communauté s'assemble quelques moments après le dîner, pour accueillir la jubilaire avec le traditionnel *Ecce quam bonum*, suivi de l'offrande des vœux. La Supérieure, après l'avoir couronnée, lui présente un riche bouquet spirituel contenant 50 messes qui seront célébrées à ses intentions. La chorale monastique entonne un chant embaumé des sentiments intimes de respect, de tendresse et de reconnaissance de chacune des religieuses de la maison. Suivent de nombreux couplets accompagnés de la lyre qui évoquent les épisodes de la vie de l'héroïne du jour, du berceau au jour illuminé des feux dorés. Des voix douces et harmonieuses aux accents pieux font monter vers le ciel des actions de grâces pour les merveilleux talents dont le Seigneur a gratifié Mère Saint-Raphaël et pour les faveurs innombrables dont il a inondé son âme. Il faut couper court aux remerciements et aux démonstrations chaleureuses de l'heure, moment que l'on remet au cours de la soirée, car une autre fête attend la jubilaire.

À 14 heures, les élèves réunies à la salle des réceptions, l'acclament à leur tour, par des chants, des vœux et des fleurs. Cinquante petites filles vêtues de blanc s'approchent en chantant un gai refrain. L'une d'elles, Mariette Lacombe, nièce de Mère Saint-Raphaël, se détache du groupe et vient couronner la tante bien-aimée, au visage illuminé d'un sourire de bonté et de tendresse. On est tout yeux et tout oreilles pour ne rien perdre des mots de remerciements exprimés dans une parole à la fois émue et sincère.

Vers la fin de l'après-midi, à la gare de Roberval, descendent du train de Québec, Mgr L.-Nazaire Bégin, archevêque, l'abbé J.-Esdras Laberge, aumônier des Ursulines, deux religieuses du Bon-Pasteur: Sœur Thérèse-du-Carmel, nièce de Mère Saint-Raphaël et Sœur Sainte-Hélène, sa cousine. Le monastère envoie un carosse attelé de deux chevaux pour l'archevêque et l'aumônier et une autre voiture pour les religieuses.

À l'heure convenue, la Supérieure, l'Assistante, Mère Saint-Raphaël, zélatrice et toutes les religieuses disponibles se rendent à la porte conventuelle pour recevoir les Mères du Bon-Pasteur, tandis que l'aumônier Marcoux accueille les deux autres dignitaires dans ses appartements. Quelle heureuse surprise d'apercevoir au premier rang, à l'ouverture de la grande porte, une guimpe blanche d'ursuline! Une Ursuline! s'exclame-t-on d'une seule voix! En effet, Mère Saint-François-d'Assise de Québec vient à Roberval pour aider les religieuses. Le nom circule de bouche en bouche, si bien qu'en un instant la nouvelle se répand dans toute la maison. Cadeau inappréciable de la maison-mère pour les noces d'or!

Dans l'émoi et la joie causés par cette surprise, on s'aperçoit qu'on a oublié de souhaiter la bienvenue aux visiteuses. Et Mère Saint-Raphaël, dont les yeux à demi-éteints n'ont pu reconnaître la nouvelle venue, comprend enfin la cause de l'explosion de joie de ses Sœurs. On se rend à la communauté où la conversation roule sur les événements heureux de cette journée. Mais bientôt la cloche interrompt brusquement la soirée et annonce le salut du saint Sacrement auquel assistent Mgr Bégin, Mgr Labrecque et plusieurs autres prêtres déjà rendus pour la cérémonie du lendemain[19].

C'est le soir d'un beau jour! Aux fleurs de la terre, se mêlent celles moins éphémères que l'amour et la joie font éclore dans les âmes.

Qu'il nous soit permis de résumer ce que relate un journaliste de l'*Action Sociale* sur les faits et les événements des jours suivants.

Le 23 octobre, dès 6 h 30, messe basse de Mgr Bégin assisté des abbés Léonard Lacombe et J.-Ernest Lizotte, à laquelle assiste Mère Saint-Raphaël. Agenouillée à son prie-Dieu près du sanctuaire, elle renouvelle ses vœux de profession et communie de la main de l'archevêque.

---

19. *Ibid.*, pp. 264-265.

Dix fillettes vêtues de blanc, couronne vivante, montent la garde autour d'elle, symbolisant les cinq lustres de sa profession religieuse. À 9h, Mgr Labrecque célèbre une messe pontificale, dite messe du jubilé. L'abbé Lizotte agit comme prêtre-assistant, les abbés Georges Bilodeau et Elzéar Lavoie, comme diacre et sous-diacre d'office et les abbés Eugène Grenon et A. Verreault comme cérémoniaire et turiféraire, l'abbé Edmond Duchesne, comme maître de cérémonie. Mgr Bégin occupe son trône accompagné des abbés Marcellin Hudon et Louis Boily. Seize autres prêtres, venus de Québec et des paroisses environnantes, remplissent le sanctuaire.

Parmi les laïques, nous remarquons: J.-C. Chapais, assistant-commissaire fédéral de l'industrie laitière, J.-B. Carbonneau, député provincial, Arthur du Tremblay et Isidore Couture, maires de Roberval, Roch-Pamphile Vallée, magistrat de district, le Docteur Jules Constantin, J.-E. Boily, inspecteur d'écoles, Léon Couët, gérant de la Banque Nationale, Simon Cimon et le Docteur Edmond Savard. Ajoutons quelques membres de la famille de la jubilaire: Isidore Morin, J.-Edgar Cloutier, Edgar, Eudore, Armand Lacombe et les deux religieuses du Bon-Pasteur.

La chorale du monastère interprète avec brio la messe des Anges harmonisée et à l'Offertoire, le chant du *Quid Retribuam Domino*. À 11h30, un banquet est servi par des dames de la ville. Cinquante convives font honneur au magnifique menu préparé par les élèves de l'École Ménagère. Après les discours de circonstance, on se rend à la salle des réceptions, où toutes les élèves vêtues de blanc, acclament l'héroïne du jour et les illustres visiteurs. Mgr Labrecque daigne descendre les marches du théâtre pour inviter Mère Saint-Raphaël, assise au bas de l'estrade avec les autres religieuses, à monter prendre place à côté de lui. Les élèves présentent une adresse sous forme de dialogue, auquel une vingtaine de jeunes filles prennent part. On y souligne en termes émouvants et délicats les principales étapes de la vie de la jubilaire et l'œuvre qu'elle a fondée au Lac-

Saint-Jean. En même temps, on exprime la grande joie causée par la présence des distingués prélats venus pour la circonstance et on les remercie pour les grands services que tous les deux ont rendus à l'institution au cours de leur épiscopat.

Mgr Bégin prend ensuite la parole et dans une paternelle allocution, dont il possède le secret, il rend un hommage élogieux à la Communauté des Ursulines de Québec et de Roberval, qui depuis si longtemps continue à se dévouer pour l'éducation des jeunes filles de la province de Québec. Tout spécialement, il insiste sur la belle et utile carrière de Mère Saint-Raphaël.

À son tour, Mgr Labrecque adresse des paroles touchantes à la jubilaire et lui exprime ses regrets de ne pouvoir se montrer aussi généreux qu'il l'aurait voulu pour la célébration de ce jubilé. Il a consacré ses économies pour venir en aide à sa cathédrale et à son séminaire après le triste incendie de l'année précédente.

La séance se termine par une courte allocution du député Carbonneau et par la lecture d'une lettre qui lui a été adressée par le premier ministre de la province de Québec, Lomer Gouin, en réponse à l'invitation reçue pour assister aux magnifiques fêtes de ce jour. Il le charge de le représenter à cette grande cérémonie et de faire connaître les raisons qui motivent son absence — des travaux préliminaires à la session l'empêchent de se rendre à Roberval — et de «témoigner à la jubilaire tout l'intérêt qu'il porte à la communauté et à l'œuvre dont elle est la fondatrice dans cette province».

Le député présente à Mère Saint-Raphaël, de la part du ministre de l'agriculture, J.-Ed. Caron, une médaille d'or portant l'inscription suivante: sur une face, *Au mérite, cinquantenaire de la révérende Mère Saint-Raphaël;* sur l'autre: *présentée par l'honorable ministre de l'agriculture de la province de Québec, 1913.*

Le journaliste ajoute une très belle louange pour le programme de chant et de musique exécuté par les élèves de l'École Ménagère. Les invités passent ensuite du côté de la communauté, où sont exposés les nombreux et riches cadeaux offerts par les parents et les amis de la jubilaire.

La fête de la journée se termine à la chapelle où un «sermon de haute envolée» est prononcé par l'abbé Esdras Laberge, aumônier des Ursulines de Québec. Il développe le thème: l'utilité de la vie religieuse. Mgr Bégin préside le salut solennel au saint Sacrement et, à la fin, est enlevé par la chorale un vibrant *Te Deum* d'actions de grâces. L'abbé Thomas Marcoux, «digne chapelain de ce monastère», dans un rôle effacé pour l'organisation de ces fêtes, n'a rien épargné pour se rendre agréable envers les invités au cours de la journée[20].

Signalons à l'honneur de presque toutes les communautés religieuses de la province, leur magnifique et généreuse participation par l'offrande de dons et de cadeaux variés, tous aussi précieux les uns que les autres. Les maisons d'Ursulines font parvenir de touchants témoignages d'affection, de respect et d'admiration, accompagnés de cadeaux en nature, sinon en or. La Maison-Mère envoie un don de 50$ en or, le chapelain Marcoux remet un riche écrin contenant 1 000$ en or et un ciboire également en or, le Docteur Constantin fonde une bourse de 1 500$, J.-C. Chapais offre une horloge-bijou. Et la liste pourrait continuer encore longuement. Tous les noms des généreux donateurs à l'occasion de ce jubilé sont inscrits en lettres de reconnaissance dans les *Annales* de la maison.

Mère Saint-Raphaël porte vaillamment et d'une façon édifiante les fatigues et les émotions de ces journées. Son cœur enregistre profondément toutes les marques de considération et les attentions prodiguées à son humble personne. Dans son humilité, elle fait rejaillir ces hommages sur les compagnes qui l'ont précé-

---

20. *Les Noces d'or de la Révérende Mère Saint-Raphaël, au Monastère des Ursulines de Roberval*, nouvelle dans *L'Action Sociale* du 27 octobre 1913.

dée dans l'Au-delà et celles qui l'entourent aujourd'hui. Demain lui réserve encore de grandes joies à l'occasion de la rencontre de ses chères anciennes élèves[21].

Le matin du 24 octobre, en la fête de l'archange Raphaël, plusieurs prêtres célèbrent l'Eucharistie dans la chapelle du monastère avant leur départ. La communauté se prépare pour la réception de ses enfants d'autrefois accourues nombreuses pour fêter leur vénérée Mère de jadis.

Enfin, à 14 heures, les portes du cloître s'ouvrent toutes grandes pour accueillir cette foule de tous âges qui se presse près de l'entrée. Quelles salutations joyeuses et enthousiastes de part et d'autre! Que de chaleureuses poignées de mains, d'accolades fraternelles! La grande salle des séances se remplit à tel point qu'elle semble ne pouvoir contenir une personne de plus. Dès que l'héroïne du jour apparaît, des acclamations et des vivats saluent son arrivée. La Supérieure et toutes les religieuses de la communauté prennent place dans l'assistance. Une fois le calme rétabli, un chœur formé d'anciennes élèves sous la direction de Madame Thomas-Louis Bergeron exécute un chant de fête de circonstance. Madame Arsène Néron, présidente du comité d'organisation, se fait l'interprète de ses compagnes dans une adresse où elle évoque, en des termes sentis, la fondation du couvent, les premiers labeurs, les épreuves, le zèle et le dévouement des Mères de Roberval. Après ces paroles qui ont remué tant de souvenirs, un joli programme de violon accompagné de piano est rendu par un groupe d'anciennes.

Madame Alexina Tessier, dont le monastère garde encore vivants le dévouement et la générosité déployés à l'occasion de l'incendie de 1897, rend un hommage aux vertus et aux mérites de la jubilaire. Elle exprime les sentiments de profonde reconnaissance et de filial attachement des anciennes élèves et termine par des vœux

---

21. AUR, *Annales*, I, p. 270.

de bonheur et l'offrande d'une bourse de cinq cents dollars à laquelle elles ont contribué. Ce don, déposé sur un plateau d'argent, est présenté par cinq fillettes dont les mamans sont des anciennes élèves de Mère Saint-Raphaël.

Enfin, la Mère jubilaire veut à son tour adresser la parole. Son émotion refoulée bien des fois depuis le début des fêtes, paraît plus forte à ce moment: «Si le bon Dieu ne m'a pas laissé mes yeux pour vous voir, chères enfants, dit-elle, il m'a laissé un cœur pour vous aimer». À ces mots, des sanglots éclatent dans l'assistance. Mère Saint-Raphaël domine son émotion et poursuit ses remerciements. À la fin, elle prie chacune de s'approcher, la baise, lui adresse quelques mots et lui remet une image souvenir.

Après cette émouvante réception, toutes se rendent au cloître pour admirer les nombreux cadeaux, tout en continuant de causer. Combien parmi elles ne se sont jamais revues depuis le temps des études au pensionnat! C'est une atmosphère de bonheur et de paix que l'on respire et ces heures d'intimité s'écoulent douces, consolantes, mais trop rapidement. Hélas! sonne l'heure du départ. On se retire, le cœur inondé d'une joie profonde, réconfortée par les paroles encourageantes d'une Mère à qui l'on a confié ses espoirs ou ses angoisses, assurée de la constante prière des religieuses qui veillent encore, mais d'une autre façon, sur leurs anciennes qu'elles continuent d'aimer. Les dernières voix s'éteignent. La portière, à son poste, attend les retardataires volontaires qu'elle salue aimablement au passage. Et au demi-tour de la traditionnelle clé de clôture, la porte se ferme[22].

Après la récréation communautaire, chaque religieuse, dans sa prière du soir, rend grâces au Seigneur pour les jubilantes heures des derniers jours et le succès des fêtes. Et Mère Saint-Raphaël, toute courbée sous le

---

22. *Ibid.*, pp. 269-270.

poids des grandes fatigues, des hommages reçus, des émotions profondes, des souvenirs inoubliables de ces moments heureux, contemple en son âme ce crépuscule du soir de sa vie. Sa prière monte au Ciel comme un encens parfumé d'amour, de reconnaissance et d'abandon.

Ce jubilé a remué tout Roberval et même le Lac-Saint-Jean, si on en juge par la participation de la population qui a voulu rendre hommage à une Mère, une bienfaitrice ou une amie. Les journaux ont fourni plusieurs comptes rendus des discours et des événements survenus au cours de ces jours, rendu des témoignages émouvants à l'humble Ursuline de Roberval. Les autorités gouvernementales lui ont fait parvenir des félicitations et des paroles d'admiration pour son dévouement à l'œuvre pionnière fondée en 1882 et dont les bienfaits s'étendent à toute la région. Voici ce que J.-C. Chapais, l'un des invités présents, écrit au lendemain de ce jubilé :

> La fête qui vient d'être célébrée pour rappeler combien a été fructueuse pour la maison de Roberval la sainte, longue et laborieuse carrière de la vénérée Mère Saint-Raphaël qui fut l'une de ses fondatrices, nous permet de rappeler que sa grande œuvre a prospéré sans bruit, sans réclame, à travers les épreuves, bénie qu'elle a été par la divine Providence. Il est impossible de séparer la pensée de la vaillante fondatrice de celle de l'œuvre qu'elle a contribué à créer. Lorsqu'on nomme la Mère Saint-Raphaël, le nom de son institution surgit en même temps sur nos lèvres et, pour nous, ce nom reste et restera toujours, nous l'espérons, celui de «l'École Ménagère Agricole» (...) mots qui ne peuvent ni ne doivent être séparés quelque nom que prennent les écoles similaires qui ont été créées dans nos campagnes comme développement de l'idée mère qui a eu son origine dans le beau diocèse de Chicoutimi[23].

---

23. *Une Fondatrice Ursuline, Le cinquantième anniversaire de profession de la Révérende Mère Saint-Raphaël,* dans *Le Progrès du Saguenay,* 6 novembre 1913.

Dans une visite aux Ursulines de Québec, le 16 novembre 1913, Mgr Labrecque, en réponse aux remerciements qu'on lui adresse pour l'intérêt qu'il porte à la
maison de Roberval et son zèle à l'occasion du jubilé
d'or de Mère Saint-Raphaël reprend :

> Cette célébration eût été par trop grandiose et aussi peu
> conforme à la simplicité religieuse, s'il ne s'était agi que d'une
> simple religieuse ; mais j'ai voulu rendre hommage à l'œu-
> vre magnifique qu'elle a commencée si humblement, au dé-
> but de la fondation de 1882, et qui, ainsi que le grain de
> sénevé, s'est développée et est devenue un grand arbre sous
> lequel s'abritent des générations d'enfants. La modestie de
> Mère Saint-Raphaël, cette humilité si vraie, si sincère s'al-
> liant à un mérite que personne ne saurait lui disputer,
> ravit tous ceux qui l'approchent [24].

De retour à Québec, au bas de la lettre d'obédience
de Mère Saint-François-d'Assise, arrivée après son départ pour Roberval, Mgr Bégin ajoute :

> Les noces d'or de la charmante et édifiante Mère Saint-
> Raphaël ont été magnifiques : c'était grande joie partout au
> Lac-Saint-Jean. Tous les notables de l'endroit se sont fait un
> devoir et un honneur d'assister à la messe pontificale et au
> banquet. Quelle sainte religieuse que cette Mère Saint-Ra-
> phaël ! Quelle modestie ! Quelle humilité ! Et pourtant elle
> fait de grandes choses, mais pour Dieu et pour les âmes !
> Cette fête a été pour moi un vrai régal. Et que dire du ser-
> mon de votre cher aumônier sur la vie religieuse ! [25]

Ce dernier témoignage ferme le récit des fêtes des
noces d'or de la seule survivante des fondatrices qui a
eu le bonheur de célébrer les 50 années de sa profession
religieuse. Nous aimons à associer à ce mémorable jubilé, ses héroïques compagnes de fondation, de misères,
d'épreuves, les sept victimes de 1897, les autres religieuses décédées, qui du haut du Ciel, ont sûrement parti-

---

24. AUQ, *Annales*, IV, p. 766.
25. AUQ, Lettre copiée dans les *Annales*, IV, p. 759, octobre 1913,
    sans date.

cipé d'une façon mystique et spirituelle, mais réelle, au grand succès de cette fête de famille.

4. Jours ternes

Le souvenir des célébrations jubilaires vit dans les cœurs. Que d'heureux rappels aux heures de réunion communautaire! Comme le temps a manqué pour prendre connaissance des nombreuses lettres reçues des différentes communautés religieuses, des prêtres et des laïques, on profite des moments de récréation pour en commencer la lecture. Hélas! les fêtes de la terre sont éphémères et leur lendemain souvent plus ternes.

D'abord, le départ de Mère Sainte-Paula pour la Maison-Mère attriste toutes les Mères. Sa santé compromise ne lui laisse plus d'espoir de reprendre son travail à la communauté. Ses quatre mois vécus à Roberval lui ont conquis l'affection des religieuses. Que de services elle a rendus au cours de son trop court séjour! Le matin du 7 novembre, elle quitte définitivement le monastère du Lac. Mère Sainte-Paula est visiblement émue; elle s'est attachée à la communauté qu'elle admire et qu'elle n'oubliera pas, une fois de retour à Québec.

Au matin du 21 novembre, le monastère commémore les fêtes jubilaires en l'anniversaire réel de la profession de Mère Saint-Raphaël. Si la date des solennités a été avancée en octobre, c'est à la demande du clergé, en prévision du mauvais état possible des routes qui aurait pu entraver la sécurité des voyages. Fête intime à la communauté, grand-messe, joyeux congé. Une lettre d'une ancienne élève, Alexina Jalbert, à Rome pour l'ordination de son frère Pierre, montfortain, annonce qu'elle a obtenu de Pie X, une bénédiction spéciale sollicitée pour le 21 novembre. Malheureusement, cette dernière arrivera quelques jours en retard. La jubilaire la recevra à genoux des mains de sa Supérieure: consolation spirituelle très profonde pour son cœur.

Au cours de la soirée, la communauté se rend à l'infirmerie visiter Mère Marie-de-l'Incarnation Blanchet qui garde la chambre depuis quelques mois. Elle a dû, en ces derniers temps, se contenter des échos de la jubilation générale des noces d'or. Son asthme opiniâtre lui cause de grandes souffrances jour et nuit. Au matin du 10 décembre, les douleurs deviennent très fortes. La malade assise dans son fauteuil s'appuie la tête sur un oreiller placé sur une table près d'elle, fixe les yeux sur le crucifix qu'elle tient dans sa main, ne trouve plus de position pour se reposer. Comme elle ne peut plus avaler, elle doit renoncer à la communion, nouvelle souffrance plus crucifiante que les autres. On lui apporte à nouveau l'Onction des malades. Vers la fin de l'après-midi, on la sent suffoquée par la douleur. Les religieuses disponibles prient à ses côtés ou lui chantent ses cantiques préférés.

À 6h30, survient une crise aiguë qui la fixe dans l'immobilité pendant quelques minutes. Elle rend son dernier soupir, à l'âge de 74 ans et 43, de profession religieuse. Immédiatement, son visage s'illumine pour ainsi dire, les traces de la souffrance disparaissent; elle garde une attitude de grande paix. Les funérailles du 13 décembre, sont présidées par l'aumônier Marcoux. L'abbé Adalbert Blanchet, frère de la défunte, venu la voir quelques semaines auparavant, ne peut se rendre de nouveau à Roberval, en raison des distances et de la saison. Aucun membre de la famille n'assiste à cette cérémonie, sauf sa nièce Ursuline, Mère Saint-Alphonse Barabé.

Venue à Roberval après la cruelle épreuve de l'incendie, en qualité de maîtresse des novices, elle a voulu y demeurer jusqu'à sa mort. Amante de la croix, pleine de compassion pour les misères des autres, âme de foi trempée par la souffrance qui a rendu sa vie un long martyre, elle a fortement marqué les novices qu'on lui a confiées à plusieurs reprises. Amie du silence et du travail qu'elle sanctifie par sa prière, grande contemplative de nature, elle s'est mérité la réputation de modèle accompli de toutes les vertus. Cette disparition crée un climat de tristesse chez les religieuses. Deux tombes fermées, un départ en l'espace de trois mois. L'épreuve pèse lourdement sur la communauté[26].

La mauvaise température des mois de novembre et décembre, l'absence des jours ensoleillés, l'humidité environnante provoquent de nombreux cas de grippe, de rougeole et même de fièvre. Dans une telle atmosphère, les classes ralentissent, la fatigue gagne un grand nombre d'élèves. Pour leur permettre un repos profitable, les vacances de Noël sont avancées et même prolongées. Cette petite halte, avant de reprendre la seconde partie de l'année scolaire, arrive également à propos pour les religieuses. Que de surmenage occasionné par les solennités jubilaires et les deuils des derniers mois !

Les élèves reviennent des vacances le 7 janvier, prêtes à reprendre vaillamment leurs études. Plusieurs, cependant, manquent à l'appel, retenues à la maison pour cause de maladie.

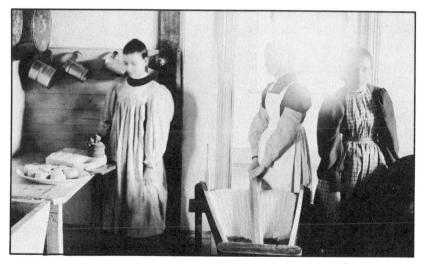

Quelques élèves travaillant à la beurrerie de l'École Ménagère en 1914.

26. AUR, *Annales*, I, pp. 272-275.

On apprend bientôt qu'un Congrès présidé par le Surintendant de l'Instruction publique, auquel doivent prendre part, Mgr Labrecque, les curés de la région, C.-J. Magnan, inspecteur général des Écoles, les inspecteurs de Roberval et de Chicoutimi, les secrétaires et les commissaires des écoles, se tiendra à Roberval, le 23 janvier. Tous ces personnages veulent visiter l'École Ménagère à cette occasion. Pierre Boucher de LaBruère, fait savoir à Mère Saint-Augustin qu'il se propose d'arriver le 20. Il veut lui consacrer la matinée du lendemain pour traiter des affaires de l'École. Pensionnaires et externes, avec leur docilité coutumière, s'appliquent aux préparatifs qui assureront le succès de cette visite. L'occasion semble propice pour ce grand public, peut-être trop peu renseigné sur l'institution, de se former une opinion juste et réelle au sujet de l'enseignement classico-ménager dispensé à l'école.

Malheureusement, quelque temps avant l'heure fixée pour la visite, on apprend qu'une dépêche télégraphique, reçue le matin même, rappelle le Surintendant auprès de son épouse tombée gravement malade depuis son départ. Quelle déception de part et d'autre! Vers 10h30, Mgr Eugène Lapointe, délégué de Mgr Labrecque, se présente accompagné du clergé, de l'Inspecteur Magnan et des autres séculiers. Un mot de bienvenue composé à la hâte est adressé au prélat et aux membres de sa suite. Il y répond aimablement et longuement, avec des paroles élogieuses et encourageantes. On parcourt ensuite les différents départements de la maison où les élèves exécutent les travaux commencés. Une salle, tout spécialement, retient l'attention des visiteurs. On y a installé un poële à pétrole et les benjamines, élèves de sept à dix ans, préparent des mets adaptés à leur âge avec un sérieux et une habilité fort remarqués.

Quant aux aînées, elles servent le dîner qu'elles ont préparé pour les 26 convives attablés dans les appartements de l'aumônier. Tous font honneur au menu et félicitent les jeunes cordons bleus pour le savoir-faire

et l'adresse qu'elles ont manifestés en cette circonstance[27].

Les mois d'hiver de cette année causent des étonne-
ments dans la population. Du froid excessif, on passe à
des pluies qui font disparaître la neige. Dans les chantiers, les travaux sont suspendus, les voies de transport
coupées. Les bûcherons s'inquiètent. Mars rétablit l'équilibre de la saison, les routes se raffermissent, sous l'effet de la température plus froide qui dure depuis quelques semaines. En mai, une sécheresse nuit grandement
aux semences et à la végétation. Des orages électriques
poussés par le vent causent ensuite des dommages dans
la ville et les environs. Les pronostics pour l'automne
s'avèrent plutôt sombres.

Aux derniers jours de juin, arrive une nouvelle plus
réjouissante. L'archevêque Bégin vient d'être élevé à la
dignité du cardinalat. Le diocèse de Chicoutimi partage
la joie de la population de Québec et s'associe aux fêtes
splendides qui salueront le retour de Rome de leur ancien pasteur. Puisse le Ciel prolonger les jours du nouveau cardinal et lui faciliter un fécond apostolat! Les Ursulines lui adressent des félicitations d'usage, l'expression de leurs hommages respectueux, l'assurance de leur
filial attachement, leur profonde reconnaissance pour le
dévouement manifesté surtout au cours des deux années
de son épiscopat à Chicoutimi.

Pour honorer l'École Ménagère de Roberval, le Surintendant lui accorde, à la fin de l'année scolaire, la
même attention qu'aux Écoles Normales de la Province.
Les lignes suivantes démontrent la considération qu'il
conserve pour l'institution:

> **Je regrette que votre École ménagère n'ait pas encore reçu
> le titre d'école normale, mais, par anticipation, permettez-moi
> de vous offrir cette médaille en or, en reconnaissance des
> précieux services que votre institution rend, depuis nombre**

---

27. *Ibid.*, pp. 258-259.

**d'années à la population du territoire du Saguenay. Vous re-
cevrez la médaille par la poste[28].**

Les demandes des religieuses devenant plus fortes
pour les cours de vacances, on se voit dans l'obligation
de transformer des salles de classes en chambrettes pour
les loger convenablement, en dehors du cloître. Quant
aux jeunes filles, elles seront reçues dans le dortoir des
pensionnaires. À la demande du député Girard, deux
conférenciers de la Ferme expérimentale d'Ottawa viennent donner des cours sur l'aviculture et l'élevage de certains bestiaux. J.-C. Chapais, pendant trois jours, fournit des instructions pratiques sur l'horticulture et l'arboriculture. Enfin, le docteur Constantin se charge de l'enseignement de la médecine domestique. Malgré les
grandes chaleurs de ces semaines, les cours se poursuivent avec le plus grand enthousiasme[29].

Soudain, une terrible nouvelle arrivée d'Europe, jette le monde entier dans la consternation. Après l'assassi-
nat de l'archiduc François-Ferdinand à Sarajevo, le 28
juin 1914, l'Autriche déclare la guerre à la Serbie. Que
deviendra demain? question angoissante à laquelle aucun humain ne peut répondre. Des prières se multiplient pour éloigner le fléau de la guerre et, en même
temps, la cessation de la sécheresse qui cause des désas-
tres et des incendies. Une fumée épaisse masque les
rayons du soleil ardent et monte à la gorge. De partout,
s'organisent des processions, des suppliques au Ciel
pour enrayer le danger environnant. Ce n'est que vers
la mi-août qu'une pluie bienfaisante et abondante tombe enfin sur le sol crevassé et desséché.

L'atmosphère s'alourdit de nouveau à la nouvelle
que le conflit européen s'aggrave par l'entrée en guerre
de quatre grandes puissances d'outre-mer. Une dépêche de Rome de Pie X convie les catholiques du monde

---

28. Pierre Boucher de LaBruère à Mère Saint-Augustin, 12 mai
   1914, AUR, *Lettres 1907-1914.*
29. AUR, *Annales,* I, p. 287.

entier à adresser à Dieu d'instantes suppliques pour éloigner la perspective d'une guerre universelle. L'anxiété monte encore en apprenant, un peu plus tard, que le Pape, accablé par la douleur qui oppresse son âme, donne des signes d'affaissement physique.

Les événements pénibles se succèdent. Au Canada, le gouvernement fait appel aux soldats pour aider la mère-patrie. Le 28 août, un message venant de Chicoutimi, annonce le décès de Pie X, survenu dans la nuit. Pendant une heure on sonne, à la paroisse, le glas funèbre du pontife. L'humble cloche des Ursulines mêle sa voix à ces accents lugubres. Les religieuses chantent au chœur l'Office des Morts à trois nocturnes et, le lendemain, un service pour le repos de l'âme du pape disparu.

Sur les champs de bataille, la guerre continue à livrer de rudes combats. Le Canada commence à instaurer des mesures économiques pour parer aux besoins du moment. Le malaise général atteint tous les citoyens, le coût de la vie monte en flèche. Malgré cette situation précaire, la rentrée de septembre ramène au bercail 365 élèves dont 147 pensionnaires.

Au matin du 3 septembre, le monde entier apprend que le Cardinal Giacomo Della Chiesa de Bologne a été élu pape et adopte le nom de Benoit XV. À cause des grandes difficultés survenues au cours du voyage, le Cardinal Bégin arrive à Rome après l'élection du Pape. Il peut, cependant, assister aux cérémonies du couronnement qui se déroulent avec toute la solennité des rites traditionnels accomplis pacifiquement.

Plusieurs familles sont affectées par le départ du premier contingent de soldats canadiens pour outre-mer. La tristesse règne partout. La voix des archevêques et des évêques des provinces ecclésiastiques de Québec, de Montréal et d'Ottawa, s'élève pour faire connaître aux catholiques leurs devoirs dans la crise actuelle. Ils recommandent « la prière et l'aumône pour fléchir la juste colère de Dieu ». À cet effet, ils suggèrent que le dimanche du 18 octobre, dans toutes les églises, une quête soit organisée au profit des soldats et des sans-travail de chacun de leurs diocèses. Également, ils demandent que l'on chante le psaume *Miserere* à la suite de chaque messe et que l'on ajoute l'oraison *Pro pace*. Les Ursulines et leurs élèves unissent leurs prières et leurs aumônes à celles du diocèse.

Malgré les restrictions budgétaires des gouvernements et les difficultés présentes des citoyens, la vie s'organise d'une façon presque régulière. Le Ministère d'agriculture fait parvenir à l'école un octroi de six cents (600$) dollars pour la réparation de la grange et trois cents (300$) dollars pour la construction d'une serre de 30 pieds sur 12 pieds, dans le but d'introduire la culture des primeurs dans la région. Jean-Baptiste Trudel, surintendant des Associations de contrôle dans la province, présente aux élèves une série de leçons pratiques sur la fabrication du fromage à la crème. Il profite des soirées pour démontrer, à l'aide de statistiques, les avantages qui résultent de l'amélioration du bétail laitier par la sélection, le soin et l'alimentation. En complément de son enseignement, il présente des projections lumineuses sur les fermes belges, suisses et hollandaises. Quel meilleur procédé pour fixer l'attention de l'auditoire![30]

Et l'on entre dans la grande semaine des examens semestriels écrits et oraux qui précèdent les vacances des Fêtes. Sensibles aux misères, aux désolations de tant de foyers où sévissent les calamités de la guerre, les élèves renoncent à l'arbre de Noël traditionnel en faveur des pauvres soldats qui luttent au-delà de l'Océan. Elles ont recueilli des honoraires pour trois services chantés pour les Canadiens morts au champ de bataille et deux messes aux intentions des combattants.

Avant leur départ du 28 décembre, on les avise que, à partir de janvier, vu l'augmentation du coût de la vie présente et par la décision de l'Évêque, la pension sera

---

30. *Ibid.*, pp. 313-314.

portée à neuf dollars par mois et la musique à trois dollars. De plus, l'uniforme, la robe noire avec collet et poignets blancs, à l'essai depuis septembre, deviendra obligatoire à l'avenir, pour les jours de semaine et le dimanche, la sortie et le retour au couvent. Une robe blanche, confectionnée sur le même modèle que la noire, sera seule acceptée pour les grandes cérémonies. Les parents appuient cette décision. Ainsi tomberont d'elles-mêmes les petites rivalités de toilette entre jeunes filles.

Aux derniers jours de décembre, paraît la première encyclique de Benoît XV. Le pontife supplie toutes les classes de la société, les petits et les grands, de renoncer à la guerre et de s'engager dans les voies de la justice envers Dieu, le prochain et l'Église. Les fêtes de Noël et du jour de l'An sont voilées de tristesse. Au monastère, on profite de ces jours pour intensifier la prière et se disposer à l'abandon confiant pour l'année nouvelle qui s'ouvre.

Le retour des élèves s'effectue le 7 janvier et, dès le lendemain, on reprend l'étude sans beaucoup d'entrain, mais avec bonne volonté. Encore quelques jours embrumés par les souvenirs de vacances et les esprits retrouvent leur ardeur au travail. Quelques semaines plus tard, on assiste à une belle cérémonie religieuse. Henriette Constantin, ancienne élève et sœur de Mère Marie-de-l'Eucharistie, revêt l'habit de l'Ursuline et prend le nom de Marie-de-la-Trinité. Elle est la deuxième et dernière fille du docteur Constantin. Puisse sa santé se fortifier et lui permettre d'atteindre jusqu'à l'oblation définitive!

Sur la fin de l'après-midi, toute la famille du cloître se rend à la salle des réceptions pour fêter la Mère Supérieure. Les élèves interprètent un duo d'entrée et, pendant une heure et demie, présentent avec succès un programme des plus intéressants. Voilà qu'un personnage s'introduit à la dérobée à cette séance. Le médecin de la communauté, le docteur Jules Constantin, fait coïncider une visite à sa malade, Mère Saint-Rémi qu'il a opérée récemment, avec l'heure de la fête. Grand musicien lui-même, il imagine un truc pour entendre le chant et la musique que les élèves vont exécuter. Rien de plus facile, car les portes de la salle de réception et celles de l'infirmerie sont ouvertes. Le docteur, à pas feutrés, s'installe dans le corridor, d'où il ne perd aucun son ni aucun mot. On comprend la surprise des religieuses en apercevant, au sortir de la séance, l'habile « intrus » dont le sourire largement épanoui témoigne de sa grande satisfaction.

Au congé du lendemain tout illuminé de gaieté et de soleil, les religieuses visitent les bazars organisés par chacun des quatre groupes d'élèves. Les vêtements, tricots, travaux à l'aiguille exécutés avec soin et goût par les aînées surtout, sont destinés à des familles pauvres. Les Mères admirent le sens du partage et l'esprit d'initiative de leurs enfants.

L'on attend sous peu une équipe de conférenciers agricoles déjà connus par leur enseignement et leur dévouement pour l'École. A. Gareau, Luc Dupuis, Alphonse Désilets, Georges Bouchard, Raphaël Rousseau se présentent à la fin de février. Pendant une semaine, ils visitent les élèves dans leurs ateliers, les classes, félicitent un groupe, encouragent un autre. Ils se déclarent hautement satisfaits du système d'enseignement établi dans l'institution. Luc Dupuis, apiculteur expérimenté, s'étonne du résultat obtenu au rucher. Au cours des soirées, ces conférenciers invitent la population d'agriculteurs de Roberval et des environs et leur fournissent des séries d'instructions dans le but de susciter un réveil pour l'agriculture. Georges Bouchard, qui a servi pendant quelques semaines à la guerre comme ambulancier, intéresse les élèves au plus haut point en leur montrant des cartouches anglaises, françaises, belges, allemandes, des biscuits de guerre, une capote de soldat, etc. Ce réalisme suscite une vision encore plus aiguë des horreurs vécues outre-mer[31].

---

31. *Ibid.*, p. 324.

Un événement sinistre jette les citoyens de Roberval dans la consternation. L'académie Notre-Dame, dirigée par les Frères Maristes, devient la proie des flammes au matin du 27 février. Une messe hebdomadaire spéciale vient de se terminer, à laquelle ont participé environ deux cents élèves et une cinquantaine d'adultes. Les huit religieux prennent le déjeuner avec le célébrant Henri Tremblay, vicaire à la paroisse. Soudain, un élève se précipite au réfectoire annonçant que la partie sud du collège est en feu. On appelle les pompiers. Mais le trajet à parcourir, l'installation des échelles, le raccordement des boyaux d'arrosage à la bouche d'eau de la rue ouverte avec difficulté requièrent au moins une demi-heure. Et pendant ce temps, le feu court à travers la maison. L'aumônier réussit à sauver les saintes espèces qu'il va déposer dans la chapelle des Ursulines. Les opérations des pompiers s'avèrent impuissantes à conjurer la rage des flammes. Bientôt les spectateurs voient tomber le clocher et constatent que l'intérieur de la bâtisse est presque entièrement consumé. Le soir, seuls les murs de brique calcinés et glacés restent debout. Ce pénible incendie a originé probablement par l'imprudence d'un fumeur.

Les Ursulines, sensibles à l'épreuve de leurs voisins, leur offrent l'hospitalité des repas à la table de l'aumônier du monastère[32].

Dans leur tournée au Saguenay et au Lac-Saint-Jean, deux conférenciers agricoles, Georges Bouchard et Alphonse Désilets, ont jeté les bases d'une association féminine sous le nom de *Jeunes Fermières*. Roberval possède son Cercle, composé de jeunes filles et de dames, anciennes élèves de la maison. *Nous avons considéré cette innovation comme une extension de notre enseignement et nous avons cru bon d'y coopérer un peu, en nous mettant à la disposition des membres qui auraient besoin d'être avi-*

---

32. Vien, *Histoire de Roberval, op. cit.*, p. 297.

sées ou consultées, écrit Mère Saint-Augustin dans son rapport de fin d'année[33].

Les religieuses constatent qu'un phénomène concernant la poursuite des études se produit à l'École. La Supérieure expose ses inquiétudes à Mgr Labrecque:

> Notre affiliation à l'Université Laval nous a imposé des obligations que nous avons remplies jusqu'ici avec un surcroît de travail. Aujourd'hui, nous constatons que soit situation financière des familles, soit besoin personnel des mères qui réclament la présence de leurs filles au foyer, très peu de nos élèves finissent leurs études; on ne peut donc prétendre qu'à un certificat universitaire dont la teneur ne dit pas grand'chose.
>
> Pouvons-nous, sans manquer à notre devoir, renoncer à un titre que nous aimons beaucoup, mais auquel nous sommes exposées de ne pas faire honneur.
>
> Si votre dernier mot est affirmatif, je me permettrai de vous demander si nous aurions quelques formalités à remplir auprès de l'Université?[34]

Sur le conseil de leur évêque, les Ursulines soumettent le problème à l'Université. Le recteur répond avec une grande obligeance:

> Quant au petit nombre des élèves qui se présentent pour le diplôme, il ne faut pas s'en désoler: il augmentera avec le temps et les circonstances.
>
> L'Université ne cherche pas la quantité, mais la qualité: elle trouve celle-ci chez vous, cela lui suffit[35].

Les Ursulines apprennent avec peine la mort de Georges-Auguste Gigault, sous-ministre de l'agriculture, qui avait passé 23 ans à ce poste. Bienfaiteur,

---

33. Rapport de Mère Saint-Augustin au Ministère de l'Agriculture, juin 1915, dans *Documents de la Session* 1916, Vol. II, p. 61.
34. Mère Saint-Augustin à Mgr Labrecque, 12 avril 1915. *Archives de l'Évêché*, Série 8, cote 53, Vol. 3, pièce 52.
35. L'abbé Amédée Gosselin à Mère Saint-Augustin, 2 mai 1915, *Corr. Univ. Laval.*

ami de la première heure, il s'est montré sincèrement dévoué et attaché à la communauté. Il a porté à Mère Saint-Raphaël une estime, une admiration et une confiance étonnantes. Roberval garde une profonde reconnaissance pour les nombreuses améliorations agricoles qu'il lui a permis de réaliser, grâce à l'aide financière obtenue de son ministère et aux lumières de sa vaste expérience[36].

Une belle et encourageante visite en ce matin du 14 mai : l'abbé Olivier Martin, directeur du Collège de Sainte-Anne-de-la-Pocatière, est nommé examinateur des Écoles Ménagères de la province. Il parcourt tous les départements, questionne minutieusement les élèves

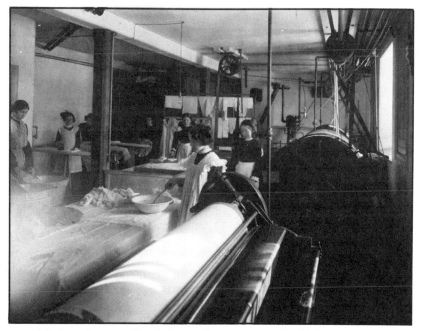

Scène de travail à la buanderie autour de 1915.

---

36. Rapport de Mère Saint-Augustin au Ministère de l'Agriculture, 1915, *op. cit.*, p. 62.

pendant leur travail. Les travaux, à l'ouvroir surtout, l'émerveillent. Il revient au cours de l'après-midi pour continuer les examens et, avant son départ, réunit les élèves à la salle de réception où il se plaît encore à questionner en habile connaisseur. Même s'il se montre plutôt sobre en démonstration, il se déclare très satisfait de sa visite. Les Mères sont ravies du déroulement et du succès de cette journée[37].

Au dehors, le chaud soleil de juin transforme la nature, facilite les travaux de la ferme et du jardin et l'embellissement de la cour. Quelle tentation pour les élèves d'oublier leurs classes pour se laisser pénétrer par les rayons ardents et bienfaisants de ce soleil! Mais la pensée des examens de fin d'année rappelle au devoir de l'étude. Malgré ces beaux jours, la maladie persiste à l'infirmerie des religieuses. Mère Saint-Joseph atteinte

Vue du jardin et du cimetière. À gauche, la voie angéline, à droite, la voie augustine. Les arbres ont été plantés par Mère Saint-Raphaël.

---

37. AUR, *Annales*, I, p. 333.

d'une pneumonie depuis le début de mai, loin de se remettre, entretient une fièvre qui la mine et la conduit
tranquillement vers la tuberculose. Le médecin ne cache
pas son inquiétude. Mère Saint-Rémi, de plus en plus
souffrante depuis sa dernière opération pour le cancer,
doit s'aliter en permanence. Pourtant, avec quel dévouement les meilleurs soins entourent ces malades !

À Québec, un concert de voix s'élève pour accla-
mer, féliciter le cardinal Bégin, dont la vie, la dignité,
les œuvres sacerdotales sont auréolées d'un glorieux
cinquantenaire. Vu le deuil mondial occasionné par la
guerre, il a interdit toute démonstration extérieure pour
son jubilé. Les Ursulines se souviennent de sa sollicitude pour leur monastère et leurs prières s'élèvent recon-
naissantes, ferventes aux intentions de ce digne prélat.

Une distribution des prix, également sans éclat, clôture l'année scolaire. Dans l'impossibilité de commander des livres en Europe, on se contente de la petite réserve de l'an dernier. Heureusement, plusieurs belles
médailles en or et beaucoup de volumes, reçus en dons
de certains bienfaiteurs de la communauté, permettent
de récompenser le travail et le mérite des élèves. Et
c'est la dispersion des vacances ! En ces temps si boule-
versés, les religieuses se demandent dans quelles conditions elles retrouveront les jeunes en septembre prochain.

5. Encore des heures grises

Premier jour de juillet ! Mgr Labrecque annonce
qu'il se présentera pour sa visite canonique le 4 de ce
mois. Pendant deux jours, on se prépare à cette rencontre par la prière des Quarante-Heures. Au jour dit, l'é-
vêque entre vers huit heures et quart et, à onze heures,
la visite se termine par une courte exhortation où il invite les religieuses à la conformité à la volonté de Dieu.
À la demande de Mère Saint-Raphaël, il accepte sa proposition de renoncer au titre de huitième conseillère.

«Les raisons alléguées par votre fondatrice sont de nature à être prises en considération, conclut le prélat. Consultez vos Mères de Québec et vous prendrez leur avis.» Immédiatement, il se dirige vers la Pointe-Bleue où il est attendu pour prendre le dîner.

C'est avec regret que les religieuses préparent le départ de Mère Saint-François-d'Assise. Arrivée à Roberval le 22 octobre 1913, elle a l'intention d'y demeurer jusqu'à la fin de l'année scolaire seulement, mais elle y prolonge son séjour au-delà d'un an. Sacristine, infirmière des enfants, robière, portière, maîtresse de catéchisme pour les premières communiantes, voilà les emplois qu'elle exerce avec le zèle, l'amour et la compétence qui la caractérisent. On croirait à la voir qu'elle a prononcé le vœu de ne jamais perdre une seconde de son temps. Que dire de sa charité, de sa régularité et de sa profonde piété? On n'ose se demander qui pourra remplacer cette vaillante, après son départ du 11 juillet.

Le médecin juge prudent de faire donner l'Onction des malades à Mère Saint-Joseph. Le Père C. Leclerc, c.s.r. de Sherbrooke, qui prêche la retraite en ce moment, se rend auprès de la malade pour accomplir ce ministère. Il en revient frappé par sa grande sérénité. Les infirmières s'évertuent à l'entourer des meilleurs soins, mais l'impitoyable maladie ne cède en rien.

Pour présider aux élections du 1er août, l'évêque, empêché de se rendre à Roberval, délègue l'aumônier Marcoux pour le remplacer. Mère Saint-Augustin est maintenue dans sa charge de supérieure, Mère Saint-François-Xavier devient assistante, Mère Marie-de-l'Assomption, zélatrice, Mère Sainte-Angèle, dépositaire, Mère Marie-du-Carmel, maîtresse des novices, Mère Saint-Stanislas, maîtresse générale et Mère Saint-Raphaël, première portière, malgré ses démarches pour se retirer des affaires. La Supérieure de Québec, à cette nouvelle, fait parvenir ses félicitations aux nouvelles élues:

Vous voudrez bien faire part à vos dévouées Conseillères de nos sincères congratulations, surtout à votre

vénérée Mère Fondatrice qu'une ingénieuse disposition des choses, d'accord avec la piété filiale, a réussi à maintenir au poste de discrète, en dépit des réclamations d'une conscience par trop scrupuleuse en cette circonstance[38].

Les cours de vacances s'ouvrent le 5 août avec une vingtaine de laïques et 37 religieuses de huit congrégations différentes. On vient de Matane, de l'Islet, de la Beauce, de Papineauville, de Rivière-à-Pierre, de la Baie-Saint-Paul, de Québec et du Lac-Saint-Jean pour étudier à l'École Ménagère. On loue la libéralité des Ursulines qui communiquent leur savoir avec tant de simplicité et de bienveillance. Jean-Charles Chapais donne des conférences goûtées sur toutes les branches de l'agriculture.

On ne peut s'imaginer le travail épuisant que s'imposent les religieuses dans la poursuite de ces cours : organisation des chambrettes, du réfectoire dans les salles de classe, tableaux-synthèse variés, confectionnés à la main pour faciliter l'étude de l'art culinaire, la tenue de la maison, les sciences ménagères, etc. Les étudiantes, touchées du prix minime exigé pour les frais de cours et de séjour, doublent presque le prix proposé par les Ursulines[39].

Mère Saint-Rémi voit son mal s'aggraver, les poumons commencent à se congestionner. L'aumônier lui administre l'Onction des malades par prudence et, le lendemain, elle reçoit avec difficulté sa dernière hostie. Déjà le coma apparaît et, pendant deux jours, la chère malade semble à demi-consciente et ne bouge plus. Le 13 août au matin, elle s'éteint paisiblement, entourée de ses Sœurs en prières. Les religieuses étudiantes offrent un très riche bouquet spirituel et témoignent leur profonde sympathie aux Mères affligées.

Les funérailles ont lieu le 16 suivant. Malheureusement, l'abbé Marcellin Hudon, frère de la défunte, curé

---

38. Mère Sainte-Aurélie à Mère Saint-Augustin, 2 août 1915, AUR, *Lettres 1915-1932*.
39. AUR, *Annales*, I, pp. 343-344.

à la Malbaie, mais rendu à la Baie des Chaleurs à ce moment, ne peut revenir à temps pour chanter le service de sa sœur. Il est remplacé par un ami de la famille, l'abbé Louis Gagnon, curé de Notre-Dame-d'Hébertville, assisté du vicaire de Roberval et du curé de Sainte-Hedwidge comme diacre et sous-diacre.

Mère Saint-Rémi, une des premières élèves pensionnaires de la maison en 1882, laisse le souvenir d'une religieuse active, dévouée, toujours prête à rendre service. C'est à l'Externat qu'elle se dépense pendant toute sa vie avec un grand bonheur. Avec l'ascendant qu'elle possède, elle conquiert tous les cœurs qui ne lui refusent rien de ce qu'elle exige. Dans l'incendie de 1897, elle a la douleur de perdre une sœur, Mère Sainte-Anne, son aînée de profession et d'âge. Grande priante, elle a pratiqué la dévotion à l'heure sainte toute sa vie. Un cancer, déclaré au cours des dernières années, lui a causé d'énormes souffrances, pendant lesquelles sa patience et sa résignation à la volonté de Dieu ont été admirables. Elle s'est endormie doucement dans une paix profonde, à l'âge de 49 ans. Ses élèves et sa communauté garderont longtemps le souvenir de sa grande charité[40].

Les cours terminés à la fin d'août, à la grande satisfaction des étudiantes ne laissent que très peu de temps avant l'ouverture de l'année scolaire. Mais en apercevant, au soir du 1er septembre, ce grand nombre de jeunes filles heureuses de revenir pensionnaires et de revoir leurs Mères, on oublie vite les fatigues passées et on se sent prête à entreprendre la tâche nouvelle courageusement.

Peu après, on reçoit la visite de Georgina Lefebvre, journaliste, connue sous le nom de Ginevra, accompagnée de Madame Antonio Grenier, épouse du sous-ministre de l'agriculture. Elles parcourent tous les départements de la maison, questionnent les élèves, exami-

---

40. *Ibid.*, p. 348.

nent leurs travaux. Elles se disent enchantées de ce qu'elles ont vu et entendu. Ginevra se propose d'écrire un article dans la page féminine du *Soleil* de Québec pour mieux faire connaître l'École à ses nombreuses lectrices.

Après une étude sérieuse concernant les cours d'été inaugurés à Roberval en 1893 et devenus onéreux par le grand nombre d'étudiantes et le surcroît de travail imposé aux religieuses qui les donnent, le conseil de la maison décide leur discontinuation. Le 8 octobre, Mère Saint-Augustin en informe le Surintendant de l'Instruction publique. Voici la réponse qu'il lui fait parvenir:

> Je me demande s'il ne serait pas opportun de prolonger de quelques années encore la tenue de ces cours, afin de satisfaire les désirs des personnes qui auraient l'intention d'obtenir des diplômes d'enseignement ménager.
>
> Permettez-moi de vous demander s'il ne serait pas nécessaire de continuer les cours spéciaux de vacances à Roberval et à Saint-Pascal? D'après l'opinion que vous m'exprimerez dans ce sens, je pourrais demander au comité catholique, à sa prochaine réunion, de prolonger le délai en question[41].

Les religieuses de Saint-Pascal, consultées par Roberval à ce sujet, répondent qu'elles ne veulent, pour aucune considération, continuer les cours d'été. Les Ursulines font donc connaître au Surintendant leur intention de ne pas prolonger les cours après les vacances 1916. Apprenant cette décision, les Filles de la Sagesse écrivent à Roberval pour savoir, si en passant les examens d'enseignement ménager à la dernière année des cours, elles pourraient, sans faire les deux stages obligatoires, obtenir leurs diplômes. Les religieuses, pour les accommoder, leur offrent un stage particulier pendant les vacances du jour de l'An. Le Surintendant accepte de proposer ce compromis au Comité catholique à sa prochaine séance[42].

---

41. Pierre Boucher de LaBruère à Mère Saint-Augustin, 14 octobre 1915, AUR, *Lettres 1915-1932*.
42. Le même à la même, 23 novembre 1915, *ibid.*

Une belle médaille en or, décernée par la Commission de l'Exposition provinciale, vient encourager et attester le mérite des élèves qui ont envoyé en exhibits, des «ouvrages du pays» confectionnés à l'ouvroir.

Le nouveau recteur de l'Université Laval, l'abbé François Pelletier, après s'être annoncé la veille, passe la journée du 16 novembre au parloir. Il s'agit d'une entente pour remanier et modifier les programmes. Très encourageant, obligeant et conciliant, il s'efforce de faciliter le travail du premier schéma qu'il présente. Il est question d'ajouter un cours supplémentaire, section ménagère. Il laisse aux religieuses la liberté d'étudier le programme soumis, de le corriger selon leurs vues et de le lui retourner dans deux mois. Enfin ce schéma sera présenté au Conseil de l'Université pour obtenir son approbation[43].

En la fête de son saint patron, Mère Saint-Jean-de-la-Croix Latulippe prononce ses vœux de profession entre les mains de l'aumônier Marcoux. L'abbé Henri Tremblay, vicaire de la paroisse, donne le sermon de circonstance. Un agréable congé finit la journée et procure une appréciable détente en ces jours mornes de novembre.

Roberval vient de perdre un de ses citoyens des plus estimés, maire à plusieurs reprises, dans la personne de Ladislas-E. Otis. La communauté le considère comme l'un de ses bienfaiteurs et, en reconnaissance, une messe de *Requiem* est chantée pour le repos de son âme. Quatre de ses filles ont étudié aux Ursulines, six autres suivent les classes en ce moment, soit comme pensionnaires ou quart-pensionnaires.

L'année 1916 s'avance avec un horizon chargé d'épais nuages. La guerre continue à sévir dans d'atroces conditions. Par l'ordonnance de l'évêque, on chante après la messe, le *Miserere* suivi des versets et de l'orai-

---

43. AUR, *Annales*, I, p. 358.

son pour la paix. La misère se fait sentir dans la paroisse. Les rigueurs de l'hiver, les tempêtes que cette saison
entraîne, le manque de travail placent un grand nombre de familles dans une situation très pénible. Des associations cherchent le moyen de leur venir en aide. Les
Ursulines offrent des denrées ou d'autres secours en nature, selon leur possibilité.

De grand matin, un jour de février, l'abbé O. Martin, visiteur des Écoles Ménagères, sonne à la grille par
surprise. Il est heureux de parcourir à l'improviste les
salles de classes, les ateliers, l'ouvroir. Au fur et à mesure qu'il avance dans les cours, il laisse entrevoir sa
satisfaction. On lui fait remarquer que les petites de la
troisième division ne possèdent aucune machine à
coudre pour leurs travaux et que les 75 quart-pensionnaires n'en disposent que d'une seule. Il suggère de
faire adresser, par les élèves intéressées, une double
supplique au ministre d'agriculture. Il se chargera de
l'appuyer par la suite.

On apprend, le 7 mars, la mort de Mère Marie-de-
l'Assomption Létourneau des Ursulines de Québec,
dans la 70e année de son âge. À l'époque de l'incendie
de 1897, elle est venue à Roberval secourir sa sœur
Mère Marie-de-la-Nativité, supérieure. Ensemble, elles
ont pleuré la mort de leur jeune Sœur Marie-de-la-Providence disparue dans la tragédie. Depuis cette heure
surtout, elle s'est montrée très attachée à la communauté et, de Québec, s'est évertuée à l'aider par tous les
moyens possibles. Elle a gardé un véritable culte pour
Mère Saint-Raphaël dont elle admirait l'intelligence
et les vertus. Dans une acceptation silencieuse et profonde, la fondatrice, par cette disparition, coupe un des
derniers liens qui l'attachent au Vieux Monastère.

Les travaux et les pourparlers commencés pour
l'adaptation des programmes universitaires d'enseignement ménager se poursuivent. Après avoir approuvé les
corrections des Ursulines sur le schéma soumis par
l'Université, le recteur se voit aux prises avec «les con-
sidérations et les suggestions» de l'abbé Martin à ce

sujet. Il en envoie une copie à la maîtresse générale avec les commentaires suivants :

> **Parmi ces excellentes vues, que d'impossibilités! Je dois vous dire que j'ai eu une entrevue de deux heures et demie avec M. Martin. Elle n'a pas suffi à lui faire comprendre, qu'il ne tient pas assez compte de ce que nos religieuses ont fait jusqu'à présent dans tous les domaines de l'enseignement, ni de la parcimonie du gouvernement à nous aider, ni des exigences et des préjugés des parents, ni du temps qu'il faut pour perfectionner un enseignement spécial comme celui-là.**
>
> **Je lui ai demandé en grâce de ne pas exiger que nos *Écoles Ménagères* pour les filles, deviennent des instituts agricoles de garçons et des fermes modèles, tout en étant des établissements d'apprentissage de coupe et de confection. Vous pourrez préparer des réponses, un peu d'avance à certaines propositions, suggestions que vous fera un jour ou l'autre M. l'Inspecteur.**
>
> **J'imagine que *l'écrit* vous laissera aussi calme qu'il m'a laissé moi-même [44].**

Les dernières lignes de ce texte rejoignent absolument les vues de Mère Saint-Raphaël qui veut que son École Ménagère garde le visage d'une institution spécialisée qui prépare la jeune fille pour toutes les tâches qu'une femme peut accomplir dans un foyer, qu'il soit agricole ou non. Mais elle n'a jamais toléré que l'on se méprenne sur le type de son école au point de l'associer aux écoles d'agriculture proprement dite [45].

Mère Saint-Stanislas, quoique malade depuis quelques mois, s'est dévouée beaucoup pour la préparation des programmes universitaires. Se sentant épuisée, elle obtient la permission de communier en viatique, car le grand jeûne eucharistique lui est devenu impossible. Au matin de Pâques, elle a la douce consolation de par-

---

44. L'abbé François Pelletier à Mère Saint-Stanislas, 14 mars 1916, AUR, *Corr. Univ. Laval.*
45. Témoignage des religieuses qui vivent encore à Roberval.

ticiper à la messe célébrée à l'infirmerie par son frère l'abbé Gustave Rémillard, lui-même gravement malade. Après avoir passé plusieurs belles heures ensemble, ils se séparent en se donnant un prochain «rendez-vous au ciel».

Les derniers jours de mai réservent une grande et douce joie aux Ursulines. Le Cardinal Bégin, revenant de Chicoutimi, où il s'est rendu pour la bénédiction de la cathédrale, passe deux jours à Roberval, accompagné de Mgr Labrecque et de son secrétaire. Il entre à la communauté au cours de la matinée pour une visite des plus agréables. Dans l'après-midi on le conduit à la salle des réceptions, où les élèves présentent une adresse et un chant de bienvenue et lui offrent des fleurs. Le Cardinal remercie en faisant l'éloge de l'institution qu'il connaît depuis longtemps et termine en accordant un congé doublé de celui de Mgr Labrecque. Le lendemain, avant son départ, il revient à la communauté et demande de visiter les travaux des élèves pour lesquels il manifeste beaucoup d'admiration. Après un joyeux «au revoir», il reprend la route de Québec.

La fin d'année scolaire enregistre une remontée dans la poursuite des études en vue d'un diplôme: 27 certificats universitaires et trois diplômes supplémentaires, neuf brevets d'enseignement du Bureau Central sont octroyés et obtenus avec des notes excellentes. Mère Saint-Stanislas, dont les forces diminuent sensiblement, donne sa démission comme maîtresse générale après la distribution des prix et est remplacée par Mère Marie-du-Rosaire. Cette dernière entre en fonction le 25 juillet, au début des cours de vacances.

Plusieurs Ursulines des Trois-Rivières et de Stanstead figurent sur la liste des étudiantes d'été. Vingt-huit religieuses, parmi celles des autres communautés, obtiennent leurs brevets, sept nouvelles se sont inscrites comme auditrices libres. L'abbé Martin donne des leçons spéciales pendant trois jours. Même si le travail surabonde, les récréations témoignent d'une sincère fraternité, d'une franche gaieté, d'une ambiance familiale. Au dernier jour des cours, les Dames du Cercle des Fermières conduisent, à la Pointe-Bleue, toutes les religieuses non cloîtrées. Au retour de cette excursion, les Sœurs de tous les costumes et de toutes cornettes organisent une fête en l'honneur des Ursulines qui, depuis 1893, initient aux méthodes d'enseignement ménager et enseignent à toutes les personnes qui se présentent. Cette initiative d'avant-garde ajoute encore à l'intelligente lucidité de Mère Saint-Raphaël. Ces vacances de 1916 ferment l'époque des études d'été chez les Ursulines[46].

Une grande activité règne dans le parterre en avant du monastère. L'aumônier Marcoux, aidé de bénévoles, poursuit, à ses frais, des travaux d'embellissement et d'ornementation. Déjà, il a réussi, par son travail et ses soins, à faire croître des haies de conifères qui entourent chacune des divisions de la cour. Cette fois, il installe un piédestal en marbre blanc qui supporte une magnifique statue d'un ange gardien. De chaque côté, des colonnades en marbre plus sombre sont placées à l'entrée des allées. Un jeu de lumières produit un coup d'œil féerique sur ce décor blanc qui se détache du vert foncé des haies de sapins. «Nous regrettons, ajoute l'annaliste, que ce luxe soit peu en rapport avec la sévérité de notre cloître, qui porte à l'intérieur les livrées de la pauvreté, mais nous ne pouvions nous y opposer sans blesser profondément le cœur du donateur, convaincu qu'il a fait une puissante réclame pour notre maison[47].»

Quel bonheur d'accueillir, en cette fin de vacances, trois postulantes, dont deux douées pour l'enseignement et une autre, pour les travaux manuels! Hedwidge Girard deviendra Mère Sainte-Madeleine, Cécile Bouchard, Mère Marie-du-Précieux-Sang et Marie Collard, Sœur Sainte-Monique. Le 24 octobre, deux autres aspirantes, entrées depuis quelques mois, revêtiront l'habit

---

46.   AUR, *Annales*, I, pp. 377-380.
47.   *Ibid.*, p. 389.

religieux : Marie-Laure Hudon recevra le nom de Mère Saint-Jean-Baptiste et Ariane Fortin, celui de Mère Sainte-Claire-d'Assise.

L'Université, ayant créé *une commission permanente de l'enseignement primaire*, demande de nommer une religieuse pour représenter la communauté à ce comité. Après un échange de plusieurs lettres, le conseil de la maison nomme la maîtresse générale qui, à son tour, demande à l'abbé Albert Aubert du Séminaire de Québec, qu'elle connaît bien, de la remplacer auprès de la Commission. Les Ursulines rendent hommage à la délicatesse et aux généreux procédés de Mgr François Pelletier, recteur, et de l'abbé Camille Roy qui ont eu égard à la situation locale et à la position financière du monastère, en acceptant cette proposition.

Mère Saint-Raphaël, touchée de l'empressement de ses filles à célébrer tous ses anniversaires, imagine un moyen de leur témoigner sa reconnaissance par une fête qu'elle organise pour chacune d'elles. De novembre à la fin de décembre, se succèdent une série de joyeuses récréations, où chants et adresse proclament les talents, les qualités et le dévouement de ses Sœurs. Sa fidèle secrétaire, Mère Saint-Jean, devenue son ange visible, aidée de quelques jeunes religieuses, prépare, à sa demande, des trônes pompeusement décorés pour chaque héroïne du jour. Ces couplets de la vénérable octogénaire, qu'on appelle désormais grand'mère, finement rythmés sur des airs canadiens, provoquent à la fois des rires et des larmes d'attendrissement. Ajoutons aussi qu'ils créent une atmosphère de détente pour les religieuses fatiguées et surchargées de travail, en ces temps assombris par les tristesses d'un monde en guerre. Mère Saint-Augustin applaudit cordialement à ces démonstrations. Elle s'évertue de son côté à ensoleiller la vieillesse de la fondatrice, l'entoure d'une maternelle sollicitude, la consulte comme un oracle et la nomme « son Saint-Esprit ».

Le débat du début de cette période qui aboutit pour Roberval, au refus du titre d'École Normale Classico-Mé-

Mère Saint-Augustin Béli-
veau, qui a occupé la charge du supériorat pendant
18 années entre 1912 et
1935.

nagère, a provoqué chez les religieuses une assez forte
déception. Mais les joies de l'éclatant jubilé de Mère
Saint-Raphaël, les démonstrations qu'il a occasionnées,
les témoignages d'encouragements et de félicitations
reçus en ces jours ont détourné les esprits de cette impasse et les ont orientés vers la confiance et l'action de
grâces. Le nombre des élèves s'accroît, le rayonnement
de l'école se maintient. Le Département de l'Instruction
publique et l'Université Laval, avec la collaboration des
deux institutions de Saint-Pascal et de Roberval, ont
adapté les programmes au temps et aux besoins actuels.

Fondée sur les assises de la pauvreté, des épreuves
et de la foi, cette maison ne dévie pas de la voie où
elle s'est engagée et l'heure n'est pas très éloignée où
l'arbre sera de nouveau secoué par le vent de l'épreuve.

CHAPITRE IX

Étape douloureuse

L'affiliation à l'Université Laval en 1909 a permis un essor qui ne s'est pas ralenti. Le cours d'études régulier et celui de l'enseignement ménager sont dispensés avec égale importance. Les arts d'agrément, surtout la musique, complètent la formation des élèves qui aspirent à cette culture. Les nombreuses privations suscitées par les années de guerre ne provoquent pas de diminution sensible du nombre des pensionnaires. La ferme compense par ses produits ceux qu'on ne peut se procurer à cause des restrictions imposées par les temps.

Se pourrait-il que cette œuvre si bien assise, qui a su refleurir sur ses ruines en 1897, soit de nouveau anéantie? Hélas! l'année 1919 s'inscrit en lettres de feu au monastère. Le terrible fléau dévastateur revient détruire l'aile de l'École Ménagère et ses dépendances.

Avec courage, les religieuses travaillent au relèvement de leur maison incendiée. Mais les portes secourables se ferment à leurs demandes d'aide pécuniaire. Au milieu de cette détresse, surgit une autre épreuve non moins douloureuse, la mort de Mère Saint-Raphaël. Malgré les années de pauvreté, de difficultés, de maladies, de deuils qu'elles traversent, les religieuses ne perdent pas leur courage ni leur confiance en la Providence. L'œuvre continue à vivre.

1. Effets de la guerre dans la vie courante

Nous sommes en 1917. La guerre continue à ensanglanter une grande partie de l'Europe. Des milliers de Canadiens ont franchi les mers pour répondre à l'appel de l'Angleterre. Un cortège de misères indescriptibles s'abat sur les villes, les campagnes, les humains. Au monastère, plusieurs religieuses s'inquiètent pour la vie d'un frère ou d'un neveu sur les champs de bataille. Une atmosphère de tristesse plane sur les fêtes de Noël et du Jour de l'An.

Dans le but d'aider les plus jeunes de la communauté à garder la sérénité pendant les vacances, Mère Saint-Augustin organise des petites fêtes familiales, où tous les talents sont mis à contribution pour le succès de ces récréations. Plusieurs se découvrent des aptitudes pour le théâtre, le mime, l'élocution, etc. Ces mini-spectacles, émaillés d'humour et de spontanéité, amusent et provoquent le rire, parfois jusqu'aux larmes. Les menus cadeaux utiles et pratiques, fournis par les familles des religieuses, compensent pour les traditionnelles pastilles de menthe et les avelines que la Maison-Mère, pour la première fois, n'a pu faire parvenir en étrennes. Après ces jours de vacances partagés entre le travail, la prière et la détente, chacune se sent mieux disposée à reprendre vaillamment ses activités scolaires.

Le 2 février, grande fête au monastère! Mère Marie-de-la-Trinité prononce ses vœux de religion. Le Père Pie-Marie Béliveau, dominicain et frère de Mère Saint-Augustin, invité pour la circonstance, développe dans son homélie la grandeur de l'âme religieuse dans son don à Dieu. Il félicite la famille Constantin qui offre, en ce jour, la deuxième et dernière de ses filles et dont le fils unique sera bientôt prêtre. Le docteur Constantin ajoute à cette occasion un nouveau don à la communauté. Il inscrit, au nom de sa fille Henriette, un montant de mille cinq cents (1 500$) dollars, capital destiné à payer la dot de trois novices moins fortunées. En reconnaissance de cette nouvelle largesse, un service solennel sera chanté, par la communauté des Ursulines, à la mort du donateur et à celle de chacun des membres de sa famille [1].

---

1. AUR, *Annales*, I, p. 419.

Les effets néfastes de la guerre se font de plus en plus sentir. Ainsi, l'augmentation du coût de la vie oblige les religieuses à élever la pension des élèves à dix dollars payables chaque mois. Vu la difficulté de se procurer du charbon, la compagnie du Chemin de fer fixe la fréquence des trains de Québec, La Tuque, Roberval et Chicoutimi à trois fois la semaine. À la suite d'une demande du Ministre d'agriculture, les évêques invitent les citoyens à intensifier la production agricole et à pratiquer l'économie sous toutes ses formes pour être en mesure d'aider plus efficacement les pays dévastés par la guerre.

Avec la province, les Ursulines regrettent la disparition d'un des citoyens les plus illustres de Québec, Pierre Boucher de LaBruère, ancien surintendant de l'Instruction publique. Quelle sollicitude il a témoignée pour la cause de l'éducation en général! Les religieuses gardent une profonde reconnaissance pour l'intérêt, le dévouement et la protection qu'il a déployés envers leur institution.

Pour venir en aide à l'École Ménagère, le ministre d'agriculture propose un nouveau partage de l'octroi de 1 500$ fourni annuellement pour les élèves. Sur ce montant, il suggère d'offrir à l'avenir, cinquante bourses de 20$ au lieu de soixante de 25$ et 500$ pour fins d'améliorations à l'École Ménagère. Il invite la Supérieure à lui faire savoir ce qu'elle pense de ce projet[2]. Soucieuses de secourir les familles en favorisant l'accès de leurs filles à l'école, les Ursulines préfèrent renoncer à l'utilisation du montant proposé pour elles-mêmes. Elles demandent d'augmenter plutôt celui de la bourse pour chaque élève. Voici la réponse reçue à la suite de cette démarche :

> **J'ai l'honneur de vous accuser réception de votre lettre du 4 courant, où vous m'informez, avec un désintéressement**

---

2. Antonio Grenier, sous-ministre d'agriculture à Mère Saint-Augustin, 17 février 1917, AUR, *Lettres 1915-1932.*

> que j'admire, qu'il est préférable de continuer la distribu-
> tion de votre $1 500.00 de subventions, en bourses, qui seront
> à l'avenir de $25.00 au lieu de $20.00.
>
> Le ministre veut bien consentir à ce changement. Dé-
> sormais le nombre de bourses de $25.00 ne dépassera pas
> 60[3].

Cet arrangement est accueilli avec bonheur et répond
plus adéquatement aux nombreuses demandes de
bourses que les parents sollicitent incessamment.

Par mesure de prudence, Sœur Sainte-Marthe
Pépin, atteinte de phtisie pulmonaire, qui la retient
à l'infirmerie depuis plusieurs mois, reçoit l'Onction des
malades. Quel exemple de douceur, de simplicité, de résignation ! Un mois plus tard, le 19 avril, après une longue agonie, elle s'éteint paisiblement à l'âge de 45 ans.
Douée d'une grande énergie, d'une agréable spontanéité
et d'un esprit conciliant, elle s'est fait aimer par toutes
les Sœurs. Que de services elle a rendus à la communauté par sa vie toute dévouée à rendre les autres heureuses ! Celles qui ont partagé son intimité et ses travaux
la considèrent comme une âme privilégiée[4]

Le diocèse de Chicoutimi organise des fêtes pour
célébrer le 25e anniversaire de la consécration épiscopale de Mgr Labrecque. Les Ursulines font parvenir au
digne prélat, avec leurs hommages respectueux, un riche
bouquet spirituel et vingt-cinq dollars en or. C'est peu
pour la reconnaissance qu'elles auraient voulu lui
témoigner d'une façon plus substantielle, mais leurs
moyens pécuniaires les empêchent de faire mieux.

À la veille du départ des élèves pour les vacances,
Antonio Grenier, sous-ministre de l'agriculture, accompagné de quelques officiels de son ministère, se présente
à l'École ménagère. Il est heureux de laisser en partant
une médaille en or pour l'élève la plus méritante dans
les matières d'enseignement ménager. Malgré les nom-

3. Le même à la même, 7 mars 1917, *ibid.*
4. AUR, *Annales*, I, p. 453.

breuses restrictions imposées par la guerre, la distribution des prix garde encore son caractère solennel. Les élèves voient leurs mérites récompensés suffisamment, grâce aux dons des bienfaiteurs habituels.

Le 28 août 1917 marque le 25ᵉ anniversaire de l'arrivée de l'abbé Thomas-Victor Marcoux comme aumônier résident au monastère. Les Ursulines ne savent comment lui témoigner leur gratitude pour les innombrables bienfaits dont il a gratifié la maison. Il vient juste d'offrir une magnifique statue de la Vierge pour remplacer l'ancienne qui cadre peu avec l'autel où elle niche. On profite des quelques jours d'absence de l'abbé pour décorer ses quatre appartements et la chapelle. Inscriptions lumineuses, draperies, banderolles et sentences bibliques proclament la bonté, la fidélité, le dévouement, la générosité et la charité de « Monsieur le Chapelain ». On place sur son bureau un bouquet spirituel confectionné par le pinceau des meilleures artistes, dans lequel on a inséré un chèque de vingt-cinq dollars. À son retour, l'aumônier, confus, s'étonne de tant de démonstrations autour de son humble personne. On dirait qu'il éprouve plus de joie à donner qu'à recevoir. Mais pour les religieuses, ces faibles témoignages de reconnaissance s'avèrent bien inférieurs à leur dette envers ce bienfaiteur insigne[5].

L'ouverture de l'année scolaire accuse une légère diminution du nombre des élèves, probablement causée par l'augmentation du prix de la pension et de la rareté de l'argent en comparaison du coût de la vie. Malgré les sombres pronostics du printemps pour les récoltes d'automne, l'on s'attend à un rendement suffisant pour subvenir aux besoins de la communauté. Seuls les arbres fruitiers ne pourront arriver à maturation. Dès les premières semaines de septembre, un vent du nord refroidit considérablement la température. Il faudrait chauffer, mais... la provision de charbon, commandée depuis

---

5. *Ibid.*, pp. 493-495.

le mois de mai précédent, n'est pas encore entrée. La guerre nuit à la fréquence et à la régularité des transports. Il faut patienter et sortir des valises gilets, bas, gants et mitaines de laine pour se réchauffer.

Les Ursulines participent à la première exposition agricole du comté par l'envoi des meilleurs sujets de leur bétail canadien et remportent quatre premiers prix au montant de cinquante dollars. Bel encouragement pour les fermiers!

Après s'être annoncés par lettre quelques jours auparavant, le nouveau Surintendant de l'Instruction publique, Cyrille Delâge et son épouse viennent visiter l'École ménagère. L'inspecteur Édouard Boily et Madame Boily de Roberval les accompagnent. Ils prennent le dîner chez l'aumônier et sont ensuite conduits à la salle des réceptions. Après le chant et l'adresse de bienvenue des élèves, le Surintendant répond aimablement

Les élèves moyennes et les petites s'initient au repassage du linge.

en faisant l'éloge du mode d'enseignement des Ursulines, du zèle et du dévouement qu'elles déploient depuis si longtemps pour le succès de l'éducation féminine. Les visiteurs, visiblement satisfaits du savoir-faire et de l'habileté des élèves qu'ils ont vues à l'œuvre, les félicitent, les encouragent à se perfectionner et leur laissent les plus belles espérances pour l'avenir. De retour à Québec, le Surintendant adresse, à la communauté, une lettre de remerciements pour la cordiale réception reçue lors de son passage à Roberval[6].

L'année 1917 se clôt avec la visite de François Veuillot, neveu du célèbre Louis Veuillot. L'éloquent conférencier parle en termes émus du rôle de la femme française, surtout dans les temps orageux que traverse l'ancienne mère-patrie. Il représente la Ligue de propagande catholique française et se dit avec bonheur « le petit-fils des éducatrices de sa mère ». Il demande de voir les jeunes ménagères à l'œuvre. L'ouvroir, tout particulièrement, semble l'intéresser beaucoup. L'avocat Thomas-Louis Bergeron de Roberval qui l'accompagne revendique, à son tour, le privilège d'un lien qui l'unit lui aussi à la famille du cloître. Son épouse compte parmi les anciennes élèves diplômées de l'École ménagère. Cette visite confirme l'opinion qu'il s'est formée sur l'Institut par le témoignage de Madame Bergeron[7].

Janvier 1918 arrive dans un tourbillon glacial. Si la provision de charbon est entrée entièrement, par contre on manque d'hommes pour chauffer les fournaises du couvent. Plusieurs se présentent, mais pour se retirer après quelques jours d'essai. Sœur Saint-Ignace, aidée de quelques compagnes, se charge de cette difficile besogne avec une habileté et un dévouement admirables.

---

6. Cyrille Delâge, surintendant de l'Instruction publique, à Mère Saint-Augustin, 24 octobre 1917, AUR, *Lettres 1915-1932*.
7. Rapport de Mère Saint-Augustin au Ministère de l'Agriculture, 30 juin 1918, *Documents de la Session de 1919*, Vol. 52, II, p. 61.

Enfin, après bien des recherches, un employé se présente au matin du 14 février. Puisse-t-il se montrer plus persévérant que les cinq derniers qui n'ont fait que passer! À ce moment, la santé de Mère Saint-Raphaël cause de vives inquiétudes. L'infirmière constate une très haute température et appelle le médecin qui diagnostique un commencement de pneumonie. Deux jours passent sans amélioration. Vu son grand âge, l'aumônier lui administre l'Onction des malades. Quelques jours plus tard, avec quel bonheur on apprend que le danger semble conjuré pour l'instant. Cependant le médecin craint encore des complications, étant donné l'état de faiblesse de sa patiente, et il conseille de lui continuer des soins assidus et attentifs.

Sur l'invitation de Mère Saint-Augustin, le curé Lizotte entreprend, à l'occasion de Pâques, le voyage de Saint-Jean-Deschaillons à Roberval pour visiter Mère Saint-Raphaël. Pendant tout le temps de son séjour en ville, il vient célébrer l'Eucharistie à la chapelle de l'infirmerie. Quelle douce consolation pour la malade d'entendre toutes les paroles du célébrant et de suivre attentivement tous les points de la liturgie! Cette condescendance de l'abbé touche profondément la fondatrice et quelle gratitude elle ne cesse de témoigner à celui qui l'a si souvent secourue jadis. Le curé apporte, de la part du Cardinal Bégin, un message des plus réconfortants pour la malade et pour la communauté. Certes, ces bénédictions produisent d'heureux effets chez la malade. Avec les jours ensoleillés et plus chauds d'avril, la communauté constate avec joie que la forte constitution de Mère Saint-Raphaël et les bons soins de ses infirmières triomphent de nouveau d'un mal qui aurait pu s'aggraver d'une façon plus inquiétante.

La guerre se prolonge. Les soldats canadiens enrôlés par la loi de la Conscription obligatoire, adoptée le 9 août 1917, livrent des combats sur les champs de bataille. Plusieurs familles des religieuses et des élèves sont frappées par la disparition d'un parent mort sous les balles. Les dettes encourues par la participation du Canada à cette guerre forcent le gouvernement à adopter des mesures économiques dans le domaine des vivres, du chauffage et de l'éclairage. À partir du 14 avril 1918, l'heure avancée devient obligatoire pour économiser l'électricité. Le lever matinal des religieuses marque alors trois heures au cadran solaire.

Au jour du 24 mai, la paroisse de Roberval accueille avec un bonheur indescriptible six religieuses Augustines de l'Hôtel-Dieu de Chicoutimi qui prennent possession de leur hôpital. La ville offre à ses nouvelles venues la maison et l'aménagement complet des services de l'hôpital et de la chapelle. De grandes démonstrations sont organisées pour cette réception. Les citoyens les attendent à l'arrivée du train et les conduisent chez les Ursulines où se prend le dîner. Elles retournent ensuite à l'église de la paroisse avant d'être introduites par l'évêque dans leur nouvel hôpital. Comme la règle de leur clôture n'est pas encore obligatoire, elles profitent de leur dernière journée pour revenir passer le dimanche au monastère avec les Ursulines, heureuses de les recevoir. Avant leur départ, ces dernières leur font don d'une vache de leur troupeau canadien[8].

Les conditions de vie obligent les religieuses à porter, dès septembre 1918, le prix de la pension des élèves à 13,50$ par mois et la musique à 3$.

Au début de juin, les supérieures et des déléguées des communautés des Trois-Rivières, de Roberval, de Stanstead et de Rimouski sont convoquées au Vieux Monastère. Il s'agit de chercher les moyens d'adapter les Constitutions et les Règlements des communautés d'Ursulines, aux changements demandés par le nouveau Code Canonique. Les évêques responsables de chaque monastère dirigent les travaux dans cette importante démarche. Mère Saint-Augustin, Mère Saint-François-Xavier et Mère Sainte-Angèle participent à cette session et

---

8. AUR, *Annales*, I, pp. 528-530.

reviennent satisfaites des propositions présentées sur les sujets à l'étude[9].

Deux Ursulines de Chatham, Ontario, Mère Marie-Claire, supérieure générale et Mère Marie-Geneviève, venues par affaires au Vieux Monastère, entreprennent le voyage au lointain Roberval pour rendre visite à Mère Saint-Raphaël. Toutes les religieuses de leur monastère lui gardent une profonde reconnaissance pour les deux années qu'elle a passées dans leur communauté, comme maîtresse des novices, à la demande de l'évêque du lieu[10]. Pendant deux jours, les conversations roulent sur les changements survenus depuis 1879 et sur la vie de chacune des novices formées par Mère Saint-Raphaël. Que de fois l'on rappelle la sincère affection que la communauté de Chatham voue à cette charitable fondatrice! Quel doux et heureux revoir de part et d'autre!

Les élections du 1er août placent Mère Marie-du-Carmel Doucet, supérieure de la communauté, Mère Marie-de-l'Assomption, assistante, Mère Saint-Augustin, maîtresse des novices et Mère Saint-Stanislas, première portière. Mère Saint-Raphaël, qui participe aux responsabilités administratives depuis 1882, obtient enfin la faveur de se retirer officiellement du monde des affaires, mais demeure l'oracle que l'on ne cesse de consulter dans les questions importantes.

À Roberval, la pénurie de sujets devient un problème aigu. Les santés supportent plus difficilement les effets du surmenage, surtout chez les enseignantes. Cette pénible situation attire de nouveau la sympathie de la Maison-Mère. Vers la mi-août, elle décide de prêter pour un an deux religieuses choristes. Mère Saint-Jacques Poupore, anglaise et très bonne musicienne et Mère Saint-Pascal Pelletier, douée pour les classes régulières et pour l'enseignement ménager, sont heureuses

---

9. *Ibid.*, p. 543.
10. AUQ, Mgr John Walsh de London, à la Supérieure de Québec, 14 déc. 1877.

de venir secourir leurs Sœurs du Lac. Les portes s'ouvrent bien grandes pour les accueillir.

Les nouvelles de la guerre apportent un peu plus d'espoir. La situation militaire des Alliés paraît plus brillante qu'elle ne l'a été depuis 1914. Le commerce du Canada s'avère plus satisfaisant, les produits agricoles s'annoncent très abondants, les prix baissent légèrement. Cette perspective encourage les parents à continuer à placer leurs filles au pensionnat. Une centaine se présentent au 1er septembre[11]. Ainsi, l'année scolaire commence dans un climat un peu plus optimiste.

2. Dans l'épreuve

Le contrôleur du combustible pour la province de Québec conseille aux citoyens de garder un approvisionnement de charbon pour les températures glaciales et de retarder le plus tard possible l'allumage des fournaises à l'automne. On parle même de fixer le degré de température pour chaque établissement. À son tour, le sucre subit la crise de la rareté. Heureusement, les élèves des Ursulines ne connaîtront pas de grandes privations, grâce à la forte récolte de miel des mois d'été.

La grippe espagnole, après avoir causé des ravages aux États-Unis et au Canada, fait son apparition au Québec. De sérieuses mesures préventives sont prescrites pour le public, mais elles ne peuvent enrayer les méfaits de cette terrible maladie qui a causé déjà des centaines de morts. Dès le 11 octobre, le bureau d'hygiène exige que les élèves externes demeurent dans leurs foyers et que les parloirs soient interdits au couvent. Le 16, les autorités de la maison décident de renvoyer les élèves pensionnaires dans leurs familles, car plusieurs religieuses subissent les atteintes de la maladie. L'Office divin se récite en particulier pendant plusieurs semaines.

---

11. AUR, *Annales*, I, p. 550.

À l'extérieur, à partir du 17 octobre 1918, tous les services du culte public sont suspendus. Les autorités religieuses dispensent les fidèles de l'assistance à la messe du dimanche, les réunions de tous genres sont prohibées, même les cloches des églises deviennent muettes. L'aumônier Marcoux offre ses services à la cure de Roberval pour le ministère aux malades. Onze cents cas de grippe dont 63 mortalités ont été enregistrés dans la paroisse au cours de ces dernières semaines.

Au Monastère, pendant que le monde semble revenir à la santé, Mère Saint-Joseph est atteinte d'une crise aiguë provoquée par une congestion pulmonaire. Le médecin appelé conseille de la laisser dans sa petite cellule du dortoir afin d'éviter tout mouvement. L'aumônier vient lui donner l'Onction des malades et une heure plus tard, au soir du 24 octobre, âgée de 60 ans, elle rend son dernier soupir. Cette mort inattendue produit une consternation générale parmi les religieuses. Deuxième professe de la maison de Roberval, on la considérait un peu comme l'une des fondatrices.

Entrée postulante en novembre 1882, Mère Saint-Joseph s'est dépensée pour l'Institut quel que soit le genre de travail à exécuter : enseignante, jardinière, blanchisseuse, cordonnière, ouvrages manuels, etc. Pendant les deux dernières années de sa vie, une surdité presque complète vient entraver son zèle auprès des jeunes. Religieuse très dévouée pour sa communauté, d'un caractère énergique, fidèle dans les plus petites choses, scrupuleuse dans l'emploi de son temps, respectueuse envers ses Supérieures, voilà les traits caractéristiques de sa personnalité. Elle a pratiqué la pauvreté à un très haut degré, si bien, qu'après sa mort, «on n'a rien trouvé de nature à être utilisé : tout était entretenu, mais si pauvre, si usé» [12].

Le 26 octobre, le Canada reprend l'heure normale solaire. Pour aider les santés affaiblies par la dernière

---

12. AUR, *Annales*, II, pp. 83-84.

épidémie de grippe, l'on convient de la nécessité d'accorder un repos relatif aux religieuses. En conséquence, le lever matinal est fixé à 4h45 et les grands offices de la fête de sainte Ursule et de la Toussaint sont omis.

Enfin, le 11 novembre 1918, l'armistice est signé! Jour inoubliable pour les nations opprimées et pour le Canada. Le gouvernement fédéral demande que le 17 novembre soit reconnu comme jour national d'actions de grâces pour remercier Dieu du bienfait de la cessation de la guerre. Le 14, les religieuses reprennent les cours pour les élèves qui préparent un diplôme à la fin de l'année scolaire. La grippe est disparue dans la maison, mais le bureau d'hygiène local préfère que les classes n'ouvrent définitivement que le 28 novembre[13]. Et l'on arrive à la belle et pieuse fête de Noël que les élèves préparent avec ferveur. Assombrie par les tristesses de la guerre depuis quelques années, cette solennité revêt un caractère de joie exceptionnelle. Mais, pour les Ursulines, la croix se profile de nouveau à l'horizon.

Les élèves sont revenues de leurs vacances depuis quelques semaines. L'entrain et la bonne humeur règnent dans tous les départements. Dans une telle ambiance, le travail se poursuit dans la paix, avec une rapidité et une perfection qui méritent les compliments et les sourires des professeurs.

Au cours de l'après-midi du 21 janvier, pendant que tout le monde est en classe, une épaisse fumée commence à sortir de l'intérieur des murs de l'aile de l'École ménagère et de l'Externat. Aussitôt, l'alarme est donnée et, en quelques minutes, les pompiers arrivent sur les lieux ainsi qu'un bon nombre de citoyens décidés à contrôler ce commencement d'incendie. Le feu, vraisemblablement occasionné par une cheminée défectueuse et couvant entre les colombages ou les planchers, jaillit soudain. Immédiatement, les jets d'eau sillonnent les appartements en tous sens. Hélas! en un rien de temps,

13. AUR, *Annales*, I, p. 581.

L'École Ménagère détruite une seconde fois par l'incendie de 1919. Les pompiers essaient de maîtriser les flammes qui s'arrêtent à la statue de saint Joseph sur le toit de la maison de pierre.

la bâtisse devient un brasier. Pompiers et citoyens réalisent qu'il est impossible d'empêcher la destruction de l'École ménagère. Les flammes gagnent, par le toit, l'édifice central de la maison de pierre. Les efforts se dirigent donc vers cette partie, surmontée d'une immense statue de saint Joseph, préposée à la garde du monastère depuis 1904. En face de ce danger menaçant, quelques religieuses, avec un sang-froid remarquable, font habiller les élèves pendant que d'autres les surveillent pour les conduire à la porte de sortie. Des familles de la ville viennent les accueillir et leur offrent l'hospitalité dans leurs foyers.

À ce moment, les citoyens ordonnent aux religieuses âgées et malades de suivre les élèves. Celles qui restent encouragent les bénévoles et se dévouent avec eux pour sauver le mobilier, les livres, etc. Bientôt, on ne garde plus aucun espoir de préserver les autres bâtisses. Il faut donc des instances réitérées des autorités civiles pour enfin convaincre les religieuses de quitter le brasier. On rapporte même que le docteur Constantin, usant de son prestige comme médecin de la communauté, crie à tue-tête dans la cour du couvent : «Au nom de la sainte Obéissance, sortez, mes Sœurs!» En plus du sentiment de paternité qui joue en ce moment, la prudence l'incite à cette suprême initiative. Il ne veut pas voir se renouveler la tragédie de 1897.

Des voitures sont mises à la disposition des religieuses et les conduisent à l'Hôtel-Dieu Saint-Michel où elles sont accueillies avec une affectueuse et fraternelle sympathie. Avec quelle douleur les Mères jettent un dernier regard sur cette maison emflammée, objet de tant de labeurs et de sacrifices! Elles voient anéantir une seconde fois une œuvre qu'elles ont déjà relevée de ses ruines et maintenue depuis 37 ans.

Les pompiers ne cessent de lutter contre les flammes du côté de la maison de pierre. Ils savent que s'ils ne réussissent pas à les maîtriser à cet endroit, le cloître, le pensionnat et la chapelle seront aussi réduits en flammes. Des braves citoyens de Roberval, Armand Lévesque, David Néron et le jeune François Beaulieu, sans mesurer le danger qu'ils courent, montent à l'assaut de l'élément destructeur. Mais, du galetas, ils ne peuvent atteindre le foyer de l'incendie. «Donnez-nous encore cinquante pieds de boyaux d'arrosage», crient-ils à leurs aides d'en bas.Heureusement, il en reste encore assez pour leur en fournir!

Ces intrépides sont des croyants. *Saint Joseph*, clament-ils crânement — ils sont à ses pieds et les flammes l'environnent — *sauvez-nous! Si nous périssons, vous périssez avec nous! Tant que vous tiendrez, nous tiendrons.* Ce saint protecteur leur répond par une inspiration merveilleuse. Ils percent une trouée dans les planchers, ce qui permet aux jets d'eau de pénétrer librement à l'intérieur. Le seul moyen de conjurer le feu est trouvé.

Avant de quitter la communauté, Mère Marie-du-Carmel, supérieure, accourt avec une grande image de Notre-Dame-de-Protection qu'elle appuie sur un dossier de chaise dans un corridor, en suppliant la Vierge d'arrêter le feu. Bientôt, les menaces cessent de ce côté. Ce n'est que vers dix-neuf heures que l'incendie est maîtrisé, au grand soulagement de la population. On communique la nouvelle aux religieuses retirées à l'Hôtel-Dieu qui n'ont pas perdu un seul instant leur confiance en saint Joseph. Cette fois, elles l'ont également communiquée aux pompiers qui sont devenus capables d'affronter un réel péril.

Le lendemain, remontant sur les lieux du sinistre, ceux-ci constatent avec émotion que le feu a pénétré sous le toit où est placée la statue de saint Joseph, précisément à l'endroit où ils ont accompli leur prodige de bravoure. Ils retrouvent intact le cadre de Notre-Dame-de-Protection sur la chaise où il a été déposé la veille[14]. L'École ménagère, l'Externat, un dortoir pour les religieuses et celui des petites, la salle des réceptions avec ses treize pianos, la buanderie, la laiterie, la dépense et la glacière sont complètement brûlés.

Au soir de cette pénible catastrophe, les Ursulines, toutes réunies à l'Hôtel-Dieu, conviennent de se séparer pour aller loger là où on les invite. Mère Supérieure, son assistante Mère Saint-Raphaël et une dizaine d'autres compagnes demeurent chez les Hospitalières. Le docteur Constantin en reçoit huit, le curé Georges Bilodeau de la paroisse donne l'hospitalité à plusieurs, les parents des religieuses et des amis de la ville se partagent les autres. Mère Saint-Raphaël, silencieuse, absorbée dans sa prière, invite ses Sœurs à accepter la volonté de Dieu et à le remercier: «Rendons grâces au Seigneur, dit-elle, que cet incident arrive en plein jour, nos élèves sont en sûreté.» Pendant l'incendie, une des religieuses de-

---

14. AUR, Cette image marquée par des cernes d'eau est encore exposée dans le corridor où on l'a placée en 1919.

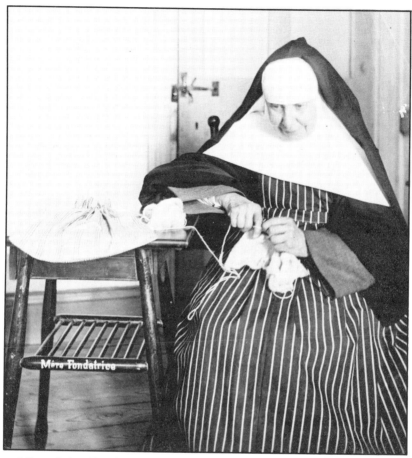

Mère Saint-Raphaël devenue presque aveugle, essaie de se rendre utile à la communauté. Son tricot ne la laisse pas.
Photo prise quelques années avant sa mort survenue en 1920.

meurées au couvent lui téléphone pour lui annoncer que toutes les bâtisses vont probablement disparaître. Elle lui répond: «Le bon Dieu sait mieux que nous ce qui nous convient.» Malgré ses 81 ans et ses épreuves de santé, elle garde encore une énergie et une force morale à la hauteur de l'épreuve. Parmi les 55 Ursulines présentes, onze ont vécu la terrible tragédie de 1897.

Le lendemain, 22 janvier, plusieurs religieuses se rendent sur les lieux de l'incendie où fument encore les ruines de leur école ménagère. Elles entrent au monastère par les appartements de l'aumônier qu'on a vidés la veille. Dans la chapelle, il ne reste que les stalles, l'orgue a été démonté sous la direction de l'abbé Marcoux. Au dortoir des grandes, les hommes sont à rentrer les lits, les matelas, les chaises, les oreillers, le linge lancés sur la neige, la veille. Ils entassent le tout pêle-mêle jusqu'au plafond, par endroits. Aidées de quelques dames déjà rendues sur les lieux, les religieuses passent la journée à démêler ce fouillis.

Au pensionnat, c'est un désordre indescriptible: armoires défoncées et vidées, objets jetés sur le parquet, pupitres dévissés, lancés par les fenêtres, etc. Au grenier, le toit est percé, le revêtement du bois à l'intérieur est carbonisé, des malles à moitié brûlées, des matelas roussis gisent sur le plancher, recouverts de monceaux de glace. La maison de pierre paraît la plus endommagée: l'eau qui descend de plancher en plancher trace des sillons blanchâtres sur les murs noircis par la fumée; les effets restés dans les cellules sont inondés, gaspillés. Les religieuses circulent dans ces appartements où l'eau glacée leur monte jusqu'au-dessus de la cheville du pied. Du quatrième étage au rez-de-chaussée, que de choses disparues, brisées, détériorées qu'il faut remplacer, refaire ou réparer! Les pertes de la bâtisse de 140 pieds sur 30 pieds sont évaluées à quatre-vingt-dix mille (90 000$) dollars environ et les assurances ne peuvent rembourser que treize mille (13 000$) dollars.

Ce même jour 22 janvier, Mgr Labrecque envoie l'abbé Léon Maurice de l'évêché accompagné de la Supérieure des Sœurs de Notre-Dame-du-Bon-Conseil de Chicoutimi et d'une autre de ses religieuses. Elles viennent offrir leur nouveau couvent, non encore habité, pour héberger les Ursulines et une partie de leurs pensionnaires jusqu'à la fin de l'année scolaire. Seul l'amour du Christ peut inspirer une si grande charité, un pareil désintéressement! Mère Marie-du-Carmel, supérieure, profondément touchée de l'offre des Mères du Bon-Conseil, remercie, car on l'assure que les Ursulines pourront réintégrer leurs locaux dans quelques semaines.

La Supérieure des Hospitalières de Chicoutimi envoie deux Sœurs Tourières pour aider les religieuses dans les travaux les plus urgents. En partant, elles apportent cinq grosses caisses de linge pour le blanchir à leur monastère. Elles proposent aux Mères de leur continuer ce même service pendant quelque temps. Cette offre est acceptée avec reconnaissance jusqu'à la réorganisation de la buanderie. Combien de témoignages de sympathie arrivent de toutes parts! La population de Roberval se montre exceptionnellement attentive et généreuse envers la communauté. La Maison-Mère de Québec fait parvenir immédiatement un chèque de trois mille (3 000$) dollars.

Chaque matin, les religieuses qui en sont capables, après avoir puisé force et courage à la messe entendue dans l'église paroissiale ou à l'Hôtel-Dieu, prennent la direction du monastère. Avec les dames et les jeunes filles bénévoles, elles tendent des cordes dans la chapelle et les salles de récréation pour faire sécher le linge ramassé sur la neige ou sur les planchers mouillés par l'eau qui tombe continuellement à certains endroits. Quelques-unes effectuent le tri des livres de classes et de bibliothèque éparpillés ici et là. Des ouvriers réparent armoires, pupitres, chaises et tables, les élèves de l'École des Frères Maristes donnent deux demi-journées pour transporter les lits et les matelas dans les dortoirs. Quelle touchante et charitable collaboration! Les religieuses voyagent en voiture. Comme l'unique des Ursulines ne suffit pas à transporter celles qui viennent travailler, des familles hospitalières louent d'autres voitures et invitent les religieuses à dîner dans leurs foyers. Le soir, toutes abandonnent le travail. Seuls, deux hommes demeurent au monastère pendant la nuit pour surveiller les fournaises et les entrées de la maison.

Les travaux de restauration avancent si rapidement que, le 1er février, l'abbé Marcoux transporte à la chapelle le saint Sacrement demeuré à l'Hôtel-Dieu depuis l'incendie. L'aumônier réintègre ses appartements ce jour-là. Le 4 février, les religieuses, avec une joie indescriptible, reviennent définitivement dans leur monastère improvisé dans les locaux du pensionnat. Que de travaux à effectuer encore! Qu'importe! l'on est chez soi et toutes ensemble! Il faudra encore plusieurs mois pour rendre la maison de pierre habitable. Quant aux élèves pensionnaires, il est impossible de songer à les recevoir avant septembre 1919, sauf quelques petites orphelines de quatre à dix ans, confiées aux Mères depuis le début de l'année scolaire.

Yvonne, la plus jeune, assise dans sa petite berceuse, s'amuse avec ses jouets pendant les lectures et les conférences des religieuses. Parfois, elle trouve plus intéressantes les corbeilles d'ouvrage des Mères et choisit dans l'une ou l'autre ce qui lui plaît. La bambine suit les religieuses dans leurs allées et venues, joue à la cachette, mais ne comprend pas grand-chose à sa nouvelle vie.

Chaque matin, au sortir du déjeuner, Yvonne s'attarde au pied des quatre escaliers qui conduisent au dortoir. Après avoir monté trois ou quatre marches, elle s'assoit résolument: «Moi, f'tiquée!», répète-t-elle chaque fois. Il n'en faut pas plus pour attendrir le cœur maternel des Mères qui passent à ce moment. Bébé Yvonne se jette dans leurs bras et grimpe jusqu'au dortoir, heureuse de son exploit. Rassurons-nous, ce n'est pas la première et dernière invention du genre de la bambine de quatre ans!

Le 17 février, des classes s'organisent pour les élèves quart-pensionnaires; le 3 mars, pour les externes. Comme on ne peut disposer que d'un seul appartement pour ces dernières, les plus grandes se présentent dans la matinée et les petites, dans l'après-midi.

Entre temps, les jeunes gens et jeunes filles de Roberval organisent des soirées dramatiques et musicales au profit du couvent. Les dames préparent une kermesse pour juillet prochain. Les anciennes élèves fondent une union appelée Cercle Saint-Raphaël avec la devise: «Ayons souvenance». Leur but est de recueillir des offrandes pour aider le relèvement de la bâtisse incendiée. L'évêque envoie une circulaire aux curés de son diocèse, ordonnant une quête en faveur des Ursulines de Roberval. Sa parole produit un courant de sympathie qui ouvre les cœurs et les bourses. Soixante paroisses font parvenir les fruits de la collecte recueillie. Les communautés religieuses de la région et celles de Québec fournissent des dons en argent ou en effets utiles[15].

De leur côté, les Ursulines entreprennent des démarches auprès de Lomer Gouin, premier ministre de la province et de J.-Édouard Caron, ministre d'agriculture pour obtenir un octroi en vue de la reconstruction. Elles réitèrent la demande de l'érection de l'École Ménagère en École Normale, faveur qui faciliterait un emprunt. Les deux ministres répondent d'une façon négative et même sans lueur d'espoir. Le refus d'une École normale par le premier ministre s'appuie sur une protestation qu'il a reçue et qu'il communique au Lieutenant-gouverneur:

> Les révérendes Sœurs de Roberval nous ont en effet demandé la création d'une école normale ménagère à Roberval. Elles ont été appuyées par un grand nombre de citoyens de cette ville. Nous leur avons représenté que le diocèse de Chicoutimi a déjà une école normale et que nous ne voyons pas la possibilité, en ce moment du moins, de doubler ces écoles dans un diocèse, quand d'autres n'en ont pas encore. Depuis, nous avons reçu une lettre du principal de l'École normale de Chicoutimi qui proteste contre ce projet en disant que s'il était réalisé, son école en souffrirait. Comme vous voyez, il n'est guère possible de songer à nous rendre à la requête des Révérendes Sœurs, malgré toute la sympathie que nous avons pour elles.[16]

---

15. AUR, *Annales*, II, pp. 7-24.
16. Lomer Gouin à Charles Fitzpatrick, lieutenant-gouverneur, 19 mars. Copie envoyée aux Ursulines de Roberval, le 21 mars 1919.

Comment concilier ces propos avec les lignes que Mgr Labrecque adresse à Lomer Gouin:

> **On vous a demandé la fondation à Roberval d'une nouvelle École Normale Classico-Ménagère, ce à quoi ne s'opposerait pas l'École Normale de Chicoutimi: «j'en ai l'assurance des autorités de cette maison».** [17]

Mais le Premier ministre ne fait aucune mention du rôle du principal de Chicoutimi dans sa lettre à la Supérieure de Roberval:

> **Je sympathise de tout cœur avec vous dans le grand malheur qui vient de vous arriver. Je sais personnellement tout le bien que votre communauté a accompli dans la région du Lac Saint-Jean et je sais également le rôle clairvoyant que les Ursulines de Roberval ont joué dans le développement de l'enseignement ménager chez nous. Aussi, il m'aurait fait grand plaisir, de même qu'à mes collègues, de me rendre à votre demande. Malheureusement, la chose ne nous est pas possible.** [18]

Se pourrait-il que d'autres influences sous-jacentes jouent en ce moment contre les Ursulines pour que les bonnes dispositions manifestées par les gouvernants jusqu'alors ne leur inspirent présentement que des formules de politesse stéréotypées, sans apparence de réel bon vouloir d'aider?

Pas plus consolantes, les initiatives que prennent des amis de la maison auprès des mêmes hauts fonctionnaires. Tout d'abord, la Chambre de commerce du Saguenay et un groupe de citoyens de Roberval font parvenir au Premier ministre une requête en faveur du relèvement de l'aile incendiée. [19] L'abbé Olivier Martin, visiteur des Écoles Ménagères, Jean-Charles Chapais, assis-

---

17. Mgr Labrecque à Lomer Gouin 6 avril 1919, copie dans *Registre de l'Évêché de Chicoutimi*, Série A, *Lettres*, Vol. III, p. 167.
18. Lomer Gouin à Mère Marie-du-Carmel, supérieure, 17 février 1919, AUR, *Lettres 1915-1932*.
19. AUR, Copie conservée.

tant-commissaire de l'Industrie laitière, Hector Verret, secrétaire-adjoint du Ministère des Postes adressent au Ministre d'agriculture une demande semblable. [20] Hélas! on essuie les mêmes refus! Malgré ces déceptions, les religieuses espèrent quand même que l'heure viendra où elles pourront se relever de leurs ruines.

En attendant, leur situation financière les place dans une grande gêne. À l'emprunt de soixante mille (60 000$) dollars du 24 août 1912, remboursable à raison de quatre mille (4 000$) dollars par année, s'ajoute une dette courante de cinq mille (5 000$) dollars. Le coût de la reconstruction et de l'ameublement détruit représentera un montant d'environ cent mille (100 000$) dollars. Les treize mille (13 000$) dollars d'assurances serviront à réparer les bâtisses endommagées par l'incendie et l'eau. De plus, le renvoi des pensionnaires prive la communauté d'une source de revenus. Voilà la pénible réalité qu'on affronte.

Très occupé par les questions d'affaires concernant la reconstruction de la cathédrale de Chicoutimi, incendiée le 17 janvier 1919, Mgr Labrecque n'a pu se rendre à Roberval que le 12 avril. Après avoir examiné les ravages causés par le feu, l'état des bâtisses détériorées par l'eau, il donne aux religieuses les instructions suivantes:

> 1° **Si vous ne recevez rien, ni du gouvernement, ni de la paroisse, il faudra vous contenter de remettre logeable la partie du couvent non incendiée. Attendre ensuite les circonstances.**
>
> 2° **Défense d'augmenter la dette, ce qui serait rompre l'équilibre de vos finances.**
>
> 3° **Fermer l'externat si la paroisse ne fournit rien.** [21]

Depuis 1882, les Ursulines n'ont rien demandé en dédommagement pour l'instruction et la location des

---

20. Copies envoyées à Roberval, le 7 avril 1919.
21. Avis écrits de la main de Mgr Labrecque, AUR.

locaux aux petites externes de Roberval. Rien de surprenant donc qu'elles n'aient reçu aucune rémunération. Mais l'ordre donné par l'évêque commence à réveiller les contribuables qui constatent qu'en effet, l'instruction de leurs filles ne leur a pas coûté cher jusqu'à ce jour.

Le 17 mai, les religieuses font publier, dans *Le Colon*, leurs remerciements à toute la population pour le dévouement et la générosité qu'elle a déployés à l'occasion du dernier incendie. Elles soulignent l'héroïsme de ceux qui ont exposé leur vie pour conjurer le feu, le zèle des nombreux bénévoles, la charité des Mères de l'Hôtel-Dieu de Roberval et de Chicoutimi, le service d'aide organisé par les anciennes élèves et les dons des paroisses du diocèse. D'avance, elles témoignent leur reconnaissance aux Dames responsables de la kermesse, des soirées dramatiques et musicales, enfin à tous ceux qui se dévouent encore dans le but d'aider la communauté de quelque façon que ce soit. [22]

Dans une visite au parloir, au début de juillet, Monseigneur Labrecque permet de fermer la chapelle extérieure au public et de la transformer en local de classe pour les élèves externes. La grande kermesse s'ouvre le 20 juillet au Collège des Frères Maristes. D'agréables séances sont présentées chaque soir pendant toute la semaine pour attirer la foule. Les communautés sœurs, les parents et amis des religieuses, les anciennes élèves fournissent beaucoup de beaux objets. L'organisation s'avère très efficace et réalise un profit net de six mille huit cent quarante-deux (6 842$) dollars remis aux Ursulines. Les soirées préparées par les Dames rapportent un montant de quatre cent sept (407$) dollars, celles des Messieurs, cinq cent (500$) dollars et les recettes des paroisses du diocèse, trois mille huit cent (3 800$) dollars. En témoignage de reconnaissance, la communauté fait célébrer, pendant huit jours, une messe aux

---

22. *Hommages de reconnaissance*, dans *Le Colon*, 19 mai 1919.

intentions de toutes les personnes qui ont participé aux succès de ces organisations. [23]

Le 27 août, un téléphone annonce l'arrivée, dans quelques minutes, du Gouverneur général qui voyage incognito. Impossible de refuser cette visite, mais quel problème de trouver un endroit pour le recevoir. L'aumônier hisse ses drapeaux, quelques chaises sont transportées à la salle de communauté de fortune. Les ouvriers travaillent dans les pièces voisines, les corridors sont embarrassés par les échaffaudages. Vers 14 h, le duc William C. Devonshire et son épouse, accompagnés du maire Armand Boily et de son épouse, de l'aumônier, sont reçus par la Supérieure et l'Assistante et conduits à la communauté. Le maire se fait l'interprète des Ursulines et explique leur pénible situation. Le Duc adresse des paroles élogieuses et sympathiques à la communauté, se rend à la chapelle et prend ensuite congé sans que la ville ne s'aperçoive de son passage.

Les travaux de rénovation avancent si bien que, le 3 septembre, le pensionnat ouvre ses portes à 116 élèves et 60 quart-pensionnaires. Quelques semaines plus tard, on apprend la triste nouvelle du décès de Mgr François-Xavier Belley, curé à la Baie Saint-Paul, survenu en cette ville pendant qu'il préside une conférence ecclésiastique à laquelle participent de nombreux prêtres. Il est le frère de Mère Saint-François-Xavier du monastère. Combien de services il a rendus aux Ursulines au cours de son ministère au Lac-Saint-Jean, à partir de 1882 ! En signe de gratitude, elles chantent un service pour le repos de son âme. [24]

Par décision des Supérieurs majeurs, les religieuses pourront désormais bénéficier de huit heures de sommeil par nuit. Le réveil matinal sonnera à cinq heures. Cet adoucissement à la règle veut assurer une plus grande régularité aux exercices religieux. En ces temps,

---

23. AUR, *Annales*, II, p. 68.
24. *Ibid.*, pp. 75-76.

un bon nombre de religieuses sont obligées, vu l'état de leur santé, de demander des exemptions pour le lever de quatre heures.

L'année 1919 s'éteint! Toujours elle rappellera aux générations à venir la fumée, le feu, la destruction, la pauvreté, mais aussi la paisible adhésion des cœurs à la volonté de Dieu si mystérieuse en ses desseins.

3.   La mort de Mère Saint-Raphaël

Les privations et les conditions de vie imposées à la suite du dernier incendie provoquent des effets désastreux sur la santé des religieuses. Depuis l'automne 1919, Mère Marie-du-Rosaire, Mère Sainte-Ursule, Mère Sainte-Thérèse et Mère Sainte-Marie ont dû recourir aux soins des spécialistes de Québec et de Chicoutimi. Mère Marie-du-Carmel, supérieure, après avoir subi de sérieux examens médicaux, apprend qu'elle est atteinte d'une phtisie pulmonaire assez avancée. Le médecin lui conseille même de donner sa démission et de s'accorder un repos complet. D'autres jeunes religieuses éprouvent également un besoin de ménagement. À ce moment, il est bien difficile de trouver dans la maison un lieu éloigné du bruit pour procurer aux personnes fatiguées le calme dont elles ont besoin. Le manque d'espace se fait grandement sentir. Des classes organisées dans la partie du cloître occasionnent un va-et-vient continuel, une véritable gêne pour les religieuses. Souvent, elles ne partagent qu'une section de corridor pour leur salle de communauté. Deux après-midi par semaine, la cuisine du monastère est mise à la disposition des élèves pour les leçons pratiques d'art culinaire. Même l'aumonier prête sa salle à dîner pour servir de dortoir aux benjamines.

Les semaines passent et l'état de santé de la Supérieure exige un traitement spécial, énergique, assez long que la communauté n'est pas en mesure de lui procurer. L'Hôpital-Général de Québec veut bien la recevoir pour toute la durée de la cure qui lui est prescrite. Elle quitte donc sa famille religieuse au matin du 7 avril, accompagnée de deux Ursulines.

Pour aider à oublier la tristesse de ce départ, dans un esprit de charité fraternelle, la communauté s'occupe activement des préparatifs qui assureront le succès des fêtes d'ordination de l'abbé Constantin, qui se dérouleront dans quelques semaines. À la demande du docteur, le banquet sera servi dans les appartements de l'aumônier. Les religieuses sont heureuses de procurer ce privilège à leur dévoué médecin et aux membres de sa famille, qui d'ailleurs défraient généreusement le coût de cette réception. Le 3 mai, la communauté partage la joie de Mère Marie-de-l'Eucharistie et Mère Marie-de-la-Trinité qui ont le bonheur d'assister à la première messe de leur unique frère Maurice, célébrée dans la chapelle des Ursulines. Six prêtres amis l'assistent dans le sanctuaire. Journée inoubliable pour la famille Constantin et pour les religieuses![25]

Du 11 au 13 juin, tous les monastères d'Ursulines célèbrent un triduum d'actions de grâces et de réjouissances en l'honneur de la béatification des onze Ursulines de Valenciennes, martyrisées sous la révolution française, les 17 et 23 octobre 1794. À Roberval, les fêtes religieuses comprennent: messes solennelles, heures d'adorations, saluts du saint Sacrement, procession dans la cour avec bannières, où onze élèves en robes blanches avec couronnes ouvrent la marche, représentant les onze martyres. Au cours de l'un des congés, les grandes pensionnaires ont l'agréable surprise d'une promenade en automobile avec halte et goûter dans le parc de Saint-Félicien. Les autres élèves, moins privilégiées, prennent leurs repas en plein air, dans la cour du couvent près du lac.

Mère Marie-du-Carmel ayant démissionné de sa charge de supérieure, Mère Saint-Augustin vient de

---

25. *Ibid.*, pp. 113-115.

nouveau remplir cette fonction, après les élections du
1er août. Mère Sainte-Arsène est nommée maîtresse
des novices. C'est avec un serrement de cœur que Mère
Sainte-Angèle se voit dans l'obligation de refuser 125
à 130 élèves faute de locaux pour les loger. Septembre
ne verra donc que 238 jeunes filles qui pourront suivre
les cours réguliers et les leçons pratiques d'enseignement ménager. Le rapport au Ministère d'agriculture
fournit un aperçu du programme de ce dernier:

> Malgré l'exiguïté du local, nous parvenons à enseigner
> les sciences domestiques exigées pour les cours: tenue de la
> maison, blanchissage du linge, repassage, art culinaire, etc.
> En septembre, stérilisation et conservation des légumes cul-
> tivés au printemps. En décembre, initiation à quelques détails
> de la boucherie. Chaque élève a plumé et vidé un poulet,
> après l'avoir vu abattre.
>
> La couture, le raccommodage du linge, les tricots de
> toutes sortes intéressent les élèves. À l'exposition, les toutes
> petites avaient une section à elles: travaux gradués propres
> au jardin de l'enfance.
>
> Nous avons dû reléguer au grenier, rouets, métiers à tis-
> ser jusqu'à ce que des jours meilleurs nous fournissent des
> locaux à cet effet. [26]

Après la purification par le feu, le dépouillement
matériel, s'ajoute un autre détachement, peut-être plus
pénible, plus douloureux: celui du cœur. Au cours de la
précédente année, Mère Saint-Raphaël n'a cessé de suivre et d'encourager ses Sœurs dans leur projet de reconstruction. C'est avec peine qu'on la voit décliner
petit à petit. Il semble que l'heure du grand départ va
bientôt sonner pour la vaillante fondatrice. Au soir du
18 octobre 1920, après l'Office des Matines chanté à la
chapelle, la communauté se réunit à l'infirmerie dans la
chambre de Mère Saint-Raphaël qui reçoit l'Onction des
malades, à la suite d'une forte crise provoquée par une
congestion pulmonaire. Les semaines suivantes n'appor-

---

26. *Op. cit.*, Vol. 55 II, pp. 59-61.

tent que très peu de changements dans son état, mais la malade semble s'acheminer sûrement vers son éternité. À la mi-décembre, une troisième attaque produit un grand affaissement et lui enlève la possibilité de communier pendant deux jours.

À la Supérieure qui la visite, alors qu'elle a recouvré un peu plus de forces, elle dit: *Je m'en vais et j'ai bien des choses à vous dire.* Mère Saint-Augustin note les derniers avis, testament spirituel que la Fondatrice lègue à ses filles:

> **Sanctifier le moment présent... Que chacune travaille à acquérir le vrai esprit de pauvreté... Dieu seul. Humilité: anéantissement de tout soi-même devant Dieu.**
>
> **Donner des principes aux élèves, leur inculquer une piété solide, les aimer afin de pouvoir leur faire du bien.**
>
> **Je demande que l'enseignement ménager ne soit pas négligé: que chacune possède les sciences ménagères, et se rende capable de les enseigner et de les faire aimer aux élèves. Pas d'apparat, faites le bien simplement comme le demandent nos Règlements et nos Constitutions.** [27]

Ce grand effort l'a épuisée: elle retombe courbée dans son vieux fauteuil recouvert de coton rayé bleu pâle. Le lendemain, elle continue ses recommandations aux autres religieuses qui la visitent. Le médecin vient chaque jour et maintient un régime très sévère: air, glace, eau glacée et lait glacé. Les infirmières ne la quittent pas un seul instant et dosent les entrevues avec les religieuses selon son état. À chacune qu'elle reçoit, elle essaie de dire un bon mot et demande de l'aider à prier.

Le 22 décembre, l'abbé Lizotte, retraité à Roberval depuis quelques semaines, vient célébrer la messe à l'infirmerie. Ce sont les adieux à la malade. Moments remplis d'émotions, qui exigent trop d'efforts et l'obligent par la suite à garder le silence, la tête soutenue par un oreiller.

---

27. AUR, Paroles de Mère Saint-Raphaël prononcées le 21 déc. 1920.

Le jour de Noël, les religieuses lui offrent un concert de cantiques de son choix accompagnés d'instruments à cordes. Elle écoute, recueillie, souriante, émue, baise sans cesse l'Enfant-Jésus qu'on lui apporte. Ses yeux lui refusent la consolation de revoir le visage de chacune, mais elle reconnaît les voix. Après avoir remercié avec tendresse, elle ajoute : *Je vous emporte toutes dans mon cœur.*

Dans la nuit du 27 décembre, une embolie au talon droit lui cause des douleurs très vives qui ne lui laissent aucun répit, malgré les frictions et les applications de compresses chaudes. Cet état se prolonge pendant environ quinze heures. Elle tient son crucifix dans ses mains crispées et ses lèvres prononcent des prières continuelles : *Mon Dieu, que votre volonté soit faite, je vous adore. In Manus tuas Domine. Jésus, Marie, Joseph, donnez-moi la force de souffrir, saint Joseph, protégez l'Église. Mon Dieu, vous savez que je veux expirer dans un acte d'amour parfait.* Puis, elle renouvelle ses vœux à plusieurs reprises.

Le 28, la nuit s'annonce pénible. L'aumônier vient réciter les prières des agonisants en présence de toutes les religieuses. La malade, en pleine connaissance, souffre en silence et garde un visage paisible. On lui soulève les bras pour l'aider à mieux respirer ; elle sourit pour remercier. Le 29, après déjeuner, Mère Saint-Augustin se rend auprès de la malade, s'agenouille près de son lit et lui demande une bénédiction pour elle et pour toute la communauté. La mourante soulève avec effort sa main que Mère Supérieure prend respectueusement et pose sur sa tête, tandis que Mère Saint-Raphaël murmure quelques mots inintelligibles. Peu après, on entend : «Jésus, Marie, Joseph», ce sont ses dernières paroles. Vers 11 h 30, entourée des religieuses, de l'aumônier, doucement, la dernière survivante des fondatrices ferme les yeux pour toujours. Les Mères ne peuvent se détacher des traits que la mort vient de figer et continuent à prier. Mère Saint-Raphaël est âgée de 83 ans, dont 57 de profession religieuse et 38 passés à Roberval.

On l'expose dans la salle de communauté. « Elle est jeune, sans rides, c'est la jeune supérieure de 1882 », chuchottent les anciennes qui l'ont vue alors. Les funérailles sont fixées au lundi 3 janvier 1921, vu l'impossibilité liturgique de les avancer à cause des fêtes. On la photographie tous les jours : aucune décomposition n'apparaît avant le 2 janvier, moment où l'on juge prudent de la placer dans son cercueil.

Mgr Labrecque, désirant témoigner sa considération pour la vénérée fondatrice et consoler sa famille en deuil, s'offre à chanter le service. L'assiste à l'autel, l'abbé J.-E. Lizotte ; pour diacre, l'abbé Luc Morin, sous-diacre, l'abbé Maurice Constantin. L'abbé Léon Maurice agit comme maître des cérémonies. On remarque au chœur : un Père Oblat de la Pointe-Bleue, les abbés Georges Bilodeau, Victor Marcoux, Salmon Rossignol, curé de Roberval, Léon Pelletier, curé de Sainte-Hedwidge, Émile Parent, vicaire à la cathédrale, Charles-Elzéar Tremblay, professeur au séminaire, Albert Boily, vicaire à Roberval, Hector Michaud, vicaire à Saint-Gédéon, Jules Cimon, séminariste, ainsi que P.-Auguste Lavallée, acolyte, Laurent Néron, porte-bougeoir et Raphaël Lévesque, porte-livre.

Deux neveux de la défunte, J.-Edgar Cloutier de Chicoutimi et Armand Lacombe de Roberval, deux amis de la communauté, Jules Constantin, médecin et Léon Couët, gérant de la Banque Nationale portent les coins du poêle. Des fidèles serviteurs : Arsène Néron contre-maître, Luc Simard, Ferdinand Gignac et Ludger Tremblay transportent le cercueil. Les anciennes élèves et les paroissiens occupent la nef en l'absence des pensionnaires. À l'orgue, on exécute un choix de très belles pièces de chant et de musique.

Les témoignages de sympathie, des offrandes de messes et de prières venus des anciennes élèves, des amis de la maison et des autorités civiles et religieuses affluent de toutes parts. Un service est chanté dans les différentes paroisses du Lac Saint-Jean, sur l'initiative de Madame Alexina Marcoux-Tessier. Les *Annales* conservent les noms de chaque ancienne élève qui a répondu à sa demande. La presse de notre province et de notre diocèse, des revues de l'étranger publient de longs articles à la mémoire de cette grande éducatrice et de l'œuvre qu'elle a implantée au Lac Saint-Jean.[28]

Que de témoignages édifiants reçus par la communauté au cours de ces jours de deuil nous pourrions encore apporter! Terminons en disant que cette mort plonge dans la peine non seulement le monastère, mais toute la population de Roberval. Si Mère Saint-Raphël n'est plus, son souvenir vit dans les cœurs et dans son œuvre demeurée debout malgré les tempêtes, les feux et l'extrême pauvreté qui l'a marquée depuis son existence.

4. Années de gêne et de souffrances

En mars 1921, la grippe s'installe chez les pensionnaires. Une salle de classe est transformée en infirmerie. Neuf élèves atteintes plus gravement sont confiées à leurs familles. Pour comble, deux religieuses souffrent de paratyphoïde et sont isolées afin d'éviter la contagion. Mère Saint-Stanislas, plus faible de santé, succombe à la haute température qui la consume depuis quelques jours. On juge prudent de lui apporter l'Onction des malades et on ne néglige aucun soin pour hâter son rétablissement. Son abandon et sa patience édifient ses compagnes. Le 17 mai, se sentant plus mal, elle demande qu'on lui applique l'indulgence de la bonne mort après sa communion du matin. À 18h, le médecin constate une très grande faiblesse du cœur. Avec l'aumônier, les religieuses récitent les prières des agonisants. La mourante, en pleine lucidité, répond aux invocations et aux oraisons qui se poursuivent. À 22h, au milieu de ses Sœurs attristées, elle expire très doucement. Par crainte

---

28. AUR, *Annales*, II, pp. 127-135.

de la contagion, le médecin ordonne que les veilles s'organisent dans une chambre voisine de la dépouille mortelle, décision qui peine beaucoup les religieuses. Les funérailles ont lieu le 20 mai et sont présidées par l'abbé Marcoux, assisté de l'abbé Gustave Rémillard, frère de la défunte, de l'abbé Albert Boily et d'un frère mariste. Plusieurs membres de la famille venus de Québec assistent à la cérémonie.

Mère Saint-Stanislas Rémillard est la première professe de Roberval élue supérieure, en 1906. Femme d'une éducation remarquable, elle a rempli la charge de maîtresse des novices, de directrice des études avec un dévouement et un savoir-faire peu communs. Elle a donné un nouvel essor au pensionnat en le fusionnant à l'École Ménagère et a déployé beaucoup d'efforts dans l'affiliation à l'Université Laval. Que dire de son zèle lors de l'érection de la chapelle de 1907, qu'elle a voulu la plus digne possible. La fin de sa carrière est marquée du sceau de la croix, la maladie vient ralentir ses activités. La communauté éprouve une grande peine à la suite de la disparition de cette religieuse, sur qui elle a misé beaucoup d'espoir pour l'avenir de l'œuvre. Mère Saint-Stanislas est partie à l'âge de 51 ans dont 30 passés dans la vie religieuse.[29]

Viennent ensuite les examens de musique des 22 élèves inscrites aux diplômes. La médaille du *Dominion College* est décernée à Jeannette Tremblay, classe sénior.[30] Les jours filent! Bientôt la distribution des prix et la dispersion pour le repos des vacances! Le 1er août, anniversaire de la fondation du monastère, toujours vivement souligné par Mère Saint-Raphaël, ravive les souvenirs heureux de sa vie et des exemples qu'elle a laissés à la postérité. La décoration de la communauté rappelle les 39 années de labeur depuis 1882. Le portrait de la fondatrice, agrandi, trône à la place d'honneur,

29. *Ibid.*, pp. 137-139.
30. Devenue ursuline à Roberval sous le nom de Marie-du-Saint-Esprit.

entouré de fleurs et de verdure. Sur sa tombe, au cimetière, on dépose une couronne de pensées et d'immortel-
les blanches. Mère Saint-Raphaël vit dans l'âme de ses
filles !

A la fin de ce même mois, Arsène Néron, contre-
maître au service de la communauté depuis huit années
et père de Mère Saint-Alexandre, termine son pèlerinage
terrestre après quelques années de maladie. Très dévoué,
honnête, vaillant, bon pour tout le monde, il s'est acquis
une grande réputation dans la communauté et la population de Roberval. Hélas ! ses enfants, tous éloignés n'arrivent au chevet de leur père qu'après sa mort. Par une
délicatesse providentielle, les enfants de la ville qui le
connaissent bien entourent son cercueil. Les religieuses
lui chantent un service, en reconnaissance du dévouement déployé au cours de son emploi au monastère.

Le dimanche 18 septembre, J.-Édouard Caron,
ministre de l'Agriculture, venu honorer de sa présence
l'Exposition régionale, s'invite pour une visite au couvent. L'accompagnent les députés Edmond Savard, Émile
Moreau, l'inspecteur Édouard Boily, l'abbé J.-E. Lizotte,
un représentant du journal *Le Soleil* et l'aumônier de la
maison. La modeste salle de communauté où on les reçoit ne peut contenir qu'une quarantaine d'élèves choisies pour le chant de bienvenue. Le ministre exprime
ses regrets de n'avoir pu venir en aide à l'Institution
jusqu'à présent. Il promet de faire tout en son pouvoir
pour relever l'École Ménagère de ses ruines. À la suite
de la visite des salles du pensionnat, des infirmeries,
des dortoirs et des quelques rares locaux réservés aux
religieuses, il se montre étonné et ému à la vue des
conditions déplorables de vie de tout le personnel. [31]

En 1907, lors de l'érection de la chapelle, la communauté promet, en reconnaissance, d'inscrire sur une
plaque en marbre les noms des généreux donateurs qui
ont versé cent dollars et plus. Jusqu'ici, ses ressources

31. AUR, *Annales*, II, p. 167.

pécuniaires l'ont empêchée de remplir cette obligation. Une occasion se présente. Une personne, qui ne peut acquitter la dette de pension de ses quatre filles, accepte en compensation de confectionner cette pièce commémorative mesurant 5 pieds sur 2½. Installée à l'entrée de la chapelle extérieure, elle contient les noms des plus insignes bienfaiteurs : Mgr L.-N. Bégin, archevêque, Mgr Th. Labrecque, Mgr F.-X. Belley, les abbés Thomas Marcoux, J.-E. Lizotte, L.-G. Paradis, J.-N. Gignac, J.-P. Ouellet, architecte, J.-A. Verret, L.-E. Otis, Luc Boily, Arsène Lévesque, B.-A. Scott, Claudia Paradis, les familles G. Béliveau, Édouard Rémillard, P. O'Sullivan, Jules Constantin, La Banque Nationale de Roberval et la Maison Côté & Boivin.

Depuis novembre 1921, le médecin a diagnostiqué plusieurs cas de scarlatine et de diphtérie parmi les pensionnaires. Quelques-unes, plus gravement atteintes, sont conduites à l'Hôtel-Dieu, d'autres cas plus bénins gardent l'infirmerie sous les soins de Sœur Saint-Bruno avec une consigne très sévère pour éviter la contagion. En décembre, d'autres symptômes alarmants continuent leur apparition. Mère Saint-Augustin, craignant un commencement d'épidémie, promet de rétablir la pratique de l'heure d'adoration hebdomadaire, négligée depuis un an, faute de temps.

Mgr François-Xavier Pelletier, ex-recteur de l'Université Laval, revenant de Chicoutimi, passe deux jours à Roberval afin de traiter de vive voix la question importante des changements à apporter dans certaines branches du programme d'études. Mère Supérieure, son conseil et quelques maîtresses des classes avancées tiennent avec le visiteur deux séances de deux heures. Ce dernier écoute avec bienveillance toutes les observations qui lui sont soumises, accueille ou rejette les demandes. Il en résulte que les programmes de botanique, zoologie, anatomie et minéralogie devront être simplifiés et expérimentés pendant l'année courante avant d'être présentés au conseil de l'Université pour une dernière approbation. Mgr Pelletier, avant de se retirer, promet de continuer à s'intéresser à la cause des Ursulines, comme il l'a fait si efficacement dans le passé.[32]

L'année 1921 se termine sur des promesses verbales, mais n'apporte rien de neuf quant au projet de reconstruction de l'École ménagère. L'heure de Dieu viendra sûrement, les Mères en ont la sincère conviction.

Les premiers jours de janvier plongent les religieuses dans le souvenir de leur vénérée fondatrice dont le service anniversaire est chanté le 3 janvier. Luc Simard, ancien contremaître, en présentant ses souhaits du nouvel an, fait part à la communauté qu'il fera célébrer une messe solennelle pour les sept victimes du 6 janvier 1897. Ce sera le vingt-cinquième anniversaire de cette tragédie. Le retour des vacances du 9 janvier accuse une diminution des petites pensionnaires, vu le besoin de repos prolongé, après les maladies contagieuses dont elles ont été victimes. Le nombre d'élèves de cette division plus restreint libère quelques religieuses qui prêtent leurs services là où les besoins s'avèrent plus urgents.

Le 22 janvier 1922, le monde entier apprend le décès du pape Benoit XV, survenu après quelques jours de maladie seulement. Cette mort attriste profondément toute la chrétienté. Ce pontife a connu un règne marqué de tragiques événements. Constamment, il a supplié le Ciel et les grands des nations d'établir une paix juste et durable. Les Ursulines chantent un Office des morts à neuf leçons et un service solennel pour le repos de son âme.

Dès le 6 février, le conclave désigne le cardinal Achille Ratti, archevêque de Milan, qui prend le nom de Pie XI. La nouvelle est accueillie avec une grande joie et on fonde les plus riches espérances dans ce nouveau pontife. Par décision de Mgr Labrecque, on chante un *Te Deum* d'actions de grâces après la messe du 12 février dans toutes les églises et les chapelles du diocèse.[33]

---

32. *Ibid.*, p. 197.
33. *Ibid.*, pp. 237-238.

Le dévouement pour la cause des Ursulines s'exerce chez les Dames de Roberval qui, à la suite d'un euchre organisé dans les salles du Collège de la ville, recueillent la somme de trois cent seize (316$) dollars qu'elles sont heureuses d'offrir aux religieuses. Le ministre d'agriculture accorde, à la demande de la communauté, une subvention de mille (1 000$) dollars, dont cinq cents payables en 1922 et l'autre, l'année suivante, pour aider à refaire les planchers du pensionnat en bois dur.[34] Ces travaux de rénovation commenceront au début de juillet.

Un groupe de médecins réunis à Chicoutimi viennent d'adopter une résolution qui sera remise aux autorités scolaires du diocèse, dans le but de procurer aux élèves plus d'exercices corporels et un repos intellectuel au cours de la journée de classe. Désormais, une récréation d'un quart d'heure sera intercalée au milieu de la matinée et celle du midi sera prolongée d'une égale durée. Cet adoucissement favorisera non seulement la santé des élèves, mais aussi celle des enseignantes. À la même époque, le Conseil de l'Instruction publique demande que l'on chante une strophe de l'hymne national *O Canada* une fois le jour dans chaque école. Les autres strophes pourront être continuées au cours de la semaine. Excellente initiative pour développer l'esprit national.

Une belle et intéressante leçon pratique d'arboriculture s'organise dans la cour du pensionnat, au matin du 19 mai. Comme les peupliers de la voie Angéline, plantés vers 1889 par Mère Saint-Raphaël, menacent de tomber et que plusieurs autres ont déjà été enlevés, on décide de les remplacer par une nouvelle plantation de bouleaux. En présence des maîtresses et de leurs élèves réunies pour la démonstration, un domestique creuse la terre pendant que les marraines plantent

---

34. Antonio Grenier à Mère Saint-Augustin, 8 mars 1922, AUR, *Lettres 1915-1932.*

l'arbre qu'elles ont baptisé d'un nom de leur choix. Il
va sans dire que les jours suivants, le jeune protégé
est visité, arrosé et entouré des soins attentifs pour
assurer une croissance la plus normale possible.

Le congé traditionnel du 1er août est souligné d'une
façon spéciale. Le départ de Mère Saint-Raphaël a creusé
un vide que l'on cherche à combler par les souvenirs
de sa vie rappelés en maintes circonstances. Pendant
que les aiguilles courent entre les doigts des habiles
couturières, les cœurs suivent attentivement la lecture
des lettres que les fondatrices ont écrites à la Maison-
Mère au cours des premières années.[35] Le zèle, le courage, la générosité, la gaieté de ces chères missionnaires
d'autrefois inspirent un élan de plus grande ferveur et la
fidélité à garder l'héritage spirituel qu'elles ont légué à
leur famille du Lac-Saint-Jean.

À leur sortie de retraite, les religieuses apprennent
avec bonheur, que Mgr Omer Cloutier, V. G. de Québec, vient de remettre aux Ursulines du Vieux Monastère les Constitutions, règlements et directoire approuvés par la Sacrée Congrégation et signés le 7 juillet par
les autorités de Rome et le Cardinal Bégin. Quant au cérémonial, chaque communauté doit suivre celui du diocèse où elle est établie. Une autre source de joie: Mgr
Amédée Gosselin, P. A., postulateur de la cause de Marie de l'Incarnation, annonce trois miracles qu'il se propose de faire valoir en vue de sa béatification qu'il entrevoit prochaine.[36] Avec quelle fervente piété, on récite, après Matines, un *Te Deum* d'actions de grâces pour
ces nouvelles faveurs!

Les vacances finissent sur une note plutôt triste provoquée par le départ de Sœur Saint-Georges Lévesque
novice, qui par suite de maladie doit retourner dans

35. Lettres dactylographiées par une religieuse de Roberval en
    convalescence à Québec et conservées aux Archives de Rober-
    val.
36. Les Ursulines de Québec à la Supérieure de Roberval, 10 août
    1922, AUR, *Lettres 1915-1932*.

sa famille. Mère Sainte-Marie souffre d'une crise du foie et sa température atteint 105°F. Son père le docteur Rosaire Paquin de Québec arrive immédiatement et conduit sa fille à l'Hôtel-Dieu de cette ville où elle subira une intervention chirurgicale.

Et dans ces conditions peu favorables, tant pour le matériel que pour le personnel, avec courage, on recommence une autre année scolaire.

5. Maladies et deuils

Les Ursulines prennent de nouveau part à l'Exposition régionale du début de l'automne 1922. Vu le printemps tardif de l'année, aucun exhibit du potager ne figure avec les autres concurrents. Par contre, les produits dans la section des grains se méritent les premiers prix. Les chevaux et le bétail canadien se classent avec les honneurs de leurs races. Avec quelle légitime fierté, les fermiers viennent parader dans la cour du couvent avec leurs bêtes décorées de rubans multicolores où sont attachées les attestations de prix! Des articles de lingerie confectionnés par les élèves, à la demande de l'abbé Martin, visiteur des Écoles ménagères, obtiennent cinq premiers prix et autant de seconds, à l'Exposition de Québec. Succès encourageants pour les professeurs et leurs élèves si peu favorisées dans leurs conditions de travail.

Mgr Omer Cloutier, de retour de Rome, rassure les Ursulines au sujet d'une union avec celles des communautés d'Europe. *Aucun pape, dit-il, n'oblige à entrer dans l'Union romaine, mais une union régionale pourrait être plus avantageuse et recevoir facilement l'approbation de Rome.* Cette dernière hypothèse remue les esprits chez les Ursulines de Stanstead qui ont déjà soumis ce projet à Mgr Cloutier. Cette affaire demande une étude bien sérieuse, une réflexion sur les conséquences heureuses ou désavantageuses d'un tel changement.[37] À l'occasion

---

37. Les mêmes à la même, 9 août 1922, *ibid.*

d'une visite à Roberval, Mgr Labrecque se montre très réticent sur la question d'une union régionale possible. «Pourquoi changer, vous êtes bien comme cela», dit-il. Cette réflexion coupe court à toute discussion autour de ce projet. [38]

Mère Marie-de-la-Providence reçoit un appareil à projections lumineuses de son beau-père le docteur Paquin. Les nombreuses collections de cartes postales de tous genres et de tous pays défileront sur l'écran, à la grande joie et au profit artistique et culturel des religieuses et des élèves. Quelles intéressantes récréations en perspective!

Mère Saint-Jean, atteinte de rhumatisme depuis la fin de juillet, donne ses deux cours d'anglais chaque jour avec de grandes difficultés. Le mal s'aggrave et, peu à peu, paralyse ses mouvements à tel point que le docteur Philias Rainville, nouveau médecin de la communauté, juge plus prudent de lui faire garder le lit. Quel problème pour la remplacer à l'école! Mère Supérieure et son conseil décident de faire parvenir un chèque de cinquante dollars aux Hospitalières du Précieux-Sang de Québec pour les frais de pension de Mère Sainte-Marie hospitalisée depuis un mois. Par le retour du courrier, le chèque est délicatement retourné. Ces charitables Mères refusent toute offrande matérielle et n'acceptent que le secours des prières des Sœurs de Roberval.

En décembre, les domestiques installent un fourneau sur le rivage du lac pour brayer le lin récolté sur la ferme. Professeurs et élèves assistent à la démonstration, première du genre. Plusieurs spectatrices vont même jusqu'à mettre la main à l'opération nouvelle.

On est au lendemain de la belle fête de Noël. Les cœurs vibrent encore au souvenir des douces harmonies de la nuit resplendissante de lumière et de paix. Comme par les années précédentes, on prépare une exposition d'ouvrages manuels confectionnés par les élè-

---

38. AUR, *Annales*, II, p. 281.

Quel plaisir d'apprendre à tisser à l'ouvroir de l'École Ménagère!

ves. La perspective des vacances prochaines charme les dernières heures de travail. Mère Marie-du-Sacré-Cœur, maîtresse de classe des grandes, après avoir passé la matinée avec elles, vient de mettre la dernière main à la disposition des ouvrages. Elle se rend à sa cellule et personne ne s'inquiète de son absence au dîner et à la récréation, car, à ces heures, elle garde souvent soit à la réception, soit à la pharmacie.

Vers 13h30, une jeune religieuse chargée du courrier se rend à sa cellule porter une lettre à son adresse. Elle trouve Mère Marie-du-Sacré-Cœur étendue sur son lit inanimée, d'une pâleur cadavérique. Elle court donner l'alarme. L'aumônier et le médecin appelés arrivent aussitôt. On lui administre l'Onction des malades sous condition. Hélas! la mort a fait son œuvre depuis plus d'une heure. Départ subit, mais non imprévu. Cette religieuse était avertie de son état depuis longtemps.

Avant de partir pour les vacances avancées de quelques jours, les élèves viennent prier près de la dépouille mortelle de leur dévouée maîtresse de couture. Quelle dure réalité pour ces jeunes! Les funérailles présidées par l'abbé Lizotte, assisté des prêtres de la paroisse, se déroulent le 29 décembre.

Mère Marie-du-Sacré-Cœur, Oliva Paradis, orpheline dès son jeune âge, est placée au pensionnat des Ursulines par son frère, l'abbé J.-Georges Paradis. Après deux années d'études, elle entre au noviciat en 1884. Douée d'une piété solide, d'une santé robuste et d'une grande habileté pour les travaux manuels, elle a rendu de très grands services dans les différents offices qu'elle a remplis. Elle a expérimenté les misères et les incommodités des deux incendies de 1897 et de 1919. Sans compter, elle a secouru les pauvres et les élèves moins bien douées pour les études. Elle est regrettée de sa communauté et de toutes les personnes qui l'ont connue.[39] Quelle triste fin d'année et avec quelle peine les religieuses voient sans cesse éclaircir leurs rangs!

Depuis quatre ans, aucune professe enseignante n'est venue combler les vides des disparues. Parmi celles qui restent, combien de santés délabrées! Le feu, la pénurie de sujets, la maladie, la pauvreté, dures épreuves dont les conséquences douloureuses se prolongent. L'année 1923 qui se présente apportera-t-elle la réponse aux pressants besoins de la communauté? À quand le relèvement de l'École ménagère? Mystère que l'on s'efforce de vivre dans la confiance.

Dès les premiers jours de cette année, la maladie semble vouloir s'installer à demeure. Tout d'abord, Mère Sainte-Marie subit une seconde intervention chirurgicale qui menace sa vie. Son état s'avère longtemps critique malgré les bons soins que son père, le docteur Paquin, lui prodigue sans compter. Dans la soirée du 19 janvier, le médecin est appelé pour Mère Saint-Jean, at-

---

39. *Ibid.*, pp. 290-291.

teinte d'une crise aiguë de rhumatisme qui la fait souffrir dans toutes les parties de son corps. Par mesure de prudence, il conseille de lui donner l'Onction des malades. Chez les élèves, des cas d'appendicite, de paratyphoïde et de pneumonie provoquent également des inquiétudes. Quelques-unes de ces malades doivent retourner dans leurs familles.

Le 11 février, s'organise une belle et pieuse procession en l'honneur de Notre-Dame-de-Lourdes, pour la guérison des malades et la protection contre le feu, pratique qui se renouvellera tous les dimanches de l'année 1923. Dans la région, les cas de grippe se multiplient. Heureusement, au couvent, avec une nouvelle classe transformée en infirmerie, les lits suffisent pour répondre aux besoins des élèves malades.

Voilà que d'autres religieuses cèdent, à leur tour, à la violence de cette indésirable visiteuse. Jour après jour, le nombre des malades augmente. Mais avec la venue des beaux jours de mars, les assauts de la grippe disparaissent. Les quarante pensionnaires et les trente-quatre religieuses qui en ont subi les atteintes demeurent dans un état de faiblesse qui exige encore un temps de repos.

Parmi ces dernières, Sœur Marie-du-Bon-Secours Beaulieu, plus âgée, ne se remet pas aussi facilement. Une pleurésie se déclare et le médecin prescrit l'application des ventouses. Ce traitement douloureux la soulage, mais le cœur faiblit. Le lendemain 9 mars, à son réveil matinal, elle pousse un grand soupir..., son dernier ! L'infirmière, croyant à une simple faiblesse, lui donne une injection, mais il lui faut se rendre à la réalité. La Supérieure et l'Assistante appelées demandent l'aumônier qui ne tarde pas à venir lui donner une dernière onction. Quelle consternation pour les religieuses ! La défunte repose dans l'attitude d'une grande paix. Le service funèbre est chanté par l'abbé Salmon Rossignol, curé de Roberval et les frères Beaulieu portent le cercueil de leur sœur bien-aimée.

Entrée au noviciat à l'âge de 36 ans, après s'être
dévouée auprès de ses frères et de ses sœurs, Sœur
Marie-du-Bon-Secours se montre d'un zèle, d'une abnégation et d'un savoir-faire étonnants. Elle se réserve les
ouvrages les plus difficiles et les plus durs. Ses traits,
peu favorisés par la nature, reflètent une bonté, un bonheur qui font parfois dire aux gens : « C'est une belle
laide ». Son sourire attire les enfants et les domestiques
ne lui refusent rien de ce qu'elle leur demande. C'est
un trésor de vertus et d'esprit religieux que la communauté vient de perdre. Elle n'a vécu que 27 années dans
la vie religieuse. [40]

Toutes ces tombes descendues dans le petit cimetière neige. Ce qui déçoit les unes fait souvent le bonheur
cette fin. Avec l'agrandissement que l'on projette, le terrain occupera une superficie de 62 pieds sur 31 pieds.
L'abbé Lizotte et l'aumônier Marcoux profitent de la circonstance pour demander à la communauté de leur ré-
server un endroit pour leur sépulture. Les religieuses
accordent bien volontiers cette faveur à ces deux insignes bienfaiteurs.

Il faut aussi songer à agrémenter les loisirs des jeunes élèves, bien vivantes, celles-là ! À l'opposé du cimetière, un joli kiosque, mesurant 24 pieds sur 15 pieds,
don de l'abbé Adalbert Blanchet, oncle de Mère Saint
Alphonse Barabé, s'élève dans la cour, face au lac. Comme il fera bon aux élèves de seconde division, heureuses
bénéficiaires, de se reposer à l'ombre, sous ce pignon
rouge, pendant les jours ensoleillés de l'été !

Les élections du 1er août confirment Mère Saint-
Augustin dans sa charge de supérieure pour un second
triennat, Mère Saint-Arsène est élue assistante, Mère
Marie-de-l'Assomption, zélatrice, Mère Saint-Thomas,
dépositaire, Mère Sainte-Angèle, maîtresse des études,
Mère Saint-François-Xavier, première portière et Mère
Saint-Louis-de-Gonzague, maîtresse des novices.

40. AUR, *Annales*, III, pp. 9-10.

Kiosque dans la cour des élèves vers l'année 1916. Coudre dans la belle nature tout en causant, voilà un congé reposant.

Une joyeuse récréation en hiver dans la glissade en arrière de l'École Ménagère avant 1919.

N'ayant pas l'âge requis par les saints Canons pour
remplir sa fonction, cette dernière obtient une dispense
de l'évêque.

On apprend le décès de l'abbé Olivier Martin, inspecteur des Écoles ménagères. La communauté perd un
ami, un protecteur, un pédagogue éclairé, doué d'un
sens pratique et patriotique. Travail, économie, humilité, piété, voilà les points sur lesquels il a insisté au
cours de ses visites dans les écoles et les paroisses. L'abbé Martin laisse le souvenir d'un prêtre zélé, généreux
et dévoué pour toutes les causes de l'éducation.[41]

À la fin des vacances, toutes les religieuses sont
invitées à une excursion nouveau genre : la permission
leur est accordée d'aller visiter l'étable, le hangar, le
poulailler et les autres petites dépendances que l'on
considère hors du cloître, bien qu'elles soient situées
sur les terrains et la ferme du monastère. Émerveille-
ment général ! Ces lieux, tenus dans un ordre parfait
et une grande propreté, témoignent de la vigilance et
de l'intérêt du dévoué contremaître Ludger Harvey et
ses aides et lui méritent toute une litanie de félicitations.
Une température idéale favorise la moisson depuis quelques semaines. Les champs de blé se dorent sous l'action du chaud soleil, les légumes abondent en quantité
et en qualité.

L'anniversaire du 24 octobre donne l'occasion d'un
grand congé et d'une très belle séance littéraire et musicale pour honorer et perpétuer la mémoire de Mère Saint-
Raphaël. Les sujets de composition présentés par les
élèves rappellent des traits de sa vie et les vertus qu'elle
a pratiquées. Son portrait fixé sur toile à l'huile, décoré
de feuilles de vigne aux couleurs automnales, occupe la
place d'honneur dans la salle des réceptions. Quel profond souvenir elle laisse dans le cœur de ses sœurs
et des élèves qui l'ont connue !

---

41. *Ibid.*, pp. 36-37.

Une innovation est introduite au pensionnat le 1er novembre 1923. Le privilège d'aller visiter leur famille est accordé à toutes les élèves qui peuvent effectuer le voyage dans la même journée. Trente-six bénéficient de cette faveur et, à cinq heures précises, toutes reviennent bien fidèlement. L'expérience s'avère très heureuse et l'on s'attend à la voir se renouveler sous peu. Le 3, la cérémonie de profession religieuse de Sœur Sainte-Gertrude Robitaille et la prise d'habit de Sœur Monique Tremblay qui reçoit le nom de Saint-André donnent lieu à un très beau congé pour toute la maison. Cette dernière vient rejoindre sa sœur ursuline, Mère Marie-de-l'Incarnation qui l'a précédée au cloître de quelques années.[42]

Décembre persiste à demeurer grisonnant et le lac ondule encore sous l'action du vent, mais les jeunes sportives attendent vainement l'apparition de la première neige. Ce qui déçoit les unes fait souvent le bonheur des autres. Ainsi, le 28 décembre, jour fixé pour les vacances, dix élèves peuvent se rendre à Chicoutimi en automobile, grâce aux routes sans neige. Événement jamais vu à cette époque au Lac-Saint-Jean! Pour la première fois également, aucune pensionnaire ne demeure au couvent pendant le congé des fêtes. Les religieuses pourront donc bénéficier d'un repos bienfaisant dans le calme et le silence de leur cloître.

Que d'épreuves matérielles et communautaires en ces années! Incendie en 1919, bâtisses détériorées par l'eau, perte du mobilier, refus des secours pécuniaires demandés aux autorités gouvernementales, pauvreté qui en résulte, autant de malheurs qui entraînent des conditions de vie pénibles.

Peu après, la communauté pleure sa regrettée fondatrice qui disparaît avant d'avoir pu assister au relèvement de son œuvre. Plusieurs religieuses de faible

---

42. *Ibid.*, pp. 58-59.

constitution succombent à la tâche sans être remplacées. Malgré ces épreuves, «l'enseignement ménager vit toujours, grâce au dévouement inlassable des maîtresses, qui, au prix de leur temps, de leur santé même réalisent le proverbe : Nécessité est mère d'invention. »[43]

Tant de labeurs, de sacrifices, de courage, d'abandon à la Providence préparent douloureusement, lentement, mais sûrement des lendemains plus heureux !

Malgré la mort, sa voix se fait encore entendre.

(Hébreux XI, 4)

---

43. Rapport de Mère Saint-Augustin au Ministère de l'Agriculture, *Documents de la Session*, Vol. II, 1925, p. 110.

CHAPITRE X

Moisson d'espérance

Cinq années ont passé depuis l'incendie de 1919.
L'œuvre végète, mais dans un effort persévérant à
vouloir vivre et grandir. Plusieurs interventions pour
solliciter des secours pécuniaires auprès du gouvernement, du Ministère de l'Agriculture et du Département
de l'Instruction publique se sont avérées infructueuses.
Les oreilles et les bourses se ferment aux demandes des
Ursulines de Roberval.

Mère Saint-Raphaël a légué à ses filles un héritage
de foi, de patience, de confiance en la Providence, surtout quand tous les moyens humains sont épuisés. Contre toute espérance, les religieuses espèrent.

Voilà que le vent des contrariétés qui souffle depuis plusieurs années jusqu'aux rives du Lac Saint-Jean
devient plus calme. L'attente des religieuses est com-
blée; l'École Normale s'élève sur les cendres de l'aile de
l'École Ménagère détruite. Vers le même temps, le monastère célèbre le jubilé d'or de l'abbé Joseph-E. Lizotte
L'inondation provoquée par l'exhaussement des eaux du
lac Saint-Jean suscite de sérieux embarras. La question
de l'Union régionale des Ursulines se résout d'une façon
satisfaisante. C'est dans la gloire des célébrations du
jubilé d'or de la fondation que se terminent les cinquante premières années de son existence.

1. Nouvelle tentative pour l'École Normale

La communauté apprend, dès les premiers jours de
l'année 1924, que le Cardinal Bégin vient de nommer

l'abbé Eugène Maurais, curé de Saint-Antonin, au poste d'inspecteur des Écoles Ménagères de la province. Elle regrette le départ de l'abbé Olivier Martin, très dévoué à la cause de Roberval, mais accueille son remplaçant avec confiance.

Mars qui fait renaître l'espoir des beaux jours s'accompagne d'un souffle nouveau qui adoucit le climat des difficultés et le rend plus favorable aux négociations avec les autorités gouvernementales, suspendues depuis 1919. Pour conserver l'œuvre de l'École Ménagère, raison d'être des Ursulines de la région, lui redonner sa vigueur et son expansion, il faut de toute nécessité reconstruire, condition irréalisable sans une aide substantielle de l'extérieur.

L'abbé Lizotte, retraité établi à Roberval, pense sérieusement à la reprise des pourparlers pour l'obtention d'une école normale sollicitée depuis plusieurs années par toute la région. Dans l'intérêt des Ursulines, il décide de se rendre à Québec pour rencontrer certains fonctionnaires du gouvernement. Il veut s'assurer tout d'abord de leurs dispositions concernant ce projet. Une entrevue ménagée avec Athanase David, secrétaire de la province, lui apporte une réponse des plus satisfaisantes. Celui-ci conseille de faire présenter la requête pour l'École Normale à la prochaine assemblée du Conseil de l'Instruction publique, fixée à la mi-mai. Ce bienveillant accueil réveille en lui l'enthousiasme et la ténacité déployés jadis pour implanter l'œuvre des Ursulines dans la région.

Sans perdre de temps, il file droit à Chicoutimi pour obtenir de l'évêque l'autorisation de poursuivre ses démarches. Ce dernier lui accorde la permission sollicitée et accepte de proposer la demande pour l'École Normale au Conseil de l'Instruction publique, tout en avertissant qu'il resterait neutre dans la suite. [1]

L'abbé Lizotte vient ensuite chez les Ursulines rendre compte du succès de ses deux entrevues. Selon

---

1. AUR, Annales, III, p. 70.

la suggestion du secrétaire de la province, la communauté fait parvenir sans tarder sa demande officielle au Conseil du Comité catholique. L'abbé informe ensuite le Cardinal Bégin de l'état de la question et lui expose l'embarras de l'évêque de Chicoutimi :

> Monseigneur, tout en l'approuvant /le projet/, me fit certaines remarques touchant l'intention des Dames du Bon-Pasteur d'établir un grand pensionnat sur un terrain acheté et payé comptant, par ces Dames, entre l'Évêché et la Cathédrale (...). Qu'il entendait se déclarer neutre entre les deux communautés de son diocèse, qui lui étaient aussi chères l'une que l'autre.
>
> De retour chez moi, je conseillai qu'on envoyât à Québec une députation des hommes les plus en vue de notre ville, qui eurent des entrevues avec le Premier ministre et le Surintendant de l'Éducation. La réponse fut ce qu'on en attendait ; et alors les Sœurs furent invitées à faire leur demande officielle et les citoyens de Roberval, et d'autres municipalités du Lac-Saint-Jean, signèrent une requête accompagnée de raisons et de chiffres montrant la nécessité de cet établissement. [2]

La communauté, encore toute au bonheur du succès des démarches effectuées jusqu'alors, reçoit une lettre de Monseigneur Labrecque qui, après avoir exposé son intention de demeurer neutre dans l'affaire de l'École normale, ajoute :

> J'ai donc écrit à l'Honorable M. David pour m'assurer si c'était bien son intention de fonder une seconde école normale dans le diocèse de Chicoutimi (...). Monsieur David m'a répondu qu'il avait attiré l'attention de M. Lizotte sur le fait qu'il y avait déjà une école normale dans le diocèse de Chicoutimi. À cela, il a objecté qu'une école normale était devenue nécessaire à Roberval à cause de la grande distance séparant cette partie du comté du Lac-Saint-Jean de Chicoutimi.
>
> Avec tout cela, je suis fort embarrassé pour concilier l'intérêt des uns et des autres. Vu la nouvelle loi qui entre en vigueur cette année, toute normalienne devra passer deux

---

2. L'abbé Lizotte au Cardinal Bégin, 1er mai 1924, copie envoyée aux Ursulines de Roberval.

années dans l'école avant d'obtenir un diplôme ; en conséquence, le nombre d'élèves sera diminué (...). **Tout en acceptant
le principe d'une école normale à Roberval, dans un avenir
plus ou moins rapproché, je crois devoir vous prier de n'en
pas faire la demande cette année et d'attendre prudemment
les circonstances.** [3]

On peut imaginer l'effet produit au cœur des religieuses à la réception de cette lettre. Que leur projet
soulève un grand mouvement d'opposition, elles s'y
attendent. Mais que l'épreuve arrive de la main d'un
Père qu'elles vénèrent et à qui elles accordent leur entière soumission, quoi qu'il leur en coûte, voilà une bien
dure réalité à accepter. Heureusement, la demande officielle de l'érection de l'École normale est déjà entre les
mains du Surintendant. L'abbé Lizotte, plus dégagé que
son évêque envers ces deux communautés, ne se sent
pas prêt à renoncer au projet qu'il parraine avec tant de
zèle. Mieux informé sur la vie des religieuses de Roberval, il comprend leurs problèmes d'une façon plus réaliste et il poursuit son argumentation dans sa lettre au Cardinal :

> **Pour maintenir leur pensionnat, les religieuses ont dû
> se mettre à la gêne au détriment de leur santé et de la vie
> de la communauté en sacrifiant leurs lieux réguliers ; et ces
> pauvres Mères sont destinées à mener cette vie de longues
> années encore, si on ne leur tend pas la perche qui puisse
> les sortir d'embarras (...).**
>
> **Nous comprenons très bien la position délicate de Mgr
> Labrecque et nous ne lui en gardons pas rancune. Mais nous
> ne pouvons attendre. Les Dames du Bon-Pasteur de Chicou-
> timi peuvent attendre ; elles n'ont pas de dettes. En attendant
> la construction du pensionnat désiré, la trentaine d'élèves
> du Lac-Saint-Jean qui fréquentent leur École normale, don-
> nera de la place à leurs pensionnaires actuelles, si elles sont
> à la gêne.** [4]

---

3. Mgr Labrecque à Mère Saint-Augustin, 19 avril 1924, AUR,
    Lettres 1915-1932.
4. Le même à la même, 1er mai 1924, *ibid.*

De leur cloître, les religieuses ignorent certaines démarches effectuées par des amis de leur maison et elles travaillent d'une autre façon, peut-être aussi efficace. Depuis quelques semaines, elles ont élaboré le plan de la nouvelle construction qu'elles veulent ériger d'une manière originale et spirituelle, sous le patronage de saint Joseph. Chaque religieuse, dite ouvrière, s'engage à édifier une partie de ce plan par les actions charitables et les vertus que la convention exige pour le travail choisi. Par cette initiative, la communauté désire assurer une base solide et durable à la future construction.

Les collaborateurs de l'abbé Lizotte poursuivent leurs débats. Le docteur Constantin et l'inspecteur J.-Édouard Boily se rendent à leur tour chez l'évêque pour lui expliquer la position pénible des Ursulines depuis leur incendie. À leur surprise, l'évêque leur annonce qu'il a exposé aux religieuses du Bon-Pasteur la situation déplorable dans laquelle vivent les Ursulines. Les Sœurs de Chicoutimi, mieux sensibilisées aux problèmes des Mères du Lac-Saint-Jean, concluent: « Nous ne ferons pas d'opposition au projet ». [5] En reconnaissance de l'heureuse issue de cette dernière démarche, les religieuses et les élèves se succèdent à la chapelle en ce jour du 19 mars, pour en remercier saint Joseph et lui demander de leur continuer sa protection. Survient une autre bonne nouvelle pour la communauté. Le Ministre de l'agriculture augmente de mille (1 000$) dollars la subvention annuelle accordée à l'École chaque année et cette somme peut être employée comme bon lui semblera.

L'abbé Joseph-E. Maurais, récemment nommé inspecteur des Écoles Ménagères, se présente au Monastère. Alphonse Désilets, employé au Service de l'Économie domestique, l'accompagne. Ce dernier, bien connu des religieuses par son épouse Rolande Savard, ancienne

---

5. *Ibid.*

élève, paraît heureux de ce privilège qui lui est accordé. La bienveillance, la bonté et l'aimable modestie de l'abbé lui gagnent la confiance du personnel et préparent un climat favorable aux échanges. Coupe, couture, détachage du linge, pratique et théorie d'art culinaire, chimie alimentaire, valeurs nutritives des aliments passent tour à tour au crible des multiples questions des examinateurs. Avant de se retirer, ces derniers invitent les élèves à réfléchir sur l'importance du rôle qu'elles sont appelées à remplir au foyer et dans la société.[6]

La question de l'École normale continue de susciter un intérêt sans précédent, surtout chez les notables de la ville. Le député Émile Moreau et le docteur Jules Constantin se mettent en route pour Québec, décidés à tendre un suprême effort pour réaliser leur projet. La requête signée par les citoyens de Roberval doit être présentée à l'assemblée du Comité catholique de l'Instruction publique, le lendemain 14 mai.

Le jour, à la fois redouté et espéré, se lève. Pour le succès de cette question, la communauté fait célébrer, le matin, sept messes par des prêtres amis ou frères des religieuses. Et l'on attend dans le silence et la prière. À 14 heures, un coup de téléphone à la réception fait sursauter la gardienne, un peu plus nerveuse ce jour-là. Trois messages télégraphiques à l'adresse de la Supérieure défilent à l'appareil. Le premier, signé: Cyrille Delâge, annonce que «sur proposition de Thomas Chapais, secondé par Lomer Gouin, à l'unanimité, le Comité catholique recommande au gouvernement de la province, la création d'une École normale de filles à Roberval». Le second, de Thomas Chapais et le troisième, du docteur Constantin et du député Moreau, font connaître d'une manière très brève le résultat de l'assemblée du jour.

La réceptionniste court immédiatement porter l'heureuse nouvelle à Mère Saint-Augustin. Aussitôt les clo-

---

6. AUR, *Annales*, III, pp. 71-73.

ches du pensionnat carillonnent dans tous les corridors. En un instant, les classes se vident, religieuses et élèves arrivent en groupes pour prendre connaissance du communiqué arrivé de Québec. C'est à la chapelle que vont immédiatement s'exprimer les actions de grâces envers le Seigneur et saint Joseph. Pour donner libre cours à la joie et à l'enthousiasme qui s'emparent de tous les cœurs, un grand congé termine la journée.

À l'occasion de sa venue à Roberval pour présider le Congrès des Commissaires d'écoles du comté du Lac-Saint-Jean, Cyrille Delâge veut bien honorer la communauté de sa visite. L'accompagnent son épouse et sa fille, C.-J. Magnan, l'abbé Lizotte, Georges Marcotte, maire de la ville et sa fille, Édouard Boily, inspecteur des écoles et Madame Boily, le docteur Constantin, son épouse et sa sœur, enfin l'aumônier Marcoux. Visite marquée de la plus franche cordialité, occasion exceptionnelle pour les religieuses de témoigner de vive voix leur reconnaissance à toutes ces personnes dévouées à leur cause.

Après le dîner chez l'aumônier, le Surintendant et C.-J. Magnan poussent l'obligeance jusqu'à examiner dans le détail le croquis des plans du futur édifice que l'architecte J. Ouellet a déjà fait parvenir à la communauté. L'inspecteur Magnan fournit des suggestions pratiques qui, certes, hâteront l'exécution et l'acceptation de ce plan.[7]

La Maison-Mère, voulant participer à cette construction, envoie à Roberval un chèque de deux mille (2 000$) dollars. Avec quelle ferveur les Mères chantent leur *Te Deum* d'actions de grâces pour ce don inattendu! Décidément, un bon vent souffle du côté du Lac-Saint-Jean! Le 1er août 1924, 42e anniversaire de la fondation, réserve une autre consolante nouvelle: la résolution demandant l'érection de l'École normale est adoptée au Conseil des Ministres. Mais il faut encore at-

---

7. *Ibid.*, pp. 83-85.

tendre que l'Exécutif et le Lieutenant-gouverneur apportent leur consentement.

Après les grandes joies des dernières semaines, la communauté s'inquiète au sujet de Mère Saint-Nazaire dont la santé dépérit à vue d'œil. Le 16 août, sur les instances de la Supérieure, elle consent à voir le médecin qu'elle a refusé depuis près de six mois. Une tumeur très développée et avancée menace sérieusement sa vie. L'Onction des malades lui est administrée et on s'attend au pire. Quel dur coup! Quelques semaines passent. Le 14 septembre, vers 14 h, la maladie prend une tournure alarmante. Le médecin et le prêtre sont appelés. Les Mères entourent la mourante et prient avec elle. Cette dernière garde sa pleine conscience jusqu'à 21h, moment où elle ferme les yeux pour toujours. Les funérailles sont fixées au 17 septembre et présidées par l'Aumônier assisté de l'abbé Lizotte et du Père R. Boyer, o.m.i. Quelques membres de la famille et plusieurs anciennes élèves de Roberval viennent rendre un dernier hommage à la chère disparue.

Mère Saint-Nazaire, entrée d'abord au noviciat de Frontenac, Minnesota, après y avoir fait profession, demande à son évêque d'entrer dans une maison de Québec pour des raisons jugées sérieuses. Le Cardinal Bégin lui conseille de venir à Roberval. Après quelques années de probation, elle est acceptée définitivement dans la communauté et, depuis 1902, elle se dévoue pour sa famille adoptive dans l'enseignement de l'anglais, de la musique, du chant et du dessin artistique. Douée de connaissances générales, d'un esprit observateur et énergique, elle rend de très grands services à la communauté. À l'âge de 57 ans, regrettée par ses Sœurs, elle termine sa vie remplie de dévouement et de charité.[8]

Privées depuis quelque temps de l'enseignement dispensé à leurs filles par les Ursulines, les autorités scolaires de la ville prennent des initiatives pour la re-

---

8. *Ibid.*, pp. 92-94.

construction de l'Externat qu'elles veulent confier aux religieuses. Émile Moreau, député du comté, président de la Commission scolaire et l'avocat Armand Boily, lors d'une visite à la communauté, s'offrent à préparer le texte de l'entente qu'ils veulent conclure avec elle à cette fin. Après en avoir pris connaissance, les membres du Conseil des Ursulines le soumettent à l'évêque de Chicoutimi. Un message télégraphique arrive le lendemain : *Document approuvé, vous pouvez procéder.*[9]

Les commissaires de la ville acheminent leur résolution au Surintendant qui en accepte les conditions, moyennant quelques amendements.[10] Cet externat sera annexé à l'École Normale et sous le contrôle du Principal, quoique soumis à la visite du Surintendant et à celle du visiteur des Écoles catholiques de la Province. Pour le soutien de cette école, à la demande des Ursulines, la ville s'engage à verser une annuité de mille huit cents (1 800$) dollars pendant 40 années consécutives.[11]

Le 14 octobre, visite de l'architecte J. Ouellet. Les plans de la construction sont définitivement fixés quant aux dimensions : 188 pieds de longueur sur 50 pieds de largeur, partagés entre l'École Normale et l'École Ménagère. Le 16, dix hommes et quatre chevaux commencent les travaux d'excavation qu'ils entendent terminer avant les froids de l'hiver. Les bonnes nouvelles se continuent. Le 3 novembre, l'emprunt de cent cinquante-six mille (156 000$) dollars est conclu à 5¼%, annuités payables durant 40 années. Le 5 décembre, l'indult reçu de Rome permet de contracter un emprunt de cent soixante mille (160 000$) dollars.[12] L'abbé Thomas Tremblay, professeur au séminaire de Chicoutimi,

9. Télégramme de Mgr Labrecque aux Ursulines de Roberval, 20 septembre 1924.
10. Cyrille Delâge au député Émile Moreau, 21 octobre 1924, copie envoyée aux Ursulines de Roberval.
11. Entente entre les commissaires de la ville et les Ursulines, *Document* du 19 septembre 1924, p. 1.
12. Traduction de l'Indult par l'Évêché, 18 novembre 1924.

vient d'être nommé officiellement principal de l'École Normale et Charles-Élie Simard, de Saint-Félicien, reçoit le titre officiel de professeur laïque. Tous deux entreront en fonction dès septembre 1925.

Mentionnons deux cérémonies religieuses depuis l'été : Mère Saint-Pierre, prononce ses vœux de profession le 10 mai et Mère Saint-Antoine fête son jubilé d'argent en novembre. Ces deux événements sont célébrés dans l'intimité du cloître, mais avec toute la chaleur de l'affection fraternelle et la généreuse collaboration des Sœurs. [13]

Que de faveurs encourageantes obtenues au cours de cette année qui s'estompe ! Les religieuses vivent dans l'action de grâces et l'attente de jours encore plus merveilleux pour 1925.

2.   Construction et bénédiction de l'École Normale

Déjà s'ouvrent les riches trésors spirituels de l'Église en cette année jubilaire déclarée « sainte », par Pie XI. Le père commun des fidèles invite à la prière pour obtenir la propagation de la foi, la paix et la concorde entre les peuples et le règlement de la question des Lieux saints selon des lois justes envers l'Église. À ces intentions d'intérêt universel, s'en ajoutent plusieurs particulières pour la communauté de Roberval, entre autres, le succès de la construction de l'École Normale.

Le 3 janvier, le Surintendant de l'Instruction publique écrit à la Supérieure qu'il vient d'apposer sa signature sur les plans qu'il remet immédiatement à l'architecte Ouellet. Ce dernier se charge de les présenter à Monseigneur Labrecque pour en obtenir l'approbation. [14]

---

13.   AUR, *Annales*, III, p. 102-104.
14.   Cyrille Delâge à Mère Sainte-Angèle, 30 décembre 1924, AUR, *Lettres 1915-1932*.

Au monastère, s'organisent des fêtes pour célébrer le jubilé d'or d'ordination sacerdotale de l'abbé J.-E. Lizotte, «ami, père, bienfaiteur» de la communauté. Pour la bonté, l'intérêt, le zèle, la générosité qu'il leur a prodigués, les Ursulines veulent lui témoigner leur gratitude d'une façon grandiose. Voici ce qu'un journaliste raconte au sujet de cette fête :

> **Mercredi, 18 février, à 2 heures p.m., Monsieur le curé Lizotte et Monsieur l'abbé Marcoux, chapelain des Ursulines, étaient invités à assister à une séance donnée par les ursulinettes, sur l'autorisation de Mgr Labrecque de Chicoutimi. Tous les prêtres alors arrivés en notre ville purent assister à cette réception intime. À l'ouverture, lecture d'une adresse fut faite à laquelle le Jubilaire a répondu en termes émus.**
>
> **Jeudi matin, une messe fut chantée par le Jubilaire à la chapelle des Ursulines, à laquelle tous les prêtres invités assistaient, ainsi que les parents de l'abbé Lizotte. Pendant la messe un magnifique sermon fut fait par Mgr Lapointe du Séminaire de Chicoutimi. Après la célébration de l'Office divin, le Jubilaire, ainsi que tous les prêtres et les frères et sœurs de l'abbé Lizotte furent conviés à un banquet qui fut servi dans les appartements de M. le Chapelain Marcoux. [15]**

Ajoutons que les membres du clergé, les parents et tous les citoyens de Roberval, les Frères Maristes et les Sœurs Hospitalières ont fêté tour à tour l'ancien curé de la paroisse revenu parmi eux pour sa retraite définitive.

Quelques religieuses parmi les plus compétentes en sciences ménagères, après avoir élaboré un programme sur la tenue de la maison et l'économie domestique et l'avoir expérimenté pendant plusieurs années, songent à le livrer à l'impression. Cette initiative, sous la direction de Mère Marie-de-la-Trinité, aidée de Mère Saint-Jean et pour les derniers chapitres, de Mère Sainte-Claire

---

15. *Le jubilé d'or sacerdotal de M. l'abbé Lizotte*, dans *Le Colon*, 23 février 1925.

d'Assise et Mère Sainte-Philomène, veut perpétuer l'œuvre de Mère Saint-Raphaël. Mgr Labrecque, non seulement donne son appui au *Manuel de Science du Ménage*, mais il propose qu'il soit offert à la publicité et approuvé par le Département de l'Instruction publique. Les frais d'impression pour le premier mille volumes sont assumés par le docteur Constantin. Le sous-ministre de l'Agriculture, après avoir pris connaissance du nouveau livre, place une commande de 50 manuels pour le bureau des publications du Ministère et fixe le prix à 0.50 du volume. Encouragement de valeur pour les auteurs de ce manuel.[16] Le 19 mars, le *Manuel de Science du Ménage* reçoit des louanges de Mgr François-Xavier Ross, évêque de Gaspé :

> Je ne suis pas un spécialiste en cette matière de l'enseignement ménager et me contente d'en être un apôtre ; c'est à ce titre que je me réjouis grandement de voir l'un de ces manuels sorti de la maison qui en a été l'initiatrice en ce pays.[17]

De son côté, Alphonse Désilets, du Service de l'Économie Domestique, écrit dans une revue :

> Ce manuel classique de la conduite du foyer, résume les principes énoncés par la vénérée fondatrice de l'enseignement ménager le plus ancien au Canada, par Mère Saint-Raphaël. Il s'est enrichi de toute l'expérience acquise pendant des années par les éducatrices émérites que sont les Ursulines de Roberval.
>
> Ce manuel n'est pas loin d'être le plus autorisé qui soit en la matière et nous le recommandons instamment aux bibliothèques et aux Cercles de Fermières.[18]

L'organisation des travaux avance d'une façon presque prodigieuse. Le 1er mars, la communauté, en pré-

---

16.   AUR, *Annales*, III, p. 119.
17.   Mgr François-Xavier Ross, évêque de Gaspé, à Mère Saint-Augustin, 19 mars 1925, AUR, *Lettres 1915-1932*.
18.   Extrait de *La Bonne Fermière* avril 1925.

sence du notaire Errol Lindsay de Roberval, de l'architecte J. Ouellet de Québec, signe le contrat pour la construction de l'École normale, mesurant 188 pieds sur 50 pieds, de la bâtisse du pouvoir de 55 pieds sur 45 pieds et du tunnel en ciment de 116 pieds de longueur. Thomas Pagé de Chicoutimi, accepte l'entreprise de l'École normale, Arthur Lavallée de Roberval, celle de l'usine de chauffage et Fortunat Gingras de Québec, celle de la plomberie. [19]

La loi modifiant l'ancienne charte des Ursulines de Roberval qui permet en « autres points, d'établir et de maintenir une école normale pour filles, de faire un emprunt avec obligations » a été sanctionnée le 4 mars [20]. Les subsides votés pour la dite école prendront effet au 1er juillet 1925.

Une grande activité règne dans les cours du monastère en ce jour du 16 mars. Une dizaine de voitures dont quatre à deux chevaux transportent le sable de l'Île-aux-Couleuvres et l'entassent à proximité des constructions futures. Le 27 mars, Arthur Lavallée commence les excavations de l'usine de chauffage qui sera reliée à la maison de pierre par un tunnel. Il faut se hâter avant la crue des eaux du Lac Saint-Jean au printemps.

À l'intérieur du monastère, toutes les religieuses s'affairent autour des préparatifs d'une cérémonie de profession et d'une prise d'habit de quatre postulantes. Les plus habiles couturières taillent, cousent, ajustent, font courir leurs aiguilles pour terminer à temps les trousseaux. Avec quelle joie la Supérieure conduit à l'autel les cinq élues du jour ! Mère Sainte-Élisabeth prononce ses vœux de religion, Alice Fortin revêt l'habit de l'Ursuline sous le nom de Mère Saint-Joseph, Simone Plourde reçoit celui de Marie-de-l'Immaculée-Conception, Yvette Pednault devient Sœur Saint-François-de-

---

19. AUR, *Annales*, III, p. 120.
20. *Statuts de Québec*, Loi 15, George V, chapitre 133, 4 mars 1925.

Sales et Marie-Ange Fortin, Sœur Sainte-Lucie.[21] Un congé des plus joyeux coupe le travail ardu de ce mois d'avril et accorde quelques heures de repos avant de reprendre la dernière tranche de l'année scolaire.

Le courrier du 19 avril apporte la copie du projet de contrat entre le Gouvernement et la communauté relativement à l'établissement de l'École Normale à Roberval. À la suggestion du notaire Adolphe Labrecque, le conseil de la maison, à l'unanimité, autorise l'abbé Horace Gagnon, aumônier des Ursulines de Québec, à signer ledit contrat pour et au nom de la communauté[22]. Ce dernier accepte la demande des religieuses et, le 30 avril 1925, en présence du notaire public Adolphe Labrecque, et de C.-Joseph Simard, sous-secrétaire de la province, qui représente le Lieutenant-gouverneur Narcisse Pérodeau, il paraphe la convention établissant une École Normale sous la direction des Ursulines de Roberval.[23]

Une pieuse cérémonie se déroule sur le terrain de la construction, au cours de l'après-midi du 13 mai. L'abbé Lizotte, assisté de l'aumônier et de l'abbé Alexandre Maltais, vicaire à la paroisse, préside la bénédiction de la pierre angulaire de l'École Normale. Pendant les prières rituelles choisies pour la circonstance, les élèves, groupées dans la cour, chantent le *Magnificat*. Un document placé dans un petit flacon de cristal, avec plusieurs médailles, est inclus dans l'excavation de la pierre angulaire. Il se termine ainsi :

> **Pour la plus grande gloire de Dieu et l'honneur de la Vierge Marie, pour l'honneur du bon saint Joseph à qui cette École Normale est dédiée, cette pierre angulaire (angle sud-ouest) a été bénite, selon les rites de la sainte Église, par Monsieur l'abbé J.-E. Lizotte, ancien curé de Roberval, «l'ami,**

---

21.   AUR, *Annales*, III, p. 124.
22.   AUR, [*Actes du Conseil*], 19 avril 1925.
23.   Contrat no 5928, 30 avril 1925, certifié par le notaire Labrecque, AUR, *Section des contrats*.

le conseiller, le père» des **Ursulines de Roberval, à 3 h., p.m., le mercredi, 13 mai 1925.** [24]

Au cours du mois de juin, Madame Jules Constantin, aidée de quelques bonnes amies de Roberval, organise des ventes de charité dont le profit servira à l'achat de l'ameublement de l'École Normale. Les élèves quart-pensionnaires présentent des soirées dramatiques et musicales et viennent offrir aux religieuses le montant recueilli pour la même fin. La collaboration de tant de bénévoles fournit à la communauté une aide monétaire encourageante.

Depuis quelques jours, les nouvelles concernant la santé du Cardinal Bégin de Québec présagent sa fin prochaine. C'est avec un vif et profond regret que les Ursulines apprennent, la semaine suivante, le décès de celui qui, pendant trois années, a été le père et le premier supérieur de la communauté. À ces bienfaits spirituels inappréciables, il a bien voulu ajouter un généreux don matériel lors de la construction de la chapelle. En témoignage de vénération et de gratitude, les religieuses chantent un office à neuf leçons et un service solennel pour le repos de l'âme du regretté disparu.

Après un séjour d'un mois à l'Hôtel-Dieu du Précieux-Sang, Mère Saint-Georges et Mère Sainte-Ursule reviennent au monastère le 14 août. Cette dernière se remet très difficilement de l'opération subie au cours de ces semaines. Elle doit encore garder l'infirmerie pour un temps indéterminé.

Parmi les 126 pensionnaires inscrites au soir du 3 septembre, 27 s'enregistrent pour l'École Normale. Une salle du pensionnat est aménagée pour leurs cours, à proximité du parloir afin de faciliter l'entrée du principal et du professeur laïque. Bien qu'elles forment un corps distinct pour les classes, les normaliennes partagent le réfectoire, le dortoir, les salles d'études des élèves de la

---

24. Copie de ce document conservé aux Archives de Roberval.

division des grandes et sont placées sous la direction des mêmes maîtresses.

Un message télégraphique au soir du 28 septembre annonce la visite de l'évêque de Gaspé pour le lendemain. Dès 9h30, Mgr Ross sonne à la grille du parloir. Faute de local convenable, il est conduit à la communauté pour une modeste réception. Après avoir pris le dîner avec l'aumônier, il sollicite la faveur de revenir au cloître pour recueillir de plus amples informations au sujet de l'enseignement ménager qu'il veut propager dans son diocèse. De leur côté, les religieuses bénéficient de la sagesse et de l'expérience de ce grand apôtre et savant pédagogue. [25]

Sur le chantier de construction, les travaux avancent à vue d'œil. Déjà l'usine de chauffage recouverte en briques rouges tranche sur le vert des grands arbres aux confins de la cour, près du lac. Sa haute cheminée de 80 pieds s'élance droite comme une sentinelle qui monte la garde. L'aumônier Marcoux préside la cérémonie de bénédiction, le 30 septembre, en présence de l'entrepreneur Lavallée, de ses aides et de quelques religieuses. Selon le désir de ce dernier, cette bâtisse est placée sous le vocable du Sacré-Cœur de Jésus. Lui-même installera la statue dans une niche à l'extérieur, dès le printemps prochain.

Le nivellement de la cour des normaliennes commence. Pour exhausser le terrain à certains endroits, on utilise les pierres provenant des débris de l'ancien solage de l'École Ménagère construite en 1892. L'éclairage de ce terrain est amélioré par une augmentation de 25 lumières. À l'École Normale, les trois dortoirs ont reçu les deux premières couches d'enduits en fin de décembre. Le travail des plâtriers s'effectue avec une célérité remarquable.

Saint Joseph semble multiplier les signes de sa protection sur la communauté qui l'honore d'une dévotion

---

25. AUR, *Annales*, III, pp. 147-149.

toute particulière. Lors de son acceptation du contrat de construction, l'entrepreneur Thomas Pagé promet de donner un montant de cinquante dollars pour l'achat d'un tableau ou l'équivalent en l'honneur de ce grand saint. Il ne tarde pas à accomplir sa promesse. Dès le début de janvier 1926, arrive un colis spécial contenant une belle statue de saint Joseph, mesurant trois pieds et demi. La communauté décide de la placer dans la salle de récréation des normaliennes[26].

Comme les travaux tirent à leur fin, le temps est venu de songer à réorganiser la buanderie détruite en 1919 et de profiter des ouvriers sur place pour la construire. Une bâtisse attenante à la maison de pierre, de 50 pieds de longueur par 24 pieds de largeur et 13 pieds de hauteur, en briques, avec une base de béton, s'élève dans l'espace de quelques semaines. L'aménagement sera complété à mesure que les ressources pécuniaires le permettront. Les Dames de la ville organisent un euchre-bridge qui rapporte six cents (600$) dollars au profit de cette buanderie.

Un don bien spécial vient enrichir le matériel didactique de l'enseignement ménager. Henri Plourde, agronome et frère de Mère Marie-de-l'Immaculée-Conception, offre une ruche miniature et son équipement complet. Avec ce précieux instrument, les leçons d'apiculture seront concrétisées sur place en toutes saisons et les élèves pourront manipuler et examiner à loisir les pièces qui composent cette ruche.[27]

La communauté s'unit aux diocésains de Chicoutimi pour célébrer le jubilé d'or d'ordination sacerdotale de Mgr Labrecque les 19 et 20 mai. Avec les vœux et un bouquet spirituel artistement préparé, elle lui offre un rochet en fine dentelle importé de France. Le congé en l'honneur du vénérable jubilaire coïncide avec le dernier

---

26. *Ibid.*, p. 161.
27. Cette ruche est encore utilisée pour les démonstrations aux *Cercles des Jeunes Naturalistes*.

dîner au petit réfectoire de la maison de pierre devenu trop exigu. Au cours de l'après-midi, tables, bancs, chaises et vaisselle prennent la direction du local Saint-Joseph aménagé au rez-de-chaussée de la nouvelle bâtisse.

Enfin, la construction de l'École Normale et de l'École Ménagère est terminée! Pour la bénédiction de cet édifice, fixée au 10 juin, on adresse 400 invitations. Au jour convenu, à 14 heures, Mgr Eugène Lapointe, P.A., vicaire général du diocèse remplaçant Mgr Labrecque, préside la cérémonie. Il parcourt les diverses salles des trois étages de l'École en aspergeant les murs d'eau bénite. Il revient ensuite à la salle des réceptions où sont réunies environ 400 personnes. Prennent place aux premiers rangs de l'auditoire: Émile Moreau, député à l'Assemblée législative, le juge Georges-F. Gibsone, l'abbé P. Fillion, représentant de l'Université Laval, Thomas-Ls Bergeron, avocat, maire de Roberval, les abbés Salmon Rossignol, curé de Roberval, Joseph Lizotte et Thomas Tremblay, principal, Alphonse Désilets, représentant le

Vue de l'École Normale et de l'École Ménagère. De gauche à droite jusqu'à la statue de saint Joseph.

ministre de l'agriculture, l'architecte J. Ouellet, les avocats Armand Boily de Roberval, Armand Sylvestre, député au fédéral, Valmore Bienvenue, substitut du Procureur-général, Alleyen Taschereau, Antoine Rivard et Paul Fontaine. Les élèves exécutent un très joli programme musical.

Commencent ensuite les discours. L'abbé Thomas Tremblay souhaite la bienvenue aux invités et remercie tous les bienfaiteurs et amis du couvent des Ursulines qui ont collaboré au succès de cette construction. Monseigneur Lapointe adresse des paroles très sympathiques aux religieuses dont il vante l'œuvre accomplie à Roberval et dans toute la région. Émile Moreau, député, se déclare l'un des plus enthousiastes admirateurs de l'éducation dispensée par cette institution, l'abbé Fillion rend hommage à l'enseignement des Ursulines, l'abbé Rossignol exprime sa profonde reconnaissance aux religieuses qui œuvrent depuis si longtemps dans Roberval. Alphonse Désilets fait valoir les avantages de l'enseignement ménager chez les jeunes filles et rappelle le souvenir de Mère Saint-Raphaël, l'initiatrice de cette œuvre dans la province. La fête se termine par la bénédiction du saint Sacrement présidée par Mgr Lapointe [28].

Signalons les cérémonies religieuses survenues au cours des derniers mois. Ont revêtu l'habit de l'Ursuline, Irma Lavoie, sous le nom de Saint-Jean Berchmans, Jeanne Brassard, Marie-de-Jésus, Dolorès Turgeon, Marie-du-Sacré-Cœur, Joséphine Bouchard, Saint-Gabriel, Marie-Louise Painchaud, Saint-Jean-Marie Vianney. Trois novices ont eu le bonheur de prononcer leurs vœux de religion: nos Sœurs Sainte-Marthe, Saint-François-d'Assise et Sainte-Agnès. Pour Sœur Saint-Roch, un jubilé d'argent couronne vingt-cinq années de fidélité et de dévouement.

---

28. *Bénédiction à Roberval, École Normale*, dans *L'Événement*, 11 juin 1926.

Un corridor de l'École Normale.

Cette année scolaire se termine sur une note de grand optimisme. L'École Normale rêvée depuis 1913 est édifiée. L'École Ménagère retrouve sa vigueur, le noviciat s'enrichit de sujets qualifiés pour l'œuvre. Dans cette heureuse atmosphère, les religieuses goûteront des vacances qui les reposeront un peu des années pénibles qu'elles viennent de vivre.

3. L'installation à l'École Normale et la question des eaux

L'École Normale provoque un intérêt grandissant dans la ville et les paroisses d'alentour et les demandes pour la visiter se font pressantes. Pour répondre au désir de cette population, la communauté ouvre de nouveau ses portes à tous les visiteurs qui se présentent. Le 27 juin, dans l'après-midi, environ 1500 personnes défilent dans les longs corridors et admirent la clarté, la grandeur des salles et des dortoirs. Les religieuses profitent de la circonstance pour s'acquitter de leur dette de reconnaissance envers les personnes de Roberval qui les ont secourues si charitablement lors de leurs grandes épreuves.

La santé chancelante de Sœur Saint-Georges provoque certaines interrogations au chapitre avant son admission définitive à la communauté. La novice promet, si elle est acceptée, de changer son nom pour celui de Marie-de-la-Protection, en l'honneur de la sainte Vierge à qui elle confie sa persévérance. Au matin du 24 juillet, en présence de sa famille selon la nature et de celle du cloître, elle prononce ses vœux sous sa nouvelle appellation. Son frère, novice chez les Dominicains[29], assiste au chœur avec ses trois jeunes frères séminaristes. Sa Sœur, Mère Sainte-Jeanne-de-Chantal, novice, prête sa voix à la chorale monastique. Le père de la nouvelle professe, Georges Lévesque, offre une belle statue de l'Immaculée-Conception pour la salle du noviciat. Quelle inoubliable journée pour les quatorze enfants de la famille Lévesque tous présents à la cérémonie!

C'est avec regret que les religieuses apprennent le décès de Jean-Charles Chapais de Saint-Denis de Kamouraska. Depuis si longtemps, cet ami dévoué de la maison s'intéresse à ses épreuves comme à son développement et profite de toutes les occasions pour témoigner son estime et son admiration envers Mère Saint-Raphaël. Par leurs prières offertes pour le repos de son âme, les Ursulines veulent s'acquitter de leur dette de reconnaissance.

Comme le 1er août, jour traditionnel choisi pour les élections triennales, tombe un dimanche, elles sont re-

---

29. Georges-Henri Lévesque, ordonné chez les Dominicains, le 15 avril 1928, fondateur de l'École des Sciences Sociales économiques et politiques à l'Université Laval en 1938 et de l'Université du Rwanda en 1963.

mises au lendemain et présidées par le curé Salmon Rossignol. Mère Sainte-Angèle Bossé est élue supérieure, Mère Sainte-Philomène dépositaire, Mère Saint-Augustin maîtresse générale, Mère Saint-Thomas première portière. Les autres conseillères sont confirmées dans leur ancienne fonction pour trois ans.

Voilà que les eaux du lac commencent à causer des inquiétudes. Depuis quelques années, la Compagnie Duke-Price a obtenu du gouvernement le droit de faire construire un barrage sur le lac Saint-Jean de façon à faire passer son niveau du point 7.5 à 17.5 au-dessus de zéro de l'échelle d'étiage au quai de Roberval. De 1923 à 1926, trois usines électriques surgissent presque subitement et comptent sur l'emmagasinage des eaux du lac. En 1926, la compagnie commence à endiguer le lac dont le niveau se maintient tout l'été au point 15. Dans la région, plusieurs terrains sont déjà baignés. Au monastère, deux pouces d'eau couvrent le plancher de l'usine de chauffage. Les religieuses portent plainte et deux ingénieurs viennent constater les conséquences de l'exhaussement des eaux du lac pour le système de chauffage et les canaux d'égouts. Ils font appel à l'architecte Ouellet et au plombier Gingras qui, après examen des dégâts, concluent à la nécessité d'effectuer des grands travaux d'amélioration. Mais la rentrée des élèves trop proche oblige la compagnie à remettre l'exécution de ce projet au printemps. D'ici ce temps, elle s'engage à prendre les mesures nécessaires pour remédier à la situation. [30]

Une rare et précieuse visite s'annonce pour la fin d'août. Dom Albert Jamet, bénédictin de Solesme, passe quelques jours à la communauté où il donne, outre des conférences spirituelles très goûtées, des leçons de chant grégorien et de psalmodie de l'Office divin. Ce grand maître communique à son auditoire sa ferveur et son élan pour le renouveau liturgique. Arrivé à Québec de-

---

30. Vien, *Histoire de Roberval, op. cit.*, pp. 320-321.

puis plusieurs semaines, il se donne activement à l'étude des écrits de Marie de l'Incarnation en vue d'une publication aussi complète que possible.

Le 2 septembre 1926 marque la prise de possession de l'immeuble destiné à l'École Normale. Quarante-cinq élèves s'inscrivent dès le premier soir et sont accueillies à bras et à cœurs ouverts par la directrice Mère Sainte-Marie et sa compagne Mère Marie-de-la-Protection. Au pensionnat, 119 élèves et 126 quart-pensionnaires remplissent les locaux à pleine capacité. Enfin, les religieuses reçoivent avec bonheur les élèves externes de la ville, apostolat abandonné sur l'ordre de l'évêque après l'incendie de 1919. L'Externat devient l'école annexe attachée à l'École Normale pour l'enseignement pratique des élèves-institutrices. [31]

Le premier congrès pédagogique d'enseignement ménager de Québec se tient à l'École Normale Classico-Ménagère de Saint-Pascal, les 6, 7, 8 et 9 septembre.

Normaliennes finissantes en 1927.

31. AUR, *Annales*, III, pp. 198-200.

Groupe de religieuses de la communauté en 1924.

Groupe des novices en 1926.

Les Ursulines délèguent le principal Thomas Tremblay pour les représenter et lui remettent une monographie de l'École Ménagère de Roberval, à la demande du Surintendant Delâge.

Une double cérémonie religieuse en ce mois de novembre 1926. Sœur Sainte-Gertrude prononce ses vœux perpétuels; Jeannette Tremblay revêt l'habit religieux et prend le nom de Marie-du-Saint-Esprit. L'abbé Eugène Perron, oncle maternel de cette dernière, donne le sermon de circonstance. Quelques semaines plus tard, en décembre, Marie-Anne Blais reçoit la livrée de l'Ursuline sous le nom de Marie-Bernard.

En février 1927, Mère Saint-Augustin et Mère Sainte-Catherine célèbrent leur jubilé d'argent de profession religieuse. En leur honneur, les élèves du pensionnat présentent une jolie séance dramatique et musicale. À la récréation du soir, la communauté chante la bonté, le dévouement, le zèle et les talents de ces deux éducatrices émérites. Cependant, à l'infirmerie, l'atmosphère est moins gaie. Plusieurs luttent contre la maladie. Mère Sainte-Ursule demeure dans un état de grande faiblesse, de fortes douleurs rhumatismales rendent Mère Saint-Jean impotente et incapable de se rendre un service. Mère Saint-Arsène, hospitalisée à Québec, se repose au Vieux-Monastère. Mère Saint-Alphonse revient de l'Hôtel-Dieu de Roberval, après un séjour de deux mois. L'espoir d'une amélioration dans leur santé maintient le courage du personnel qui s'impose un surcroît de travail pour les remplacer.

L'École Normale reçoit la visite officielle de J.-C. Magnan, inspecteur général des Écoles. L'examen sur toutes les matières du programme s'avère sérieux. Après avoir passé quelques heures à l'école d'application, le visiteur rencontre les normaliennes à la cuisine, au lavoir, à la couture. Il se déclare satisfait, même s'il reste encore des lacunes à combler.

Malgré l'espérance d'une guérison miraculeuse, à la suite d'instantes supplications adressées à saint Joseph, Mère Sainte-Ursule sent que son existence touche à sa fin. Son état de santé s'aggrave subitement. L'aumônier lui donne l'Onction des malades au soir du 20 mars. «Je demande au bon Dieu, dit-elle, que ce ne soit pas long afin de ne pas imposer de fatigues à mes Sœurs». Sa prière est exaucée. Quatre religieuses veillent à son chevet pendant la nuit. Tout à coup, elle change rapidement. Avec la communauté réunie, l'aumônier récite les prières des agonisants. À 1h30, elle expire dans une grande sérénité, à l'âge de 42 ans dont 16 de profession religieuse. Quelques membres de sa famille venus de Québec et plusieurs laïques assistent aux funérailles.

Mère Sainte-Ursule, très pieuse et charitable, excellente éducatrice s'est spécialisée dans l'enseignement du catéchisme et la préparation à la première communion des petites. En plus de ses connaissances pratiques et variées, une grande habileté pour les arts ménagers et les travaux de fantaisie l'ont rendue très précieuse pour la communauté. Elle a aussi rempli avec compétence et dévouement les offices de sacristine, d'infirmière et de pharmacienne. Les religieuses la regrettent profondément [32].

La question de l'inondation du lac Saint-Jean suscite de nombreux commentaires de la presse et de légitimes plaintes de la part de la population échelonnée autour du Lac. Une délégation de 60 cultivateurs de la région se rend à Québec plaider leur cause auprès du premier ministre Alexandre Taschereau. Ce dernier défend la position du gouvernement et déclare qu'il faut respecter le contrat que la province a signé. La Législature nomme une commission de trois membres pour déterminer l'indemnité payable aux propriétaires riverains pour les dommages causés par suite de l'élèvement des eaux. Cette commission d'arbitrage, qui siège à Roberval, se substitue aux tribunaux ordinaires afin d'éviter aux intéressés des frais de procédure. Après une évaluation ef-

---

32. *Ibid.*, pp. 205-206.

fectuée par des experts, en mai 1927, les Ursulines réclament une indemnité de quatre mille (4 000$) dollars pour les dégâts causés à l'étable, au hangar, au poulailler, au jardin et dans les cours. [33]

La communauté s'occupe activement des préparatifs pour l'inauguration de l'École Normale qu'elle fait coïncider avec la première distribution publique des prix que le Surintendant Cyrille Delâge accepte de présider. Le 22 juin, jour fixé pour la cérémonie, il se présente accompagné du principal Thomas Tremblay, du professeur Charles-Élie Simard, des abbés Clément Dubé, Ludger Bolduc, Maurice Constantin et J.-Arthur Fortin. Dans l'assistance, on remarque plusieurs dames, quelques notables de la ville, les parents des élèves et les religieuses du monastère. Après le chant de bienvenue et l'allocution du Principal, le Surintendant procède à la distribution des prix et à la collation des treize premiers diplômes octroyés par l'École Normale de Roberval. Il exprime ensuite sa joie de répondre à la chaleureuse invitation qui lui a été faite et il adresse des félicitations aux Ursulines pour le bien qu'elles ont opéré à la famille et à la société depuis 1882. Les derniers mots vont aux finissantes, à la Directrice de l'École et au Principal. Après le chant final Ô Canada, tous s'éloignent et visitent les locaux de la nouvelle École située sur leur passage [34].

En considération de l'acquisition par contrat « du lot de grève et du lot en eau profonde situé en front du lot de grève » négociée en 1901 par Mère Saint-Raphaël avec le Ministère des Terres, Mines et Pêcheries, la Compagnie Duke-Price se rend aux justes réclamations des Ursulines. La cour est prolongée de 100 pieds vers le lac et terminée par un quai d'une hauteur de neuf pieds. Un trottoir formé de gros madriers en bois de

---

33. *Ibid.*, p. 217.
34. *Distribution des prix à Roberval,* dans le *Progrès du Saguenay,* 29 juin 1927.

Colombie s'étend sur une longueur de 900 pieds, d'une extrémité à l'autre de la propriété. Une trentaine de voitures et une douzaine de camions circulent dans la cour de 7h à 18h30 pour le transport des pierres pour le quai et du sable pour le nivellement du terrain. Une autre équipe d'hommes démolit le toit de l'usine de chauffage, relève les bouilloires de cinq pieds et réinstalle les tuyaux de vapeur. Environ 300 personnes sont employées aux frais de la compagnie et déploient une grande activité afin de livrer la cour avant l'arrivée des élèves, le 8 septembre[35].

Le professeur Antonio Pirocchi de l'Institut agricole de Milan, délégué italien au Congrès mondial d'aviculture, s'adresse au Ministère de l'agriculture pour obtenir un exemplaire du *Manuel de Science du ménage* à l'usage des élèves de l'École Ménagère des Ursulines de Roberval. Le sous-ministre Antonio Grenier transmet sa demande à la communauté[36] qui s'empresse d'envoyer le volume au professeur italien. De Milan, Antonio Pirocchi envoie une lettre de remerciement et se dit si enchanté du manuel reçu qu'il demande la permission de le faire traduire en italien en vue d'une publication dans la même langue[37]. Les Ursulines lui accordent avec plaisir l'autorisation sollicitée.

L'épreuve de la maladie se prolonge chez les religieuses. Le docteur Hubert Brassard, médecin de la communauté, profite du passage à Roberval du docteur A. Couillard, directeur médical du Sanatorium du Lac-Édouard, pour faire subir un examen minutieux aux religieuses qui lui inspirent des craintes. Sept patientes sont déclarées atteintes de tuberculose, dont quelques-unes presque sans espoir de guérison. Des mesures hygiéniques très sévères sont prescrites pour enrayer la

---

35. AUR, *Annales*, III, pp. 226-229.
36. Antonio Grenier à la Supérieure, 7 septembre 1927, AUR, *Lettres 1915-32*.
37. Antonio Pirocchi à la Supérieure, 29 septembre 1927, AUR, *Lettres 1915-1932*.

contagion et remettre ces malades sur pied le plus tôt possible. L'état de Mère Sainte-Catherine, hospitalisée à Québec depuis plusieurs semaines, inquiète ses médecins. Au Vieux Monastère et A Roberval, les religieuses demandent sa guérison par l'intercession de Marie de l'Incarnation.

Mais le cours de la vie ne s'arrête pas pour autant. L'École Normale reçoit l'inspecteur Magnan et l'abbé Honorius Bois visite l'École Ménagère pour la première fois. Les enseignantes les plus robustes endossent la besogne des absentes. Aux événements de 1927, ajoutons trois cérémonies religieuses. Le 9 mars, plusieurs revêtent l'habit de l'Ordre. Jeanne Joubert prend le nom de Marie-de-la-Nativité, Adèle Dufour, celui de Marie-du-Bon-Conseil, Eugénie Painchaud, Saint-Bernardin-de-Sienne. Le 10 mai, Mère Saint-Pierre prononce ses vœux perpétuels.

En janvier 1928, Mère Sainte-Catherine, en bonne voie de guérison, revient au monastère à la grande joie des religieuses. Son état exige encore certains ménagements. Les grands froids d'hiver augmentent; de fortes tempêtes de neige et de vent rendent les voies de communication impraticables en plusieurs endroits. Depuis décembre, quatre-vingt-neuf pouces de neige se sont accumulés. Les personnes âgées s'accordent pour affirmer que la population vit un des hivers les plus rigoureux connus jusqu'alors.

Le 19 mars, jour consacré à honorer saint Joseph, est doublement solennisé. Cette fête coïncide avec les 25 années d'entrée en religion de Mère Sainte-Angèle, supérieure. *Vers la lumière*, pièce biblique, épisode de la conversion de Marie-Madeleine, jouée par les élèves retient l'attention et l'admiration de l'assistance pendant plusieurs heures.

Les jours plus doux arrivent; bientôt c'est le printemps. Dès le début de mai, l'herbe pousse, les bourgeons des arbres éclatent, les fermiers songent aux semailles. Voilà qu'une pluie persistante de plusieurs jours entraîne subitement la fonte de la neige dans les

La cour, le jardin et le cimetière lors de l'innondation de 1928.

bois. Les rivières coulent, s'élargissent et se précipitent avec force dans le lac Saint-Jean. Les estacades sur la rivière Mistassini se rompent et les billots naviguent éperdument sur l'eau qui monte et envahit les routes. Le dimanche 27 mai, les cours du couvent sont inondées et l'usine ressemble à un îlot. La Supérieure propose alors une procession dans la partie du jardin non encore submergée, au cours de laquelle les religieuses récitent le rosaire et le *Miserere*. Des médailles de Notre-Dame-de-Protection sont attachées aux portes des bâtisses du côté du lac. Tous les cœurs sont oppressés, mais restent confiants. Cependant l'eau continue à monter, le quai disparaît, le chemin de l'Anse est coupé et la voie ferrée menacée. Plusieurs familles obligées de quitter leurs demeures déménagent en chaland.

Les ouvriers du couvent barricadent les fenêtres du premier étage de l'usine afin de les protéger contre les billots. Le système de chauffage de la maison s'arrête.

Le 29, l'eau poussée par le vent atteint le cimetière de la communauté, la grange et le poulailler. La Compagnie Price installe deux pompes à gazoline pour vider la cave de l'École Normale et permettre d'utiliser la seule bouilloire qui reste. Le 30, le niveau du lac indique 23 pieds et demi. Le chemin de fer, le téléphone et le télégraphe sont paralysés.

À la Grande Décharge à Alma, les contrôleurs lèvent les pelles, mais il est trop tard. L'arrivée massive des eaux des rivières a réellement déjoué leurs prévisions et ils s'attendent au pire. Le 2 juin, un vent violent du nord-est déchaîne le lac, les vagues écumantes ramènent vers le nord les billots entassés dans la Grande Décharge. Si ces derniers pénètrent dans la cour, aucune bâtisse ne pourra résister à leur pression. Enfin, vers midi, la tempête s'apaise, les billots serrés les uns sur les autres s'arrêtent dans leur course, l'eau commence à baisser[38].

Quel soulagement pour la ville et le monastère! Le danger est conjuré, mais les dégâts sont immenses. Le 9 juin, les eaux retrouvent leur niveau normal, les ouvriers désinfectent les terrains à la chaux vive et réparent les bâtisses. Après de telles anxiétés, religieuses et élèves souhaitent vivement l'arrivée des vacances. Les distributions des prix ont lieu le 20 juin et les portes s'ouvrent pour la gent écolière.

Après avoir rencontré la communauté, le 20 août, le président de la compagnie Duke-Price fait parvenir une indemnité de 1 245$ pour les dommages survenus en 1926. Impossible d'obtenir plus pour les bâtisses, il faut attendre patiemment et chercher des procédures sûres et efficaces pour arriver au règlement équitable de la question[39].

Dans le but d'attirer des vocations pour assurer la relève de la communauté, les religieuses organisent des

---

38. AUR, *Annales*, III, pp. 262-267.
39. *Ibid.*, p. 272.

retraites pour les jeunes filles pendant les vacances d'été. Au cours de la dernière, trois d'entre elles demandent leur entrée au noviciat. Leur temps de probation terminé, elles sont admises à la vêture et reçoivent les noms suivants: Antoinette Coulombe, Sainte-Cordule, Marguerite-Marie Bouchard, Gabriel Lalement et Régina Lebeuf, Saint-Amable[40].

Aux derniers jours des vacances, une grande nouvelle arrive au monastère. Mgr Charles-Antonelli Lamarche, curé de Saint-Stanislas de Kotska, est nommé au siège épiscopal de Chicoutimi pour remplacer Mgr Labrecque démissionnaire depuis quelques mois. Cette nomination est accueillie avec enthousiasme par le clergé et les diocésains. Quant aux Ursulines, elles accordent leur entière soumission et leur pleine confiance à celui qui devient leur premier supérieur.

4.   Phase nouvelle pour l'École et le Monastère

Malgré l'épreuve qui s'est abattue dans la région et que l'on a appelée «Tragédie du Lac-Saint-Jean», le nombre des élèves augmente dans tous les départements de la maison. Les travaux effectués sur le terrain par la Compagnie Price s'avèrent satisfaisants et les élèves possèdent une cour agrandie, assainie et bien nivelée. Mais les bâtisses et leurs dépendances offrent un aspect pitoyable.

Parmi les visites reçues au cours de l'automne, celle du nouvel évêque de Chicoutimi, Mgr Charles Lamarche, le 6 novembre, suscite un enthousiasme exceptionnel. À l'extérieur, les drapeaux flottent allègrement tandis qu'à l'intérieur de la maison, les décorations les plus gracieuses s'échelonnent sur le parcours suivi par le prélat. Il entre dans la salle de réception aux accords joyeux d'une brillante marche exécutée au piano par 28 mains.

---

40. *Ibid.*, p. 256.

Environ 300 élèves vêtues de blanc offrent un spectacle de fraîcheur et de gaieté. Après le chant, l'adresse de circonstance et la présentation de plusieurs gerbes de fleurs, l'éminent invité remercie de l'accueil filial et respectueux qui lui est réservé. Son discours empreint d'une grande bonté témoigne d'une finesse d'esprit remarquable. À plusieurs reprises, il est chaleureusement applaudi par l'assistance conquise par le charme de ses paroles.

Il salue au passage les petites externes réunies à l'École Normale et se dirige vers la communauté. Avec beaucoup de simplicité, il parle aux religieuses d'une façon réconfortante et les assure de son appui et de sa paternelle sollicitude pour l'avenir. L'évêque et les vingt-quatre prêtres qui l'accompagnent se retirent ensuite chez l'aumônier pour le grand banquet qui leur est servi par les élèves. [41]

Une forte grippe qui sévit un peu partout dans les grands centres fait son apparition au couvent, en décembre. Le congé des fêtes est donc avancé d'un jour et la date de la rentrée fixée au 8 janvier 1929. Quelques heures avant le retour des élèves, les autorités médicales demandent que les vacances soient prolongées jusqu'au 16 janvier. Les cours sont à peine repris que la maladie s'abat avec plus de violence au monastère. Les dortoirs des élèves se convertissent en infirmerie temporaire pour recevoir la moitié des pensionnaires qui doivent s'aliter. À la communauté, trente-cinq religieuses cèdent successivement devant l'impitoyable visiteuse. Une fois l'épidémie passée, les dortoirs sont désinfectés et dans les classes toutes travaillent avec entrain pour reprendre le temps perdu.

En 1922, le Comité catholique de l'Instruction publique ajoute un programme spécial aux Écoles Ménagères Régionales et une année de perfectionnement pour les Écoles primaires, élémentaires et complémentaires.

---

41. *Ibid.*, pp. 280-281.

Le diplôme décerné après ce cours permet aux élèves d'enseigner dans les écoles complémentaires. Or, Roberval ne possède pas encore le titre d'École Ménagère Régionale. Cependant, les Ursulines adoptent le nouveau programme qu'elles suivent le plus fidèlement possible, vu leurs conditions spéciales d'aménagement depuis l'incendie.

En 1928, le Comité Catholique, en accord avec le Ministère d'Agriculture, décide de contrôler, en dernier ressort, les diplômes octroyés par les Écoles Ménagères Régionales. Dans une lettre qui a suivi sa visite au monastère, voici ce que le Surintendant écrit:

> **Lorsque je suis allé à Roberval ainsi que l'inspecteur [Magnan], il était question du titre « d'École Ménagère Régionale » que nous vous suggérions de demander, vu votre excellente organisation et les nombreux titres que possède votre monastère relativement à l'enseignement ménager[42].**

Après ce rappel si obligeant et si engageant, la communauté place la demande officielle du titre qu'elle veut obtenir. Cette dernière est acceptée à la réunion du Comité catholique, le 6 février 1929. La nouvelle parvient à Roberval de la main du Surintendant:

> **J'ai l'honneur de vous informer qu'à la réunion du Conseil catholique de l'Instruction publique, tenue le 6 février dernier, votre école ménagère régionale déjà agréée par le Ministère d'agriculture, a été reconnue officiellement par le dit Comité. Les programmes et les règlements des Écoles Ménagères Régionales seront bientôt ajoutés aux Règlements du Comité catholique lors de leur prochaine édition[43].**

À partir de ce moment, l'École Ménagère se détache du Ministère de l'agriculture de qui elle dépend depuis 1892 et passe sous le contrôle du Département de l'Instruction publique.

---

42. Cyrille Delâge à Mère Sainte-Angèle, 17 décembre 1928, AUR, *Lettres 1915-1932*.
43. Le même à la même, 16 février 1929, *ibid*.

En fin de février, Mère Saint-Augustin, maîtresse générale et Mère Sainte-Philomène vont à Québec afin de suivre des cours abrégés offerts par le Ministère d'agriculture aux religieuses des différentes communautés qui ont à régir une ferme. Elles passent quelques jours au Vieux Monastère avant de se rendre à l'École de la Jemmerais à Beauport, où se tiendront les cours, du 26 février au 9 mars, sous la présidence de l'abbé Honorius Bois, du collège de Sainte-Anne-de-la-Pocatière. Ces études pour l'amélioration des différents systèmes et certaines spécialités de culture s'annoncent très pratiques.

Au matin du 9 mars, c'est fête au monastère. Irène Cormier revêt l'habit de l'Ursuline sous le nom de Saint-François-de-Paule. Le 30 avril, nouvelle joie à l'occasion de la vêture de Solanges Brassard, dite de Saint-Jacques. Religieuses et élèves profitent alors de deux grands congés.

À l'infirmerie du monastère, l'inquiétude augmente de jour en jour au sujet de la jeune Sœur Saint-Pierre mise au repos complet depuis un mois. Ses lésions aux poumons s'aggravent et une laryngite tuberculeuse vient de se déclarer. A sa visite du 11 juin, le médecin constate que la congestion est commencée et il avertit sa patiente que son état s'avère très grave. Après les prières du soir, les religieuses se réunissent auprès de la malade, calme et résignée, qui reçoit pieusement l'Onction des malades. Quelques jours de souffrances passent. Le 20 juin, entourée du prêtre, de la Supérieure et de plusieurs religieuses, Mère Saint-Pierre s'éteint dans une grande sérénité, à l'âge de 30 ans et 8 de vie religieuse. Le lendemain, la communauté apprend avec beaucoup de peine le décès de cette jeune Sœur partie si vite et si jeune.

Mère Saint-Pierre, dès le début de sa vie religieuse, s'est fait remarquer par son esprit religieux manifesté par une grande fidélité aux moindres détails de la Règle. Quelques mois après sa profession, elle sent déjà les atteintes de la maladie qui a fait de sa vie une alternance de repos et d'activités. Sa mort cause de grands regrets dans la communauté qu'elle a conquise par sa vie si simple et si vertueuse[44].

Les élections du 1er août 1929 apportent un changement dans toutes les fonctions du monastère à l'exception de celle de dépositaire. Mère Saint-Augustin occupe de nouveau la charge de supérieure, Mère Marie-de-l'Assomption est élue assistante, Mère Sainte-Angèle, zélatrice, Mère Marie-de-la-Providence, maîtresse générale, Mère Saint-Thomas, maîtresse des novices et Mère Saint-Arsène, portière. Les membres de ce nouveau conseil sollicitent, de la Maison-Mère, des sujets qualifiés pour l'enseignement. Le 22 août, les religieuses accueillent à bras ouverts la nouvelle recrue de Québec, Mère Sainte-Claire d'Assise, Angers, qui vient travailler à Roberval.

Le silence prolongé de la Compagnie Price au sujet du règlement final de la question des eaux oblige la communauté à demander les services du notaire Errol Lindsay de Roberval. Il veut bien aller rencontrer Georges Low, ingénieur des travaux, pour traiter de vive voix des litiges qui existent entre les Ursulines et la compagnie. À son retour, le notaire engage la Supérieure à tenter une dernière demande. Dans sa lettre, elle explique clairement ce que la communauté exige, en toute justice, pour les dommages encourus: reconstruction de la grange-étable, entretien à l'avenir des siphons et du quai protecteur. Cette nouvelle démarche s'avère fructueuse. Après plusieurs semaines de travail effectué par les employés de la compagnie, le 24 de six pieds de hauteur, borde le quai et s'étend du côté sud de la propriété jusqu'à la rue Saint-Joseph.

Nous nous permettons d'anticiper les événements pour apporter le règlement final de cette importante question. Ce n'est qu'au 16 avril 1930 que les Ursulines reçoivent un montant de six mille (6 000$) dollars pour

---

44. AUR, *Annales*, III, pp. 306-308.

les dommages et les réparations. Sur le désir exprès de l'évêque de Chicoutimi et les conseils des bons amis de la maison, la construction nouvelle de la grange et du hangar s'élèvera sur la ferme Saint-Joseph. Le voisinage des animaux en ville offre de nombreux inconvénients hygiéniques pour les citadins.

Le lendemain, les domestiques commencent à démolir le hangar afin d'utiliser le bois de charpente pour les nouvelles bâtisses. Il reste à percevoir les intérêts qui se chiffrent à deux mille (2 000$) dollars et à signer, avec la compagnie, le contrat pour l'entretien du perré, de la promenade, des siphons, etc. Cependant l'indemnité versée ne peut couvrir les pertes matérielles subies par l'exhaussement du niveau du lac. Les travaux d'assainissement, d'embellissement et de protection, très bien exécutés par la compagnie, n'auraient jamais été entrepris par le monastère. À ce point de vue, la communauté se félicite du résultat des négociations avec Duke-Price. Mais surtout, elle rend hommage à la clairvoyance et au sens des affaires exceptionnels témoignés par Mère Saint-Raphaël, lors de l'achat du lot de grève en 1901[45].

Et nous revenons au début de l'année 1930. Petit à petit, le matériel didactique détruit par l'incendie se renouvelle. Avec les dons en argent reçus par les religieuses, un gramophone acheté pour le pensionnat facilite l'enseignement de la langue anglaise. Madame Léon Mercier-Gouin (Yvette Olivier) offre à sa sœur Mère Marie-de-la-Providence une belle collection de tableaux illustrés en couleurs pour les sciences naturelles pour remplacer celle que le Ministère d'agriculture a octroyée à l'École avant 1919. Madame Gouin complète son don par une armoire vitrée pour suspendre et protéger ces tableaux.

À sa visite d'avril, l'abbé Bois insiste sur les examens des élèves-maîtresses de 8e et 9e années qu'il fait

---

45. *Ibid.*, pp. 321 et 350-356.

passer sur toutes les branches du programme. Pour la première fois, les diplômes seront octroyés par le Département de l'Instruction publique. L'année scolaire se termine en beauté et les vacances s'annoncent calmes et reposantes.

Le mois d'août réserve l'agréable surprise d'une visite de trois Ursulines de Mérici venues prendre des informations pour la tenue et l'amélioration de leur ferme. Pendant leur séjour à Roberval, Mère Marie-de-la-Présentation informe la communauté du grand événement accompli au Vieux Monastère depuis quelques mois.

Avec la construction récente de l'École Normale de Mérici, le Cardinal Rouleau propose aux Mères de Québec de jeter les fondements d'une Union régionale avec cette école. Avec l'assentiment de la Supérieure et de l'Assistante, il rédige un projet d'union qui, après avoir été étudié et discuté avec le conseil du monastère, est ensuite présenté à la communauté, le 14 février 1930. Le document stipule que les fondations à venir se rattacheront à la Maison de Québec et les cinq monastères, déjà érigés par elle, pourront entrer dans cette Union s'ils le désirent.

En se rendant à Rome pour assister à la canonisation des huit Martyrs jésuites canadiens, en compagnie de Mgr Lamarche, le Cardinal Rouleau profite de l'occasion pour présenter son projet d'Union à la Sacrée Congrégation des Religieux dont il est membre. Un rescrit de Rome, du 14 juin 1930, autorise la formation d'une congrégation d'Ursulines autour du Vieux Monastère de Québec. Le 22 juin, à son retour de voyage, le Cardinal signe le supplément des Constitutions préparé par les Ursulines de Québec[46]. Après 291 ans d'existence, le monastère de Marie de l'Incarnation entre dans une nouvelle phase.

---

46. AUQ, *Annales*, VII, pp. 337-339.

Après le départ des Mères de Mérici qui ont apporté beaucoup de réponses aux questions des religieuses de Roberval très intéressées à entrer dans l'Union, Mère Saint-Augustin invite chaque religieuse à prier pour ce projet et à lui faire connaître son opinion sur cette grave question.

Mgr Lamarche, en tournée pastorale à Saint-Gédéon, s'échappe quelques heures pour venir s'entretenir de cet important sujet avec les Mères de Roberval. « C'est, dit-il, le désir du Saint-Père. Aujourd'hui, on ne voit plus guère que quelques communautés cloîtrées, d'ordres contemplatifs, isolées les unes des autres ». Il répète que le projet d'une Union avec Québec lui a toujours plu. Avec grande bonté et d'une façon claire, il répond aux nombreuses questions et même aux appréhensions de certaines religieuses. Surtout, il démontre les avantages d'un rapprochement avec le berceau de la fondation de Québec et termine en assurant que Dieu bénira l'œuvre qui prendra par ce moyen plus d'expansion[47].

Le soir même de cette visite, le 4 septembre, Mère Saint-Augustin, dans une lettre à la Supérieure de Québec, exprime le désir que sa communauté manifeste d'entrer dans l'Union. Une réponse empressée et affirmative arrive par le retour du courrier et l'informe qu'il lui faut communiquer avec l'Évêque de Chicoutimi et l'Archevêque de Québec. Sans tarder, Mère Saint-Augustin adresse sa demande officielle à l'évêché. La réponse arrive aussitôt :

> **Nous autorisons le Monastère des Ursulines de Roberval à s'agréger à l'Union régionale des couvents d'Ursulines groupés avec l'ancien monastère sous le nom de Congrégation des Ursulines de Québec, suivant les statuts préparés par les soins de l'Éminentissime Archevêque de Québec[48].**

---

47. AUR, *Annales*, III, p. 351.
48. Mgr Lamarche à Mère Saint-Augustin, 23 octobre 1930, AUR, *Lettres 1915-1932*.

Il ajoute qu'il écrit le jour même au Cardinal Rouleau ainsi qu'à la Mère Marie-du-Bon-Secours, supérieure du monastère de Québec, pour transmettre la demande de Roberval.

Même si la maladie de plusieurs sujets occasionne un surcroît dans la besogne journalière de chacune des Sœurs, la communauté ne peut rester sourde à l'appel au secours des Mères de Mérici. Sœur Sainte-Justine offre spontanément ses services. Avec l'autorisation des Supérieurs, elle quitte Roberval pour son nouveau poste de dévouement, le 30 octobre 1930. De part et d'autre, le sacrifice est vivement ressenti. Ce charitable détachement touche la maison de Mérici.

Le Cardinal Rouleau, qui possède les pièces nécessaires pour obtenir de l'autorité suprême la sanction qui scellera l'union des monastères des diocèses de Québec et de Chicoutimi, s'occupe de les transmettre le plus tôt possible au Saint-Siège. À Rome, les procédures s'accélèrent si bien que, le 8 janvier 1931, le Cardinal reçoit la nouvelle de l'autorisation d'affiliation de Roberval à Québec. Mais avant de procéder à l'acte définitif, la Sacrée Congrégation des Religieux exige que chaque religieuse de la communauté de Roberval signe le document officiel de demande et le retourne au Cardinal[49].

Le 19 janvier, 69 professes du monastère de la Sainte-Famille donnent, à l'unanimité, leur adhésion à l'Union de la communauté de Roberval à la Congrégation des Ursulines de Québec. Cette signature complète la dernière formalité exigée par Rome.

Peu après, le Cardinal Rouleau signe le Décret d'affiliation qui déclare officielle l'Union de la maison de Roberval à la nouvelle congrégation de Québec. Parmi la liste des nombreuses conditions du document, l'une concerne la formation des sujets : *À l'avenir, les postulan-*

---

49. Le Cardinal Rouleau à Mère Saint-Augustin, 16 janvier 1931, AUR, *Lettres 1915-1932.*

tes qui se présenteront, seront dirigées vers le noviciat central de Québec [50].

La loi civile constituant en corporation la Congrégation des Ursulines de Québec est sanctionnée le 11 mars 1931 [51].

La communauté de Roberval, pleine de confiance en l'avenir, inaugure une ère nouvelle. C'est dans une sainte allégresse qu'elle célèbre, le 27 janvier, la fête de sainte Angèle, fondatrice de l'Ordre, unie de cœur à toutes les Mères du Vieux Monastère.

5. Vers la gloire d'un jubilé d'or

L'abbé Ulric Couture, récemment promu au poste d'inspecteur des Écoles Ménagères de la province, ouvre la liste des visiteurs en 1931. Il fait passer de sérieux examens sur la théorie et la pratique. Peu de jours après son départ, il dirige à Roberval deux religieuses de la Charité de Saint-Louis de Loretteville, qui désirent étudier l'organisation de l'École Ménagère pendant quelques jours.

Sous la présidence de C.-J. Miller, inspecteur général des Écoles primaires de la province, Édouard Boily, inspecteur régional, convoque à Roberval, pour le 13 janvier, tous les inspecteurs d'écoles primaires des comtés du Saguenay, de Chicoutimi et du Lac-Saint-Jean. Il sollicite la faveur de visiter l'École Normale et l'École Ménagère. Voulant répondre adéquatement au désir du gouvernement provincial qui prend de généreuses initiatives pour vulgariser la science ménagère, ces inspecteurs veulent s'inspirer de la structure, du fonctionnement et de la philosophie de l'École de Roberval. Ils sont reçus avec la plus grande cordialité et les religieu-

---

50. *Décret* du 16 décembre 1930, arrivé à Roberval le 23 janvier 1931.
51. *Statuts de Québec*, Loi 21 George V, chapitre 148, 1930-1931.

ses les informent sur tous les sujets qui les aideront pour la direction de leurs écoles.

Le 12 février, se produit dans le monde un événement sans précédent. Grâce à une invention moderne de diffusion, Pie XI inaugure officiellement la nouvelle station de radiophonie de la Cité Vaticane. Cette cérémonie coïncide avec la commémoration du neuvième anniversaire de son couronnement. Les Ursulines de Roberval, par un insigne privilège, captent la voix auguste du Saint-Père, grâce à la courtoisie de J.-Ernest Potvin, père de Simone et Lucile, pensionnaires au couvent. À ses frais, il installe un radio dans la grande salle de réception. Vers 10h, tout le personnel du cloître, du pensionnat et de l'École Normale se réunit et attend pieusement, dans le plus grand silence, le moment solennel. Enfin, d'une voix ferme, sympathique, remplie d'onction et d'émotion, le pape s'adresse au monde entier et lui accorde une bénédiction apostolique. Minutes aussi bouleversantes qu'inoubliables![52]

Avec la modicité de leurs ressources pécuniaires, les Fondatrices n'ont jamais pu offrir à chaque religieuse une cellule fermée selon l'esprit des Constitutions. Encore en 1931, de petites chambrettes mesurant 6 pieds sur 7 pieds $\frac{1}{2}$, séparées par une cloison d'environ 7 pieds de hauteur, sont disposées parallèlement, quatre de front, et servent d'unique lieu de repos pour les religieuses. Cette répartition de la pièce occasionne une distribution très parcimonieuse d'air et de lumière, surtout dans les deux rangées du milieu. Ajoutons à cette souffrance, les inconvénients de la vie commune, tant de jour que de nuit, le va-et-vient continuel, le bruit des portes, les sons de voix, etc. Dans ces conditions, le travail intellectuel des enseignantes pour les préparations de classe et les corrections des copies devient parfois impossible. Rien d'étonnant que les santés fléchissent et que la tuberculose guette ses proies, surtout depuis 1919.

---

52. AUR, *Annales*, III, pp. 424-425.

Le docteur Jules Constan-
tin a dispensé gratuite-
ment ses soins médicaux
à la communauté des Ur-
sulines au-delà de 30 ans.

Voilà qu'un médecin bien connu, père de deux
Ursulines de la communauté, le docteur Jules Constantin
se sent inspiré, à l'occasion d'une grave maladie, de
donner à ses filles un montant de cinq mille (5 000$)
dollars, y compris les intérêts. Comme le donateur laisse
libre l'utilisation de cette somme, le conseil de l communauté décide de l'employer pour construire un étage
de cellules fermées. Les travaux commencent au début
de février et se terminent vers la mi-mai. Le grenier de
la maison de pierre se transforme en un spacieux dortoir
de vingt et une cellules abondamment pourvues d'air et
de lumière. Quatorze autres chambres sont aménagées
au troisième étage et le deuxième comprend l'infirmerie
et dix cellules pour les personnes les plus âgées.

Le 24 mai, l'abbé Lizotte, accompagné de l'aumônier et du Principal de l'École Normale, procède à la bé-

nédiction du nouveau dortoir. Avec quelle reconnaissance, chacune occupe la chambre qui lui est assignée,
véritable sanctuaire propice au recueillement, au silence et au repos de la nuit rendu si pénible auparavant.
Certes, cette amélioration favorisera le travail intellectuel
et surtout les santés si fortement ébranlées[53].

Le 31 mai, après un règne de moins de cinq ans sur
le trône archiépiscopal de Québec, le Cardinal Ray-
mond-Marie Rouleau s'éteint dans la 61e année de son
âge. Avec l'Église de Québec, la communauté regrette
ce Père dont la sollicitude pour les intérêts généraux
des communautés religieuses l'a rendu cher à toutes.
Comme humble tribut de cette profonde gratitude, un
service funèbre, précédé d'un Office à neuf leçons, est
célébré dans la chapelle de Roberval.

A la clôture de la retraite annuelle, au matin du
24 juillet, Sœur Sainte-Rose-de-Lima prononce ses
vœux temporaires. Le bonheur de la nouvelle professe
et celui des Mères se prolonge toute la journée dans un
congé sans nuage[54].

Du 18 au 26 août, le monastère vit des jours de
liesse à l'occasion de la première visite canonique de
Mère Marie-du-Bon-Secours, supérieure générale de la
Congrégation. Mère Sainte-Anastasie, assistante à Mérici, et Mère Sainte-Cécile l'accompagnent. Cette dernière,
de nationalité irlandaise, très originale et très aimable,
vient partager la vie des Sœurs du Lac. Quel réconfort
pour la communauté!

Au cours de sa visite, Mère Générale reçoit chaque
religieuse en particulier, se montre d'une bonté et d'une
délicatesse qui touchent et ouvrent les cœurs. Après
avoir donné plusieurs conférences spirituelles très profondes, elle visite les départements de la maison avec un
intérêt soutenu, y compris la ferme et ses dépendances.

---

53. *Ibid.*, pp. 440-442.
54. *Ibid.*, p. 449.

Cette première visite depuis l'Union comble les religieuses[55].

La crise économique et financière qui continue à sévir dans la région provoque une diminution sensible parmi les élèves. Le soir du 4 septembre 1931, l'inscription se chiffre à 40 normaliennes et 56 pensionnaires seulement. Heureusement, 198 externes et 112 quart-pensionnaires viennent remplir les rangs éclaircis! Les beaux jours de l'automne se prolongent et dorent la moisson. Le jardin fournit une récolte abondante de légumes variés que les religieuses se proposent de partager avec de nombreux pauvres en chômage qui tendent la main.

Janvier 1932! Que d'interrogations profondes se pressent au début de cette année! Un malaise général pèse sur le monde; l'inquiétude, la gêne et la misère envahissent beaucoup de foyers à la suite du manque d'emploi des travailleurs. Et pourtant, au monastère, cette nouvelle année apparaît déjà auréolée de reflets dorés. Cependant les religieuses hésitent à entreprendre des préparatifs, même modestes, pour souligner le jubilé de leur cinquante ans d'existence. Mais la gloire de Dieu d'une part, la gratitude envers les fondatrices de l'autre leur inspirent de n'apporter aucune entrave au mouvement déjà lancé par les anciennes élèves et les amis de l'Institution. Dans cette attitude d'esprit, elles attendent le déroulement des événements.

Un bienfaiteur insigne du monastère, Thomas du Tremblay, vient de s'éteindre à Roberval, à l'âge de 90 ans. Les religieuses se souviennent, non sans émotion, de la grande charité de ce généreux citoyen qui, en 1897, a mis son hôtel à la disposition de la communauté pendant six mois. En combien d'autres circonstances, il lui a manifesté son intérêt et procuré son aide. Un service solennel est chanté pour le repos de son âme, le 25 janvier.

---

55. *Ibid.*, p. 465-470.

Et c'est la Vierge de Lourdes qui daigne illuminer de son maternel sourire l'ouverture de l'année jubilaire. Mère Marie-de-Lourdes Légaré, gravement atteinte de méningite depuis trois semaines, attend de la bonté de Marie, avec une foi vive et une confiance inébranlable, un secours que la science médicale se déclare impuissante à lui obtenir. Toute la communauté s'unit à la neuvaine en l'honneur de Notre-Dame-de-Lourdes que la malade demande de poursuivre avec elle.

Après sa visite, au soir du 10 février, le médecin avertit que sa patiente baisse, que son cœur faiblit et qu'elle ne peut durer longtemps ainsi. Vers 19h, le thermomètre baisse subitement de 102°F à 98°F. Ce brusque changement alerte les infirmières qui suivent les moindres mouvements de leur malade. Cette dernière s'endort d'un profond sommeil et la nuit se passe paisiblement.

Au matin, à son réveil, quelle n'est pas la surprise des infirmières de l'entendre les saluer en leur disant: «Je vous vois, je ne sens plus aucun mal, la sainte Vierge m'a guérie». Elle serre dans ses mains une petite statuette de Marie qui ne l'a pas quittée durant sa maladie. La nouvelle se répand à la communauté qui, en un instant, entoure le lit de leur Sœur toute rayonnante de bonheur. On rit, on pleure de joie! Un vibrant *Magnificat*, auquel Mère Marie-de-Lourdes mêle sa jolie voix, monte vers le ciel. *Apportez-moi, je vous prie, un peu de nourriture*, demande-t-elle. Et en présence des religieuses émues et étonnées, elle se lève seule.

Le docteur Hubert Brassard, appelé au cours de l'avant-midi, examine minutieusement sa patiente et, après de multiples questions, déclare: *Ce ne sont pas les remèdes humains qui ont opéré ce changement si subit dans votre état, ma Sœur, remerciez la sainte Vierge.* De l'extérieur, les appels téléphoniques réclament sans cesse des informations sur cet événement.

Vers 14 heures, le personnel du cloître, du pensionnat, de l'École Normale et de l'Externat se réunit à la chapelle pour chanter le *Magnificat*. Un enthousiasme

mêlé de grande émotion s'empare de toute la foule.
Mère Marie-de-Lourdes se tient debout au pied de l'autel de Marie et demeure à genoux tout le temps que du-
rent les prières assez longues récitées par l'Aumônier. Au
soir de cette journée inoubliable du 11 février 1932, le
thermomètre qui, depuis trois semaines, varie de 100°F
à 104°F., indique une température normale. Gloire,
reconnaissance et amour à Notre-Dame-de-Lourdes!

Pour commémorer cette grande faveur, les membres
de la famille Légaré offrent à la communauté une magnifique statue de la Vierge de 33 pouces de hauteur avec
un piédestal en marbre blanc veiné de noir, mesurant
40 pouces [56]. Les années ont passé! Au monastère, la
douceur de ce souvenir se perpétue avec les générations.
Les anciennes se rappellent le grand courant de piété
mariale que ce touchant événement a provoqué parmi
les jeunes. De son piédestal, Notre-Dame-de-Lourdes
continue de veiller sur cette maison qu'elle a daigné honorer d'un signe sensible de sa maternelle protection,
au matin du 11 février 1932, à l'aurore de l'année jubilaire.

Au cours des mois suivants, au milieu des occupations journalières des religieuses, la pensée des fêtes qui
s'en viennent absorbe les esprits et les cœurs. Mais la
communauté tient à préparer ces célébrations autant par
la prière que par les activités de toutes sortes. Elle
prête son concours aux demandes des divers comités
d'organisation qui œuvrent à l'extérieur.

L'annonce de la mort de Mgr Labrecque assombrit
momentanément l'atmosphère de gaieté qui règne en
ces jours. Après s'être dépensé sans compter pendant 35
ans dans son diocèse, il s'éteint le 3 juin, à l'âge de 83
ans, à l'Hôtel-Dieu de Chicoutimi où il s'est retiré
depuis 1927, époque de sa démission comme évêque

---

56. AUR, *Annales*, IV, pp. 10-16. Mère Marie-de-Lourdes n'a ja-
    mais ressenti les atteintes de cette maladie dans la suite. Elle
    est décédée le 22 octobre 1981, à l'âge de 89 ans.

de ce diocèse. Sous son règne, il a fondé un grand nombre de paroisses, multiplié les organisations d'œuvres pieuses et il s'est occupé activement des communautés religieuses. Les Ursulines se souviennent de sa paternelle sollicitude pour leur monastère et offrent deux services funèbres pour le repos de son âme.

Malgré le climat sérieux que les religieuses essaient de maintenir dans les classes, une ambiance de fête embaume toute la maison. Déjà, des banderolles de couleurs variées flottent dans les corridors, des écussons de toutes formes, des inscriptions décorées du chiffre 50, des sentences multiples rendent hommage aux fondatrices et invitent au chant d'actions de grâces. Chaque jour apporte une nouveauté, un fini qui éveillent le sens de la beauté. Vers le même temps, paraît le volume écrit par Alphonse Désilets, intitulé: *L'Histoire de Mère Saint-Raphaël fondatrice de l'École Ménagère de Roberval, initiatrice de l'enseignement ménager au Canada*[57].

Le programme des célébrations jubilaires s'échelonne sur trois jours consécutifs: les 20, 21 et 22 juin. Mais comme les invitations à ces fêtes sont forcément restreintes, un bon nombre de bienfaiteurs, d'amis de la maison, de parents des élèves n'y sont pas conviés. La communauté présente donc, le 16 juin, une soirée dramatique pour ces personnes. Chant, musique, mot de bienvenue, *les Heures* «statuettes musicales» et la pièce *Semence des chrétiens*, composent le programme très goûté par les 500 invités.

Le lundi 20 juin, à 19h, la grande salle de l'École Normale parée de fleurs, de verdure et de lumières accueille les anciennes élèves qui entrent à flots pressés. Environ 700 personnes finissent par trouver un siège, en utilisant les allées et tous les espaces libres. Madame Armand Lévesque, vice-présidente du comité des noces d'or, salue les anciennes et offre, en leurs noms, des vœux et des fleurs à la communauté ainsi qu'une

57. Édition de l'Auteur, Québec, 1932.

Vers la lumière, pièce jouée par les élèves en 1928.

Une des scènes de la pièce *Sainte Cordule* jouée aux noces d'or de 1932.

bourse de quatre mille cinq cents (4 500$) dollars. Les élèves exécutent de nouveau la musique, la cantate et les pièces présentées au soir du 16 juin. La Supérieure remercie avec des mots du cœur que les applaudissements coupent à plusieurs reprises. Chacune se retire avec la perspective d'un revoir intime et plus prolongé le lendemain.

Un peu avant 9h, le 21 juin, l'organiste de la chapelle ouvre tous ses jeux; les harmonies les plus riches et les plus douces qui en sortent se mêlent aux sentiments de piété et de reconnaissance de l'assistance. Mgr Lamarche célèbre une messe pontificale, assisté au trône des abbés Luc Morin et Sylvio Kéroack du séminaire. Un grand nombre de prêtres prennent place dans le sanctuaire, les invités laïques occupent des sièges en avant de la grille de la balustrade et les anciennes élèves remplissent la nef et les basses stalles. Le chœur des religieuses et des élèves exécute la messe de Claude Boyer avec beaucoup d'âme et de brio. Le sermon, magnifique pièce d'éloquence sacrée, est donné par l'abbé Joseph Ferland, aumônier des Ursulines de Québec.

Vers 11h, l'évêque, les membres du clergé, les invités et les anciennes élèves se rendent à la salle de réception. Après les souhaits de bienvenue, quelques souvenirs anciens alternés avec des chants sont rappelés avec un à propos charmant. Mgr Lamarche communique ensuite à l'assistance le message du Saint-Père accordant la bénédiction apostolique aux religieuses, aux élèves anciennes et actuelles et à toutes les familles de Roberval. Il adresse des félicitations et des vœux à la communauté et parle ensuite aux anciennes avec simplicité et bonté.

Le Surintendant de l'Instruction publique rappelle avec émotion l'œuvre de Mère Saint-Raphaël et remet à Mère Saint-Augustin, supérieure et à Mère Sainte-Angèle, zélatrice, les insignes et diplômes du Mérite scolaire. Émile Moreau, député, décerne à son tour, le

Élèves pensionnaires en 1932.

Élèves normaliennes en 1932.

diplôme et la médaille d'or du Mérite agricole à Mère Sainte-Philomène, dépositaire et directrice de la ferme.

Après cette réception, Mgr Lamarche et les invités se rendent à la salle du banquet présidé par Alphonse Désilets, directeur de l'enseignement ménager. Ce dernier présente les orateurs: Mgr Lamarche, le curé Bourgoing, l'abbé Marcoux, Joseph Girard et J.-B. Carbonneau, deux anciens députés, Léon Mercier-Gouin, Émile Moreau et Léo Duguay, députés, l'abbé E. Maurais, principal de l'École normale de Saint-Pascal et le docteur Jules Constantin.

Les anciennes élèves prennent leur dîner dans les trois réfectoires où leur est servi un buffet froid. La plus franche gaieté préside à ces agapes. L'après-midi se passe à visiter la maison et la cour et à rappeler les douces souvenances du passé. Hélas! combien de personnes disparues! Les heures coulent trop vite au gré de chacune de ces anciennes venues de tous les chemins de la vie. Le souvenir de ce doux revoir, les échanges, les bons mots et les sourires des Mères et des compagnes rempliront les heures solitaires des plus délaissées, consoleront les cœurs endoloris et, peut-être, raffermiront le courage des plus chancelantes.

Avant de partir, vers 15 h, l'évêque dévoile, dans la chapelle extérieure, une plaque commémorative à la mémoire de Mère Saint-Raphaël, offerte par l'architecte Ouellet et Adélard Godbout, ministre de l'Agriculture. Le maire Georges Marcotte de Roberval a déclaré fête civique le 21 juin, afin de permettre à la population de la ville de participer aux activités du jubilé. Le soir, après une réception à l'Hôtel-de-Ville en l'honneur des invités, des feux de joie illuminent les eaux du lac, scène qui ravive l'émouvant souvenir du soir de la bénédiction du premier monastère en 1882.

Le mercredi 22 juin, à la mémoire des religieuses et des anciennes élèves décédées depuis la fondation, une messe de *Requiem* est célébrée dans la chapelle du monastère. Au cours de l'après-midi, un groupe d'anciennes et de visiteurs parcourent, en bateau ou en auto,

À LA
MÉMOIRE
DE
MÈRE SAINT-RAPHAËL
FONDATRICE ET PREMIÈRE SUPÉRIEURE
DE CETTE MAISON
HOMMAGE RECONNAISSANT
DES ANCIENNES ÉLÈVES
ET DES AMIS DU COUVENT DES URSULINES
DE ROBERVAL
EN LA FÊTE DES NOCES D'OR
DE FONDATION
LE 22 JUIN 1932

1882 ✝ 1932

Plaque commémorative offerte par les anciennes élèves aux noces d'or en 1932.

les rives du Lac Saint-Jean. Tous s'arrêtent à Péribonca, où un dîner champêtre leur est offert au foyer Maria Chapdelaine.

À la tombée de la nuit, la vague du lac apporte les échos des chants que les religieuses reconnaissent. Le groupe des excursionnistes revient de voyage à bord du *Perreault* et salue le monastère une dernière fois. Le vapeur trace lentement son sillon lumineux tout près de la rive, puis s'éloigne, les chants s'éteignent, tout est fini!...[58]

Pour clore cette dernière période riche d'événements et d'espérance, laissons parler un prêtre de la région, au lendemain des fêtes jubilaires des Ursulines de Roberval:

58. AUR, *Annales*, IV, pp. 54-76.

Le couvent de Roberval fête cette année le 50ᵉ anniversaire de sa fondation. La chose prend figure d'événement notable, non seulement pour la famille robervaloise, mais encore pour la région de Chicoutimi, Lac-Saint-Jean et pour la province tout entière; le monde officiel s'y intéresse et la presse y consacre plus d'attention qu'aux cinquantenaires habituels.

C'est que le couvent de Roberval n'est pas un couvent tout à fait comme les autres. Ce qui le distingue, c'est qu'il fut l'École Ménagère, avec un grand E — avec un grand M aussi, probablement — la première école ménagère du pays et peut-être du monde, la seule qui existât chez nous pour bon nombre d'années.

Cette école a trouvé et résolu la vraie formule de l'éducation féminine chez nous, celle qui est le mieux adaptée aux conditions sociales et économiques de nos familles catholiques canadiennes-françaises.

Oui, en l'occasion heureuse de ces noces d'or, aux révérendes Mères de Roberval, nos humbles félicitations et nos vœux; et, en union avec elles, nos remerciements à la bonne Providence[59].

L'épreuve de l'incendie de 1919, moins dramatique que celle de 1897, se prolonge pendant plusieurs années par un manque de secours qui retarde le relèvement de l'œuvre. Sans l'aide pécuniaire suffisante pour reconstruire, les religieuses attendent dans la confiance, l'heure voulue par la Providence pour réédifier l'École Ménagère.

En 1924, l'obtention de l'École Normale apporte le salut, un nouvel essor à l'œuvre inaugurée par Mère Saint-Raphaël. Les noces d'or de l'Institution en 1932, célébrées dans l'action de grâces, couronnent les travaux, les épreuves, les joies et les succès d'un demi-siècle de son existence. Elles scellent l'héritage légué par la fondatrice, non seulement à ses filles spirituelles, mais à toutes les générations de jeunes venues puiser à cette source.

59. André Laliberté, rédacteur du *Progrès du Saguenay, Un cinquantenaire qu'il faut souligner*, dans *Le Devoir*, 23 juin 1932.

Conclusion

Dans cet ouvrage, nous avons présenté les cinquante premières années de la fondation du monastère des Ursulines établi à Roberval en 1882. Les événements déroulés au cours de cette période sont relatés dans l'ordre chronologique et nous avons essayé d'appuyer leur authenticité par les références que nous y avons jointes.

Une femme de génie, Mère Saint-Raphaël, est venue à Roberval implanter une œuvre nouvelle commencée humblement dans la pauvreté, les privations et les incommodités sans nombre. Le petit monastère de 1882, comme le grain jeté en terre qui doit mourir pour porter du fruit, est disparu. Tout à côté, s'est élevée la maison de pierre en 1886; l'École Ménagère de 1894, détruite en 1897, reconstruite et incendiée de nouveau en 1919, s'est relevée de ses cendres et partage avec l'École Normale la superficie d'une aile nouvelle bâtie en 1926. Le pensionnat de 1904 et la chapelle de 1907 semblent vouloir défier les ans par leur structure et leur solidité.

La petite ferme de 1883, agrandie en 1892 et en 1902, exploitée selon les instructions du Ministère de l'Agriculture, s'honore du titre de ferme modèle et fournit une bonne partie de la subsistance de la maison. En 1893, l'École Ménagère est reconnue officiellement par le gouvernement qui lui octroie annuellement des subsides sous forme de bourses pour les étudiantes. Affiliée à l'Université Laval en 1909, elle obtient le titre d'École Ménagère régionale en 1929 et ainsi, se détache du Ministère de l'Agriculture et passe sous le contrôle du Département de l'Instruction publique. À mesure qu'elle se développe, sa formule d'éducation dépasse les cadres du monastère et nombre d'institutions et de personnages de marque viennent s'inspirer de ses méthodes et de ses expériences.

La pédagogie de Mère Saint-Raphaël repose sur des principes solides et pratiques. En plus des connaissances pour la tenue d'un foyer, la fondatrice s'applique à inculquer aux élèves le dévouement, l'abnégation, l'amour du foyer, vertus indispensables à l'épouse, la mère de famille. Elle insiste sur la pratique plus que sur la théorie et désire que les jeunes filles acquièrent les connaissances du cours d'études régulier. Quelques heures avant sa mort survenue en 1920, elle recommande: «Je demande que l'enseignement ménager ne soit pas négligé.»

Cette femme à l'esprit ouvert aux besoins du temps a quand même sans cesse fixé l'avenir. Avec une clairvoyance remarquable, un sens inné des affaires, une intelligence vive et éclairée, une persévérance ferme appuyée sur sa foi et sa confiance en la Providence, elle a guidé et soutenu l'œuvre secouée tant de fois par les épreuves et les difficultés de toutes sortes. C'est avec une reconnaissance filiale et une fierté de bon aloi que nous pouvons attribuer à cette éducatrice émérite, le titre de pionnière de l'enseignement ménager au pays.

Cinquante ans ont passé... Mère Saint-Raphaël inspire encore aux générations actuelles la même ardeur, le même dévouement, les mêmes valeurs familiales et monastiques qu'en 1882. L'avenir sourit à l'œuvre, l'invite à l'espérance dans une perpétuelle adaptation.

Appendices

Notes biographiques des sept victimes de 1897 rédigées par Mère Saint-Raphaël

Mère Saint-François-de-Paule

Notre chère et regrettée Mère Saint-François-de-Paule, dans le siècle Élise Gosselin, fut la première des victimes du 6 janvier 1897.

Née à Saint-Jean Chrysostôme le 22 mars 1849 de M. Louis Gosselin, cultivateur et de Dame Marie-Anne Nadeau, son épouse, elle eut le privilège de grandir au sein d'une famille éminemment chrétienne. Après avoir étudié pendant deux ans à l'Ecole Normale, elle frappe à la porte du noviciat des Ursulines de Québec, le 15 août 1870. Elle reçoit le voile le 15 novembre 1870, fait profession le 14 novembre 1872 et part pour la mission du Lac-Saint-Jean en 1882.

Dix années de profession l'avaient affermie dans la pratique de nos saintes règles qu'elle aimait tant et qu'elle pratiquait si bien. Elle fut nommée pour la mission, dépositaire, zélatrice et première maîtresse au pensionnat, charges qu'elle exerça à la satisfaction générale, jusqu'au 1er août 1888, jour où tous les suffrages de la Communauté l'appelèrent à gouverner. Jamais choix ne fut mieux fait ni plus visiblement béni du Ciel. À une profonde humilité, elle joignait une grande énergie de caractère qui la faisait aller au devoir sans respect humain. Elle se mit à l'œuvre avec son grand cœur et son grand amour du bon Dieu.

Le noviciat était alors adjoint à la communauté et sous la direction de la Supérieure ainsi que les Sœurs converses. Elle s'acquitta de ces deux devoirs avec un zèle admirable. Aux élections de 1891, elle fut unanimement continuée dans sa charge et en 1894, lorsqu'elle déposa le fardeau de la supériorité, elle garda, par une permission spéciale, la formation des novices n'ayant pas d'autres mains assez habiles pour cette charge. On lui confia de plus la gestion du temporel à laquelle son esprit d'ordre et son activité la rendaient si propre.

Elle fut la première des victimes dont on constata l'absence. Elle s'était dévouée pour sauver quelques élèves qui nous étaient restées pendant les vacances, et probablement que c'est en essayant de sauver les livres de comptes qu'elle fut suffoquée par la fumée. Le Ciel seul sait la grandeur de la perte que nous avons faite dans cette humble et fervente religieuse. Elle était dans la 49e année de son âge et la 25e de sa profession religieuse.

Mère Sainte-Anne

La seconde victime d'âge fut notre chère Sœur Laure Hudon, dite de Sainte-Anne. Elle était née à Notre-Dame-d'Hébertville le 3 mai 1864 de Rémi Hudon et de Dame Marcelline Labrie, son épouse. Elle fut une de nos premières pensionnaires en 1882; elle entra au noviciat après deux ans d'études, le 15 août 1884 et prononça ses vœux le 15 août 1885. Façonnée à la maison paternelle au maniement des affaires, active, adroite, ne perdant pas une minute de son temps, elle se rendit très utile dans les différents offices qu'on lui confia. Ses aptitudes la rendaient propre à remplir plus tard l'office de dépositaire. Ses vertus l'avaient mûrie pour le Ciel et en avaient fait une victime digne d'être offerte au céleste Époux.

Nous pensons qu'elle périt en voulant sauver les *Annales* du monastère dont elle avait la direction. Elle était dans la 33e année de son âge et la 11e de sa profession religieuse.

Mère Sainte-Ursule

Voilà le troisième nom qui se trouve sous notre plume, la troisième victime qui disparut. Fille de Charles Garneau Ecr. avocat et de Dame Hélène Lortie son épouse, elle naquit à Chicoutimi le 30 septembre 1860, entra au noviciat le 16 juillet 1887 et fit profession le 17 octobre 1889. Une grande piété présidait au foyer paternel; aussi Clorinde, en religion, Sainte-Ursule, connut dès son enfance le charme de la prière.

Prier, c'était sa vie; c'est la prière qui la soutint dans les épreuves intérieures qu'elle souffrit tout le temps de sa vie religieuse.

Le matin de l'incendie, elle fut rencontrée par une compagne qui fuyait devant le danger et qui l'avertit. Mais c'était l'heure du grand silence. Elle lui fit signe de ne pas parler et retourna probablement à sa cellule, ce retard fut cause de sa perte. Elle avait 37 ans d'âge et 8 de profession religieuse.

Mère Marie-de-la-Providence

Nous inscrivons ici un nom qui éveille en nous de doux souvenirs. Emma Létourneau, dite Marie-de-la-Providence, était une de ces âmes fortement trempées, prête à tous les sacrifices pour l'accomplissement du devoir. Ses talents ainsi que ses vertus la désignaient d'avance aux charges, mais Dieu nous l'a ravie trop tôt.

Elle était née à Saint-Pierre de Montmagny, le 29 mai 1866 de M. Louis Létourneau et de Dame Nathalie Blais, son épouse. Elle fit ses études au pensionnat des Ursulines de Québec, puis elle se rendit auprès de Madame Jean sa sœur qui résidait à Saint-Boniface du Manitoba. Ce fut là qu'elle étudia sa vocation puis se décida à être la sixième ursuline de la famille.

Dans une visite qu'elle fit à notre petit monastère pour dire adieu à sa sœur Mère Marie-de-la-Nativité, car elle se disposait à entrer au noviciat des Ursulines des Trois-Rivières, elle fut inspirée de rester avec nous, croyant qu'elle aurait plus de sacrifices à faire dans une communauté naissante. Nous la reçûmes comme un présent du ciel, de là son nom, Marie-de-la-Providence. Dès le début de sa vie religieuse, elle travailla avec ardeur à sa perfection; rien n'était petit à ses yeux. Elle fit profession le 19 mars 1890.

Ses talents pour l'enseignement, pour la musique et la peinture furent employés avec succès auprès des élèves et elle n'était que novice lorsqu'elle fut appelée à partager les travaux de la 1ère maîtresse de division, charge qu'elle remplit jusqu'en 1894. Nous nous inclinons sous la main Divine et nous répétons *Fiat* sur cette quatrième victime de l'incendie. Elle était âgée de 31 ans et comptait sept ans de profession religieuse.

Mère Saint-Louis

Sœur Rose-de-Lima Gosselin, dite Saint-Louis, était fille de M. Marcellin Gosselin et de Délima Fouquet son épouse, naquit à Saint-Jean-Chrysostôme, le 1er mars 1873. Elle vint un an à notre pensionnat, puis elle demanda son entrée au noviciat où elle fut reçue le 12 avril 1891; elle reçut l'habit religieux le 29 juillet suivant et fit profession le 3 août 1893. C'était une âme droite et d'une simplicité d'enfant, vertus qui pouvaient la porter à un haut degré de perfection. Elle était encore novice, sous la sage et habile direction de sa tante, Mère Saint-François-de-Paule, lorsqu'éclata l'incendie. Cette courageuse enfant essaya de pénétrer dans le couvent pour voler au secours de sa tante, c'était une pieuse témérité qu'elle paya de sa vie. Elle était dans la 24e année et comptait près de 4 ans depuis sa profession.

Mère Saint-Antoine-de-Padoue

Nous ne dirons qu'un mot de cette novice qui n'a fait que passer au milieu de nous mais cependant qui a laissé un parfum de douceur, de piété qui embaume encore aujourd'hui son souvenir.

Catherine Bouillé était fille de M. Zéphirin Bouillé, pilote, et de Dame Henriette Saint-Amand, son épouse, tous deux d'une haute piété; il est rare de rencontrer de nos jours des chrétiens de cette trempe. Il ne faut donc pas s'étonner si leur fille Catherine pratiqua dès son entrée en religion toutes les vertus d'une religieuse avancée dans la perfection. Elle se joignit à notre chère Sœur Saint-Louis lorsque celle-ci essaya de pénétrer dans le couvent; avec elle, elle fut victime de son dévouement. Elle était âgée de 22 ans.

Mère Saint-Dominique

Marie-Louise Girard était fille de M. Léandre Girard, cultivateur, et de Dame Flavie Bouchard, son épouse. Elle naquit à Chicoutimi le 7 juillet 1854, entra au noviciat à l'âge de 29 ans, le 6 janvier 1883, prit le voile le 7 juillet de la même année et fit profession le 7 juillet 1885. Elle était infatigable au travail malgré l'état de sa santé et elle rendit de grands services à la communauté, surtout à l'ouvroir. À la maison paternelle elle avait commandé, il lui en coûtait parfois de

redevenir enfant, mais elle fit tant d'efforts qu'elle fut victo-
rieuse dans la lutte qu'elle eut à soutenir contre son caractère. Elle était dans sa 43e année de son âge et la 12^e
de sa profession religieuse. Elle est la dernière victime du terrible incendie de 1897.

Extrait des *Annales*, I, pp. 43-48, AUR.

APPENDICE N° 2
LES URSULINES DE ROBERVAL
(1882-1932)

Noms civils et religieux	Père et mère	Lieu de naissance	Naissance	Vêture	Profession	Décès
1. Eugénie Cimon (Marie-de-l'Incarnation)	Cléophe Cimon, n.p. Caroline Langlois	La Malbaie, Charlevoix	2 avril 1857	15 fév. 1883	16 fév. 1885	14 fév. 1910
2. Alexandrine Gaudreau (S. St-Joseph)	Simon Gaudreau, Émérentienne Dufour	St-Alexis, Chicoutimi	27 oct. 1848	15 fév. 1883	16 fév. 1885	24 oct. 1918
3. Marie-Louise Girard, (S. Dominique)	Léandre Girard, Flavie Bouchard	Chicoutimi	7 juil. 1854	7 juil. 1883	7 juil. 1885	6 janv. 1897
4. Oliva Paradis, (M. du Sacré-Cœur)	Georges Paradis M.-Émélie Labrie	Kamouraska	15 juil. 1860	13 nov. 1884	15 nov. 1886	26 déc. 1922
5. Georgiana Hudon, (M. de l'Assomption)	Octave Hudon Arthémise Labrie	St-Denis de Kamouraska	14 août 1862	13 nov. 1884	15 nov. 1886	12 déc. 1943
6. Laure Hudon, (S. Anne)	Rémi Hudon Marcelline Labrie	Hébertville	3 mai 1864	15 nov. 1884	15 nov. 1886	6 jan. 1897
7. M.-Denise Émérentienne Otis, (S. Laurent)	Frédéric Otis Calixte Desbiens	L'Anse St-Jean	1er nov. 1866	8 juin 1887	6 juin 1889	10 mars 1898
8. Clorinde Garneau, (S. Ursule)	Charles Garneau, avt. Hélène Lortie	Chicoutimi	30 sept. 1860	17 oct. 1887	17 oct. 1889	6 janv. 1897
9. Sophie Maltais, (S. Angèle)	Joseph Maltais, cult. Luce Gauthier, dit Larouche	St-Alphonse	25 déc. 1866	17 oct. 1887	17 oct. 1889	à Québec 23 mars 1897
10. Emma Létourneau (M. de la Providence)	Louis Létourneau Nathalie Blais	S. Pierre, Rivière du Sud	29 mai 1866	19 mars 1888	19 mars 1890	6 janv. 1897
11. M.-Eva Cloutier, (S. Louis de Gonzague)	Ths-Zozime Cloutier n.p. Arthémise Gagné	Chicoutimi	4 mars 1869	19 mars 1888	19 mars 1890	5 sept. 1893

12. Laure Déry, (St-Bruno)	Henri Déry, meunier / Paméla Leclerc	St-Basile	7 déc. 1864	19 mars 1888	19 mars 1890	4 sept. 1955
13. Mary-Jane Hawkins, (M. de-l'Immaculée-Conception)	Michel Hawkins / Mary Templeton	Québec	6 nov. 1855	21 nov. 1888	21 nov. 1890	19 juin 1910
14. Hermelinde Boily, (M. de la Présentation)	Luc Boily, cult. / Philomène Gauthier	St-Dominique, (Chicoutimi)	19 déc. 1871	21 nov. 1888	21 nov. 1890	5 juin 1957
15. Hermina Hudon, (St-Rémi)	Rémi Hudon, march. / Marcelline Labrie	Notre-Dame d'Hébertville	9 avril 1866	9 juil. 1890	9 juil. 1892	13 août 1915
16. Rose Gosselin, (St-Louis)	Marcellin Gosselin, cult. / Délima Fouquet	St-Jean-Chrysostô-me, Lévis	1er mars 1873	29 juil. 1891	3 août 1893	6 janv. 1897
15. Phédora Rémillard, (St-Stanislas)	Édouard Rémillard, avt. / Malvina Eventurel	St-Thomas de Montmagny	9 sept. 1869	29 juil. 1891	3 août 1893	17 mai 1921
18. Hélène Belley, (S. Frs-Xavier)	Louis Belley, cult. / Elisabeth Gaudreau	St-Alexis, Chicoutimi	14 avril 1871	29 juil. 1891	3 août 1893	1er déc. 1932
19. M.-Louise Verret, (M. du Rosaire)	Joseph A. Verret, com. / Marie-Elisa Bacon	St-Ambroise de la Jeune Lorette	10 mars 1872	16 nov. 1892	14 nov. 1894	7 nov. 1934
20. Brigitte McManus, *Loretta Moran* (S. St-Jean)	John Moran / Ann Dougherty	Québec, baptisée église S. Patrice	14 nov. 1869	2 sept. 1893 ex-nov. Qué.	15 août 1895	21 avr. 1939
21. Anaïs Néron, (St-Vincent)	Auguste Néron / Suzanne Tremblay	Baie St-Paul	20 juin 1876	21 mai 1894	21 mai 1896	4 janv. 1951
22. Marcelline LeBel, dit Beaulieu (M. de Bon-Secours)	Joseph LeBel, dit B. / Marcelline Bédard	St-Ambroise de Québec	10 oct. 1858	23 déc. 1894	21 déc. 1896	9 mars 1923
23. Marie-Anne Pépin, (Ste-Marthe)	Jean Pépin / Marie Allard	St-Ambroise de Québec	2 août 1871	24 oct. 1896	25 oct. 1898	17 avr. 1917
24. Délima-Marie Gignac, (S. Antoine-de-Padoue)	Marcelline Courteau / Zéphirin Gignac	Deschambault	3 fév. 1875	21 nov. 1897	20 nov. 1899	16 mars 1956
25. Alice Gauthier, (St-Michel)	Éric Gauthier, cult. / Philomène Bolduc	St-Alexis Chicoutimi	23 oct. 1879	11 avr. 1898	16 avr. 1900	28 mai 1955

No.	Nom	Parents	Lieu				
26.	Emma Antonia Garneau, (S. Jean Berchmans)	J.-Adolphe Garneau m.d. Balsamine Matte	S. Roch de Qué.	8 juin 1878	25 oct. 1898	24 oct. 1900	19 mars 1906
27.	Ida Michaud, (St-Roch)	Évariste Michaud, men. Zélina Saint-Onge	Kamouraska	1er déc. 1875	7 mars 1899	7 mars 1901	31 mai 1955
28.	Adélina Gingras, (S. Germaine)	Joseph Gingras, cult. Éloïse Martineau	S. Antoine Tilly	21 mai 1871	7 mars 1899	7 mars 1901	Baie-S.-Paul 1er mai 1949
29.	Marie-Anne Doucet, (Marie du Carmel)	Stanislas Doucet, méc. Adélaïde Blondin	St-Calixte de Somerset	25 déc. 1874	30 août 1899	31 août 1901	8 mai 1953
30.	Corinne Béliveau, (St-Augustin)	Georges Béliveau, cult. R. de Lima Neault	St-Maurice Trois-Rivières	8 avril 1872	2 fév. 1900	3 fév. 1902	27 déc. 1945
31.	M.-Louise Paquet, (Ste-Catherine)	Wilbrod Paquet, cult. Georgiana Bouillé	Deschambault	22 oct. 1882	2 fév. 1900	3 fév. 1902	5 mars 1967
32.	Marie-Anne Caron, (Ste-Véronique)	Fernand Caron, cult. Hermine Daigneault	St-Georges de Windsor	17 janv. 1876	2 fév. 1903	2 fév. 1905	23 sept. 1963
33.	Rose-Anne Lévesque, (St-Arsène)	Arsène Lévesque, agent de gare Judith Fournier	St-Henri, Lauzon	19 juin 1883	19 mars 1903	21 mars 1905	7 déc. 1962
34.	Alfréda Bossé, (Ste-Angèle)	Louis Bossé, cult. Octavie Martin	Rivière Ouelle	23 déc. 1879	30 juil. 1903	31 juil. 1905	1er oct. 1964
35.	Emma Paradis, (M. du Calvaire)	Joseph Paradis, cult. Malvina Simard	Roberval	10 déc. 1882	25 nov. 1903	25 nov. 1905	13 nov. 1968
36.	Virginie Larouche, (St-Dominique)	Joseph Larouche, cult. Virginie Bilodeau	S. Dominique Chicoutimi	17 août 1886	30 avril 1904	30 avril 1906	19 mai 1971
37.	Veronica O'Sullivan, (Ste-Marie)	Peter John O'Sullivan Mary Hawkins	S. Roch, Québec	24 mars 1882	21 nov. 1904	21 nov. 1906	9 juil. 1911
38.	Alphonsine Dutil, (S. Gérard-Majella)	Edmond Dutil, cult. Marie Goulet	S. Cajetan, Bellechasse	16 août 1885	21 nov. 1905	21 nov. 1907	25 juil. 1970
39.	Eugénie Lizotte, (S. Justine)	Achille Lizotte, cult. Eugénie Plourde	Roberval	18 mai 1887	15 fév. 1906	15 fév. 1908	5 sept. 1980
40.	Eugénie Auclair, (S. Joséphine)	Louis Auclair, cult. Joséphine Drolet	St-Ambroise Jeune Lorette	30 déc. 1886	30 août 1906	31 août 1908	5 fév. 1973

41. Joséphine Néron, (St-Alexandre)	Charles Néron, cult. Marie Jame	Roberval	16 avril 1885	24 oct. 1906	24 oct. 1908	23 juin 1959
42. Marie-Anne Roberge, (S. Ignace de Loyola)	Jean-Georges Roberge, journalier Fabienne St-Pierre	S. Sophie de Mégantic	12 fév. 1888	1er avr. 1907	28 avr. 1909	23 sept. 1938
43. Hélène Maurice, (S. Thérèse)	Albert Maurice, cult. Blanche Ledanois	Elbeuf sur Seine France	16 juil. 1887	15 oct. 1909	16 oct. 1911	6 janv. 1974
44. Lucienne Ollivier, (M. de la Providence)	Nazaire Ollivier, avt. Héloïse Roy	N.-Dame de Québec	8 août 1890	16 nov. 1909	16 nov. 1911	Québec, 16 mars 1956
45. Marie Gignac, (S. Laurent)	Frédéric Gignac, cult. M.-Louise Petit	Deschambault	26 nov. 1873	1er mars 1910	2 mars 1912	15 juin 1937
46. Marguerite Bergeron, (Ste-Philomène)	Arthur Bergeron, forgeron Louise Gauthier	St-Jérôme	28 oct. 1892	28 nov. 1910	30 nov. 1912	28 oct. 1976
47. Thérèse Légaré, (Marie de Lourdes)	Narcisse Légaré, n.p. Célanire Lambert	Charlesbourg	11 avril 1891	16 nov. 1911	17 nov. 1913	19 oct. 1980
48. Marie Constantin, (Marie de l'Euchar.)	Jules Constantin, m.d. Laura Larue	Roberval	21 janv. 1893	16 nov. 1911	17 nov. 1913	13 sept. 1937
49. Robertine Goulet, (Marie des Anges)	Léon Goulet, cult. Octavie Vézina	Chambord	16 mars 1893	16 nov. 1911	17 nov. 1913	
50. Alice Ouellet, (Ste-Ursule)	Philippe Ouellet, sellier Martine Bouchard	St-Pascal Kamouraska	25 oct. 1885	6 janv. 1912	7 janv. 1914	21 mars 1927
51. Fernande Paquin, (Ste Marie)	Rosaire Paquin, m.d. Alice de Varennes	Québec	23 janv. 1894	30 avr. 1912	30 avr. 1914	31 oct. 1977
52. M.-Louise Landry, (S. Ls-de-Gonzague)	Nathanaël Landry, forgeron Marie Lévesque	St-Pascal Kamouraska	28 juil. 1890	18 fév. 1913	18 fév. 1915	13 nov. 1963
53. Elmire Lindsay, (S. Thomas)	Robert C. Lindsay, marchand Justine Boivin	St-Gédéon Lac-St-Jean	10 fév. 1887	30 avr. 1913	30 avr. 1915	12 sept. 1981

No. / Nom	Parents	Lieu				
54. Anna-Marie Kéroack, (S. Marguerite-Marie)	Hubert Kéroack marchand / Victoria Brassard	Jonquières	24 juil. 1890	30 avr. 1913	30 avr. 1915	13 déc. 1954
55. Marie-Anna Barabé, (S. Alphonse de Liguori)	Joseph Barabé cultivateur / Amarylis Blanchet	St-Jean Deschaillons	26 juil. 1890	22 oct. 1913	22 oct. 1915	1er oct. 1974
56. Adèle Latulippe, (S. Jean de la Croix)	Joséphine Marceau Stanislas Latulippe	St-Vallier de Bellechasse	26 sept. 1893	24 nov. 1913	24 nov. 1915	7 juin 1980
57. Henriette Constantin, (M. de la Trinité)	Jules Constantin, m.d. / Laura Larue	Roberval	7 fév. 1894	2 fév. 1915	2 fév. 1917	5 nov. 1962
58. Cécilia Bouchard, (Ste-Anne)	Joseph Bouchard, cult. / Anna Munger	St-Bruno Lac St-Jean	22 août 1897	30 août 1915	12 nov. 1917	22 juil. 1963
59. Laura Hudon, (S. Jean-Baptiste)	Jean-Baptiste Hudon / Marie Boulianne	St-Jérôme Lac St-Jean	1er août 1895	24 oct. 1916	4 nov. 1918	
60. Arianne Fortin, (S. Claire-d'Assise)	Donat Fortin, cult. / Clara Simard	St-Jérôme Lac St-Jean	21 nov. 1889	24 oct. 1916	4 nov. 1918	13 fév. 1957
61. Hedwidge Girard, (S. Madeleine)	Théodule Girard, cult. / Élise Gauthier	St-Irénée Charlevoix	29 oct. 1893	21 déc. 1916	21 déc. 1918	21 sept. 1978
62. Cécile Bouchard, (M. du Précieux-Sang)	Xavier Bouchard, cult. / Marie Gagnon	St-Alphonse Chicoutimi	3 juin 1895	21 déc. 1916	21 déc. 1918	10 déc. 1952
63. Marie Collard, (Ste Monique)	Placide Collard, cult. / Paschaline Bouchard	Notre-Dame de Laterrière	14 mai 1896	30 avr. 1917	30 avr. 1919	20 sept. 1959
64. Marie-Rose Landry, (Ste-Marthe)	Joseph Landry voyageur de com. / Hélène Déry	Hébertville Lac St-Jean	15 déc. 1898	16 juin 1919	16 juin 1921	26 avr. 1963
65. Isabelle Tremblay, (M. de l'Incarnation)	Hermel Tremblay voyageur / Adèle Boudreau	La Malbaie Charlevoix	22 juin 1895	24 mai 1921	24 mai 1923	
66. Angélina Robitaille, (Ste-Gertrude)	Eugène Robitaille peintre / Marie Lortie	S. Roch Québec	26 déc. 1894	4 nov. 1921	3 nov. 1923	11 oct. 1973

67. Mélanie Tremblay, (St-Pierre)	Gonzague Tremblay Marguerite Lavoie	St-Alphonse Chicoutimi	30 janv. 1900	10 mai 1922	10 mai 1924	20 juin 1929
68. Marie-Louise Côté, (Ste-Elisabeth)	Napoléon Côté Anaïs Desbiens	St-Bruno Lac St-Jean	15 mars 1900	15 mars 1923	16 mars 1925	29 sept. 1972
69. Monique Tremblay, (St-André)	Hermel Tremblay voyageur Adèle Boudreau	La Malbaie Charlevoix	17 fév. 1899	3 nov. 1923	3 nov. 1925	
70. Marie-Louise Bouchard, (S. Frs-d'Assise)	Joseph Bouchard, cult. Anna Munger	St-Bruno Lac St-Jean	15 déc. 1904	16 juin 1924	16 juin 1926	
71. Yvonne Croteau, (Ste-Agnès)	Honoré Croteau Élisabeth Gingras	Ste-Luce d'Israëli	26 août 1904	16 juin 1924	16 juin 1926	
72. Yvonne Levesque, (M. de la Protection)	Georges Lévesque, shér. Laura Richard	St-Jérôme Lac St-Jean	30 janv. 1899	1er mars 1921 15 juil. 1924	24 juil. 1926	24 nov. 1970
73. Alice Fortin, (S. Joseph)	Donat Fortin, cult. Clara Simard	St-Jérôme Lac St-Jean	13 déc. 1904	18 avril 1925	18 avril 1927	18 mars 1977
74. Simone Plourde, (M. de l'Imm. Conc.)	François Plourde, m.d. Odélie Ouellet	St-Jérôme Lac St-Jean	3 avril 1898	18 avril 1925	18 avril 1927	11 août 1952
75. Yvette Pednault, (S. Frs-de-Sales)	Rosalie Lévesque Thomas Pednault, cult.	Hochelaga Montréal	13 janv. 1902	18 avril 1925	18 avril 1927	23 août 1949
76. Marie-Ange Fortin, (Ste Lucie)	Amédée Fortin, cult. Vitaline Dubé	St-Henri Taillon	15 mai 1906	18 avril 1925	18 avril 1927	21 avril 1969
77. Jeanne Lévesque, (S. Jeanne de Chantal)	Georges Lévesque, sh. Laura Richard	Rivière à Pierre Portneuf	7 fév. 1902	3 nov. 1925	3 nov. 1927	
78. Irma Lavoie, (S. Jean-Berchmans)	J.-Baptiste Lavoie, cult. Eugénie Laplante	Roberval	25 mars 1895	16 fév. 1926	16 fév. 1928	13 févr. 1982
79. Jeanne Brassard, (M. de Jésus)	J.-H. Brassard, gref. Eugénie Létourneau	Jonquières	11 nov. 1901	15 avril 1926	16 avr. 1928	15 juil. 1973
80. Joséphine Bouchard, (S. Gabriel)	Nérée Bouchard, cult. Adéline Laberge	St-Prime Roberval	23 mai 1906	15 avril 1926	16 avr. 1928	5 sept. 1971
81. Marie-Louise Painchaud, (S. Jean-Marie)	Johnny Painchaud, cult. Sara Gagnon	St-Méthode	15 oct. 1906	15 avril 1926	16 avr. 1928	

No. Nom	Parents	Lieu	Naissance			
82. Dolorès Turgeon, (M. du Sacré-Cœur)	Phidyme Turgeon Léda Larouche	Baie St-Paul Charlevoix	23 sept. 1901	16 juin 1926	16 juin 1928	
83. Jeannette Tremblay, (M. du St-Esprit)	Arthur Tremblay, marchand Mathilde Perron	St-Jérôme Lac St-Jean	13 avr. 1905	3 nov. 1926	3 nov. 1928	
84. Marie-Anne Blais, (S. Marie-Bernard)	Fulgence Blais journalier Alvina Jacques	S. Philomène de Fortier-ville	13 mars 1900	31 déc. 1926	31 déc. 1928	
85. Jeanne Joubert, (M. de la Nativité)	Tobie Joubert, rent. Eugénie Ross	Sayabec Matapédia	5 juin 1903	9 mars 1927	9 mars 1929	
86. Adèle Dufour, (M. du Bon-Conseil)	David Dufour, cult. Agnès Bergeron	St-Jérôme Lac St-Jean	27 mai 1904	9 mars 1927	9 mars 1929	
87. Eugénie Painchaud, (S. Bernardin de Sienne)	Johnny Painchaud, cult. Sara Gagnon	St-Méthode	22 mai 1910	10 mai 1927	10 mai 1929	
88. Antoinette Coulombe, (Ste-Cordule)	Norbert Coulombe, cult. Célina Bradet	S. Hilarion Charlevoix	16 fév. 1908	16 mars 1928	16 mars 1930	
89. Marg.-Marie Bouchard, (S. Gabriel Lalemant)	Joseph Bouchard, cult. Adèle Fortin	St-Alexis de Grande-Baie	12 mai 1907	16 mars 1928	16 mars 1930	16 mai 1946
90. Régina Lebeuf (Marie) (St-Amable)	Wilfrid Lebeuf, cult. Virginie Vallée	St-Prime Lac St-Jean	30 mars 1908	16 mars 1928	16 mars 1930	
91. Evelina St-Gelais, (S. Rose de Lima)	Philadelphe St-Gelais Laurianne St-Gelais	Notre-Dame de Laterrière	14 sept. 1909	24 juil. 1929	24 juil. 1931	
92. Irène Cormier, (S. Frs de Paule)	Johnny Cormier Émélienne Vignault	Iles-de-la-Madeleine	14 avr. 1906	9 mars 1929	9 mars 1932	
93. Catherine Bouillé, (S. Antoine de Padoue)	Zéphirin Bouillé Henriette St-Amand				Novice 6 janv. 1897	

Ursulines de Québec décédées à Roberval

	Père et Mère	Lieu-naissance	Naissance	Vêture	Profession	Décès	
1. Malvina Gagné, (M. S. Raphaël)	Joseph Gagné, pil. M.-Luce Mercier	S. Michel de Bellechasse	6 nov. 1837	21 nov. 1861	21 nov. 1863	29 déc. 1920	Fondatrice 1e sup.
2. Vitaline Dion, (M. St-Henri)	Calixte Dion A. Destroismaisons	St-Thomas	19 sept. 1835	1er mai 1865	30 avr. 1867	11 déc. 1890	Fondatrice
3. Elmire Blanchet, (M. de l'Incarnation)	Gabriel Blanchet Olive Vaillancourt	Lotbinière	11 juil. 1840	10 janv. 1864 Outonagon	8 mai 1869 à Québec	10 déc. 1913	Roberval en 1897
4. Élise Gosselin, (S. Frs-de-Paule)	Louis Gosselin Anne Nadeau	St-Jean-Chrysostôme	22 mars 1849	15 nov. 1870	15 nov. 1872	6 janv. 1897	Fondatrice 2e sup.
5. Joséphine Poitras, (St-Alexandre)	Damase Poitras Célanire Miville-Déchêne	St-Jean-Port-Joli	23 nov. 1856	15 avr. 1875	18 avr. 1877	6 juin 1885	Fondatrice
6. Victoire Boucher, (S. Vincent de Paul)	Henri Boucher Salomé Roy-Lebel	St-Arsène Riv. du Loup	8 oct. 1852	15 avr. 1875	18 avr. 1877	9 juil. 1892	Fondatrice
7. Fridoline Létourneau, (M. de la Nativité)	Louis Létourneau Nathalie Blais	S. Pierre Rivière du Sud	17 sept. 1857	4 mai 1876	9 mai 1878	31 oct. 1902	Fondatrice 3e sup.
8. Joséphine Chaffers, (M. de l'Enf.-Jésus)	W.-Henry Chaffers L.-Esther O'Leary	St-Césaire	14 janv. 1859	30 nov. 1876	28 nov. 1878	26 sept. 1913	Roberval en 1902
9. Odile Sirois, (St-Nazaire)	J.-Baptiste Sirois Marie-Zoé Berthiaume	S. Roch, Québec	26 déc. 1866		21 oct. 1887	14 sept. 1924	Roberval 9 fév. 1902

APPENDICE N° 3

Supérieures des Ursulines de Roberval
de 1882 à 1932

1882-1888 Mère Saint-Raphaël (Gagné)
1888-1894 Mère S.-François-de-Paule (Gosselin)
1894-1900 Mère Marie-de-la-Nativité (Létourneau)
1900-1906 Mère Saint-Raphaël (Gagné)
1906-1912 Mère Saint-Stanislas (Rémillard)
1912-1918 Mère Saint-Augustin (Béliveau)
1918-1920 Mère Marie-du-Carmel (Doucet)
1920-1926 Mère Saint-Augustin (Béliveau)
1926-1929 Mère Sainte-Angèle (Bossé)
1929-1935 Mère Saint-Augustin (Béliveau)

Bibliographie

SOURCES MANUSCRITES

Archives de l'Évêché de Chicoutimi, *Régistre A, Lettres*, Vol. I, II.

Archives de l'Université d'Ottawa, *Collection «Julienne Barnard»*.

Archives des Ursulines de Québec, *Annales*, II, III, IV, VII. Correspondance des Ursulines de Roberval, de Mgr Racine, de Mgr L.-N. Bégin, du Cardinal E.-A. Taschereau.

Archives des Ursulines de Roberval, *Annales*, I, II, III, IV, *Correspondance* des Ursulines de Québec, de Mgr Michel-Th. Labrecque, du Ministère de l'Agriculture, de l'Assemblée Législative, du Département de l'Instruction publique, de l'Université Laval. *Documents, Paroles, Réminiscences de Mère Saint-Raphaël* recueillis par Mère Saint-Jean Moran et d'autres religieuses de Roberval.

Archives nationales du Québec, *Rapports des Ursulines de Roberval de 1893 à 1910* et des *lettres au Ministère de l'Agriculture de 1892 à 1929*.

SOURCES IMPRIMÉES

Archives nationales du Québec, *Rapports des Ursulines de Roberval, 1910 à 1929*.

Apothéose de Mgr Louis-François Laflèche, Trois-Rivières, Imp. Saint-Joseph, 1926, 228 p.

Désilets, Alphonse. *Histoire de Mère Saint-Raphaël*, Québec, Alphonse Désilets, 1932, 164 p.

Perron, Marc-A. *Un grand éducateur agricole Édouard Barnard, 1835-1898*, 1955, 355 p.

Règlements des Religieuses Ursulines de la Congrégation de Paris, 1652, réimprimés en 1860 et en 1925.

Service des Communications Québec. *Répertoire des Parlementaires québécois, 1867-1888*, 796 p.

Simard, André. *Les Évêques et les Prêtres séculiers au diocèse de Chicoutimi*, 1878-1968, Chancellerie de l'Évêché, Chicoutimi, 1969, 812 p.

Sœurs de la Congrégation Notre-Dame de Montréal. *L'Œuvre d'un grand éducateur, le Chanoine Beaudet*, Montréal, Presses de l'École des Sourds-Muets, 1947, t. 1., 581 p.

Ursulines italiennes et françaises de l'Union Romaine en coll. avec Robert Jacquin, *Écrits de Sainte Angèle Mérici*, tr. fr., Ancors, 1968, 49 p.

Varia Saguenayensia, vol. 1-10, Archives du Centre Régional Saguenay Lac-St.J.

Vien, Rossel. *Histoire de Roberval*, Montréal, La Société historique du Saguenay, 1955, 399 p.

IRÈNE-MARIE FORTIN o.s.u.

L'auteur est une ancienne élève de l'École Normale et enseigne à Roberval depuis 1939.

CHEZ LE MÊME ÉDITEUR

Achevé d'imprimer à Montmagny
par les travailleurs des ateliers Marquis Ltée
le 7 juin 1982